Rational Choice

Sozialwissenschaftliche Einführungen

Herausgegeben von
Rainer Schützeichel

Band 1

Rational Choice

Herausgegeben von
Andreas Tutić

DE GRUYTER
OLDENBOURG

ISBN 978-3-11-067360-9
e-ISBN (PDF) 978-3-11-067361-6
e-ISBN (EPUB) 978-3-11-067384-5
ISSN 2570-0529

Library of Congress Control Number: 2020939694

Bibliografische Information der Deutschen Nationalbibliothek
Die Deutsche Nationalbibliothek verzeichnet diese Publikation in der Deutschen
Nationalbibliografie; detaillierte bibliografische Daten sind im Internet über
http://dnb.dnb.de abrufbar.

© 2020 Walter de Gruyter GmbH, Berlin/Boston
Satz: Integra Software Services Pvt. Ltd.
Druck und Bindung: CPI books GmbH, Leck

www.degruyter.com

Vorwort

Inzwischen liegen in deutscher Sprache einige gelungene Darstellungen der Rational-Choice-Theorie vor. Nimmt man darüber hinaus die große Vielzahl an Lehrbüchern zur Mikroökonomik und Spieltheorie in den Blick, stellt sich schon die Frage, welchen *unique selling point* der vorliegende Band überhaupt beanspruchen kann.

Ich möchte diese Frage mit dem Verweis auf drei Grundideen beantworten, die der Konzeption dieses Lehrbuchs zugrunde liegen. Zum einen nimmt der Band eine dezidiert interdisziplinäre Perspektive auf die Rational-Choice-Theorie ein. Die Autorinnen und Autoren beschränken sich nicht darauf, die zum Teil festgefahrenen Diskurse um die Rational-Choice-Theorie, die in den einzelnen sozialwissenschaftlichen Teildisziplinen gepflegt werden, in ihrer reinen Eigenlogik fortzuführen. Im Gegenteil: alle Beitragenden, die übrigens in ihrer Gesamtheit auch breit interdisziplinär in der Soziologie, der Politikwissenschaft, der Ökonomik, der Psychologie, der Philosophie und auch der Biologie publiziert haben, nehmen zumindest implizit Herb Gintis' Standpunkt ein, der die Rational-Choice-Theorie als analytischen Kern aller *Verhaltenswissenschaften* begreift – und sie schreiben auch konsequent in diesem Geiste! Der Text kann deshalb an und für sich als Grundlage eines einführenden Kurses zur Rational-Choice-Theorie verwendet werden. Darüber hinaus eignet er sich aber auch als begleitende Lektüre in fachspezifischen Kursen, etwa Einführungen in die Mikroökonomik, die den Studierenden erlaubt, einen Blick über den engen disziplinären Horizont hinaus zu werfen.

Die zweite Grundidee des vorliegenden Bands ist es, eine moderne Interpretation der Rational-Choice-Theorie vorzulegen, die konsequent zwischen formalem Kern und sozialwissenschaftlichen Anwendungen unterscheidet. Es ist meine Überzeugung, dass sich viele Kontroversen um die Theorie – etwa: Sind Menschen wirklich egoistisch? Handeln sie stets rational? Wie realistisch muss eine Handlungstheorie sein? – sozusagen in Luft auflösen oder zumindest entschärfen, wenn man konsequent zwischen Formalismus und Interpretation dieses Formalismus im Rahmen sozialwissenschaftlicher Theoriebildung unterscheidet.

Das dritte Leitprinzip des Bands ist es, zumindest in einem gewissen Ausmaß die Breite und Heterogenität des aktuellen Diskurses um die Rational-Choice-Theorie widerzuspiegeln. Vor allem aus diesem Grund habe ich diesen Band nicht alleine geschrieben, sondern mich darum bemüht, einschlägige Kolleginnen und Kollegen zur Mitarbeit zu gewinnen. Dabei kann man natürlich nicht erwarten, dass wir uns in allen Fragen stets einig sind. Weitgehender Konsens herrscht sicherlich dahingehend, dass gewisse traditionelle Annahmen bei der Anwendung

https://doi.org/10.1515/9783110673616-202

des Formalismus (etwa: egoistische Präferenzen) angesichts einer Vielzahl an *stylized facts* zum menschlichen Verhalten, die diesen Annahmen entgegenstehen, nicht mehr fruchtbar sind. In welche Richtung die Theorie angesichts dieser Lage aber fortzuentwickeln ist – darüber kann und soll man streiten. Meine Position ist radikal; ich glaube, dass der Formalismus selbst weiterentwickelt werden muss, und zwar in Richtung einer *Dual-Process-Perspektive*, die mit Techniken der *Bounded Rationality* Einsichten aus der klassischen soziologischen Handlungstheorie und der aktuellen Kognitions- und Sozialpsychologie integriert. Einige Autoren teilen diese Ansicht und haben ihr im deutschen Sprachraum sogar maßgeblich den Weg geebnet. Andere Beitragende halten davon (noch?) nicht ganz so viel und vertreten eine eher konservative Position, die möglichst viel vom traditionellen formalen Kern der Theorie konservieren und die Probleme in empirischen Anwendungen weitgehend auf der interpretatorischen Ebene (etwa: soziale Präferenzen) lösen möchte. Wiederum anderen Autorinnen und Autoren ist diese Frage vielleicht bis auf Weiteres nicht ganz so wichtig. In jedem Fall gewinnen die Leserinnen und Leser durch die Lektüre der einzelnen Kapitel einen authentischen Eindruck von der Heterogenität der Positionen rund um die Rational-Choice-Theorie in der aktuellen Forschungslandschaft.

Der Band gliedert sich in vier Teile: Teil I legt dogmenhistorische und methodologische Grundlagen, erläutert die allgemeine Logik sozialwissenschaftlicher Erklärungen mithilfe der Rational-Choice-Theorie und geht auf ihre wichtigsten Spielarten ein. Es zeigt sich, dass über die Zeit hinweg, aber auch zum Teil gleichzeitig nebeneinander her, gewisse Traditionen der Rational-Choice-Theorie koexistiert haben bzw. koexistieren, die sich in grundlegenden Fragen, etwa wie sich der Formalismus im Rahmen der sozialwissenschaftlichen Theoriebildung fruchtbar einsetzen lässt, zum Teil markant voneinander unterscheiden. In Teil II werden die zentralen Grundzüge des Formalismus dargestellt. Dies umfasst die klassische Entscheidungstheorie, die nichtkooperative und kooperative Spieltheorie sowie gewisse inzwischen weitgehend kanonische Erweiterungen des klassischen Formalismus, die im Rahmen der Bounded Rationality und der Verhaltensökonomik entwickelt und diskutiert wurden. Gemäß dem zweiten Leitprinzip des Bands fokussiert Teil II auf das formale Gerüst der Theorie und klammert weitgehend empirische Anwendungen aus; dabei haben wir uns bemüht, das formale Niveau für breite Leserkreise zugänglich zu halten und es dabei trotzdem nicht an der gebotenen Präzision missen zu lassen. Talcott Parsons, der strategische Interdependenz häufig als Problem der doppelten Kontingenz anspricht, vermerkt in seinem Beitrag „Social Interaction" zur „International Encyclopedia of the Social Sciences" (Hrsg. David L. Sills, 1968, New York: Free Press): „The theory of games is perhaps the most sophisticated analysis of the implications of such double contingency." Genau so ist es . . . die Rational-Choice-Theorie und insbesondere die Spieltheorie erlauben es, überaus differenzierte Analysen unterschiedlicher Formen sozialer Interdependenz wie etwa soziale Dilemmas, kollektives Handeln, Vertrauensprobleme und Austauschbeziehungen vorzunehmen. Die Kapitel in Teil III stellen derartige Analysen vor, arbeiten empirische Implikationen heraus und geben auch einen Überblick zu entsprechenden empirischen Studien und Befunden. Ein Leitmotiv von Teil III ist sicherlich, dass die Theoriebildung auf der Grundlage der Rational-Choice-Theorie tatsächlich einen kumulativen Erkenntnisfortschritt stimuliert, weil spezielle Modelle jederzeit flexibel an empirische Befunde angepasst werden können. Teil IV ist den Grenzen der Rational-Choice-Theorie gewidmet. Zunächst werden die wichtigsten empirischen Beobachtungen zusammengestellt, die die Eignung des orthodoxen Formalismus zur Beschreibung von Interaktionen und menschlichem Handeln in Frage stellen. Die letzten beiden Kapitel stellen mögliche Antworten auf diese Herausforderung in Form von Modifikationen bzw. Erweiterungen der klassischen Theorie dar, wie sie in der aktuellen Forschung entwickelt und zum Teil, wie bereits angedeutet, kontrovers diskutiert werden.

Zur Lesbarkeit des Bands möchte ich bemerken, dass die Kapitel im Allgemeinen als eigenständige Darstellungen konzipiert sind, die auch einzeln mit Gewinn gelesen werden können. Zugleich haben wir qua Konzeption, Absprachen und Querverweisen sichergestellt, dass der Band auch ein kohärentes Ganzes darstellt, wobei den Kapiteln in Teil II, die die formalen Grundlagen der Theorie behandeln, eine besondere integrative Bedeutung zukommt. Zur leichteren Lesbarkeit werden in allen Beiträgen durchgängig Formulierungen wie „der Akteur", „er", „sein" verwendet ohne damit „gender bias" zu intendieren.

Abschließend möchte ich mich bei einigen Institutionen und Personen bedanken, ohne die dieser Band nicht hätte zustande kommen können. Zunächst möchte ich mich bei der Deutschen Forschungsgemeinschaft bedanken, die mir durch ein Heisenberg-Stipendium das unschätzbare Privileg zukommen lässt, vollkommen frei über meine Zeit zu disponieren. Sodann danke ich dem Herausgeber der Reihe „Sozialwissenschaftliche Einführungen", Rainer Schützeichel, der den Anstoß zu diesem Lehrbuch gegeben hat und mir jederzeit mit Rat und Tat bei der für mich unbekannten Aufgabe einer Herausgeberschaft zur Seite stand. Bei Stefan Giesen und Lucy Jarman vom De Gruyter Verlag bedanke ich mich für die große Unterstützung bei der praktischen Umsetzung des Projekts. Allen Autorinnen und Autoren möchte ich dafür danken, dass sie sich trotz voller Terminkalender die Zeit genommen haben, einen Beitrag für einen Band in deutscher Sprache zu schreiben; bei den gegenwärtigen Anreizen im Wissenschaftssystem ist dies alles andere als eine Selbstverständlichkeit. Ohne auf eine nähere Begründung eingehen zu wollen, möchte ich insbesondere Werner Raub und Karl-Dieter Opp hervorheben, die sich auf die ein oder andere Weise ganz besondere Verdienste bei diesem Projekt erworben haben. Conrad Bludau hat mich bei der Formatierung einzelner Beiträge unterstützt. Ganz besonders großer Dank gebührt schließlich Anna-Luise Kiekzen, die sich über Wochen mit nichts anderem als Literaturverzeichnissen, Fußnoten, Formeln, Querverweisen etc. beschäftigt hat und mir den allergrößten Teil der ermüdenden Kärrnerarbeit der Formatierung abgenommen hat. Ohne ihr engagiertes Tun und ihre positive Haltung zu dieser Mammutaufgabe wäre dieser Band sicherlich nicht rechtzeitig erschienen.

Leipzig, im März 2020
Andreas Tutić

Inhaltsverzeichnis

IV Grenzen und aktuelle Entwicklungen

I Problemstellung, Theorie- und Begriffsgeschichte

Thomas Voss

I.1 Von den britischen Klassikern zur Verhaltensökonomik: Eine kurze Geschichte der Rational-Choice-Theorie

I.1.1 Einleitung

Dieser Beitrag berührt Ideen, die über einen Zeitraum von fünfhundert Jahren zur Entwicklung der Rational-Choice-Theorie (RCT) beigetragen haben. Naturgemäß muss viel Wichtiges ausgespart und fast alles oberflächlich bleiben. Das Kapitel orientiert sich an der Frage, welche *systematischen* Erkenntnisse aus der Perspektive der Gegenwart in älteren Arbeiten gewonnen worden sind. Die RCT ist Teil eines multidisziplinären Forschungsprogramms, das über die Sozialwissenschaften hinaus auch in der normativen Ethik und in weiteren Feldern einflussreich ist. Auch die historischen Wurzeln erstrecken sich auf verschiedene Bereiche. Aus Platzgründen werden Arbeiten aus der soziologischen RCT bis auf wenige Ausnahmen nicht berücksichtigt.

I.1.2 Klassische britische Sozialtheorie: Thomas Hobbes, Schottische Moralphilosophie und Utilitarismus

Verwendet man einen weiten Theoriebegriff, so könnte man davon ausgehen, dass Theorien über Gesellschaft und ihren Zusammenhalt bereits seit der Antike bei Platon und Aristoteles und in der christlichen Scholastik des Mittelalters formuliert worden sind. Die Vorstellung, dass auch soziale Regelmäßigkeiten Gegenstand *wissenschaftlicher* Untersuchungen sein können, die in methodischer Hinsicht den Untersuchungen von Naturphänomenen analog sind, wurde aber erst in der Zeit der Renaissance und der Aufklärung formuliert. Neben einigen früheren Autoren (wie insbesondere Machiavelli (1469–1527)) ist der britische Philosoph Thomas Hobbes (1588–1679) einer der Denker, die eine Sozialtheorie, die von metaphysischen und theologischen Elementen frei ist, anstrebten und als ein erster Wegbereiter der RCT gilt. Hobbes war nachhaltig durch die Mathematik und besonders die Geometrie beeindruckt. Als Bewunderer der axiomatischen Methode, die in Euklids Geometrie zur Anwendung kam, beabsichtigte Hobbes, auch Theorien über

https://doi.org/10.1515/9783110673616-001

die Gesellschaft nach dem Muster der Geometrie („more geometrico") zu entwickeln. Das bedeutet, die Gesetzmäßigkeiten des Sozialen in deduktiver Weise aus möglichst allgemeinen Prinzipien herzuleiten. Neben der Mathematik war Hobbes' Denken durch zeitgenössische Fortschritte der Physik (besonders die Mechanik Galileo Galileis) angeregt. Hobbes sah es als seine Aufgabe an, auch gesellschaftliche Phänomene, das menschliche Handeln und das Denken aus allgemeinen Bewegungsgesetzen der Materie abzuleiten. Auch das menschliche Handeln ist kausalen Gesetzmäßigkeiten unterworfen, es gibt demnach eine methodische *Einheit der Wissenschaften*. Eine weitere methodische Prämisse, auf der das britische Denken sowohl von Hobbes als auch späterer Klassiker ruht, kann als das *Postulat des Methodologischen Individualismus* rekonstruiert werden (vgl. z. B. Levine 1995: 129): *Soziale Phänomene sollen erklärt werden, indem sie als Resultate individueller Handlungen analysiert werden.* Dieser individualistischen Perspektive entsprechend setzte dies für Hobbes voraus, empirische Gesetze über die menschliche Natur, also die Determinanten menschlichen Handelns zu entdecken und anzuwenden. Hobbes zufolge gibt es keine signifikanten Unterschiede in der natürlichen Ausstattung der Menschen. Menschen handeln *eigeninteressiert* und sind an der Erreichung von Gütern („Good") interessiert und vermeiden Übel („Evil"). Das „Gute" oder die angestrebten Güter besitzen keine objektive moralische Qualität und sind auch nicht durch religiöse Gebote bestimmt. Sie werden vielmehr subjektiv als wünschenswerte Zustände durch die betreffenden Individuen angestrebt, weil sie „pleasure" auslösen oder „pain" verhindern. Die menschliche Natur ist Hobbes zufolge durch eine Reihe von Ausdrucksformen von Bewegung („motion"), nämlich Leidenschaften („passions") geprägt – etwa „anger" und „revengefulness", „shame" und „indignation" sowie „diffidence". „Diffidence" bedeutet nicht nur generalisiertes Misstrauen, sondern zudem die Bereitschaft zu präventiven Handlungen, die Übergriffe durch Interaktionspartner verhindern sollen (vgl. Hobbes 1994: Kapitel IX). Der Impuls des Handelnden zur Realisierung eigener Bedürfnisse wird durch die genannten Leidenschaften moderiert. In seinem bekanntesten und einflussreichsten Werk „Leviathan" (1651) entwickelt Hobbes (1984: Kapitel 13) Implikationen der Gesetzmäßigkeiten des Handelns für den sozialen Zusammenhalt. In einem berühmten Gedankenexperiment analysiert Hobbes die sozialen Folgen dieser Verhaltenstendenzen in einem „Naturzustand", in dem niemand allgemein vorteilhafte Regeln der Kooperation anerkennt oder in eigenes Handeln umsetzt. Das Streben nach Gütern (wozu Hobbes vor allem Sicherheit des Lebens, Besitz, Macht und sozialen Status („glory") zählt) führt unter Bedingungen wechselseitiger „diffidence" (Misstrauen) in eine erbitterte Konkurrenz um knappe Ressourcen, die mangels akzeptierter einschränkender Verhaltensregeln einen „Krieg aller gegen alle" auslöst. Mit drastischen Worten beschreibt Hobbes das Leben der Menschen in dieser Situation als „einsam, armselig, ekelhaft, tierisch und kurz" (Hobbes 1984: 96). Der Kriegszustand (zu Lebzeiten Hobbes' waren Bürgerkriege tatsächlich auf der britischen Insel keine seltenen Ereignisse) könne überwunden werden, wenn die Individuen einen wechselseitigen Vertrag abschließen, der sie verpflichtet, die Rechte über ihre Handlungen (ihre „Freiheiten") an eine übergeordnete Instanz, den Staat, zu übertragen. Der Staat erhält ein Monopol für die Anwendung physischer Gewalt und es kommt dem Staat die Aufgabe zu, Regeln des friedlichen Zusammenlebens durch Androhung und Anwendung von Sanktionen durchzusetzen. Hobbes' Analysen werden heute oft als frühe Skizzen *sozialer Dilemma-Situationen* (vgl. Kapitel III.1) interpretiert. Hobbes formuliert als erster Denker eine das sozialtheoretische Denken bis heute bestimmende Frage: Wie ist gesellschaftliche Ordnung angesichts individueller Anreize zur Abweichung von allseitig vorteilhaften Regeln der Kooperation möglich? Talcott Parsons (1937) bezeichnete dieses von Hobbes skizzierte „Problem sozialer Ordnung" als zentralen Prüfstein jeder Sozialtheorie. Angesichts der von Hobbes behaupteten Verhaltenstendenzen lässt sich die Hobbessche Frage auch so formulieren: Unter welchen Bedingungen entsteht Kooperation unter Egoisten? Im einfachsten Fall kann Hobbes' Gedankenexperiment des Naturzustands durch ein Gefangenendilemma rekonstruiert werden. Seine „Zwangslösung" des Problems bedeutet, dass die glaubwürdige Androhung von Sanktionen durch den Staat das Dilemma in eine Situation transformiert, in der wechselseitige Kooperation individuell vorteilhafte Gleichgewichtsstrategie ist (vgl. dazu z. B. Taylor 1987).

Die durch Hobbes begründete Tradition der britischen Sozialtheorie wurde durch viele englische Denker fortgesetzt, unter anderem durch John Locke (1632–1704), der eine von Hobbes abweichende Konzeption des Gesellschaftsvertrags vorlegte, oder Bernard Mandeville (1670–1732), der in seiner *Bienenfabel* auf die Möglichkeit gesellschaftlich erwünschter sozialer Folgen egoistisch motivierter Handlungen aufmerksam machte.

Die sozialtheoretisch wichtigsten britischen Autoren waren die beiden Hauptvertreter der sogenannten „Schottischen Moralphilosophie" David Hume und Adam Smith. Analog den Sprachregelungen, die bei Hobbes üblich sind, der der „philosophy" die Aufgabe der Untersuchung kausaler Zusammenhänge zuweist, ist die Bezeichnung „Moralphilosophie" hier als Analogon zu „Naturphilosophie" zu verstehen. Auch der Begründer der klassischen Mechanik Isaac Newton (1642–1727) war Inhaber einer Professur für Naturphilosophie, die das umfasste, was heute den Naturwissenschaften zugeordnet wird. Eine wissenschaftliche Arbeitsteilung war noch wenig ausgeprägt, weshalb es in der Schottischen Moralphilosophie fließende Übergänge zwischen Beiträgen zur Psychologie, empirischen Sozialwissenschaft und normativen Ethik gab. David Hume (1711–1793), dessen bahnbrechende Beiträge zur theoretischen und praktischen Philosophie

(Ethik) bis heute Ausgangspunkt vieler Debatten sind, war daran interessiert, die „analytische Methode", die Newton erfolgreich in der Naturphilosophie eingesetzt hatte, auch in der Moralphilosophie anzuwenden. Humes empiristische Perspektive in der Sozialtheorie basiert auf der Annahme einer „Gleichförmigkeit" der menschlichen Natur, d. h. der Voraussetzung, dass menschliches Handeln durch Gesetzmäßigkeiten gesteuert wird, die empirisch prüfbar sind. Wie Hobbes ging Hume von der vorherrschend selbstinteressierten Motivation menschlichen Handelns aus. Unter geeigneten Bedingungen wird im Handeln aber auch ein Motiv der „Sympathie" wirksam, das einerseits die Bereitschaft auslöst, sich in die Schuhe anderer Menschen hineinzuversetzen. Andererseits kann dieses Mitgefühl dazu beitragen, sich in gewissem Grad mit den Interessen anderer Menschen zu identifizieren. Hume spricht Menschen – in heutigen Begriffen ausgedrückt – die Fähigkeit zu Empathie und Altruismus zu, die seiner Ansicht nach vor allem in Interaktionen im sozialen Nahbereich (der Familie oder in kleinen, stabilen Gruppen von Freunden) wirksam ist. Neben die Beschreibung der Gesetzmäßigkeiten der menschlichen Natur tritt bei Hume die strategische Analyse sozialer Interaktionen, weshalb Hume heute als Wegbereiter der spieltheoretisch ausgerichteten Sozialtheorie gilt (z. B. Binmore 2005; Hardin 2007). Hume skizziert etwa das *Kooperationsproblem*, das in sequentiellen sozialen Austauschbeziehungen auftritt. Am Beispiel der Erntehilfe argumentiert Hume (1978: 520–521) zutreffend, dass ein zeitversetzter Austausch von Hilfe (Farmer A hilft Farmer B heute, weil er erwartet, dass B später A helfen wird) unter selbstinteressierten Akteuren auf ein Dilemma führt, das spieltheoretisch als Vertrauensspiel rekonstruiert werden kann (vgl. z. B. Lahno 1995 für eine eingehende Analyse). Als eine Lösung dieses Dilemmas erläutert Hume das Prinzip der „Reziprozität", wonach die Partner *bedingt* miteinander kooperieren, so dass in einer wiederkehrenden Interaktion (mit langem „Schatten der Zukunft") die eigene zukünftige Kooperation von der früheren Kooperation des Partners abhängt (vgl. auch Axelrod 1987). Hume gehörte zu den Autoren, die Hobbes' Analysen zum Ordnungsproblem kritisch sahen. Erstens ist Humes Modell menschlichen Handelns weniger pessimistisch. Zum anderen zeigt Hume, dass es in verschiedenen problematischen Interaktionsstrukturen auch ohne expliziten Gesellschaftsvertrag und ohne zentrale Sanktionsgewalt gelingt, die Aktionen der Beteiligten zu koordinieren oder Kooperation zu generieren, so dass es nicht zu einem „Krieg aller gegen alle" kommt. Hume (1978: 490) führt den bis heute gebräuchlichen (wenngleich weiter verfeinerten) Begriff der *Konvention* ein. Klar erkennt Hume den konventionellen Charakter sozialer Institutionen, insbesondere der Institution „justice". Ein Aspekt von „justice" ist für Hume der Respekt vor den Eigentumsrechten anderer. Dieser sei Ergebnis einer *stillschweigenden* Übereinkunft, die unter der wechselseitigen Erwartung stabil ist, dass auch andere Akteure sie respektieren. In kleinen, dichten sozialen Gemeinschaften, in denen die Akteure sich wechselseitig kontrollieren, kann „justice" in diesem Sinn stabilisiert werden. In größeren Gesellschaften muss jedoch „government", d. h. eine Verhaltenskontrolle durch Drittparteien hinzu kommen (Hardin 2007: 81–133). Aus heutiger Perspektive kann Humes Weitsicht hinsichtlich des konventionellen Charakters sozialer Institutionen gewürdigt werden, zumal die Erkenntnisse der modernen Spieltheorie deutlich machen, dass wiederholte Interaktionen mit einem langen „Schatten der Zukunft" Kooperation erleichtern, aber aufgrund der zahlreichen möglichen Gleichgewichtsausgänge an die Lösung von Koordinationsproblemen geknüpft sind.

Neben Hume ist Adam Smith (1723–1790) der bedeutendste Vertreter der schottischen Sozialtheorie. Sein Werk „The Wealth of Nations" gilt als Grundlegung der ökonomischen „Klassik". Es kann hier nicht im Einzelnen gewürdigt werden. Deutlich wird in dieser Schrift die Idee der „spontanen" sozialen Ordnung über eine „unsichtbare Hand", nämlich den Marktmechanismus. Ohne zentrale Planung erlaubt die Institution des Marktes es eigeninteressiert motivierten Akteuren sozial erwünschte Ausgänge (gesellschaftlichen Wohlstand) zu generieren. Um nämlich eigene Vorteile zu realisieren sind auch Egoisten darauf angewiesen, die Interessen ihrer Partner zu berücksichtigen. Nur unter dieser Voraussetzung werden wechselseitig vorteilhafte Tauschbeziehungen entstehen. Smith kennt noch nicht die Vorstellung eines „subjektiven" Wertes (oder Nutzens), die später in der ökonomischen „Neoklassik" ausgebildet wurde. Dennoch hat Smith eine Reihe von Prinzipien antizipiert, die in der neoklassischen Tradition zentral sind, z. B. das Nachfragegesetz, also die Annahme, dass Nachfragefunktionen eine negative Steigung aufweisen (vgl. Stigler 1965: 69–70). Smith ist Autor eines zweiten Hauptwerks mit dem Titel „Theory of Moral Sentiments", das im Kern Versuche enthält, eine empirisch fundierte normative Moraltheorie zu begründen. Neben einigen offensichtlichen Parallelen zu den Ideen seines Freundes Hume über die Rolle von Sympathie gibt es umfassende Analysen über die Fähigkeit von Menschen – in modernen Begriffen formuliert – zur Rollenübernahme. Menschen sind für Smith eminent soziale Wesen, die ihr Selbstbild in Interaktion mit ihren Nebenmenschen entwickeln. Von Smith stammt der Vorschlag, moralische Urteile über soziale Institutionen in der Weise zu fällen, dass die Position eines unparteiischen Beobachters eingenommen wird, der die Wirkungen der Institutionen aus der Perspektive der Betroffenen analysiert und eine Art von Interessenausgleich vornimmt. Diese Idee wurde später in verschiedenen Versuchen der Begründung utilitaristischer Ethiken aufgegriffen (z. B. bei Harsanyi 1976b, 1977; siehe auch Binmore 1998).

So wichtig inhaltliche und heuristische Beiträge der Schotten für die Herausbildung einer analytischen und empirisch fundierten Sozialtheorie waren, so wenig finden sich in ihren Schriften klare Aussagen über Rationalität, Präferenzen oder Nutzen. Zu Beginn des 19. Jahrhunderts waren es Vertreter des „Utilitarismus", die das Nutzenprinzip entdeckten und vor allem für die normative Bewertung sozialer Institutionen zur Anwendung brachten. In seiner „Introduction to the Principles of Morals and Legislation" (1789) erläutert Jeremy Bentham (1748–1832) Grundideen einer normativen utilitaristischen Ethik. Die Bewertung verschiedener sozialer Zustände soll dem Kriterium genügen, dass der größte Nutzen für die größte Zahl von Menschen erreicht wird. Soll dieses Kriterium der Maximierung gesellschaftlicher Wohlfahrt, die im Utilitarismus als Nutzensumme operationalisiert wird, tatsächlich anwendbar sein, so sind damit zwei Erfordernisse verknüpft: Erstens muss geklärt sein, was unter „Nutzen" zu verstehen ist und wie er gemessen werden kann. Zweitens muss Nutzen nicht nur quantitativ messbar, sondern auch interpersonell vergleichbar sein (nur dann wäre es sinnvoll, eine Nutzensumme über verschiedene Akteure zu bilden). Bentham zufolge ist individueller Nutzen abhängig von subjektiven Belohnungen („pleasures") und Bestrafungen („pains"). Die Größenordnung des Nutzens eines Zustands ergibt sich aus einer Reihe von Dimensionen, darunter Intensität, Dauer, Sicherheit und Nähe („propinquity"). Bentham gab sich große Mühe verschiedene Umstände in ihrer Wirkung auf den individuellen Nutzen abzuschätzen (wie etwa Alter, Geschlecht oder Bildung), gelangt jedoch zu keiner schlüssigen Theorie. Erst sehr viel später (im 20. Jahrhundert) wurden Beiträge vorgelegt, die die quantitative Messbarkeit des Nutzens (auf einem Intervallskalenniveau) axiomatisch begründen. Hinsichtlich der Voraussetzung einer interpersonellen Vergleichbarkeit sind bis heute viele Fragen ungeklärt. Stigler (1965: 72) urteilt, dass Benthams Utilitarismus letztlich ohne überzeugende wissenschaftliche Grundlage ist: „the scientific basis was being justified by the policies to which it led".

I.1.3 Ökonomische Neoklassik und Max Weber: Rationale Entscheidungen unter Sicherheit

In der Tradition der Schotten und des Utilitarismus dominierten psychologische Konzeptionen von Nutzen, Zufriedenheit oder Glück. Dagegen hat die als „Neoklassik" bezeichnete Ausrichtung der ökonomischen Theorie ihre Vorstellungen einer „subjektiven Wertlehre" weitgehend ohne Bezug auf psychologische Aspekte entwickelt. Wichtige Beiträge stammen im deutschen Sprachraum von Heinrich Gossen (1810–1858), dessen Arbeiten jedoch zunächst kaum Resonanz fanden, sowie von den Mitgliedern einer wissenschaftlichen Gemeinschaft, die als „Österreichische Schule" bezeichnet wird. Gossen formuliert das fundamentale Prinzip der *Grenznutzentheorie* („Gossensches Gesetz"): Wenn ein beschränktes Budget auf verschiedene mit gegebenen Preisen zu erwerbende Güter aufgeteilt wird, dann erfordert Rationalität die Ressourcen (das Geld) so zu verwenden, dass die zusätzliche Zufriedenheit (oder der „Grenznutzen"), welche durch die letzte Geldeinheit ausgelöst wird, für jedes der Güter gleich ist. Dieses „Gesetz" bezieht sich auf individuelles Verhalten unter Bedingungen der Sicherheit (über die Konsequenzen der Handlungsalternativen) und unter Berücksichtigung von Restriktionen angesichts quantifizierbarer (und sozusagen beliebig teilbarer) Güter. Der verwendete Nutzenbegriff ist *ordinal*, weil die Vorstellung einer Nutzenfunktion, die die Präferenzen eines Akteurs abbildet, in diesem Kontext lediglich eine Rangordnung der Bewertungen von Alternativen berücksichtigt. Die Zielsetzungen des Utilitarismus lassen sich auf dieser Basis nicht realisieren, weil die Addition von Nutzenwerten ein höheres Skalenniveau verlangt. In der neoklassischen Tradition, die im englischen und französischen Sprachraum dominierte, wurden in der zweiten Hälfte des 19. Jahrhunderts viele weitere Erkenntnisse, die bis heute zum Standardwissen der Mikroökonomik zählen, vorbereitet, die hier nicht im Einzelnen dargestellt werden können (vgl. z. B. den ausgezeichneten Überblick von Stigler 1965).

Einer der älteren Hauptvertreter der Österreichischen Schule war Carl Menger (1840–1921). Im Unterschied zur deutschen historischen Schule der Nationalökonomie, in deren intellektuellem Milieu Max Weber wissenschaftlich sozialisiert wurde, hatten die Österreicher viele der Auffassungen führender Ökonomen der angelsächsischen und französischsprachigen Welt geteilt: Der Nutzen von Gütern ist nicht objektiv, sondern ergibt sich aus subjektiven Wünschen („subjektive Wertlehre"). Formale mathematische Modellierung von Märkten und Gleichgewichtsbildung werden nicht abgelehnt, sondern angestrebt. Im Gegensatz dazu stehen Auffassungen der historischen Schule: Sozialwissenschaft könne nur durch eine historische Analyse singulärer Ereignisse betrieben werden, generalisierende Analysen oder gar Modellierung nach dem Muster der Physik sind ausgeschlossen. Max Webers (1864–1920) Auffassungen wurden durch die Österreichische Schule beeinflusst, etwa Webers auch von den Österreichern betonte Konzeption eines „methodischen Individualismus". Weber hat keine ausgearbeitete Handlungstheorie vorgelegt, jedoch einige in der Soziologie bis heute einflussreiche begriffliche Unterscheidungen geprägt. Webers Ideen zur „Zweckrationalität" sind zwar ausschließlich verbal formuliert, aber an der Grenznutzenschule orientiert, so dass auch eine Abwägung *verschiedener* attraktiver „Zwecke" gegeneinander (also ein „trade-off") berücksichtigt wird – wie etwa im Gossenschen Gesetz behauptet. Allerdings vertritt Weber so etwas wie eine Konzeption *variabler Rationalität*. Nach Weber ist Zweckrationalität mit Handlungsmotiven verbunden, die verschiedene Dimensionen eines Entscheidungsproblems „rationaler Kontrolle" unterwerfen, nämlich: Zweck, Mittel, Wert und Folgen. Für „wertrationales" Handeln gilt, dass die

Folgen keiner „rationalen Abwägung" unterliegen. Es wird sozusagen im Sinn der Verwirklichung kategorischer „Pflichten" ohne Rücksicht auf Folgen und „Nebenfolgen" gehandelt. Das Ausmaß der Kontrolle ist noch geringer in den Fällen, in denen eine „affektuelle" oder „traditionale" Orientierung dominiert (vgl. Norkus 2001 für Untersuchungen zum Verhältnis von RCT und Webers Soziologie). Vorstellungen variabler Rationalität werden von den meisten Rational-Choice-Theoretikern nicht geteilt, jedoch gehen einige neuere Versuche einer Anwendung von psychologischen Theorien eines „dualen" Selbst und Framing-Theorien in diese Richtung.

I.1.4 Theorien von Entscheidungen unter Risiko und Unsicherheit

Früher und unabhängig von der ökonomischen Theorie wurden durch Philosophen und Mathematiker Ideen entwickelt, die den Weg zur modernen Entscheidungstheorie (vgl. Kapitel II.1) geebnet haben. Wesentlich neuer Gedanke ist die Einbeziehung von *Erwartungen* des Handelnden, das heißt die Vorstellung, dass der Akteur keine subjektive Sicherheit über die mit der Wahl einer Handlungsalternative verbundenen Konsequenzen hat.

Blaise Pascal (1623–1662) hat in seinen posthum erschienenen „Pensées" (1670) eine Entscheidungssituation skizziert, die als „Pascalsche Wette" bekannt ist (vgl. Pascal 1978: 122–125). Diese ist wichtig, weil hier sehr frühzeitig mit Wahrscheinlichkeiten und Erwartungswerten argumentiert wird. Es geht Pascal weniger um einen Gottesbeweis als um die Frage, ob es sich auch für einen skeptischen Geist, der von der Existenz eines höheren Wesens nicht sicher überzeugt ist, lohnt an Gott zu glauben. Die von Pascal etwas kryptisch dargestellte Entscheidungssituation kann in verschiedener Weise rekonstruiert werden (vgl. z. B. Brams 2011: Kapitel 3; Hacking 1975: Kapitel 8; Mackie 1985: Kapitel 11). Eine Variante geht von zwei Alternativen aus (glauben versus nicht glauben), wobei die Konsequenzen davon abhängen, ob Gott existiert oder nicht. Wer glaubt, hat Aussicht auf das ewige Leben, falls Gott existiert. Pascal deutet hier die (problematische) Idee an, dass dieser Nutzen unendlich groß (∞) ist. Wer unter dieser Bedingung nicht glaubt, hat dagegen nur eine Aussicht auf *ein* Leben im Diesseits und trägt die Kosten (k) eines Verzichts auf göttliche Gnade. Nun ist aber auch der Fall möglich, dass Gott nicht existiert. Dann hat der gläubige Mensch unnötige Anstrengungen (Kosten c) aufgewendet. Diese Kosten werden vermieden, wenn man nicht glaubt (Ergebnis 0). Pascal argumentiert, dass es nicht nur für den Fall, dass Existenz oder Nicht-Existenz eines höheren Wesens gleichwahrscheinlich sind, rational sei zu glauben. Es sei sogar rational zu glauben, wenn die Chance (p) zu gewinnen (weil Gott existiert) extrem gering (aber $p > 0$) ist. Denn der *Erwartungswert* des Glaubens ($+\infty \cdot p - c \cdot (1-p)$) sei höher als der Erwartungswert des Nichtglaubens ($(-k)p + 0$). Die Ungleichung ist wahr, wenn $p > 0$ ist. Die zweifelhafte Vorstellung unendlich großer Nutzenwerte könnte grundsätzlich vermieden werden, indem sehr hohe Werte für den Nutzen eingeführt werden, so dass (für kleine Erwartungen p) eine rationale Wette auf den Glauben entsteht.[1] Pascals Argumentation mit Hilfe von Wahrscheinlichkeiten ist bemerkenswert, insofern es hier nicht um objektive Chancen, die auf relative Häufigkeiten von wiederholten zufälligen Ereignissen (wie etwa Münzwürfen) zurückgeführt werden können, geht, sondern um Maße für den *Grad der subjektiven Überzeugung*, dass ein bestimmter Weltzustand existiert (vgl. Cohen 1989: 16). In dieser Hinsicht kann Pascal als Vorläufer der modernen Konzeptionen *subjektiv* erwarteten Nutzens gelten.

Viele Beiträge zur Entscheidungstheorie entstammen Bemühungen von Mathematikern, Glücksspiele oder Gesellschaftsspiele formal zu analysieren. Besonders bekannt und einflussreich ist die „St. Petersburger Wette", die auf ein von Daniel Bernoulli (1700–1782) beschriebenes Paradox führt (vgl. Stigler 1965: 108–112). Ein Casino zahlt dem Spieler 2^k Dukaten als Gewinn aus, wenn beim k-ten Wurf einer fairen Münze „Kopf" fällt. Ergibt sich „Kopf" nach dem ersten Versuch, so bekommt man 2 Dukaten und das Spiel endet, fällt erst im zweiten Versuch „Kopf", so ist der Gewinn 4 usw. Folglich ist $\left(\frac{1}{2}\right)^k$ die Wahrscheinlichkeit dafür, dass im k-ten Versuch „Kopf" realisiert wird. Der *Erwartungswert* für die Gewinne aus dieser Wette (unter der Annahme, dass das Casino unbegrenzt liquide ist und beide Beteiligte unbestimmt langlebig sind) ergibt sich als unendliche geometrische Reihe aus der Summe der Produkte von Wahrscheinlichkeiten und Geldbeträgen („Werten"): $2^1\left(\frac{1}{2}\right)^1 + 2^2\left(\frac{1}{2}\right)^2 + \ldots + 2^k\left(\frac{1}{2}\right)^k + \ldots$. Diese Summe konvergiert nicht, hat also sozusagen den Wert „unendlich". Wendet der Spieler die Konzeption des Erwartungswerts auf diese Wette an, so müsste er, wie Bernoulli argumentiert, sein gesamtes Vermögen einsetzen, um diese Wette anzunehmen. Offenbar würde das aber niemand tun, das Kriterium scheint weder normativ noch empirisch akzeptabel. Bernoullis Vorschlag zur Auflösung dieses Paradoxons ist es, nicht den Erwartungswert (als Summe der Produkte von

---

1 Es seien u der Nutzen des „ewigen Lebens", k die Kosten des Verzichts auf göttliche Gnade, c die Kosten „fruchtloser Glaubensanstrengungen" und $u \gg c$ sowie $k \gg c$, dann lohnt es zu glauben, falls:
$up + (1-p) \cdot (-c) > -pk$ oder $p > p^* := \frac{c}{u+c+k}$. Der kritische Wert p^*, für den die Ungleichung erfüllt ist, ist sehr (aber nicht beliebig) klein, sofern u relativ zu c sehr groß ist.

objektiven Geldbeträgen („Werten") und Wahrscheinlichkeiten) als Entscheidungskriterium zu verwenden, sondern die von ihm so genannte „moralische Erwartung". Zieht man in Betracht, dass der Grenznutzen von Geld derart abnimmt, dass er umgekehrt proportional zum Reichtum des Spielers ist, so kann der Nutzen über eine logarithmische Funktion (des Geldes) dargestellt werden. Allgemein gilt, dass eine *konkave* Nutzenfunktion *u* (deren erste Ableitung nach dem Geldbetrag positiv und deren zweite Ableitung negativ ist) auf einen endlichen Wert der moralischen Erwartung oder – wie wir heute sagen – des Erwartungsnutzens der Petersburger Wette führt, sofern die Funktion nach oben beschränkt ist (Arrow 1965: 25–26).

Ausgearbeitete Theorien des erwarteten Nutzens wurden erst im 20. Jahrhundert präsentiert. Die Beiträge gehen in zwei Richtungen. Eine *erste* ist die Nutzenaxiomatik, die John von Neumann (1903–1957) und Oskar Morgenstern (1902–1977) im Zusammenhang ihrer monumentalen Monographie „Game Theory and Economic Behavior" (1944) vorgelegt haben. Auf Basis von Annahmen über Präferenzen in Bezug auf Lotterien (Transitivität, Vollständigkeit, Archimedes-Axiom der Stetigkeit, Unabhängigkeit) gilt, dass eine *kardinale* Nutzenfunktion existiert, die eindeutig bis auf positiv affine (lineare) Transformationen ist, und die (sozusagen psychologische) Präferenzrelation des Akteurs numerisch abbildet. Auf diese Weise wird axiomatisch begründet, dass Nutzen nicht nur ordinal, sondern auf Intervallskalen-Niveau messbar ist. Zum anderen ist rationales Handeln in einer Entscheidungssituation unter Risiko, in der den Konsequenzen objektive Wahrscheinlichkeiten zugeordnet werden, über die Maximierung des erwarteten Nutzens konzipierbar. Die Risikoneigung des Akteurs ist zudem in die Nutzenfunktion „eingebaut" und ergibt sich aus der „Krümmung" der Funktion. Konkave Funktionen (wie etwa die Logarithmus-Funktion) implizieren Risikoaversion, konvexe (wie etwa eine Parabel) Risikofreude, lineare Risikoneutralität.

Die Erwartungsnutzen-Theorie gilt bis heute als Goldstandard, wenn es um die Erklärung von Entscheidungen unter Risiko geht; auch in der RC-Soziologie liegen zahlreiche Anwendungen vor (z. B. Coleman 1990; Breen & Goldthorpe 1997; Tutić 2017). Nicht nur ist sie eine notwendige Grundlage für die Anwendung vieler spieltheoretischer Begriffe (z. B. gemischter Strategien), sondern sie eignet sich zudem für eine präzise Begründung utilitaristischer Wohlfahrtsfunktionen, weil Nutzen quantifizierbar ist. Harsanyi (1977: 48–83) und Binmore (1998: 282–300) diskutieren, welche weiteren Voraussetzungen erforderlich sind, um darüber hinaus die für eine utilitaristische Ethik notwendige interpersonelle Vergleichbarkeit des Nutzens zu sichern.

Eine *zweite* Richtung, in die die Entscheidungstheorie entwickelt wurde, ist eng mit den Namen Frank P. Ramsey (1903–1930), Bruno DeFinetti (1906–1985) und Leonard J. Savage (1917–1971) verbunden und steht in der Pascalschen

Tradition der Rekonstruktion von subjektiven Überzeugungen („beliefs"). Frank P. Ramsey hat bereits 1926 das Problem der Messung von subjektiven Wahrscheinlichkeiten („Glaubensgraden") behandelt und einen Weg gefunden, der von Savage (1972 – zuerst 1954 publiziert) zu einer ausgereiften Theorie des subjektiv erwarteten Nutzens („SEU-Theorie") weitergeführt wurde. Grundgedanke ist, subjektive Wahrscheinlichkeiten über das Wettverhalten zu messen. Naturgemäß ist für ein axiomatisch begründetes Verfahren, das sowohl subjektive Wahrscheinlichkeiten als auch Präferenzen (Nutzen) messbar macht, eine Menge zusätzlicher Konsistenzannahmen zwingend erforderlich, die über die Erwartungsnutzen-Theorie hinausgehen. Die mathematisch anspruchsvollen Theorien von Ramsey und Savage dürfen übrigens nicht mit der naiven Auffassung in Verbindung gebracht werden, dass allein durch den (verbalen) Übergang von objektiven zu subjektiven Wahrscheinlichkeiten eine voraussetzungsärmere und „realistischere" Handlungstheorie entstehe.

I.1.5 Rationalität in sozialen Interaktionen: Spieltheorie

Formalisierte Handlungstheorien, von denen bisher die Rede war, sind, folgt man Max Webers Begriffsbildungen, noch nicht wirklich geeignet, das (zweck-)rationale Handeln in sozialen Beziehungen zu analysieren. Von einer sozialen Beziehung oder Interaktion kann dann gesprochen werden, wenn zwei oder mehr Handelnde ihre Handlungsentscheidungen derart aneinander orientieren, dass sie berücksichtigen, dass ihre jeweiligen Handlungskonsequenzen auch von den Entscheidungen der Interaktionspartner abhängen. Es kann kaum Zweifel bestehen, dass Max Weber – hätte er bereits über Erkenntnisse der Spieltheorie verfügt – seine Handlungstheorie, besonders die Figur des zweckrationalen Akteurs anders gezeichnet hätte (Schluchter 2015: 238). Die Spieltheorie wurde im Wesentlichen von John von Neumann begründet, der bereits in den 1920er Jahren mathematische Arbeiten über das Schachspiel publiziert hatte. In der oben erwähnten Monographie (mit Oskar Morgenstern) werden zahlreiche Begriffe eingeführt und Theoreme bewiesen, die bis heute zum Inventar der klassischen Spieltheorie gehören. Schwerpunkt ist allerdings die Untersuchung von Nullsummenspielen, in denen es vollständig antagonistische Interessen der Spieler gibt (wie in vielen Gesellschaftsspielen). Einen weiteren Schwerpunkt bilden bestimmte kooperative Spiele, in denen die Beteiligten bindende Abmachungen treffen können. Breite sozialwissenschaftliche Anwendungen spieltheoretischer Ideen wurden durch die Arbeiten von John Nash (1928–2015) ermöglicht, auf den auch die Unterscheidung zwischen kooperativen und nichtkooperativen Spielen zurückgeht. Im Unterschied zu kooperativen Spielen ist es den Spielern in einem nichtkooperativen Spiel nicht möglich, bindende Abmachungen zu treffen. Neben Lösungskonzepten für kooperative Verhandlungsspiele geht auf Nash das nach ihm benannte *nichtkooperative Gleichgewichtskonzept* zurück. Ein *Nash-Gleichgewicht* ist grob gesagt ein Profil von Strategien derart, dass kein Spieler einen einseitigen (positiven) Anreiz zur Abweichung von seiner Strategie besitzt, sofern die übrigen Spieler ihre Strategien beibehalten. Nash hat in seiner Dissertation nicht nur dieses Konzept definiert, sondern auch bewiesen, dass (praktisch) jedes nichtkooperative Spiel (mindestens) ein Gleichgewicht besitzt (Nash 1950). Aus sozialtheoretischer Sicht sind nichtkooperative Spiele fundamental, weil mit ihrer Hilfe eine Antwort auf Hobbes' Frage nach der Entstehung sozialer Ordnung aus einem Naturzustand, der per definitionem als nichtkooperatives Spiel modelliert werden muss, gegeben werden kann. Viele Spieltheoretiker akzeptieren die (oft als „Nash-Programm" bezeichnete) Auffassung, dass kooperative Spiele letztlich als Ausgänge von nichtkooperativen Spielen analysiert werden sollten, so dass der kooperative Spielkontext endogen begründet und eine Integration von kooperativer und nichtkooperativer Spieltheorie erreicht wird (Harsanyi 1976a: 110–111). Nashs Gleichgewichtskonzept löste einen starken Impuls in Richtung neuer theoretischer Anwendungen der Spieltheorie aus, so dass heute praktisch alle Anwender spieltheoretischer Begriffe dieses Gleichgewichtskonzept oder Varianten davon einsetzen. John Nash erhielt 1994 gemeinsam mit Reinhard Selten (1930–2016) und John C. Harsanyi (1920–2000) einen Nobelpreis. Auf Selten gehen unter anderem Arbeiten zurück, die das Nash-Gleichgewicht weiter „verfeinern". In sequentiellen Spielen, in denen die Akteure eine Reihe aufeinander folgender Züge wählen, existieren oft viele Gleichgewichte, die explizite oder stillschweigende Drohungen (oder Versprechen) implizieren. Ein Beispiel ist das Ultimatumspiel (Güth et al. 1982), in dem ein erster Spieler eine Torte (oder einen Geldbetrag) zwischen einem zweiten Spieler und sich aufteilt und die Aufteilung dann realisiert wird, wenn der zweite sie akzeptiert. Im Fall der Ablehnung erhalten beide Spieler nichts. In diesem Spiel kann praktisch jede Aufteilung als Nash-Gleichgewicht begründet werden, so dass die Theorie nur geringe Vorhersagekraft hat. Seltens (1965) Begriff des *teilspielperfekten Gleichgewichts* erlaubt es, solche Nash-Gleichgewichte zu identifizieren, die auf Drohungen basieren, die „glaubwürdig" sind, weil sie der betreffende Akteur tatsächlich ausführen würde, falls das Spiel „kontrafaktisch" so verlaufen ist, dass Spieler vom Gleichgewichtspfad abgewichen sind. Im Ultimatumspiel führt dieses Lösungskonzept auf die eindeutige Vorhersage, dass der erste Spieler dem Partner das kleinste Stück der Torte anbietet und dass dieses Angebot akzeptiert wird. John Harsanyi (1967/68) hat in der Spieltheorie die Untersuchung von Spielen mit *unvollständiger Information* möglich gemacht. Ein Aspekt unvollständiger Information kann sein, dass verschiedene „Typen" von Akteuren mit unterschiedlichen Präferenzen in einer Interaktion auftreten, wobei zwar Informationen über die Wahrscheinlichkeiten des Auftretens dieser Typen bekannt sind aber der Spielerin nicht bekannt ist, mit welchem dieser Typen sie konfrontiert ist. Die zu Beginn bekannten subjektiven Wahrscheinlichkeiten können unter bestimmten Bedingungen in einem sequentiellen Spiel durch die im Verlauf eines Spiels erhaltenen Informationen gemäß der Regel von Bayes angepasst werden. Auch die später entwickelten Signaling-Spiele beziehen sich auf Situationen unvollständiger Information.

I.1.6 Eingeschränkte Rationalität und Verhaltensökonomik

Die in den Abschnitten 3, 4 und 5 berührten Ideen verwenden sämtlich strikte Rationalitätspostulate, die in der Regel zunächst normativ motiviert sind und idealisierende formale Konsistenzaxiome erfordern. In empirischen Anwendungen wird vorausgesetzt, dass diese Postulate insofern „realistisch" sind als sie zumindest prognostisch hilfreich sind. Für soziologische Anwendungen gilt zudem, dass eine einfache, abstrakte Handlungskonzeption sich in der Regel besser eignet, um einerseits strukturelle oder Makro-Bedingungen in ihren Wirkungen auf individuelle Anreize und andererseits die kollektiven Folgen individueller Effekte zu analysieren (vgl. z. B. Coleman 1987). Ferner gilt, dass einige wichtige soziale Regelmäßigkeiten auf der Aggregatebene, z. B. das Nachfragegesetz der neoklassischen Ökonomik, auch dann begründet werden können, wenn das Verhalten der Akteure von strengen Rationalitätsprinzipien abweicht (Becker 1962). Im Unterschied zu den Vorstellungen Max Webers und anderer älterer Autoren geht man meist nicht von der Annahme aus, dass die Rationalitätspostulate das bewusste kognitive Prozessieren und „Abwägen" von Optionen, Wahrscheinlichkeiten und Bewertungen der Akteure darstellen. Milton Friedman (1912–2006) argumentiert in diesem Sinn, dass Akteure sich so verhalten, *als ob* sie bestimmte Abwägungsvorgänge durchführten (Friedman 1953). Es sei abwegig und auch unnötig, zu behaupten, dass menschliches Handeln tatsächlich kognitiv so geplant werde wie die zum Teil mathematisch anspruchsvollen Theorien es beschreiben. Analog kann das Verhalten von professionellen Tennisspielern beim Aufschlag, bei denen es um die präzise Kalibrierung von aufgewendeten Kräften, Richtungsvektoren und Beschleunigungen geht, nicht darüber erklärt werden, dass man unterstellt, die Sportler würden die (in konkreten Anwendungen) äußerst komplexen Differentialgleichungen der Mechanik für die Anfangsbedingungen ihrer Spielsituation zu lösen versuchen, um dann eine optimale Entscheidung zu fällen. Vielmehr verfügen die Spieler aufgrund von erlernten Routinen oder angeborener Kompetenzen über die Disposition so zu handeln, als ob sie jeweils komplexe kognitive Probleme lösten. Neben vielen anderen Autoren unterscheidet Herbert A. Simon (1916–2001) zwei Rationalitätskonzeptionen (Simon 1976, 1978): Einerseits gibt es die in der kognitiven Psychologie seit William James (1842–1910) dominante Vorstellung von Rationalität als *Denkprozess*. Andererseits gibt es die Idee, dass die Theorie die *Ergebnisse* der (womöglich im Sinn eines „Als-ob" konzipierten) Denkvorgänge von Akteuren darstellt oder vorhersagt. Im Unterschied zu Friedman tendierte Simon stärker in die erste Richtung. Auf Simon (1982) gehen Pionierarbeiten zurück, die den Gedanken ausarbeiten, dass menschliches Handeln *eingeschränkt rational* ist („bounded rationality"). Während Vertreter einer Als-ob-Konzeption davon ausgehen, dass auch die dem Entscheidungsvorgang vorausgehende Suche nach Informationen (über die besten verfügbaren Alternativen) durch einen Grenznutzen-Grenzkosten-Kalkül erklärt werden kann, wobei der Suchvorgang beendet wird, wenn ein Optimum erreicht ist (Stigler 1961), argumentiert Simon (1955), dass psychologische Beschränkungen des menschlichen Organismus dazu führen, dass der Vorgang der Suche nach einer besten Handlungsalternative an einem Punkt abgebrochen wird, wo eine hinreichend *befriedigende* Lösung des Maximierungsproblems (gemessen an einem exogenen Kriterium wie dem Anspruchsniveau) gefunden ist („satisficing" statt „maximizing"). Die meisten Verfechter von Theorien einer begrenzten Rationalität gehen davon aus, dass es nicht nur um eine „realistische" Beschreibung der konkreten Heuristiken und Denkvorgänge geht, die Akteure in Entscheidungssituationen zur Anwendung bringen, sondern dass vor allem die Vorhersagen der Resultate des Handelns durch Einbeziehung der Prozessebene besser seien. Der in den letzten Jahrzehnten zu beobachtende Aufschwung der Verhaltensökonomik war tatsächlich dadurch beschleunigt worden, dass die traditionelle Konzeption vollständiger Rationalität mit empirischen Anomalien konfrontiert war (vgl. Kapitel II.4; Kapitel IV.1).

Es lassen sich diese Schwierigkeiten grob in zwei Kategorien einteilen. Erstens gibt es empirische Befunde, dass menschliches Verhalten nicht dem *motivationalen* Konzept eines homo oeconomicus zu entsprechen scheint. Das „model of man" des homo oeconomicus unterstellt – so die gängigste Deutung – vollständige Rationalität und eine ausschließlich an den materiellen Eigeninteressen orientierte Motivation. Eine mittlerweile kaum überschaubare Zahl an einschlägigen spieltheoretischen Experimenten liefert Indizien zugunsten der Vermutung, dass faktisches Verhalten (zumindest eines beträchtlichen Anteils der Akteure) auch durch Altruismus, Fairness, intrinsische Moralität und andere *soziale Präferenzen* geprägt ist (vgl. Ockenfels 1999; Bowles 2016). Rationale Egoisten geben im Ultimatum-Spiel den kleinstmöglichen Anteil der Torte an den Empfänger, der dieses Angebot akzeptiert, weil ein geringer Anteil besser ist als gar nichts zu erhalten. Diese eindeutige Vorhersage auf Basis des teilspielperfekten Gleichgewichts hat sich in zahlreichen, auch interkulturell vergleichenden, Experimenten nicht bestätigt (vgl. z. B. Camerer 2003). Allerdings ist zu berücksichtigen, dass die RCT keineswegs mit einer Eigennutz-Annahme verbunden ist. Grundsätzlich können die Präferenzen viele unterschiedliche Gesichtspunkte abbilden, wie etwa auch Altruismus und Neid. Viele Modellierungen und Anwendungen sozialer „Motivationsfunktionen" (Ockenfels) der Fairness basieren auf der Idee vollständig rationalen Handelns (vgl. dazu Ockenfels & Raub 2010). Das in dieser Hinsicht bekannteste Modell der Ungleichheitsaversion unterstellt, dass Akteure eine Motivationsfunktion maximieren, deren Nutzenargumente einerseits die eigenen materiellen Ergebnisse bilden und andererseits auch von emotionalen Komponenten wie „Neid" oder „Schuld" abhängen (Fehr & Schmidt 1999). Im Ultimatum-Spiel würden Fairness-Präferenzen dazu führen, dass Angebote, die einer Gleichverteilung nahekommen, gemacht und vom zweiten Spieler auch akzeptiert werden. Sind dem zweiten Spieler nämlich Fairness-Normen wichtig, so ist er bereit, für deren Durchsetzung materielle Nachteile in Kauf zu nehmen. Auf diese Weise kann eine (stillschweigende) Ablehnungsdrohung glaubwürdig werden. In manchen Hinsichten lässt sich die theoretische und empirische Analyse sozialer Präferenzen übrigens als Rückbesinnung auf die Tradition der Schottischen Moralphilosophie interpretieren. Wie oben ausgeführt, hatten bereits Hume und Smith (sowie einige andere Autoren der britischen Tradition) die Hobbessche Annahme einer extrem egoistischen Motivationsstruktur verworfen und „moralische Gefühle" als wesentliche Komponente der natürlichen Ausstattung des Menschen betrachtet.

Die zweite Eigenschaft des homo oeconomicus ist *vollständige Rationalität* entsprechend den Rationalitätspostulaten der jeweiligen Variante der RCT. Im einfachsten Fall (Entscheidungen unter Sicherheit) werden vollständige, transitive und stetige Präferenzen vorausgesetzt. In riskanten Entscheidungssituationen und in der Spieltheorie sind u. a. die Axiome der Erwartungsnutzen-Theorie erforderlich. Ausgangspunkt der stürmischen Weiterentwicklungen der RCT in der Verhaltensökonomik sind auch hier Anomalien, das heißt reproduzierbare empirische Befunde, die systematisch von den Vorhersagen der Theorie abweichen. Die Anomalien betreffen die folgenden expliziten oder stillschweigenden Annahmen:

(A) Entscheidungen sind *zukunftsorientiert*, d. h. sie werden ausschließlich mit Blick auf die erwarteten zukünftigen Folgen getroffen – vergangene Ergebnisse sind irrelevant,

(B) „Äsops Prinzip" (Binmore 2009: 31): Erwartungen und Wünsche sind voneinander unabhängig,
(C) Erwartungen und Überzeugungen werden über Wahrscheinlichkeiten dargestellt, die den Regeln der *Wahrscheinlichkeitsrechnung* entsprechen,
(D) Axiome hinsichtlich der *Präferenzen* in Bezug auf Lotterien: Transitivität und Vollständigkeit, Archimedes-Axiom, Unabhängigkeit,
(E) Invarianzprinzip: Unterschiede in der Darstellung von Alternativen sind irrelevant, sofern die Ausgänge identisch sind.

Es ist hier nicht der Ort, um diese Anomalien im Einzelnen zu erläutern und zu diskutieren (vgl. Thaler 1992, 2015). Einige der bekanntesten Anomalien sind „Sunk cost"-Effekte (Verletzung von A), das Allais-Paradox als Verletzung des Unabhängigkeitsaxioms (D), fehlerträchtige Heuristiken der Informationsverarbeitung (C) und Framing-Effekte (E).

Die *Prospect-Theorie* von Kahneman & Tversky (1986; vgl. auch Kahneman 2011) soll grundsätzlich einige dieser Anomalien beseitigen und weitere neue Vorhersagen treffen. Es handelt sich um eine Weiterentwicklung von Erwartungsnutzen-Theorien. Allerdings postuliert die Theorie, dass Erwartungen durch eine nichtlineare Wahrscheinlichkeitsfunktion dargestellt werden, die die subjektive Wahrnehmung vorgegebener objektiver Chancen beschreibt. Für diese gilt, dass der Übergang von objektiven Wahrscheinlichkeiten $p = 0$ zu $p > 0$ für kleine Unterschiede Δp stärker wahrgenommen wird als analoge Unterschiede Δp im mittleren Bereich (z. B. $p = 0,5$): Kleine Wahrscheinlichkeiten werden überschätzt, größere unterschätzt. Präferenzen werden über eine „Wertfunktion" dargestellt, die weder das Invarianzprinzip erfüllt noch die Unabhängigkeitsannahme der von Neumann-Morgenstern-Theorie. Die Wertfunktion hat in Abhängigkeit des „Framings" einen differenten Verlauf: Das Framing wird in der Weise konzipiert, dass *Änderungen* in den materiellen Ergebnissen (z. B. Geldbeträgen) relativ zu einem Referenzpunkt betrachtet werden. Diese Referenzpunkt-Abhängigkeit von Bewertungen ist (so die Aussagen in Kahneman 2011 und Thaler 2015) durch das *Weber-Fechner-Gesetz der Psychophysik* inspiriert, welches besagt, dass die subjektive Wahrnehmung der Veränderung eines objektiven Reizes umgekehrt proportional zur Stärke des objektiven Reizes ist, so dass sich (analog zur Bernoullischen „moralischen Erwartung") ein logarithmischer Zusammenhang zwischen objektivem Reiz und subjektiver Bewertung der Veränderung ergibt. Objektiv gleiche Reizunterschiede Δs werden bei kleiner absoluter Reizstärke s deutlicher wahrgenommen als identische Unterschiede Δs bei absolut großer Intensität. In der Prospect-Theorie wird nun ein Framing derart postuliert, dass „Gewinne" anders bewertet werden als Änderungen im „Verlust"-Bereich. Ein Endvermögen von x Euro wird anders bewertet, wenn der Bezugspunkt eine Anfangsausstattung von $x + \Delta x$ Euro war (Verlust) als wenn der vorherige Zustand $x - \Delta x$ Euro war (Gewinn). Die Wertfunktion verläuft konkav im Gewinnbereich (Risikoaversion) und konvex im Verlustbereich (Risikofreude). Ferner ist die Steigung im Verlustbereich steiler als im Gewinnbereich, so dass Verluste stärker gewichtet werden. Im Rahmen der Prospect-Theorie lässt sich sowohl das Allais-Paradox (das auf einer Verletzung der Unabhängigkeitsannahme der Erwartungsnutzen-Theorie beruht) als auch die Verletzung der Invarianz-Annahme (Kontext-Abhängigkeit von Entscheidungen) auflösen.

Die Prospect-Theorie hat durch die Konzeption eines „libertären Paternalismus" von Richard Thaler & Cass Sunstein (2008) eine erhebliche Wirkung auch in der breiten Öffentlichkeit erfahren. Aus Sicht der Prospect-Theorie sind viele alltägliche Entscheidungen durch Anomalien (z. B. Framing-Effekte) beeinflusst, so dass im Ergebnis individuell oder sozial suboptimale Ergebnisse realisiert werden. Durch ein sogenanntes „Nudging" sollen diese Entscheidungen verbessert werden, damit die Betroffenen in die Lage versetzt werden, ihre Interessen besser zu verwirklichen. Ein „Nudge" ist eine kleine Eigenschaft in der Umgebung des Entscheiders, die seine Aufmerksamkeit erregt und das Entscheidungsverhalten beeinflusst (Thaler 2015: 325). Aus Sicht der Prospect-Theorie ist wie erläutert der Kontext der Präsentation einer Entscheidungsalternative wichtig. Ähnlich wie Ausgänge im Verlust- und im Gewinn-Frame unterschiedlich bewertet werden, gibt es Unterschiede in der Wahrnehmung von „out-of-pocket"-Kosten und Opportunitätskosten. Einige Arten von Opportunitätskosten werden (als entgangene Gewinne) tendenziell weniger stark gewichtet als analoge „out-of-pocket"-Kosten (Verluste). Ein viel zitiertes Beispiel für Nudging-Effekte sind Regelungen für Organspenden. Es ist aus Sicht der Prospect-Theorie zu erwarten, dass eine Widerspruchslösung (jeder ist per „default" nach dem Tod potentiell Organspender, sofern nicht aktiv widersprochen wurde) deutlich mehr Spendebereitschaft auslöst als eine Zustimmungslösung (Organspender ist, wer aktiv sein „opt-in" erklärt).

I.1.7 Ausblick: Rational-Choice-Soziologie

In der Soziologie haben sich einige der frühen Anwendungen von Rational-Choice-Theorien auf die Analyse *sozialer Austauschbeziehungen* bezogen. Homans (1958) plädiert in einem programmatischen Aufsatz dafür, bestimmte soziale Interaktionen im Kontext von Gruppen als Tauschbeziehungen zu verstehen und deren Ablauf mit aus der Mikroökonomik entlehnten Ideen zu erklären. In Peter M. Blaus (1964) Monographie „Exchange and Power in Social Life" wird dieser Gedanke in verschiedenen Hinsichten ausgearbeitet. Sozialer Austausch in Gestalt

wechselseitiger Leistungen ist motiviert durch die erwarteten Erträge. Im Fall
zeitversetzter Leistungen ist deshalb als Startbedingung für den Tausch die Erwartung einer zukünftigen Gegenleistung notwendig. In einigen ökonomischen
Tauschbeziehungen ist die Gegenleistung rechtlich einklagbar, im sozialen Tausch
in der Regel nicht. Es muss deshalb Vertrauen auf Seiten desjenigen Akteurs
geben, der die Vorleistung erbringt. Blau (1964) argumentiert überzeugend, dass
Austauschbeziehungen unter geeigneten Bedingungen aus sich selbst heraus (endogen) stabilisiert werden. Im Licht spieltheoretischer Überlegungen lassen sich
Blaus Thesen weiter präzisieren, indem auf Ergebnisse der Theorie wiederholter
Spiele zurückgegriffen wird (vgl. Axelrod 1987; Voss 1985), die demonstrieren,
dass ein langer „Schatten der Zukunft" auch eigeninteressierte Akteure motiviert,
in sozialen Dilemma-Situationen (bedingt) zu kooperieren (vgl. Kapitel III.3). Diese
Ideen knüpfen an Vorstellungen spontaner Ordnungsbildung an, die bereits in der
Schottischen Moralphilosophie, insbesondere bei David Hume, angedeutet worden
sind. Mit Theorien des sozialen Tauschs wird u. a. begründet, dass Tauschgelegen-
heiten Macht- und Statusunterschiede verstärken oder erzeugen. Auch in diesem
Kontext wurden spieltheoretische Ideen (etwa kooperative Verhandlungsspiele)
zur Rekonstruktion der Zusammenhänge eingesetzt (vgl. Harsanyi 1962a, 1962b,
1966 für einige frühe Beiträge oder Braun & Gautschi 2006 für eine neuere Arbeit).
Coleman (1964, 1973, 1990) hat in mehreren Anläufen ein lineares Handlungssys-
tem entwickelt, das Märkte sozialer Tauschbeziehungen und Systeme kollektiver
Entscheidungen (z. B. Abstimmungsgremien) darstellt. Akteure kontrollieren in
dieser Konzeption „Ressourcen" oder „Ereignisse" und bieten anderen Akteuren
einen Tausch von Kontrollrechten an, wenn eine Komplementarität von Kontrolle
und Interesse vorliegt. Weniger stark bewertete Kontrollrechte werden gegen eine
Kontrolle über Ressourcen oder Ereignisse getauscht, für die ein größeres Interesse
besteht. Colemans Modell hat in formaler Hinsicht Affinitäten zu neoklassischen
Analysen von Tausch- und Gleichgewichtsvorgängen (nach dem Muster eines Wal-
rasschen linearen Gleichungssystems).

Mittlerweile gibt es eine umfangreiche Menge von Anwendungen spiel-
theoretischer Ideen in der Soziologie, z. B. zur Entstehung von Vertrauen und
Kooperation (Raub & Buskens 2006; Diekmann et al. 2014; Kapitel III.5), zur
Durchsetzung sozialer Normen (Coleman 1990; Voss 2001; Opp 2018; Kapitel
III.4) oder zur Erklärung der Entstehung und der Wirkungen von Institutionen
auf der gesamtgesellschaftlichen Ebene (Greif 2006). Boudon (1977; vgl. auch Raub
1984) hat ein spieltheoretisches Modell zur Rekonstruktion der Theorie relativer
Deprivation (oder „Frustration") vorgeschlagen, das zu neuen empirisch prüfbaren
Hypothesen führt (Berger & Diekmann 2015). Weiterentwicklungen von Ideen zur
Analyse von Spielen mit unvollständiger Information sollen bestimmte Typen so-
zialer Normen erklären, nämlich solche Normen, die den Normadressaten auf den

ersten Blick ineffiziente kostspielige Aktionen abverlangen. In bestimmten Situationen unvollständiger Information gibt es nämlich die Möglichkeit, dass der sozialen Umgebung durch die Sendung kostspieliger „Signale" ansonsten unbeobachtete Eigenschaften kommuniziert werden. Auf diese Weise können Rituale, Regeln der Etikette oder bestimmte Kleidungsstile (Verschleierung) anzeigen, dass der Sender ein Träger von in sozialen Beziehungen erwünschten Eigenschaften (z. B. vertrauenswürdig) ist (vgl. Posner 2000; Gambetta 2009; Diekmann & Przepiorka 2010; Aksoy & Gambetta 2016). Das besondere Potential der Spieltheorie ergibt sich aus den durch den hohen Grad an Formalisierung vergleichsweise leicht zu realisierenden Mikro-Makro-Verknüpfungen (vgl. Kapitel I.2). Zudem liefern spieltheoretische Modellierungen klare empirisch prüfbare Hypothesen, die die experimentelle und nicht-experimentelle Forschung angeregt aber auch zu den oben erwähnten, als „Anomalien" interpretierten Befunden geführt haben.

In der soziologischen Handlungstheorie wurden verschiedene Versuche unternommen, Framing-Aspekte in die Rational-Choice-Theorie zu integrieren (vgl. Kapitel IV.2). Lindenberg (2013) unterscheidet drei Frames, die sich auf die jeweils aktivierten Ziele beziehen („goal frames"). Dabei handelt es sich um den Gewinn-Frame, den hedonistischen Frame und den normativen Frame. Dieser Ansatz soll beispielsweise dazu dienen, normorientiertes Handeln in Abhängigkeit der Situationsdefinition durch den Handelnden zu erklären. Esser & Kroneberg (2015) gehen in ihrem Modell der Frame-Selektion von einer in der kognitiven Psychologie verbreiteten Vorstellung unterschiedlicher Modi der Informationsverarbeitung aus („duales Selbst" – vgl. Kahneman 2011). Im „automatischen" Modus läuft die Verarbeitung von Informationen gemäß Gewohnheiten und Routinen ab, während rationales Kalkulieren im „reflektierenden" Modus erfolgt. Die Theorie nennt Bedingungen, unter denen Akteure z. B. vom habitualisierten Verhalten in den reflektierenden Modus wechseln. Dabei gehen die Autoren von einer als „variabel" begriffenen Rationalität (Kroneberg 2005) aus und nähern sich damit in gewissen Hinsicht Vorstellungen an, die Max Weber angedeutet hat. Eine Schwäche dieser Framing-Theorien ist die noch weitgehend fehlende axiomatische Begründung ihrer Hypothesen, die auch deshalb erforderlich ist, damit zentrale theoretische Begriffe grundsätzlich auf dem erforderlichen Skalenniveau gemessen werden können. Eine stärkere Präzisierung der Modellannahmen könnte auch den empirischen Gehalt erhöhen und die Prüfbarkeit verbessern (vgl. Tutić 2015).

Aus Platzgründen konnten hier nur ganz wenige Beiträge zur Anwendung der RCT genannt werden. Zusätzliche Hinweise sind in diesem Band sowie in einigen Übersichtsartikeln zu finden (Voss & Abraham 2000; Diekmann 2008; Kalter & Kroneberg 2012; Diekmann & Voss 2018).

Literatur

Aksoy, O. & D. Gambetta, 2016: Behind the Veil: The Strategic Use of Religious Garb. European Sociological Review 32: 792–806.

Arrow, K.J., 1965: Aspects of the Theory of Risk-Bearing. Helsinki: Yrjö Jahnssonin Säätiö.

Axelrod, R., 1987: Die Evolution der Kooperation. München: Oldenbourg.

Becker, G.S., 1962: Irrational Behavior and Economic Theory. Journal of Political Economy 70: 1–13 (Nachdruck in Becker 1976).

Becker, G.S., 1976: The Economic Approach to Human Behavior. Chicago: University of Chicago Press.

Bentham, J., 1789: An Introduction to the Principles of Morals and Legislation (Auszüge). S. 337–389 in: L.A. Selby-Bigge, (Hrsg.), British Moralists. Volume I. Oxford: Clarendon 1897.

Berger, J. & A. Diekmann, 2015: The Logic of Relative Frustration: Boudon's Competition Model and Experimental Evidence. European Sociological Review 31: 725–737.

Binmore, K., 1998: Game Theory and the Social Contract. Volume 1: Playing Fair. Cambridge: MIT Press.

Binmore, K., 2005: Natural Justice. Oxford: Oxford University Press.

Binmore, K., 2009: Rational Decisions. Princeton: Princeton University Press.

Blau, P.M., 1964: Exchange and Power in Social Life. New York: Wiley.

Boudon, R., 1977: Effets pervers et ordre social. Paris: Presses Universitaires de France. Teilweise Übersetzung: Widersprüche sozialen Handelns. Darmstadt: Luchterhand 1979.

Bowles, S., 2016: The Moral Economy: Why Good Incentives are no Substitute for Good Citizens. New Haven: Yale University Press.

Brams, S., 2011: Game Theory and the Humanities. Cambridge: MIT Press.

Braun, N. & T. Gautschi, 2006: A Nash Bargaining Model for Simple Exchange Networks. Social Networks 28: 1–23.

Breen, R. & J. Goldthorpe, 1997: Explaining Educational Differentials. Rationality and Society 9: 275–305.

Camerer, C., 2003: Behavioral Game Theory. Princeton: Princeton University Press.

Cohen, L.J., 1989: An Introduction to the Philosophy of Induction and Probability. Oxford: Clarendon.

Coleman, J.S., 1964: Collective Decisions. Sociological Inquiry 34: 166–181.

Coleman, J.S., 1973: The Mathematics of Collective Action. London: Heinemann.

Coleman, J.S., 1987: Psychological Structure and Social Structure in Economic Models. S. 181–185 in: R.M. Hogarth & M.W. Reder (Hrsg.), Rational Choice. The Contrast between Economics and Psychology. Chicago: University of Chicago Press.

Coleman, J.S., 1990: Foundations of Social Theory. Cambridge: The Belknap Press of Harvard University Press. Übersetzung: Grundlagen der Sozialtheorie. 3 Bände. München: Oldenbourg 1991–1994.

Diekmann, A., 2008: Der Beitrag der experimentellen Wirtschaftsforschung zur Sozialtheorie. Kölner Zeitschrift für Soziologie und Sozialpsychologie 60: 528–550.

Diekmann, A., B. Jann, W. Przepiorka & S. Wehrli, 2014: Reputation Formation and the Evolution of Cooperation in Anonymous Online Markets. American Sociological Review 79: 65–85.

Diekmann, A. & W. Przepiorka, 2010: Normen als Signale. Der Beitrag der Signaling-Theorie. S. 220–237 in: G. Albert & S. Sigmund, (Hrsg.), Soziologische Theorie kontrovers.

Sonderheft 50 der Kölner Zeitschrift für Soziologie und Sozialpsychologie. Wiesbaden: VS Verlag für Sozialwissenschaften.

Diekmann, A. & T. Voss, 2018: Rational-Choice-Rezeption in der der deutschsprachigen Soziologie. S. 663–680 in: S. Moebius & A. Ploder, (Hrsg.), Handbuch Geschichte der deutschsprachigen Soziologie. Band 1: Geschichte der Soziologie im deutschsprachigen Raum. Wiesbaden: Springer VS.

Esser, H. & C. Kroneberg, 2015: An Integrative Theory of Action: The Model of Frame Selection. S. 63–85 in: E.J. Lawler, S.R. Thye & J. Yoon (Hrsg.), Order on the Edge of Chaos: Social Psychology and the Problem of Social Order. New York: Cambridge University Press.

Fehr, E. & K. Schmidt, 1999: A Theory of Fairness, Competition and Cooperation. Quarterly Journal of Economics 114: 817–868.

Friedman, M., 1953: The Methodology of Positive Economics. S. 3–43 in: M. Friedman, Essays in Positive Economics. Chicago: University of Chicago Press.

Gambetta, D., 2009: Codes of the Underworld: How Criminals Communicate. Princeton: Princeton University Press.

Greif, A., 2006: Institutions and the Path to the Modern Economy. Cambridge: Cambridge University Press.

Güth, W., R. Schmittberger & B. Schwarze, 1982: An Experimental Analysis of Ultimatum Bargaining. Journal of Economic Behavior and Organization 3: 367–388.

Hacking, I., 1975: The Emergence of Probability. Cambridge: Cambridge University Press.

Hardin, R., 2007: David Hume: Moral and Political Theorist. Oxford: Oxford University Press.

Harsanyi, J.C., 1962a: Measurement of Social Power, Opportunity Costs, and the Theory of Two-Person Bargaining Games. Behavioral Science 7: 67–80 (Wiederabdruck in Harsanyi 1976b).

Harsanyi, J.C., 1962b: Measurement of Social Power in n-Person Reciprocal Bargaining Games. Behavioral Science 7: 81–91 (Wiederabdruck in Harsanyi 1976b).

Harsanyi, J.C., 1966: A Bargaining Model for Social Status in Informal Groups and Formal Organizations. Behavioral Science 11: 357–369 (Wiederabdruck in Harsanyi 1976b).

Harsanyi, J.C., 1967/68: Games with Incomplete Information Played by 'Bayesian' Players. Management Science 14: 159–182, 320–334, 486–502.

Harsanyi, J.C., 1976a: Advances in Understanding Rational Behavior. S. 89–117 in: J.C. Harsanyi, Essays on Ethics, Social Behavior, and Scientific Explanation. Dordrecht: D. Reidel.

Harsanyi, J.C., 1976b: Essays on Ethics, Social Behavior, and Scientific Explanation. Dordrecht: D. Reidel.

Harsanyi, J.C., 1977: Rational Behavior and Bargaining Equilibrium in Games and Social Situations. Cambridge: Cambridge University Press.

Hobbes, T., 1984: Leviathan oder Stoff, Form und Gewalt eines kirchlichen und bürgerlichen Staates. I. Fetscher (Hrsg.). Frankfurt a. M.: Suhrkamp.

Hobbes, T., 1994: The Elements of Law, Natural and Politic. Part I: Human Nature; Part II: De Corpore Politico, with Three Lives. J.C.A. Gaskin (Hrsg.). 2. Aufl., Oxford: Oxford University Press.

Homans, G.C., 1958: Social Behavior as Exchange. American Journal of Sociology 63: 597–606.

Hume, D., 1978: A Treatise of Human Nature. L.A. Selby-Bigge & P.H. Nidditch (Hrsg.). 2. Aufl., Oxford: Clarendon.

Kahneman, D., 2011: Thinking, Fast and Slow. London: Penguin Books.

Kahneman, D. & A. Tversky, 1986: Rational Choice and the Framing of Decisions. S. 67–94 in: R.M. Hogarth & M.W. Reder (Hrsg.), Rational Choice. Chicago: University of Chicago Press.

Kalter, F. & C. Kroneberg, 2012: Rational Choice Theory and Empirical Research: Methodological and Theoretical Contributions in Europe. Annual Review of Sociology 38: 73–92.

Kroneberg, C., 2005: Die Definition der Situation und die variable Rationalität der Akteure: Ein allgemeines Modell des Handelns. Zeitschrift für Soziologie 34: 344–363.

Lahno, B., 1995: Versprechen. Überlegungen zu einer künstlichen Tugend. München: Oldenbourg.

Levine, D.N., 1995: Visions of the Sociological Tradition. Chicago: University of Chicago Press.

Lindenberg, S., 2013: Social Rationality, Self-Regulation, and Well-Being: The Regulatory Significance of Needs, Goals, and the Self. S. 72–112 in: R. Wittek, T.A.B. Snijders & V. Nee (Hrsg.), Handbook of Rational Choice Social Research. Stanford: Stanford University Press.

Mackie, J.L., 1985: Das Wunder des Theismus. Stuttgart: Reclam.

Nash, J., 1950: Non-Cooperative Games (Facsimile of the PhD-Dissertation). S. 51–84 in: H.W. Kuhn & S. Nasar (Hrsg.), The Essential John Nash. Princeton: Princeton University Press 2002.

Norkus, Z., 2001: Max Weber und Rational Choice. Marburg: Metropolis.

Ockenfels, A., 1999: Fairness, Reziprozität und Eigennutz. Tübingen: Mohr Siebeck.

Ockenfels, A. & W. Raub, 2010: Rational und fair. S. 119–136 in: G. Albert & S. Sigmund, (Hrsg.), Soziologische Theorie kontrovers. Sonderheft 50 der Kölner Zeitschrift für Soziologie und Sozialpsychologie. Wiesbaden: VS Verlag für Sozialwissenschaften.

Opp, K.-D., 2018: Externalities, Social Networks, and Social Norms: A Critical Analysis and Extension of James Coleman's Theory. Social Research 85: 167–195.

Parsons, T., 1937: The Structure of Social Action. Glencoe: Free Press.

Pascal, B., 1978: Über die Religion und über einige andere Gegenstände (Pensées). E. Wasmuth (Hrsg.). 8. Aufl., Heidelberg: Lambert Schneider.

Posner, E., 2000: Law and Social Norms. Cambridge: Harvard University Press.

Ramsey, F.P., 1980: Wahrheit und Wahrscheinlichkeit. S. 56–89 in: F.P. Ramsey, Grundlagen. Abhandlungen zur Philosophie, Logik, Mathematik und Wirtschaftswissenschaft. Stuttgart: Frommann-Holzboog.

Raub, W., 1984: Rationale Akteure, institutionelle Regelungen und Interdependenzen. Frankfurt a. M.: Lang.

Raub, W. & V. Buskens, 2006: Spieltheoretische Modellierungen und empirischen Anwendungen in der Soziologie. S. 560–598 in: A. Diekmann, (Hrsg.), Methoden der Sozialforschung. Sonderheft 44 der Kölner Zeitschrift für Soziologie und Sozialpsychologie. Wiesbaden: VS Verlag für Sozialwissenschaften.

Savage, L.J., 1972: The Foundations of Statistics. 2. rev. & erw. Aufl., New York: Dover.

Schluchter, W., 2015: Grundlegungen der Soziologie. 2. Aufl., Tübingen: Mohr-Siebeck.

Selten, R., 1965: Spieltheoretische Behandlung eines Oligopolmodells mit Nachfrageträgheit. Zeitschrift für die gesamte Staatswissenschaft 121: 301–324, 667–689.

Simon, H.A., 1955: A Behavioral Model of Rational Choice, Quarterly Journal of Economics 69: 99–118 (Nachdruck in Simon 1982).

Simon, H.A., 1976: From Substantive to Procedural Rationality. S. 129–148 in: S.J. Latsis (Hrsg.), Method and Appraisal in Economics. Cambridge: Cambridge University Press (Nachdruck in Simon 1982).

Simon, H.A., 1978: Rationality as Process or Product of Thought. American Economic Review 76: 1–16 (Nachdruck in Simon 1982).

Simon, H.A., 1982: Models of Bounded Rationality. Volume 2: Behavioral Economics and Business Organization. Cambridge: MIT Press.

Smith, A., 1978: Der Wohlstand der Nationen. Eine Untersuchung seiner Natur und seiner Ursachen. H.C. Recktenwald (Hrsg.). München: Deutscher Taschenbuch Verlag.

Smith, A., 1985: Theorie der ethischen Gefühle. W. Eckstein (Hrsg.). Hamburg: Meiner.

Stigler, G.J., 1961: The Economics of Information. Journal of Political Economy 69: 213–225 (Nachdruck in Stigler 1983).

Stigler, G.J., 1965: The Development of Utility Theory. S. 66–155 in: G.J. Stigler, Essays in the History of Economics. Chicago: University of Chicago Press.

Stigler, G.J., 1983: The Organization of Industry. Chicago: University of Chicago Press.

Taylor, M., 1987: The Possibility of Cooperation. Cambridge: Cambridge University Press.

Thaler, R., 1992: The Winner's Curse. New York: Basic Books.

Thaler, R., 2015: Misbehaving: The Making of Behavioral Economics. New York: Norton.

Thaler, R. & C.R. Sunstein, 2008: Nudge: Improving Decisions about Health, Wealth, and Happiness. New Haven: Yale University Press.

Tutić, A., 2015: Warum eigentlich nicht? Zur Axiomatisierung soziologischer Handlungstheorie. Zeitschrift für Soziologie 44: 83–98.

Tutić, A., 2017: Revisiting the Breen-Goldthorpe Model of Educational Stratification. Rationality and Society 29: 389–407.

von Neumann, J. & O. Morgenstern, 1944: Theory of Games and Economic Behavior. Princeton: Princeton University Press.

Voss, T., 1985: Rationale Akteure und soziale Institutionen. Beitrag zu einer endogenen Theorie des sozialen Tauschs. München: Oldenbourg.

Voss, T., 2001: Game-Theoretical Perspectives on the Emergence of Social Norms. S. 105–136 in: M. Hechter & K.-D. Opp (Hrsg.), Social Norms. New York: Russell Sage.

Voss, T. & M. Abraham, 2000: Rational Choice Theory in Sociology: A Survey. S. 50–83 in: S.R. Quah & A. Sales (Hrsg.), The International Handbook of Sociology. London: Sage.

Werner Raub
I.2 Sozialwissenschaftliche Erklärungen als rationale Modelle

I.2.1 Einleitung

In diesem Beitrag geht es höchstens am Rande um Rational-Choice-Theorie *als solche* oder um Varianten („Spielarten") der Rational-Choice-Theorie (vgl. Kapitel I.3; Kapitel II.1 – II.4; Kapitel IV.1; Kapitel IV.2). Vielmehr geht es hier um die *Anwendung* der Rational-Choice-Theorie bei der Erklärung sozialer Phänomene und sozialer Regelmäßigkeiten. Es geht also um Rationalitätsannahmen als Elemente von Theorien oder theoretischen Modellen, die empirisch prüfbare Erklärungen liefern. Derartige Erklärungen deuten wir als „RCT-Erklärungen" an. Damit behandelt der Beitrag Grundlagen für Anwendungen, wie sie in den Kapiteln III.1 bis III.5 dargestellt werden. Wir unterscheiden nicht streng zwischen „Theorien" und „theoretischen Modellen", obwohl wir bei „theoretischen Modellen" mehr als bei „Theorien" an jedenfalls teilweise formalisierte Annahmen denken. „Sozialwissenschaften" schließt Disziplinen wie die Soziologie, die Politikwissenschaft und die Ökonomik ein, auch wenn unsere Beispiele RCT-Erklärungen sind, die man typischerweise der Soziologie zurechnet.

RCT-Erklärungen betreffen nicht nur das Verhalten individueller Akteure. Wie die Formulierung „soziale Phänomene und Regelmäßigkeiten" nahelegt, beziehen RCT-Erklärungen sich auch und gerade auf Phänomene und Regelmäßigkeiten im Zusammenhang mit Kollektiven unterschiedlicher Art. Oft spricht man dann von „sozialen Systemen". In einem programmatischen Beitrag (1986a) nennt Coleman Familien, Städte, Unternehmen und Gesamtgesellschaften als Beispiele. Es geht also nicht nur um größere, sondern auch um kleine soziale Einheiten, neben Familien z. B. auch Dyaden, Triaden oder Kleingruppen. RCT-Erklärungen beziehen sich typischerweise sowohl auf die Mikro-Ebene der Akteure wie auch auf die Makro-Ebene eines sozialen Systems und zentrale Fragen betreffen die Beziehungen zwischen beiden Ebenen.[1] Man sieht mithin, dass RCT-Erklärungen Prinzipien des

---

[1] In manchen RCT-Erklärungen zählen zu den Akteuren auf der Mikro-Ebene auch „korporative Akteure" wie z. B. Organisationen (Coleman 1990: Teil III, IV).

Anmerkung: Der Beitrag ist mit Unterstützung der Niederländischen Organisation für wissenschaftliche Forschung (NWO) für das PIONIER-Programm „The Management of Matches" (S 96-168 und PGS 50-370) entstanden. Teile von Abschnitt I.2.4 überlappen mit Teilen von Raub (im Erscheinen).

https://doi.org/10.1515/9783110673616-002

methodologischen Individualismus folgen (vgl. Udehn 2001 für eine ausführliche Darstellung).

„Rationale Modelle" im Titel des Beitrags verweist auf RCT-Erklärungen der skizzierten Art. „Rationale Modelle" verweist aber auch auf „zweckmäßige Modelle", nämlich dem Erkenntnisfortschritt dienliche Erklärungen, die gängigen methodologischen Standards analytisch-empirischer Wissenschaft genügen und einen Beitrag leisten zur Integration von Theorie, empirischer Forschung und statistischer Modellierung (vgl. Ockenfels & Raub 2010). Es geht also um RCT-Erklärungen im Rahmen eines sozialwissenschaftlichen Erkenntnisprogramms, das im deutschen Sprachraum z. B. Hans Albert (1977; vgl. Kapitel I.1) formuliert hat. Dieses Programm zielt auf Erklärungen mit empirisch prüfbaren Implikationen, wobei zumindest einige Implikationen auch tatsächlich empirisch überprüft und die Resultate bei der Theorieentwicklung berücksichtigt werden.

Der folgende Abschnitt bietet skizzenhafte Beispiele – „Vignetten" – von RCT-Erklärungen. Deren Struktur arbeiten wir sodann mit Colemans bekanntem Mikro-Makro-Diagramm heraus. Danach behandeln wir typische Merkmale von RCT-Erklärungen, einschließlich einiger heuristischer und methodologischer Gesichtspunkte, die bei diesen Erklärungen eine Rolle spielen. Abschließende Bemerkungen und Literaturempfehlungen runden den Beitrag ab.

I.2.2 RCT-Erklärungen: Drei Vignetten

Wir beschränken uns auf einige wenige Vignetten, bei denen es um sozialwissenschaftlich interessante Erklärungsprobleme geht, und die zugleich die Struktur und typische Merkmale von RCT-Erklärungen erhellen. Es versteht sich, dass es sich keineswegs um eine „Zufallsauswahl" solcher Vignetten handelt. Alle Vignetten betreffen z. B. RCT-Erklärungen, bei denen spieltheoretische Modellierung wesentlich ist (vgl. Kapitel II.2; Kapitel II.3). Das passt gut zu Webers bekannter Definition der Soziologie, die ganz im Sinn der Spieltheorie die Analyse von Interdependenzen zwischen Akteuren und deren Effekte als Terrain der Soziologie sieht und – wiederum ganz spieltheoretisch gedacht – dabei annimmt, dass die Akteure diese Interdependenzen auch „in Rechnung stellen" (vgl. Raub & Buskens 2006).[2] Natürlich ist es nicht so, dass RCT-Erklärungen stets spieltheoretische Erklärungen

---

2 „Soziologie [. . .] soll heißen: eine Wissenschaft, welche soziales Handeln deutend verstehen und dadurch in seinem Ablauf und seinen Wirkungen ursächlich erklären will [. . .] ‚Soziales' Handeln [. . .] soll ein solches Handeln heißen, welches seinem von dem oder den Handelnden gemeinten Sinn nach *auf das Verhalten anderer bezogen wird und daran in seinem Ablauf orientiert ist.*" (Weber [1921] 1976: 1; Hervorhebungen so nicht im Original).

sind oder sein sollten. Im Prinzip könnten viele andere Vignetten zu anderen Erklärungsproblemen als Beispiele dienen, auch Vignetten, bei denen andere Annahmen – einschließlich anderer Rationalitätsannahmen – verwendet werden.

Die Logik der relativen Frustration: Boudons Wettbewerbsmodell

Es ist ein bekanntes Thema der Soziologie, dass Verbesserungen der Opportunitäten für die Akteure in einem sozialen System mit einer Zunahme des Anteils frus-
trierter Akteure einhergehen können – im Gegensatz zur naiven Annahme eines
durchgängig negativen Zusammenhangs zwischen Opportunitäten und der Frustrationsrate. Eine klassische sozialwissenschaftliche Studie zu diesem Thema finden wir bereits bei Tocqueville (1856), der argumentiert, dass in den Jahrzehnten
vor der Französischen Revolution mit zunehmendem Wohlstand anwachsende allgemeine Unzufriedenheit einherging. Durkheim (1897) schildert zunehmende
Selbstmordraten in Zeiten wirtschaftlichen Wachstums. Stouffer et al. (1949) beschreiben, dass die Zufriedenheit mit dem Beförderungssystem in einer Organisation in solchen Teilen höher ist, die schlechtere Beförderungschancen aufweisen.

Boudon (1977: Kapitel V) hat Grundzüge eines spieltheoretischen Modells
entwickelt, das es erlaubt, Bedingen zu spezifizieren, unter denen derartige Effekte auftreten. Dieses Modell haben Raub (1982, 1984: Kapitel 4), Berger & Diekmann (2015) und Otten (2018) genauer ausgearbeitet und weiterentwickelt (dort
auch Hinweise auf weiterführende Literatur zu den Studien von Tocqueville,
Durkheim und Stouffer et al. und auf andere als spieltheoretische Modelle zum
Zusammenhang von Opportunitäten und Frustrationsraten). Berger & Diekmann
(2015) und Otten (2018) haben empirische Vorhersagen experimentell überprüft,
die aus Boudons Modell und Varianten des Modells folgen. Erwähnenswert, aber
kaum bekannt ist, dass Boudons Modell im Kern zugleich seine einflussreichen
Analysen zur Ungleichheit von Bildungschancen und sozialen Chancen spieltheoretisch „fundiert" (vgl. Boudon 1974 und Raub 1984: Kapitel 5).

Wir skizzieren eine einfache Version von Boudons Modell, ein nichtkooperatives Spiel mit N Akteuren, wobei die Struktur des Spiels gemeinsames Wissen (*common knowledge*) der Akteure ist.[3] Jeder Akteur kann entweder eine

---

3 Vgl. für Terminologie, Annahmen, Theoreme und andere Resultate der Spieltheorie die entsprechenden Kapitel dieses Bandes oder ein Lehrbuch wie z. B. Rasmusen (2007). Vgl. Raub &
Buskens (2006) für eine breiter angelegte Diskussion spieltheoretischer Modelle in der Soziologie. Die folgenden Skizzen sehen von zahlreichen technischen Details ab, für die man die jeweils angegebene weiterführende Literatur zu Rate ziehen kann.

riskante Investition tätigen (INVEST) oder von der Investition absehen (NICHT INVEST). Man denke in diesem Zusammenhang z. B. an Zeit, Mühe und finanzielle Aufwendungen, die damit verbunden sind, dass man eine längere Ausbildung folgt, eine berufliche Beförderung anstrebt oder ein eigenes Unternehmen gründet und betreibt. Die Akteure entscheiden simultan und unabhängig voneinander in dem Sinn, dass für jeden Akteur gilt, dass er zum Zeitpunkt seiner eigenen Entscheidung über die Investitionsentscheidungen der anderen Akteure nicht informiert ist.

Wählt ein Akteur die Alternative NICHT INVEST, dann erhält er unabhängig vom Verhalten der anderen Akteure die sichere Auszahlung (Nutzenniveau) 0. INVEST ist dagegen mit Kosten $K > 0$ verbunden. Ein Akteur, der investiert, kann einen Preis $B > K$ gewinnen und das Spiel mit der Auszahlung $B - K$ abschließen oder er erhält keinen Preis und beendet das Spiel mit der Auszahlung $-K$. Es liegt auf der Hand, dass man sich den Preis B z. B. als eine Beförderung oder besonderen beruflichen Erfolg vorstellen kann. Akteure, die den Preis erhalten, deuten wir als „Gewinner" an, Akteure, die investieren, aber keinen Preis erhalten, hingegen als „Verlierer".

Es gibt n^* Preise B mit $0 < n^* < N$. Für die Verteilung der Preise wird eine einfache Regel angenommen. Wenn $n \leq n^*$ für die Zahl n ($n = 1, \ldots, N$) der investierenden Akteure, dann erhält jeder Akteur, der investiert, den Preis B. Wenn $n > n^*$, dann erhält jeder Akteur, der investiert, den Preis B mit Wahrscheinlichkeit n^*/n. Die Akteure sind also interdependent in dem Sinn, dass die Gewinnwahrscheinlichkeit für einen investierenden Akteur vom Investitionsverhalten aller Akteure abhängt. Man sieht außerdem, dass die Gewinnwahrscheinlichkeit für jeden investierenden Akteur abnimmt, je mehr andere Akteure ebenfalls investieren. Diese Zusammenhänge motivieren die Andeutung von Boudons Modell als „Wettbewerbsmodell". Die Matrix in Abbildung I.2.1 fasst die Normalform des Wettbewerbsmodells zusammen, mit $EU(n^*, m)$ als erwartete Auszahlung für einen investierenden Akteur bei n^* Preisen und $m = n - 1$ anderen Akteuren, die investieren. Man verifiziert leicht, dass $EU(n^*, m) = \frac{n^* \cdot B}{n} - K$ für $n^* \leq m \leq N - 1$.

Zahl $m = n-1$ der anderen Akteure, die investieren

	0	...	n^*-1	n^*	$n^* + 1$	...	m	...	$N-1$
INVEST	$B-K$	...	$B-K$	$EU(n^*, n^*)$	$EU(n^*, n^* + 1)$	...	$EU(n^*, m)$	...	$EU(n^*, N-1)$
NICHT INVEST	0	...	0	0	0	...	0	...	0

Abbildung I.2.1: Boudons Wettbewerbsmodell ($B > K > 0$; $N \geq 2$).

Aus der Normalform des Wettbewerbsmodells folgt, dass die Opportunitäten der Akteure in B und n^* zunehmen und in K und N abnehmen. Wir nehmen weiter an, dass ein Akteur frustriert ist, wenn er investiert hat, aber den Preis nicht erhält. Diese Annahme liegt nahe, wenn wir davon ausgehen, dass die Gewinner die Referenzgruppe für die Verlierer sind (vgl. zu den Annahmen des Wettbewerbsmodells, zu Problemen dieser Annahmen und zu Modellvarianten Raub 1984; Berger & Diekmann 2015; Otten 2018).

Vor dem Hintergrund der klassischen Beiträge von Tocqueville, Durkheim und Stouffer et al. ist eine, wenn nicht *die* zentrale Frage bei der Analyse des Wettbewerbsmodells klar: Kann bei rationalem Handeln der Akteure eine Verbesserung der Opportunitäten dazu führen, dass der Anteil der frustrierten Akteure steigt? Zur Beantwortung dieser Frage benötigen wir einige Überlegungen zu im spieltheoretischen Sinn rationalem Handeln im Wettbewerbsmodell.

Rationales Handeln impliziert, dass Akteure eine dominante Strategie wählen, falls sie über eine solche verfügen. Im Wettbewerbsmodell ist NICHT INVEST ersichtlich niemals dominante Strategie: wie man der Normalform entnimmt, ist die mit INVEST verbundene Auszahlung ja jedenfalls dann größer als die Auszahlung bei NICHT INVEST, wenn die Zahl der anderen Akteure klein genug ist, wenn nämlich gilt $m \leq n^* - 1$. Umgekehrt ist INVEST dominante Strategie, wenn die damit verbundene erwartete Auszahlung selbst dann größer ist als die Auszahlung bei NICHT INVEST, wenn *alle* anderen Akteure ebenfalls investieren, wenn also $EU(n^*, N-1) > 0$. In diesem Fall ist „alle Akteuren investieren" natürlich auch das einzige Gleichgewicht des Spiels und jeder Akteur wählt in diesem Gleichgewicht dieselbe Strategie, das Gleichgewicht ist also symmetrisch.

Nehmen wir nun an, dass $EU(n^*, N-1) < 0$, so dass INVEST keine dominante Strategie ist. Das Wettbewerbsmodell ist ein symmetrisches Spiel und daher liegt es nahe, für die „Lösung" des Spiels anzunehmen, dass es sich um ein symmetrisches Gleichgewicht handelt. Man kann zeigen (Raub 1984; Berger & Diekmann 2015; Otten 2018), dass das Wettbewerbsmodell bei fehlenden dominanten Strategien genau ein symmetrisches Gleichgewicht in gemischten Strategien hat (vgl. Camerer 2003 und Osborne & Rubinstein 1994 zu Problemen der Annahme, dass Akteure gemischte Strategien spielen). Der Erwartungswert für den Anteil der investierenden Akteure ist dann jedenfalls kleiner als 1. Erwähnt sei, dass es im Wettbewerbsmodell bei fehlenden dominanten Strategien auch Gleichgewichte in reinen Strategien gibt. Dies sind sämtlich asymmetrische Gleichgewichte, in denen einige, aber nicht alle Akteure INVEST wählen, während andere NICHT INVEST wählen. In keinem dieser Gleichgewichte investieren also alle Akteure. Erwähnt sei zusätzlich, dass in der Literatur zum Wettbewerbsmodell auch Maximin-Verhalten untersucht wird. Wenn INVEST keine dominante Strategie ist, ist die Maximin-Strategie ersichtlich NICHT INVEST. Bei Maximin-Verhalten ist der Anteil der investierenden Akteure und damit auch der Anteil der frustrierten Akteure dann also gleich 0.

Eine ausführliche spieltheoretische Analyse des Wettbewerbsmodells (vgl. Raub 1984; Berger & Diekmann 2015; Otten 2018) sprengt den Rahmen dieses Beitrags. Resultat der Analyse ist, dass es Regionen des Parameterraums gibt, in denen zunehmende Opportunitäten mit zunehmenden Frustrationsraten einhergehen, während in anderen Regionen das umgekehrte gilt. Die spieltheoretische Analyse zeigt auch, in welchen Regionen des Parameterraums welcher Zusammenhang gegeben ist. Wir beschränken uns auf einfache Beispiele, die beide Fälle illustrieren.

Vergleichen wir zunächst zwei Szenarien mit „guten" bzw. „schlechten" Opportunitäten, bei denen die Frustrationsrate unter den schlechten Opportunitäten niedriger ist als unter den guten Opportunitäten. Für das Szenario mit guten Opportunitäten nehmen wir folgende Parameter an: $N = 10$, $K = 1$, $B = 3$, $n^* = 4$. Man sieht leicht, dass in diesem Fall INVEST dominante Strategie ist. Es gilt ja $EU(4, \ 9) = 0,2 > 0$. Die Frustrationsrate ist in diesem Fall $\frac{N - n^*}{N} = \frac{10 - 4}{10} = 0,6$. Für das Szenario mit schlechten Opportunitäten nehmen wir dagegen an: $N = 10$, $K = 1$, $B = 2$, $n^* = 4$. Wir nehmen für dieses Szenario also einen niedrigeren Wert des Preises an. INVEST ist unter diesen Parametern keine dominante Strategie, da nun $EU(4, \ 9) = -0,2 < 0$. Spieltheoretisches Gleichgewichtsverhalten (und natürlich auch Maximin-Verhalten) impliziert für dieses Szenario also, dass der Erwartungswert für den Anteil der investierenden Akteure kleiner ist als 1 und damit der Erwartungswert für den Anteil der frustrierten Akteure auch kleiner als $0,6$. Mithin illustrieren unsere Szenarien, dass im Wettbewerbsmodell bessere Opportunitäten mit zunehmenden Frustrationsraten verbunden sein können.

Aus dem Wettbewerbsmodell folgen jedoch nicht nur Parameterkonstellationen derart, dass bessere Opportunitäten zu einer Zunahme der (erwarteten) Frustrationsrate führen. Vielmehr können unter den Annahmen des Modells bessere Opportunitäten auch eine abnehmende Frustrationsrate implizieren. Das sieht man leicht, wenn man unser Szenario mit guten Opportunitäten mit Szenarien der Art $N = 10$, $K = 1$, $B = 3$ und $n^* \geq 5$ vergleicht, also Szenarien, bei denen unter sonst gleichen Bedingungen noch mehr Akteure den Preis B erhalten können. Es ist klar, dass INVEST in diesen Szenarien stets dominante Strategie ist. Unter Rationalitätsannahmen werden also stets alle Akteure investieren, aber die Zahl der Verlierer und damit auch der Anteil der frustrierten Akteure würden dann immer weiter abnehmen.[4] Wichtig im Hinblick auf empirischen

---

4 Um Missverständnissen vorzubeugen (vgl. die angegebene Literatur zum Wettbewerbsmodell): Wenn INVEST keine dominante Strategie ist und spieltheoretisches Gleichgewichtsverhal-

Gehalt und empirische Prüfbarkeit ist natürlich, dass das Wettbewerbsmodell nicht nur vereinbar ist mit sowohl einem positiven als auch einem negativen Zusammenhang von Opportunitäten und Frustrationsraten, sondern dass das Modell gerade auch die *Bedingungen* für einen positiven oder aber negativen Zusammenhang spezifiziert.

Effekte der Gruppengröße bei der Kollektivgutproduktion: Diekmanns Freiwilligendilemma

Unsere zweite Vignette betrifft ein Modell für Olsons (1971) soziale Regelmäßigkeit, dass Gruppengröße die Produktion von Kollektivgütern häufig negativ beeinflusst (vgl. z. B. Sandler 1992 zu Bedingungen, denen diese Regelmäßigkeit unterliegt). Für ein Kollektivgut gilt, dass es auch von Akteuren konsumiert werden kann, die keinen eigenen Beitrag zur Produktion des Guts geleistet haben. Diekmanns (1985) Freiwilligendilemma (*Volunteer's Dilemma* – VOD) ist ein einfaches spieltheoretisches Modell für den Gruppengrößeneffekt.

Ähnlich Boudons Wettbewerbsmodell ist auch das Freiwilligendilemma ein nichtkooperatives Spiel mit N Akteuren. Wiederum ist das Spiel symmetrisch, mit einer binären Entscheidungssituation für die Akteure, wobei die Struktur des Spiels gemeinsames Wissen der Akteure ist. Jeder Akteur kann wählen zwischen einem Beitrag $K > 0$ zur Produktion des Kollektivguts (BEITRAG) und der Verweigerung des Beitrags (KEIN BEITRAG). Auch im Freiwilligendilemma entscheiden die Akteure simultan und unabhängig voneinander. Das Kollektivgut wird bereitgestellt, wenn mindestens einer der Akteure – ein „Freiwilliger" – die Kosten K der Kollektivgutproduktion übernimmt. Jeder Akteur zieht den Nutzen $U > K$ aus dem Kollektivgut. Es kann sein, dass mehrere Akteure bereit sind, die Kosten des Kollektivguts zu tragen. Jeder dieser Akteure trägt dann Kosten K. Der Nutzen U des Kollektivguts ist aber unabhängig davon, ob nur ein Akteur beiträgt oder aber mehrere Akteure einen Beitrag leisten. Die Normalform des Freiwilligendilemmas zeigt die Matrix in Abbildung I.2.2.

Das Freiwilligendilemma ist u. a. ein nützliches Modell der „Diffusion von Verantwortung" (Darley & Latané 1968; vgl. Diekmann 2013 für dieses

---

ten angenommen wird, dann kann auch eine Verbesserung der Opportunitäten durch zunehmendes n^* zu einer Zunahme der erwarteten Frustrationsrate führen, weil es sein kann, dass dann der Erwartungswert für die Zahl n der Akteure, die investieren, schneller wächst als n^*.

	\multicolumn{4}{c}{Zahl der anderen Akteure, die beitragen}

	0	1	2	...	$N-1$
BEITRAG	$U-K$	$U-K$	$U-K$	...	$U-K$
KEIN BEITRAG	0	U	U	...	U

Abbildung I.2.2: Diekmanns Freiwilligendilemma ($U > K > 0; N \geq 2$).

Anwendungsbeispiel und andere Anwendungsbeispiele). Dabei geht es um Situationen, in denen mehrere Akteure Zeugen eines Unfalls oder eines Verbrechens sind. Jeder dieser Akteure wäre erleichtert, wenn die Polizei alarmiert und dem Opfer dadurch geholfen würde – man vergleiche den Parameter U im Freiwilligendilemma. Die Hilfeleistung ist aber mit Kosten verbunden, die der Parameter K modelliert. Es würde ausreichen, wenn nur ein Akteur die Hilfeleistung in die Wege leitet und jeder Akteur würde es bevorzugen, genau das selbst zu tun, wenn es niemand anders tut, da $U > K$. Jeder Akteur könnte aber auch erwarten bzw. darauf hoffen, dass ein anderer Akteur die Kosten der Hilfeleistung trägt.

Das Freiwilligendilemma ist ein Spiel ohne dominante Strategien: für jeden Akteur ist BEITRAG nutzenmaximierend, wenn kein anderer Akteur BEITRAG wählt, aber KEIN BEITRAG ist nutzenmaximierend, wenn mindestens ein andere Akteur BEITRAG wählt. Man sieht leicht, dass das Freiwilligendilemma N Gleichgewichte in reinen Strategien hat. In jedem dieser Gleichgewichte gibt es genau einen Freiwilligen, der BEITRAG mit Wahrscheinlichkeit 1 wählt, während alle anderen Akteure KEIN BEITRAG mit Wahrscheinlichkeit 1 wählen. In jedem dieser Gleichgewichte wird also das Kollektivgut mit Sicherheit produziert. Allerdings bevorzugt jeder Akteur die Gleichgewichte mit einem anderen Akteur als Freiwilligem im Vergleich zum Gleichgewicht, bei dem der Akteur selbst der Freiwillige ist – es gibt also ein Verhandlungsproblem. Darüber hinaus ist das Spiel symmetrisch, aber die Gleichgewichte in reinen Strategien implizieren, dass nicht jeder Akteur die gleiche Strategie wählt. Nehmen wir wiederum an, dass rationale Akteure in einem symmetrischen Spiel die gleichen Strategien spielen. Man kann zeigen, dass das Freiwilligendilemma genau ein Gleichgewicht in gemischten Strategien hat, wobei jeder Akteur mit Wahrscheinlichkeit $p^* = 1 - \left(\frac{K}{U}\right)^{\frac{1}{N-1}}$ beiträgt. Unter spieltheoretischen Rationalitätsannahmen liegt es nahe, dieses Gleichgewicht als Lösung des Freiwilligendilemmas zu betrachten.

Jetzt können wir uns der Frage nach dem Zusammenhang zwischen Gruppengröße und Kollektivgutproduktion im Gefangenendilemma zuwenden. Zunächst gilt offensichtlich $0 < p^* < 1$ für die Wahrscheinlichkeit mit der jeder individuelle Akteur zur Kollektivgutproduktion beiträgt. Man erkennt auch leicht, dass p^* mit zunehmender Gruppengröße abnimmt und für großes N gegen 0 geht. Wir müssen die individuelle Wahrscheinlichkeit p eines Beitrags natürlich unterscheiden von der (aggregierten) Wahrscheinlichkeit P der Kollektivgutproduktion. Wenn wir rationales Handeln der Akteure annehmen, hat die Gruppengröße im Freiwilligendilemma zwei entgegengesetzte Effekte auf die Wahrscheinlichkeit der Kollektivgutproduktion. Für die Kollektivgutproduktion reicht es im Freiwilligendilemma bereits aus, dass nur ein Akteur beiträgt. Da im symmetrischen Gleichgewicht jeder Akteur mit positiver Wahrscheinlichkeit beiträgt, gibt es also einen positiven Effekt der Gruppengröße. Es gibt aber auch einen negativen Effekt, da die individuellen Wahrscheinlichkeiten p^* mit zunehmender Gruppengröße abnehmen. Im symmetrischen Gleichgewicht gilt $P^* = 1 - \left(\frac{K}{U}\right)^{\frac{N}{N-1}}$ für die Wahrscheinlichkeit, dass mindestens ein Freiwilliger beiträgt und damit auch für die Wahrscheinlichkeit der Kollektivgutproduktion. Man mache sich klar, dass $0 < P^* < 1$ und dass P^* kleiner wird, wenn N größer wird. Der negative Effekt der Gruppengröße überwiegt also den positiven Effekt. Man kann auch zeigen, dass P^* für großes N gegen $1 - K/U$ geht. Die Modellimplikationen für die Zusammenhänge zwischen Gruppengröße N und den Wahrscheinlichkeiten p^* und P^* eignen sich ersichtlich für experimentelle Überprüfungen (vgl. bereits Diekmann 1986). Typischerweise bestätigen Experimente den negativen Effekt von N auf die individuelle Wahrscheinlichkeit p^*, nicht aber den negativen Effekt auf die aggregierte Wahrscheinlichkeit P^* (vgl. Tutić 2014 zu den empirischen Befunden und für eine Modellvariante, die mit diesen Befunden konsistent ist).

„Soziale Einbettung" und Kooperation

In unserer letzten Vignette geht es um Bedingungen der Kooperation in sozialen Dilemmas und insbesondere um Effekte der „sozialen Einbettung" (Granovetter 1985). Wie inzwischen hinlänglich bekannt, geht es also um das nach Parsons und anderen für die Sozialtheorie zentrale Problem der sozialen Ordnung. Genauer geht es um die Frage, wie im Gegensatz zu Parsons' Vermutung auch rationale und ausschließlich eigeninteressierte Akteure („rationale Egoisten") das Ordnungsproblem „lösen" können (Raub & Voss 1986). Wir verwenden das Gefangenendilemma (Abbildung I.2.3) als exemplarisches Modell für ein soziales Dilemma und konzentrieren uns auf eine typische Variante sozialer Einbettung, nämlich wiederholte im Gegensatz zu einmaligen Interaktionen zwischen den Akteuren. Wirtschaftssoziologisch formuliert (Raub et al. 2019): wir betrachten ökonomischen Tausch, bei dem Akteure Anreize und Möglichkeiten für opportunistisches Verhalten haben, und gehen der Frage nach, ob und warum Marktstrukturen rationales Tauschverhalten beeinflussen. Wir unterscheiden dabei zwei Marktstrukturen, nämlich „spot exchange", bei dem anonyme Tauschpartner einmalig miteinander interagieren, und Märkte, bei denen Tauschpartner längerfristige Beziehungen unterhalten und wiederholt interagieren. Die Resultate für das Gefangenendilemma lassen sich aber verallgemeinern für eine umfangreiche Klasse anderer spieltheoretischer Modelle für soziale Dilemmas, bei denen es im Prinzip neben Spielen mit zwei Akteuren auch um solche mit $N > 2$ Akteuren gehen kann. Ebenso lassen sich die Resultate für Effekte „dyadischer Einbettung" – wiederholte Interaktionen derselben Akteure – verallgemeinern für Effekte der „Netzwerkeinbettung", also grob gesprochen den Fall, bei dem Akteure mit dritten Parteien Informationen über das Verhalten von Tausch- und anderen Partnern auswechseln. Im Hinblick auf inhaltliche Anwendungen geht es auch nicht nur um Tauschverhalten – soziale Dilemmas gibt es bekanntlich in sehr vielen Bereichen des sozialen Lebens (vgl. Taylor [1976] 1987 und Axelrod 1984 für inzwischen bereits klassische Studien; vgl. Kapitel III.1; Raub et al. 2014 zu sozialen Dilemmas und Einbettungseffekten; Buskens & Raub 2004 für Resultate verschiedener empirischer Studien zu Einbettungseffekten beim ökonomischen Tausch).

		Akteur 2	
		Kooperation (C_2)	Defektion (D_2)
Akteur 1	Kooperation (C_1)	R, R	S, T
	Defektion (D_1)	T, S	P, P

Abbildung I.2.3: Gefangenendilemma ($S < P < R < T$); fett umrandete Zelle: einziges Gleichgewicht des Spiels.

Die Normalform des Gefangenendilemmas in Abbildung I.2.3 zeigt, dass Defektion dominante Strategie für beide Akteure ist. Beiderseitige Defektion ist daher auch das einzige Gleichgewicht. Beiderseitige Defektion ist auch Pareto-suboptimal. Beiderseitige Kooperation („soziale Ordnung") stellt beide Akteure besser als das Gleichgewicht und ist Pareto-optimal, ist aber im nur einmal gespielten und nicht wiederholten Spiel unvereinbar mit rationalem Verhalten.

Was sind Effekte dyadischer Einbettung für rationales Handeln in sozialen Dilemmas? Wir skizzieren die wesentlichen Merkmale der extensiven Form eines einfachen Modell für das wir annehmen, dass die beiden Akteure das Gefangenendilemma aus Abbildung I.2.3 wiederholt in Runden $t = 1, 2, \ldots$ spielen. Nach jeder Runde t folgt Runde $t + 1$ mit Wahrscheinlichkeit w ($0 < w < 1$), während das wiederholte Gefangenendilemma mit Wahrscheinlichkeit $1 - w$ nach jeder Runde endet. Jeder Akteur ist informiert über das Verhalten des Partners in allen bereits gespielten Runden. Eine Strategie für das wiederholte Spiel ist dann eine Regel, die für den Akteur sein Verhalten in Runde t als eine Funktion des Verhaltens beider Akteure in den vorhergehenden Runden beschreibt. Die Auszahlung eines Spielers für das wiederholte Spiel ist der Erwartungswert für die Summe der Auszahlungen aus den einzelnen Runden, also die verdiskontierte Summe dieser Auszahlungen, mit w als Diskontparameter. Wenn z. B. die beiden Akteure in jeder Runde kooperieren, dann ist die Auszahlung für das wiederholte Spiel also für jeden Akteur $R + wR + \ldots + w^{t-1}R + \ldots = R/(1-w)$. Man sieht, dass die Fortsetzungswahrscheinlichkeit w Axelrods (1984) „Schatten der Zukunft" repräsentiert: je größer w, desto mehr hängt die Auszahlung eines Akteurs für das wiederholten Spiel von seinen Auszahlungen in zukünftigen Runden ab.

Der springende Punkt ist, dass ein Partner im wiederholten Spiel sein Verhalten in einer gegebenen Runde vom früheren Verhalten des Akteurs abhängig machen und in diesem Sinn eine bedingte Strategie spielen kann. Der Partner kann also in einer gegebenen Runde durch eigene Kooperation die Kooperation des Akteurs in früheren Runden belohnen und durch eigene Defektion die Defektion des Akteurs in früheren Runden bestrafen. Ein bekanntes Beispiel für eine in diesem Sinn bedingte Strategie ist TIT FOR TAT: man kooperiert in der ersten Runde und imitiert in jeder folgenden Runde das Verhalten des anderen Akteurs in der vorhergehenden Runde. Ein anderes Beispiel ist die Strategie TRIGGER: man kooperiert in der ersten Runde und auch in jeder folgenden Runde, solange in vorhergehenden Runden nicht defektiert wurde. Nach der ersten Defektion wird aber in jeder folgenden Runde defektiert.

Wenn nun ein Akteur erwartet, dass der Partner in dieser Weise Reziprozität übt, dann kann der Akteur noch stets kurzfristig $T > R$ dadurch gewinnen, dass er die Kooperation des Partners durch eigene Defektion ausbeutet, aber das kann dazu führen, dass der Akteur in zukünftigen Runden bestenfalls noch die Auszahlung $P < R$ erhalten kann, weil der Partner zu eigener Defektion übergeht. Rationale Akteure müssen also kurzfristige Anreize $(T - R)$ und langfristige Anreize $(T - P)$ gegeneinander abwägen und je größer der Schatten der Zukunft w ist, desto mehr Gewicht bekommen die langfristigen Anreize.

Man kann zeigen (z. B. Friedman 1990), dass es im wiederholten Gefangenendilemma genau dann Gleichgewichte derart gibt, dass beide Akteure in jeder Runde kooperieren, wenn $w \geq (T - R)/(T - P)$, wenn also der Schatten der Zukunft w groß genug ist im Vergleich zum Quotienten $(T - R)/(T - P)$, der ein Maß für die Anreize zur Defektion im wiederholten Gefangenendilemma ist. Die Gleichgewichte sind so beschaffen, dass jeder Akteur in der Tat bedingt kooperiert, also eigene Kooperation davon abhängig macht, dass auch der andere Akteur kooperiert, und Defektion des anderen Akteurs mit eigener Defektion in zukünftigen Interaktionen bestraft. Im wiederholten Gefangenendilemma ist allerdings auch ständige wechselseitige Defektion Gleichgewichtsverhalten und für hinreichend großes w gibt es viele andere Gleichgewichte (vgl. die bekannten Folk-Theoreme für wiederholte Spiele und das Gleichgewichtsauswahlproblem als ein zentrales Problem der Spieltheorie). Für die Schlussfolgerung, dass rationale Akteure bedingt kooperieren, sofern bedingte Kooperation Gleichgewichtsverhalten ist, kann man auf Annahmen darüber zurückgreifen, wie die Akteure das Koordinationsproblem lösen, das sich durch multiple Gleichgewichte ergibt. Eine hilfreiche, wenn auch häufig implizit gelassene, Annahme ist dabei „Auszahlungsdominanz": die Akteure koordinieren stillschweigend auf das Gleichgewicht aus bedingt kooperativen Strategien, das sie beide besser stellt als das Gleichgewicht, in dem sie ständig defektieren.

Diese Analyse führt auch zu prüfbaren Hypothesen über Bedingungen der Kooperation (vgl. bereits Raub & Voss 1986). Man würde z. B. erwarten, dass die Wahrscheinlichkeit der Kooperation zunimmt, wenn der Schatten der Zukunft w wächst, aber abnimmt, wenn der Quotient $(T-R)/(T-P)$ größer wird, der Anreize zur Defektion im wiederholten Spiel repräsentiert.[5]

Ergänzend erwähnt sei, dass wir bislang soziale Einbettung im Sinn wiederholter Interaktionen als gegeben angenommen haben. Aus der Perspektive unseres wirtschaftssoziologischen Beispiels: wir haben eine Marktstruktur als gegeben angenommen, bei der dieselben Tauschpartner wiederholt miteinander interagieren, im Gegensatz zum anonymen „spot exchange". Gelegentlich werden RCT-Erklärungen in der Literatur aus genau diesem Grund kritisiert: RCT-Erklärungen würden nämlich derartige Strukturen selbst nicht erklären oder sogar prinzipiell nicht erklären können. Diese Kritik ist jedenfalls nicht immer berechtigt. So hat sich z. B. eine inzwischen recht umfängliche Forschungsrichtung entwickelt, die die Effekte sozialer Einbettung und die Entstehung dieser Einbettung selbst als Resultat rationalen Handelns integriert modelliert und auch empirisch untersucht. Soziale Einbettung wird dann endogenisiert. Der Grundgedanke ist dabei, dass soziale Einbettung einerseits Kooperation rationaler Egoisten erleichtert, was für diese Akteure vorteilhaft ist im Vergleich zu wechselseitiger Defektion. Dadurch sind andererseits aber im Prinzip für die Akteure auch Anreize gegeben, selbst für Einbettung zu sorgen. Eine frühe experimentelle Studie aus der Perspektive von RCT-Erklärungen, die sowohl die Entstehung wiederholter Tauschbeziehungen als auch deren Effekte untersucht, ist Kollock (1994). Ein spieltheoretisches Modell mit einer integrierten Analyse wiederholter Interaktionen als Resultat rationalen

---

5 Für unsere Skizze zu Einbettungseffekten in sozialen Dilemmas gilt mehr noch als für die beiden anderen Vignetten, dass wir, wie dem Kenner der Literatur nicht entgangen sein wird, der Kürze halber zahlreiche Details und Komplikationen außer Betracht gelassen haben, die in der angegebenen Literatur behandelt werden (dort auch Hinweise auf weiterführende spieltheoretische Analysen).

Handelns und der Effekte wiederholter Interaktionen für rationales Handeln im Gefangenendilemma ist Raub et al. (2019). Die Literatur zur Ko-Evolution von Netzwerken und Verhalten (Buskens et al. 2014 als Übersicht; Corten 2014 als exemplarische Studie mit theoretischen Modellen und empirischen Untersuchungen) behandelt analoge Fragen zur Netzwerkeinbettung: was sind Effekte der Netzwerkeinbettung für individuelles Verhalten auf der Mikro- und für Prozesse auf der Makro-Ebene und was sind die Folgen rationalen Handelns für die Netzwerkeinbettung selbst und für deren Dynamik (vgl. Raub et al. 2013 für ein spieltheoretisches Modell speziell zu Effekten der Netzwerkeinbettung in sozialen Dilemmas und zur Endogenisierung der Netzwerkeinbettung)?

I.2.3 Die Struktur von RCT-Erklärungen: Ein Mikro-Makro-Diagramm

Colemans bekanntes Mikro-Makro-Diagramm (Abbildung I.2.4), manchmal als „Boot" oder „Badewanne" angedeutet, fasst die Struktur von RCT-Erklärungen übersichtlich zusammen (vgl. z. B. Coleman 1990: Kapitel 1 und Raub & Voss 2017 zur Vorgeschichte des Diagramms, gerade auch in der deutschsprachigen Soziologie, insbesondere bei Lindenberg 1977).

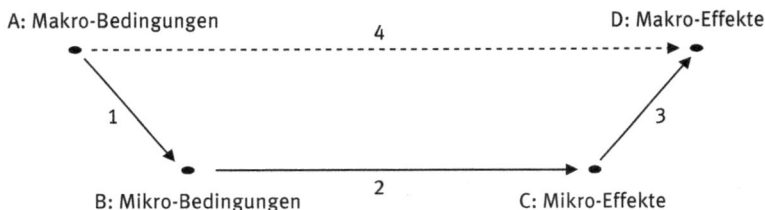

Abbildung I.2.4: Colemans Mikro-Makro-Diagramm.

Die Knoten A und D stehen für Beschreibungen von Makro-Bedingungen – in der Literatur werden sie z. B. auch als „soziale Bedingungen" angedeutet – und für Beschreibungen von Makro-Effekten, die in der Literatur z. B. auch als „kollektive Tatbestände und Prozesse" und als „soziale Konsequenzen" auftauchen. Pfeil 4 steht für Regelmäßigkeiten auf der Makro-Ebene, die gelegentlich z. B. auch „soziale Regelmäßigkeiten" genannt werden. Der Knoten D und der Pfeil 4 repräsentieren mithin Makro-Explananda von RCT-Erklärungen.

Knoten B repräsentiert Beschreibungen von Mikro-Bedingungen individuellen Verhaltens. Einer in den Sozialwissenschaften häufig verwendeten Terminologie folgend, könnte man auch sagen, dass es um Beschreibungen der „unabhängigen Variablen" geht, die zufolge einer Theorie individuellen Verhaltens dieses Verhalten beeinflussen. Bei RCT-Erklärungen geht es also z. B. um Annahmen über die Präferenzen der Akteure und über ihre Informationen bzw. *beliefs*. Pfeil 1 repräsentiert Annahmen über die Effekte von Makro-Bedingungen auf z. B. Präferenzen und *beliefs* der Akteure. Wir folgen der von Lindenberg (1981) vorgeschlagenen Terminologie und bezeichnen diese Annahmen über Makro-Mikro-Beziehungen als „Brückenannahmen". Esser (1993: 93–100) spricht in diesem Zusammenhang von der „Logik der Situation". Pfeil 2 repräsentiert allgemeine Annahmen über Regelmäßigkeiten individuellen Verhaltens, in unserem Fall also die Rational-Choice-Theorie bzw. ausgewählte Annahmen dieser Theorie.[6] Esser (1993) deutet Pfeil 2 als „Logik der Selektion" an. Knoten C repräsentiert Mikro-Effekte, nämlich Beschreibungen individuellen Verhaltens. In der Literatur wird auch von „individuellen Effekten" gesprochen. Knoten C steht also auch für die Explananda auf der Mikro-Ebene. Schließlich repräsentiert Pfeil 3 Annahmen über Mikro-Makro-Beziehungen, nämlich Annahmen über die Makro-Effekte, die aus individuellem Verhalten der Akteure und gegebenenfalls weiterer Bedingungen folgen. Lindenberg (1977) nennt solche Annahmen „Transformationsregeln", Esser (1993) bevorzugt die Andeutung „Logik der Aggregation".

Entsprechend Colemans Diagramm lässt sich die Struktur sozialwissenschaftlicher Erklärungen also so zusammenfassen, dass individuelle Effekte (Knoten C), die Explananda auf der Mikro-Ebene, aus einem Explanans abgeleitet werden, das eine Verhaltenstheorie (Pfeil 2), in unserem Fall also Rationalitätsannahmen, zusammen mit Annahmen über Makro- (Knoten A) und Mikro-Bedingungen (Knoten B) sowie Brückenannahmen (Pfeil 1) umfasst. Explananda auf der Makro-Ebene (Knoten D, Pfeil 4) werden abgeleitet aus einem Explanans mit Rationalitätsannahmen, Makro- und Mikro-Bedingungen, Brückenannahmen und Transformationsregeln (Pfeil 3).

Colemans Diagramm ist einfach und übersichtlich. Es fasst die Struktur von RCT-Erklärungen auf intuitiv eingängliche Weise zusammen. Das ist ein Vorteil, aber das Diagramm als solches lässt durch seine Einfachheit auch implizit, dass

---

6 Sozialwissenschaftliche Erklärungen entsprechend dem Mikro-Makro-Diagramm können im Prinzip natürlich auch andere als Rational-Choice-Annahmen als allgemeine Annahmen über individuelles Verhalten verwenden. In diesem Sinn könnte man das Diagramm selbst als „theoretisch neutral" betrachten. Colemans Diagramm wird ja auch nicht nur in der Soziologie und nicht nur im Zusammenhang mit RCT-Erklärungen verwendet. In der Demographie verwendet z. B. Billari (2015) das Diagramm. Vgl. Hedström (2005) für die „analytische Soziologie", die Hedström in anderen Hinsichten von der RCT gerade abgrenzt. Greve et al. (2008) ist ein Band mit Beiträgen zu Colemans Diagramm aus der sog. „Theoriediskussion" in der deutschen Soziologie.

die Knoten und Pfeile typischerweise zahlreiche und oft auch komplexe Annahmen von RCT-Erklärungen repräsentieren. Darum ist es nützlich, nicht nur das Diagramm selbst vor Augen zu haben, sondern auch konkrete Beispiele für RCT-Erklärungen wie die, die wir in unseren drei Vignetten skizziert haben, und für solche Beispiele zu zeigen, wie sie zu den verschiedenen Elementen – Knoten und Pfeilen – des Diagramms „passen". In den folgenden drei Übersichten fassen wir daher für jede Vignette stichwortartig Annahmen (Teile des Explanans) und Konsequenzen (Explananda) zusammen, die durch die Knoten und Pfeile des Diagramms repräsentiert werden. Wir begnügen uns für jede Vignette damit, die Knoten und Pfeile des Diagramms durch zentrale Annahmen und Konsequenzen des entsprechenden theoretischen Modells zu illustrieren, ohne damit den Anspruch zu verbinden, dass unsere Übersichten *alle* Annahmen und Konsequenzen berücksichtigen und in diesem Sinn vollständig sind.

Übersicht 1. Mikro-Makro-Diagramm für das Wettbewerbsmodell.

Makro-Ebene
Knoten A: Makro-Bedingungen
- Nichtkooperatives Spiel: die Akteure können keine bindenden Vereinbarungen über ihr individuelles Verhalten abschließen (Beispiel für eine Annahme über institutionelle Bedingungen individuellen Verhaltens).
- Opportunitäten der Akteure (Gruppengröße: N Akteure; n^* Preise; Kosten K der Investition; Wert B der Preise)
- Verteilungsregel für die Preise (Beispiel für eine Annahme über institutionelle Bedingungen individuellen Verhaltens und über die Interdependenz der Akteure)

Knoten D: Makro-Effekte
- (Erwarteter) Anteil der investierenden Akteure
- (Erwarteter) Anteil der frustrierten Akteure

Pfeil 4: soziale Regelmäßigkeiten
- Zusammenhänge zwischen Opportunitäten der Akteure und (erwartetem) Anteil der frustrierten Akteure

Pfeil 1: Makro-Mikro-Beziehungen (Brückenannahmen)
- Diese Annahmen fasst die Normalform des Wettbewerbsmodells (Abbildung I.2.1) zusammen, die zeigt, wie die (erwarteten) individuellen Auszahlungen für einen Akteur von den Makro-Bedingungen abhängen, sowie von seinem eigenen Investitionsverhalten (INVEST bzw. NICHT INVEST) und dem Investitionsverhalten der anderen Akteure.

Mikro-Ebene
Knoten B: Mikro-Bedingungen
- Erwartete individuelle Auszahlungen
- Informationsannahme: jeder Akteur kennt die Struktur des Spiels, weiß, dass alle anderen Akteure die Struktur kennen und dass jeder Akteur das über alle anderen Akteuren weiß (die Normalform des Spiels ist gemeinsames Wissen).

Knoten C: Mikro-Effekte
- Individuelle Investitionswahrscheinlichkeiten

Pfeil 2: Annahmen über Verhaltensregelmäßigkeiten
- Symmetrisches Gleichgewicht als Lösung des Spiels (jeder Akteur wählt also seine dominante Strategie mit Wahrscheinlichkeit 1, falls INVEST dominante Strategie ist, bzw. wählt INVEST mit der Wahrscheinlichkeit entsprechend dem symmetrischen Gleichgewicht in gemischten Strategien, falls INVEST keine dominante Strategie ist).

Pfeil 3: Mikro-Makro-Beziehungen (Transformationsregeln)
- Die Normalform des Wettbewerbsmodells (Abbildung I.2.1) fasst Transformationsregeln zusammen, weil sie zeigt, wie der (erwartete) Anteil der investierenden Akteure als Funktion der individuellen Investitionswahrscheinlichkeiten abgeleitet werden kann.
- Zusammen mit der weiteren Annahme, dass ein Akteur frustriert ist, wenn er investiert, dass also die Gewinner die Referenzgruppe für die Verlierer sind, kann daraus auch der (erwartete) Anteil der frustrierten Akteure abgeleitet werden, mit 0 für den Anteil der frustrierten Akteure, falls die Zahl n der investierenden Akteure nicht größer ist als die Zahl n^* der Preise, und andernfalls $(n - n^*)/N$ für den Anteil der frustrierten Akteure.

Übersicht 2. Mikro-Makro-Diagramm für das Freiwilligendilemma.

Makro-Ebene
Knoten A: Makro-Bedingungen
- Nichtkooperatives Spiel: die Akteure können keine bindenden Vereinbarungen über ihr individuelles Verhalten abschließen (Beispiel für eine Annahme über institutionelle Bedingungen individuellen Verhaltens).
- Gruppengröße: N Akteure

Knoten D: Makro-Effekte
- Wahrscheinlichkeit P der Kollektivgutproduktion

Pfeil 4: soziale Regelmäßigkeiten
- Zusammenhang zwischen Gruppengröße N und Wahrscheinlichkeit P der Kollektivgutproduktion

Pfeil 1: Makro-Mikro-Beziehungen (Brückenannahmen)
- Diese Annahmen fasst die Normalform des Freiwilligendilemmas (Abbildung I.2.2) zusammen, die zeigt, wie die (erwarteten) individuellen Auszahlungen für einen Akteur von den Makro-Bedingungen abhängen, sowie von seinem eigenen Verhalten (BEITRAG bzw. KEIN BEITRAG) und dem Verhalten der anderen Akteure.

Mikro-Ebene
Knoten B: Mikro-Bedingungen
- Erwartete individuelle Auszahlungen
- Informationsannahme: jeder Akteur kennt die Struktur des Spiels, weiß, dass alle anderen Akteure die Struktur kennen und dass jeder Akteur das über alle anderen Akteure weiß (die Normalform des Spiels ist gemeinsames Wissen).

Knoten C: Mikro-Effekte
- Individuelle Wahrscheinlichkeiten *p* für BEITRAG

Pfeil 2: Annahmen über Verhaltensregelmäßigkeiten
- Symmetrisches Gleichgewicht als Lösung des Spiels

Pfeil 3: Mikro-Makro-Beziehungen (Transformationsregeln)
- Die Normalform des Freiwilligendilemmas (Abbildung I.2.2) fasst Transformationsregeln zusammen, weil sie zeigt, wie die Wahrscheinlichkeit *P* der Kollektivgutproduktion als Funktion der individuellen Wahrscheinlichkeiten *p* abgeleitet werden kann.

Übersicht 3. Mikro-Makro-Diagramm für spieltheoretische Modelle der Effekte sozialer Einbettung auf Kooperation in sozialen Dilemmas.

Makro-Ebene
Knoten A: Makro-Bedingungen
- Nichtkooperatives Spiel: die Akteure können keine bindenden Vereinbarungen über ihr individuelles Verhalten abschließen (Beispiel für eine Annahme über institutionelle Bedingungen individuellen Verhaltens).
- Die Akteure sind involviert in ein Gefangenendilemma (vgl. Abbildung I.2.3).
- Dyadische Einbettung: das Gefangenendilemma wird wiederholt mit Fortsetzungswahrscheinlichkeit *w*.

Knoten D: Makro-Effekte
- Pareto-Optimalität bzw. -Suboptimalität des Strategienprofils entsprechend den von den Akteuren individuell gewählten Strategien

Pfeil 4: soziale Regelmäßigkeiten
- Zusammenhang zwischen Merkmalen der dyadischen Einbettung (wie der Fortsetzungswahrscheinlichkeit *w*) und Pareto-Optimalität bzw. -Suboptimalität

Pfeil 1: Makro-Mikro-Beziehungen (Brückenannahmen)
- Diese Annahmen fasst die extensive Form des wiederholten Gefangenendilemmas zusammen, die zeigt, wie die (erwarteten) individuellen Auszahlungen für einen Akteur im wiederholten Spiel von den Makro-Bedingungen abhängen, sowie von seinem eigenen Verhalten und dem Verhalten des anderen Akteurs.

Mikro-Ebene
Knoten B: Mikro-Bedingungen
- Erwartete individuelle Auszahlungen
- Informationsannahme: jeder Akteur kennt die Struktur des (wiederholten) Spiels, weiß, dass der andere Akteur die Struktur kennt und dass beide Akteure das voneinander wissen (die extensive Form des Spiels ist gemeinsames Wissen).

Knoten C: Mikro-Effekte
- Kooperation bzw. Defektion als individuelles Verhalten der beiden Akteure

Pfeil 2: Annahmen über Verhaltensregelmäßigkeiten
- Spieltheoretisches Gleichgewichtsverhalten und zusätzlich die Annahme, dass die Akteure kooperieren, wenn bedingte Kooperation Gleichgewichtsverhalten ist (u. a. „Auszahlungsdominanz" als Kriterium für die Gleichgewichtsauswahl).

Pfeil 3: Mikro-Makro-Beziehungen (Transformationsregeln)
- Die extensive Form des wiederholten Gefangenendilemmas fasst Transformationsregeln zusammen, weil sie zeigt, wie Pareto-Optimalität bzw. -Suboptimalität im (wiederholten) Gefangenendilemma vom individuellen Verhalten der beiden Akteure abhängt.

Unsere Übersichten illustrieren nicht nur, wie man RCT-Erklärungen mit Hilfe des Mikro-Makro-Diagramms „rekonstruieren" kann, sie zeigen auch, dass manche Einzelheiten solcher Rekonstruktionen *cum grano salis* zu nehmen sind. Ein Beispiel dafür ist in unseren Übersichten die Annahme, dass die Struktur des jeweiligen Spiels gemeinsames Wissen der Akteure ist. Dies ist einerseits eine Annahme über das, was ein *individueller* Akteur weiß, und in diesem Sinn eine Annahme über eine Mikro-Bedingung und dementsprechend haben wir sie in unseren Übersichten auch „eingeordnet". Es ist aber auch eine Annahme über das, was alle Akteure *gemeinsam* und *übereinander* wissen. Aus dieser Perspektive könnte sie auch als Annahme über eine Makro-Bedingung interpretiert werden.

Für den Spezialfall spieltheoretischer RCT-Erklärungen wie in unseren Vignetten sieht man weiterhin, dass die zentralen Annahmen solcher Erklärungen, abgesehen von den Rationalitätsannahmen selbst, in den Spezifikationen der Normalform bzw. der extensiven Form des jeweiligen Spiels enthalten sind. Dies gilt insbesondere auch für die Brückenannahmen und Transformationsregeln, die bei RCT-Erklärungen von der Art spieltheoretischer Modelle aus der Normalform bzw. der extensiven Form folgen. Das ist u. a. deshalb bemerkenswert, weil die sorgfältige Spezifikation der Annahmen, die die Makro- und Mikro-Ebenen verbinden, ein zentrales Desiderat für RCT-Erklärungen ist (Coleman 1987, 1993). Spieltheoretische Modelle und Instrumente für spieltheoretische Modellierungen wie die Charakterisierung eines Spiels mit Hilfe der extensiven Form oder der Normalform liefern daher *benchmarks* für RCT-Erklärungen im Hinblick auf sorgfältige Ausarbeitung der verwendeten Modellannahmen.

In unserer Skizze von Einbettungseffekten auf Kooperation in sozialen Dilemmas haben wir angedeutet, dass es in verschiedenen Hinsichten interessant und nützlich sein kann, Einbettungseffekte zu endogenisieren, also RCT-Erklärungen auszuarbeiten, die sowohl Einbettungseffekte als auch soziale Einbettung selbst als Explananda behandeln. Eine Rekonstruktion derartiger Erklärungen mit den Mitteln des Mikro-Makro-Diagramms würde zu einer Sequenz führen (bildlich: eine „Flotte" von Booten), wobei im Fall der dyadischen Einbettung in einem ersten Schritt als Makro-Effekt (Knoten D) abgeleitet wird, dass die Akteure eine langfristige Austauschbeziehung mit wiederholten Interaktionen etablieren. Dieser Makro-Effekt wäre dann im zweiten Schritt zugleich eine der Makro-Bedingungen (Knoten A), aus denen zusammen mit den anderen Annahmen aus Übersicht 3 Makro-Effekte (Knoten D) zur Pareto-Optimalität bzw. -Suboptimalität abgeleitet werden. Entsprechend dem Modell in Raub et al. (2019) würden die Makro-Bedingungen für den ersten Schritt dann insbesondere Annahmen enthalten, die die Möglichkeiten der Akteure betreffen, entweder nicht wiederholte Gefangenendilemmas zu spielen oder aber mit einem Partner und gegen Kosten eine langfristige Beziehung einzugehen, in der das Gefangenendilemma wiederholt gespielt werden kann. Ein wesentlicher Teil dieser Makro-Bedingungen wären dann institutionelle Regeln, die die Verteilung der Kosten für die Etablierung einer langfristigen Beziehung betreffen. Dies zeigt beispielhaft, wie das Mikro-Makro-Diagramm so erweitert und „dynamisiert" werden kann, dass es auch soziale Prozesse „abbildet". Es liegt auf der Hand, dass derartige RCT-Erklärungen den aus der analytischen Wissenschaftstheorie bekannten „genetischen Erklärungen" (Hempel 1965; Stegmüller 1983) ähneln.

I.2.4 RCT-Erklärungen: Einige zentrale Gesichtspunkte

Formalisierte RCT-Erklärungen

Unsere Vignetten zeigen, dass RCT-Erklärungen des Öfteren die Gestalt mehr oder weniger formalisierter Modelle annehmen, eine Eigenschaft, die durch die Einfachheit des Mikro-Makro-Diagramms eher überdeckt wird. Unsere Vignetten zeigen auch, dass solche Modelle neben den Rational-Choice-Annahmen selbst (Pfeil 2 im Mikro-Makro-Diagramm) – in unseren Beispielen also im Wesentlichen Annahmen über spieltheoretisches Gleichgewichtsverhalten – zahlreiche andere Annahmen enthalten, die für den „sozialwissenschaftlichen Gehalt" wesentlich sind. Die zentrale Aufgabe ist dann die Ableitung von Implikationen, v. a. von solchen Implikationen, die zeigen, wie Mikro-Effekte (Knoten C), Makro-Effekte (Knoten D) und soziale Regelmäßigkeiten (Pfeil 4), nicht nur von Rationalitätsannahmen abhängen, sondern gerade von der Kombination solcher Annahmen mit Annahmen über Makro- und Mikro-Bedingungen (Knoten A und B) und Annahmen, die das Makro- und Mikro-Niveau verbinden

(Pfeile 1 und 3). Formale Modellierung ist für die Ableitung solcher Implikationen häufig hilfreich, wenn nicht unerlässlich. Unsere Vignetten belegen das. Für das Freiwilligendilemma haben wir gesehen, dass zunehmende Gruppengröße zwei entgegengesetzte Effekte für die Wahrscheinlichkeit der Kollektivgutproduktion hat. Verbale Argumentation reicht aus, um dies einzusehen, und in dieser Hinsicht bedarf es keiner Formalisierung. Formalisierung ist aber hilfreich, wenn nicht unerlässlich, für die Ableitung des totalen Effekts. Das Wettbewerbsmodell und das Modell für Einbettungseffekte auf Kooperation liefern weitere Beispiele dafür, dass die Formalisierung von Annahmen förderlich ist für die Ableitung von Implikationen.[7] Es ist ein wichtiger Vorteil der Annahmen der Rational-Choice-Theorie selbst, dass sie sich für Formalisierungen eignen und die Ausarbeitung erklärender Modelle erleichtern, die analytisch behandelt werden können und es insbesondere erlauben, Annahmen über die Mikro- und die Makro-Ebene und über die Beziehungen zwischen beiden Ebenen miteinander zu verbinden und daraus sozialwissenschaftlich interessante Implikationen abzuleiten.

Formalisierte RCT-Erklärungen haben den Vorteil, dass sie die Ableitung von Implikationen erleichtern oder überhaupt erst möglich machen, aber dieser Vorteil kommt häufig u. a. dadurch zustande, dass sie teils vereinfachende und empirisch unrealistische Annahmen verwenden, während komplexere und empirisch realistischere Annahmen die Ableitung von Implikationen erschweren würden. Es liegt dann im Rahmen der Theorieentwicklung nahe, mit einem einfachen Modell zu beginnen. Wenn vereinfachende oder empirisch unrealistische Modellannahmen sich als problematisch erweisen, weil Implikationen nicht robust sind, sondern wesentlich von gerade diesen Annahmen abhängen, oder wenn Implikationen selbst sich als empirisch problematisch erweisen, werden die entsprechenden Modellannahmen schrittweise durch komplexere und empirisch realistischere Annahmen ersetzt. Dieses Verfahren ist auch als „Methode der abnehmenden Abstraktion" (Lindenberg 1992) bekannt.

Unsere Vignetten liefern verschiedene Beispiele für vereinfachende und empirisch problematische Annahmen. Um nur einige solcher Annahmen herauszugreifen: sowohl für das Wettbewerbsmodell als auch für das Freiwilligen-

---

7 Es ist bemerkenswert, dass gerade in der deutschsprachigen Soziologie frühzeitig gründliche Arbeiten zur Formalisierung sozialwissenschaftlicher Theorien erschienen sind, wie z. B. Hummell (1973) und Ziegler (1972). Diese Arbeiten scheinen weitgehend in Vergessenheit geraten. Das kann im Hinblick auf die internationale Diskussion daran liegen, dass es sich nicht um Arbeiten in englischer Sprache handelte, und für die deutschsprachige „Theoriediskussion" daran, dass sie sich zu erheblichen Teilen nicht auf analytisch-empirische Theoriebildung richtet.

dilemma haben wir angenommen, dass es um symmetrische Spiele geht. Wir haben also weitgehende „Homogenität" der Akteure angenommen. Wir haben außerdem als spieltheoretische Rationalitätsannahme verwendet, dass die Lösung eines symmetrischen Spiels ein symmetrisches Gleichgewicht ist, auch dann wenn es nur ein symmetrisches Gleichgewicht in gemischten Strategien gibt. Diese Annahmen sind z. T. auch wesentlich für zentrale Implikationen der Modelle. Dieser Beitrag ist keine geeignete Gelegenheit für eine nähere Untersuchung, ob RCT-Erklärungen mehr als andere sozialwissenschaftliche Erklärungen von vereinfachenden und empirisch problematischen Annahmen Gebrauch machen. Möglich wäre ja auch, dass in RCT-Erklärungen solche Annahmen lediglich mehr als andernorts explizit sichtbar sind, weil es sich um Erklärungen handelt, für die generell gilt, dass Annahmen sorgfältig spezifiziert und deren Implikationen genau ermittelt werden. Wichtig ist jedenfalls, dass die Identifikation problematischer Annahmen auch dazu führt, dass RCT-Erklärungen schrittweise weiterentwickelt und verbessert werden. Aus dieser Perspektive ist es dann für das Wettbewerbsmodell nützlich, der Frage nachzugehen, ob auch andere Annahmen über die Lösung des Spiels als die des symmetrischen gemischten Gleichgewichts dazu führen, dass unter angebbaren Bedingungen der Anteil der frustrierten Akteure mit besseren Opportunitäten steigt. Für das Freiwilligendilemma wurden asymmetrische Varianten des Spiels ebenso untersucht (Diekmann 1993; Weesie 1993) wie die Implikationen von Alternativen zur Annahme des symmetrischen Gleichgewichts in gemischten Strategien als Lösung des Spiels (Tutić 2014).

RCT-Erklärungen und Theorien mittlerer Reichweite

Merton (1968) hat dafür plädiert, dass sich die sozialwissenschaftliche – oder jedenfalls die soziologische – Theoriebildung auf die Ausarbeitung und Überprüfung von „Theorien mittlerer Reichweite" konzentriert. Es wurde gelegentlich darauf aufmerksam gemacht (z. B. bereits Stinchcombe 1975 und später Hedström & Udehn 2009), dass Mertons Beispiele wie die *self-fulfilling prophecy* oder der Matthäus Effekt in vielen Hinsichten den Erklärungen ähneln, die Coleman mit seinem Mikro-Makro-Diagramm im Auge hatte: auch bei Merton geht es um Makro-Explananda und dabei spielen Annahmen über Verhaltensregelmäßigkeiten auf der Mikro-Ebene ebenso eine zentrale Rolle wie Annahmen über Makro-Mikro-Beziehungen, also Brückenannahmen, und über Mikro-Makro-Beziehungen, die Transformationsregeln. Aus dieser Sicht ähneln RCT-Erklärungen den Theorien mittlerer Reichweite bei Merton (vgl. Diekmann & Voss 2004: 20). Allerdings kommt bei RCT-Erklärungen hinzu, dass sie einen gemeinsamen theoretischen Kern haben, da RCT-Erklärungen für ganz unterschiedliche Makro-Explananda die gleichen oder jedenfalls ähnliche Rationalitätsannahmen als Annahmen über Verhaltensregelmäßigkeiten verwenden. Dies erleichtert kumulativen Erkenntnisfortschritt und die Entwicklung eines kohärenten Bestandes von Theorien mittlerer Reichweite.

Die Ähnlichkeit von RCT-Erklärungen mit Theorien mittlerer Reichweite hängt eng mit einem anderen Gesichtspunkt bei der Anwendung der Rational-Choice-Theorie in der Soziologie (und in anderen Sozialwissenschaften) zusammen. Anders als in der Diskussion gelegentlich angenommen, geht es bei solchen Anwendungen nicht darum, genuin soziologische Theorien, also insbesondere solche Makro-Theorien, die auf Mikro-Annahmen und auf Annahmen über Beziehungen zwischen der Makro- und der Mikro-Ebene verzichten, im Sinn Nagels (1961) oder verwandter Konzeptionen auf Theorien zu reduzieren, die Rationalitätsannahmen verwenden. Theorienreduktion in diesem Sinn setzt u. a. voraus, dass nicht nur die reduzierende Theorie, sondern gerade auch die reduzierte Theorie gängigen Adäquatheitskriterien genügen wie weitgehende Formalisierung, empirische Prüfbarkeit und Bewährung. Der springende Punkt ist aber gerade, dass derartige Makro-Theorien gar nicht verfügbar sind. Das Ziel von RCT-Erklärungen ist also nicht die Reduktion von Makro-Theorien, sondern die „Direkterklärung" (Voss 2017) von Makro-Effekten und von Regelmäßigkeiten auf der Makro-Ebene (vgl. Raub & Voss 1981: Kapitel 2, Kapitel 3; für eine in manchen Hinsichten andere Sichtweise vgl. Opp 1979, 2017).

Varianten von RCT-Erklärungen

Unsere Vignetten betrafen eine kleine und spezielle Auswahl von RCT-Erklärungen. Für einen guten Eindruck von Anwendungen der Rational-Choice-Theorie ist ein Blick auf wichtige Varianten von RCT-Erklärungen nützlich. Dazu machen wir wiederum Gebrauch von Colemans Diagramm.

Coleman (z. B. 1987) betrachtete das Modell des perfekten Markts als ein besonders wichtiges Beispiel für RCT-Erklärungen im Sinn seines Diagramms. Die Merkmale eines perfekten Markts (vgl. z. B. Kreps 1990) sind die relevanten Makro-Bedingungen (Knoten A in Colemans Diagramm). Unter der Annahme rationalen Verhaltens von Produzenten und Konsumenten lassen sich Makro-Effekte individuellen Tauschverhaltens ableiten (Knoten D). Diese Effekte betreffen die Existenz eines Pareto-optimalen Marktgleichgewichts mit Gleichgewichtspreisen und einer Gleichgewichtsverteilung der Güter. Das Modell ist exemplarisch, weil die Makro-Effekte nicht-triviale Implikationen der Modellannahmen sind. Das Modell zeigt daher, dass der Beweis von Theoremen, also der

Beweis, dass Annahmen bestimmte Implikationen haben, eine zentrale Aufgabe bei Anwendungen der Rational-Choice-Theorie in den Sozialwissenschaften ist.

Coleman weist aber auch darauf hin, dass das Modell des perfekten Markts ein idealisiertes soziales System in dem Sinn betrifft, dass für empirische Anwendungen, insbesondere für Anwendungen außerhalb der Ökonomik, Modifikationen der Modellannahmen nötig sind. Coleman dachte dabei nicht an Modifikationen der Rationalitätsannahmen selbst, sondern vor allem an Modifikationen der Annahmen über Makro-Bedingungen, die perfekte Märkte charakterisieren – in der Soziologie werden andere soziale Kontexte als perfekte Märkte untersucht. Solche Modifikationen erfordern dann auch neue Brückenannahmen und Transformationsregeln.

Varianten von RCT-Erklärungen, um die es Coleman ging, sind häufig Modelle für Effekte sozialer und ökonomischer Netzwerke (vgl. als Übersicht und für weitere Literaturhinweise Buskens et al. 2014). Weitere Varianten betreffen andere Institutionen als perfekte Märkte. Unter Institutionen versteht man üblicherweise Regeln für das Verhalten der Akteure, wobei die Regeln selbst Resultate von Verhalten sind (North 1990). Man kann dabei sowohl an formale gesetzliche Regelungen als auch an informelle Verhaltensnormen und Konventionen denken. Wiederum andere Varianten betreffen formale und informelle Organisationen. Dieser Band behandelt RCT-Erklärungen, die öffentliche Güter und kollektives Handeln betreffen (vgl. Kapitel III.2), Vertrauen und soziale Netzwerke (vgl. Kapitel III.3), soziale Dilemmas (vgl. Kapitel III.1), soziale Normen (vgl. Kapitel III.4) und Austausch und Verhandlungen (vgl. Kapitel III.5). In all diesen Fällen geht es auch und typischerweise um Makro-Bedingungen und -Effekte, die sich von denen des Modells perfekter Märkte unterscheiden.[8]

Längerfristige soziale Beziehungen, Netzwerke, Institutionen und Organisationen können als Restriktionen bzw. Opportunitäten die Handlungsalternativen der Akteure beeinflussen, aber auch deren Präferenzen und Informationen bzw. *beliefs*. Derartige Einflüsse werden durch Brückenannahmen spezifiziert. Solche Makro-Bedingungen können aber auch Teil von Transformationsregeln sein, die die Makro-Effekte individuellen Verhalten spezifizieren. Man denke z. B. an die Effekte von Wahlregeln. Eine Regel wie die „Fünf-Prozent-Klausel" bei Wahlen in Deutschland kann individuelles Wahlverhalten beeinflussen,

---

8 Um Missverständnissen vorzubeugen: RCT-Erklärungen, die man als Alternativen zum Modell des *perfekten* Marktes sehen kann, können sich natürlich auch auf Mikro- und Makro-Effekte beziehen, die Marktverhalten und Märkte betreffen. RCT-Erklärungen, die man der Wirtschaftssoziologie zurechnen kann, bieten dafür vielfältige Beispiele. Vgl. als Übersicht z. B. Braun et al. (2012).

aber sie beeinflusst bei *gegebenem* individuellen Wahlverhalten auch Makro-Effekte wie die Sitzverteilung im Parlament und die Koalitionsbildung.

Wichtig ist – wir sind dem bereits im Zusammenhang mit der Vignette über soziale Einbettung und Kooperation und danach im Zusammenhang mit der „Dynamisierung" von Coleman Diagramm begegnet –, dass Varianten von RCT-Erklärungen nicht nur die Effekte von längerfristigen soziale Beziehungen, Netzwerken, Institutionen und Organisationen betreffen, sondern dass es auch Varianten gibt, die solche Makro-Bedingungen endogenisieren, sie also selbst als Makro-Effekte und Explananda behandeln. Die Literatur über strategische Netzwerkbildung und über die Ko-Evolution von Netzwerken und Verhalten (vgl. z. B. Buskens et al. 2014) oder auch über die endogene Erklärung sozialer Institutionen (vgl. z. B. Voss 2001) liefert dafür inzwischen zahlreiche Beispiele.

Aus der Perspektive von Colemans Diagramm liegt es nahe, Varianten von RCT-Erklärungen auch auf einer anderen Dimension zu unterscheiden, nämlich hinsichtlich der Annahmen über die Mikro-Ebene individuellen Verhaltens. In dieser Hinsicht können sich RCT-Erklärungen hinsichtlich der jeweils verwendeten Rationalitätsannahmen selbst unterscheiden, also hinsichtlich der Annahmen, die Pfeil 2 in Colemans Diagramm repräsentiert. Soweit es Rationalitätsannahmen im engeren Sinn betrifft, kann es dann einerseits um RCT-Erklärungen gehen, die „parametrische" Kontexte ohne strategische Interdependenzen annehmen bzw. um Kontexte, in denen solche Interdependenzen vernachlässigbar sind. Die Rationalitätsannahmen selbst werden dann solche sein, die man der Entscheidungstheorie zurechnet (vgl. Kapitel II.1). Andere RCT-Erklärungen, wie z. B. unsere drei Vignetten, betreffen hingegen Kontexte, in denen strategische Interdependenzen eine wesentliche Rolle spielen, und verwenden daher spieltheoretische Rationalitätsannahmen, sei es solche der nichtkooperativen Spieltheorie (vgl. Kapitel II.2), wie in unseren Vignetten, oder der kooperativen Spieltheorie (vgl. Kapitel II.3).

Neben RCT-Erklärungen, die übliche Annahmen der Entscheidungs- und Spieltheorie verwenden, gibt es gerade in neuerer Zeit auch Varianten, die andere Rationalitätsannahmen verwenden, insbesondere auch Annahmen über „begrenzte Rationalität" oder Annahmen, denen zufolge sich Akteure nur unter bestimmten Bedingungen so verhalten, wie man es entsprechend der Entscheidungs- und Spieltheorie erwarten würde. Solche Varianten sind z. B. in der Verhaltensökonomik entwickelt worden, u. a. als Reaktion auf vielfältige experimentelle Evidenzen für Anomalien der Rational-Choice-Theorie (vgl. Kapitel II.4; Kapitel IV.1). Auch in der Soziologie wurden und werden inzwischen solche Varianten entwickelt und in Erklärungen angewendet, z. B. Essers Modell der Frame-Selektion (z. B. Esser & Kroneberg 2015) und Lindenbergs (z. B. 2001) Theorie sozialer Rationalität als Spielarten einer neuen soziologischen Handlungstheorie (vgl. Kapitel IV.2).

Bei den Annahmen über individuelles Verhalten in RCT-Erklärungen geht es aber keineswegs nur um die Rationalitätsannahmen selbst. Die Rationalitätsannahmen selbst betreffen das Verhalten eines Akteurs bei gegebenen *anderen* inhaltlichen Annahmen über die Art seiner Präferenzen und *beliefs*. Eine zentrale Rationalitätsannahme ist z. B. die transitiver Präferenzen: Wenn ein Akteur *A* vor *B* präferiert und *B* vor *C*, dann präferiert er auch *A* vor *C*. In dieser Hinsicht, wie auch in anderen Hinsichten, die durch andere Rationalitätsannahmen charakterisiert werden, verhält der Akteur sich konsistent. Die Rationalitätsannahmen selbst sind aber keine Annahmen darüber, *ob* der Akteur *A* vor *B* präferiert und *B* vor *C*. Die Rationalitätsannahmen selbst spezifizieren auch nicht, von welchen Merkmalen von *A*, *B* und *C* es abhängt, *ob* der Akteur *A* vor *B* präferiert und *B* vor *C*. Für die Ableitung von Mikro-Effekten sind also, wie auch unsere Vignetten zeigen, zusätzlich zu den Rationalitätsannahmen selbst weitere Annahmen inhaltlicher Art über die Handlungsalternativen der Akteure und über ihre Präferenzen und *beliefs* erforderlich (vgl. Knoten B in Colemans Diagramm). In manchen RCT-Erklärungen werden in diesem Zusammenhang inhaltliche Annahmen verwendet, die besagen, dass die Akteure ausschließlich eigeninteressiert sind (z. B. „Nutzen = eigenes Geld") und dass sie in bestimmten Hinsichten „umfassend" informiert sind (vgl. Rasmusen 2007: Kapitel 2 zu Details im Hinblick auf derartige Informationsannahmen). Der *homo oeconomicus* ähnelt einem Akteur, der sich entsprechend den Rationalitätsannahmen verhält und *außerdem* im angedeuteten Sinn eigeninteressiert und umfassend informiert ist. Wichtige Varianten von RCT-Erklärungen halten an den üblichen Rationalitätsannahmen der Entscheidungs- und Spieltheorie fest, verwenden aber inhaltliche Annahmen über Mikro-Bedingungen, die sich unterscheiden von Annahmen derart, dass alle Akteure ausschließlich eigeninteressiert und „umfassend" informiert sind.

Beispiele für derartige Varianten von RCT-Erklärungen verdanken wir der Ökonomik und der Soziologie. In der Ökonomik sind Modelle entwickelt worden, die Annahmen über Ungleichheitsaversion als Alternativen zur Annahme rein eigeninteressierten Verhaltens verwenden und zusätzlich annehmen, dass sich die Akteure hinsichtlich ihrer Handlungsmotive unterscheiden, wobei jeder Akteur nur unvollständig über die Motive der anderen Akteure informiert ist (vgl. als Übersichten Fehr & Schmidt 2006; Cooper & Kagel 2015). In der Soziologie hat Opp wiederholt (vgl. neuerlich 2019) für die Verwendung einer „weiten Version" der Rational-Choice-Theorie plädiert. Für RCT-Erklärungen entsprechend seiner weiten Version ist kennzeichnend, dass die inhaltlichen Annahmen über die Präferenzen und *beliefs* der Akteure gerade nicht beschränkt werden auf „Eigeninteressiertheit" und „umfassende Information". Ein zentraler Punkt im Zusammenhang mit diesen Varianten ist, dass vermieden werden muss, dass der empirische Gehalt von RCT-Erklärungen dadurch verloren geht, dass durch „geschickte" Modifikationen der Annahmen über Präferenzen und *beliefs* mehr oder weniger beliebiges Verhalten mit Rationalitätsannahmen vereinbar ist. RCT-Erklärungen wie sie bei Fehr & Schmidt (2006) und Cooper & Kagel (2015) besprochen werden, begegnen diesem Problem dadurch, dass mit denselben (!) Annahmen über Präferenzen und beliefs, also ohne stets neue und willkürliche *ad hoc*-Modifikationen, Mikro- und Makro-Effekte in ganz unterschiedlichen Kontexten erklärt werden. Diese Kontexte sind insbesondere soziale Dilemmas, Verhandlungs- und Verteilungsprobleme, aber auch Marktsituationen (vgl. als Übersicht z. B. Camerer 2003). Opp schlägt im Zusammenhang mit seiner weiten Version hingegen vor, dass die relevanten Präferenzen und *beliefs* der Akteure jeweils empirisch ermittelt werden und dass dabei insbesondere darauf geachtet wird, dass Präferenzen und *beliefs* einerseits und andererseits das Verhalten der Akteure unabhängig voneinander empirisch erhoben werden (vgl. zu diesen und anderen methodologischen Problemen bei RCT-Erklärungen z. B. Kroneberg & Kalter 2012).

RCT-Erklärungen und empirische Forschung

In einem seiner programmatischen Beiträge hat Coleman (1986b) argumentiert, dass RCT-Erklärungen die Integration von Theoriebildung und empirischer Forschung fördern können. Green & Shapiro (1994) haben hingegen mit Blick auf die Politikwissenschaft und den Forschungsstand bis in die neunziger Jahre die These vertreten, dass systematische empirische Tests von RCT-Erklärungen eher selten und außerdem typischerweise methodisch problematisch waren (vgl. Friedman 1996 für eine Diskussion der Thesen von Green und Shapiro). Man könnte es als eine der auffälligeren Entwicklungen in den Sozialwissenschaften und speziell in der Soziologie seit diesen Arbeiten aus den achtziger und neunziger Jahren ansehen, dass Theoriebildung im Sinn von RCT-Erklärungen und empirische Forschung in verschiedenen Hinsichten konvergieren (vgl. Wittek et al. 2013 für eine umfangreiche Übersicht zum Stand der empirischen Forschung zu RCT-Erklärungen).

Ein wichtiger programmatischer Beitrag war in diesem Zusammenhang Goldthorpes (1996) Plädoyer für eine Allianz von Survey-Forschung und *rational action theory* in der Soziologie (vgl. auch den Sammelband Blossfeld & Prein 1998). Goldthorpe wies darauf hin, dass statistische Regelmäßigkeiten erklärungsbedürftig sind und dass dabei RCT-Erklärungen zum Zuge kommen können (vgl. ähnlich z. B. auch Essers 1993 bekannte Kritik der „Variablen-Soziologie"; Boudon 1979 und Hedström 2004 über *generative models* und ganz ähnlich Cox 1992). Umgekehrt betonte Goldthorpe, dass empirische Forschung keineswegs nur dazu dient, RCT-Erklärungen zu prüfen, sondern gerade auch dazu, Makro-Regelmäßigkeiten (Pfeil 4 in Colemans Diagramm) allererst zu ermitteln, also Explananda für RCT-Erklärungen zu liefern (vgl. auch Goldthorpe 2016 und ähnlich für die Demographie Billari 2015). Goldthorpe betont die Rolle der Survey-Forschung, inzwischen werden im Zusammenhang mit RCT-Erklärungen aber verstärkt auch andere Forschungsdesigns angewendet, insbesondere Labor- und Feldexperimente, einschließlich Experimenten die in Surveys eingebettet sind, oder auch Vignettenexperimente. Diese Entwicklungen betreffen auch wiederholte Tests derselben Hypothesen mit komplementären Designs, um so Aufschlüsse über die Robustheit und Replizierbarkeit empirischer Befunde zu gewinnen (Buskens & Raub 2013; Jackson & Cox 2013). Die Verbindung von RCT-Erklärungen und empirischer Forschung wird wesentlich gefördert durch statistische Modelle, die zentrale Annahmen von RCT-Erklärungen, auch Rationalitätsannahmen, in diese Modelle selbst integrieren (McFadden 1973; Snijders 2013).

I.2.5 Schluss

Rationale Modelle, nämlich RCT-Erklärungen, sind in den Sozialwissenschaften einflussreich geworden, auch außerhalb der Ökonomik und auch in der Soziologie. Der Nobelpreis für Wirtschaftswissenschaften ist dafür in zwei Hinsichten ein aufschlussreiches Indiz. Er wurde einerseits wiederholt für Beiträge von Ökonomen vergeben, die auch für RCT-Erklärungen in anderen sozialwissenschaftlichen Disziplinen außerordentlich fruchtbar waren. Man denke an Herbert Simon und Gary Becker, der ja bekanntlich an der *University of Chicago* auch zur *faculty* des *Department of Sociology* gehörte, aber auch an Douglass North, Richard Thaler und die wiederholten Preise für Beiträge zur Spieltheorie (u. a. John Nash, John Harsanyi, Reinhard Selten und Thomas Schelling). Andererseits wurde der Preis auch für Beiträge aus anderen sozialwissenschaftlichen Disziplinen als den Wirtschaftswissenschaften vergeben, die wesentlich sind für die Entwicklung der Rational-Choice-Theorie und insbesondere für RCT-Erklärungen. Das betrifft z. B. Daniel Kahneman und Elinor Ostrom, wobei man jedenfalls auch bei Nash und Schelling die Frage aufwerfen kann, ob sie als Ökonomen anzusehen sind.

Auffällig ist auch, dass es in der Soziologie gerade Beiträge von z. B. Hans Albert, Karl-Dieter Opp, Hans Hummell, Rolf Ziegler, Raymond Boudon, Siegwart Lindenberg, Reinhard Wippler, Viktor Vanberg und Hartmut Esser waren, die bereits in den siebziger Jahren den Boden für Anwendungen der Rational-Choice-Theorie in der eigenen Disziplin bereitet haben, und zwar im Hinblick auf methodologische Grundlagen, Theoriebildung und auch empirische Forschung. Es handelt sich hier um einen Zweig der Disziplin, in dem europäische Beiträge wegweisend waren.

Unsere Hinweise auf weiterführende Literatur beschränken wir auf zwei Arten von Beiträgen. Es ist einerseits nützlich, Beispiele für RCT-Erklärungen und empirische Forschung zu solchen Erklärungen im Detail zur Kenntnis zu nehmen und sich ein Bild von deren typische Stärken und Schwächen zu machen. Neben den entsprechenden Kapiteln im vorliegenden Band, findet man Übersichten z. B. in Wittek et al. (2013), in den Festschriften für Rolf Ziegler (Diekmann & Voss 2004), Karl-Dieter Opp (Diekmann et al. 2008) und Andreas Diekmann (Jann & Przepiorka 2017), sowie in verschiedenen Kapiteln in Braun & Saam (2014). Andererseits ist es ratsam, methodologischen Fragen im Zusammenhang mit RCT-Erklärungen nachzugehen, und zwar so, dass dabei konkrete Erklärungsprobleme und auch die empirische Forschung im Blickfeld bleiben. Nützlich sind dann Arbeiten über die Struktur von RCT-Erklärungen. Dazu kann man die Literatur zu Colemans Mikro-Makro-Diagramm zu Rate ziehen, die wir im vorliegenden Kapitel erwähnt haben. Eine nützliche Ergänzung dazu sind verschiedene Kapitel in Braun & Voss (2014). Die bereits genannten Arbeiten von Kroneberg & Kalter (2012) und Goldthorpe (2016) bieten einen guten Zugang.

Literatur

Albert, H., 1977: Individuelles Handeln und soziale Steuerung. Die ökonomische Tradition und ihr Erkenntnisprogramm. S. 177–225 in: H. Lenk (Hrsg.), Handlungstheorien – interdisziplinär IV: Sozialwissenschaftliche Handlungstheorien und spezielle systemwissenschaftliche Ansätze. München: Fink.

Axelrod, R., 1984: The Evolution of Cooperation. New York: Basic Books. Übersetzung: Die Evolution der Kooperation. München: Oldenbourg 1987.

Berger, J. & A. Diekmann, 2015: The Logic of Relative Frustration: Boudon's Competition Model and Experimental Evidence. European Sociological Review 31: 725–737.

Billari, F.C., 2015: Integrating Macro- and Micro-Level Approaches in the Explanation of Population Change. Population Studies 69(S1): S11–S20.

Blossfeld, H.-P. & G. Prein, (Hrsg.), 1998: Rational Choice Theory and Large-Scale Data Analysis. Boulder: Westview.

Boudon, R., 1974: Education, Opportunity, and Social Inequality. New York: Wiley.

Boudon, R., 1977: Effets pervers et ordre social. Paris: Presses Universitaires de France.

Boudon, R., 1979: Generating Models as a Research Strategy. S. 51–64 in: R.K. Merton, J.S. Coleman & P.H. Rossi (Hrsg.), Qualitative and Quantitative Social Research. Papers in Honor of Paul F. Lazarsfeld. New York: Free Press.

Braun N., M. Keuschnigg & T. Wolbring, (Hrsg.), 2012: Wirtschaftssoziologie II: Anwendungen. München: Oldenbourg.

Braun, N. & N.J. Saam, (Hrsg.), 2014: Handbuch Modellbildung und Simulation in den Sozialwissenschaften. Wiesbaden: Springer VS.

Braun, N. & T. Voss, 2014: Zur Aktualität von James Coleman. Einleitung in sein Werk. Wiesbaden: Springer VS.

Buskens, V., R. Corten & W. Raub, 2014: Social Networks. S. 663–687 in: N. Braun & N.J. Saam (Hrsg.), Handbuch Modellbildung und Simulation in den Sozialwissenschaften. Wiesbaden: Springer VS.

Buskens, V. & W. Raub, 2004: Soziale Mechanismen rationalen Vertrauens. S. 183–216 in: A. Diekmann & T. Voss (Hrsg.), 2004: Rational-Choice-Theorie in den Sozialwissenschaften. Anwendungen und Probleme. München: Oldenbourg.

Buskens, V. & W. Raub, 2013: Rational Choice Research on Social Dilemmas. S. 113–150 in: R. Wittek, T.A.B. Snijders & V. Nee (Hrsg.), Handbook of Rational Choice Social Research. Stanford: Stanford University Press.

Camerer, C.F., 2003: Behavioral Game Theory. New York: Russell Sage.

Coleman, J.S., 1986a: Micro Foundations and Macrosocial Theory. S. 345–363 in: S. Lindenberg, J.S. Coleman & S. Nowak (Hrsg.), Approaches to Social Theory. New York: Russell Sage.

Coleman, J.S., 1986b: Social Theory, Social Research, and a Theory of Action. American Journal of Sociology 91: 1309–1335.

Coleman, J.S., 1987: Psychological Structure and Social Structure in Economic Models. S. 181–185 in: R.M. Hogarth & M.W. Reder (Hrsg.), Rational Choice. The Contrast between Economics and Psychology. Chicago: University of Chicago Press.

Coleman, J.S., 1990: Foundations of Social Theory. Cambridge: Belknap Press of Harvard University Press. Übersetzung: Grundlagen der Sozialtheorie. 3 Bände. München: Oldenbourg 1991–1994.

Coleman, J.S., 1993: Reply to Blau, Tuomela, Diekmann and Baurmann. Analyse & Kritik 15: 62–69.

Cooper, D.J. & J.H. Kagel, 2015: Other-Regarding Preferences: A Selective Survey of Experimental Results. S. 217–289 in: J.H. Kagel & A.E. Roth, (Hrsg.), The Handbook of Experimental Economics. Volume 2. Princeton: Princeton University Press.

Corten, R., 2014: Computational Approaches to Studying the Co-evolution of Networks and Behavior in Social Dilemmas. Chichester: Wiley.

Cox, D.R., 1992: Causality: Some Statistical Aspects. Journal of the Royal Statistical Society Series A 155: 291–301.

Darley, J.M. & B. Latané, 1968: Bystander Intervention in Emergencies: Diffusion of Responsibility. Journal of Personality and Social Psychology 8: 377–383.

Diekmann, A., 1985: Volunteer's Dilemma. Journal of Conflict Resolution 29: 605–610.

Diekmann, A., 1986: Volunteer's Dilemma. A Social Trap without a Dominant Strategy and some Empirical Results. S. 187–197 in: A. Diekmann & P. Mitter (Hrsg.), Paradoxical Effects of Social Behavior. Heidelberg: Physica.

Diekmann, A., 1993: Cooperation in an Asymmetric Volunteer's Dilemma Game. International Journal of Game Theory 22: 75–85.

Diekmann, A., 2013: Spieltheorie. Einführung, Beispiele, Experimente. 3. Aufl.,
    Reinbek: Rowohlt.
Diekmann, A., K. Eichner, P. Schmidt & T. Voss, (Hrsg.), 2008: Rational Choice: Theoretische
    Analysen und empirische Resultate. Wiesbaden: Springer VS.
Diekmann, A. & T. Voss, (Hrsg.), 2004a: Rational-Choice-Theorie in den Sozialwissenschaften.
    Anwendungen und Probleme. München: Oldenbourg.
Diekmann, A. & T. Voss, 2004b: Die Theorie rationalen Handelns. Stand und Perspektiven.
    S. 13–29 in: A. Diekmann & T. Voss (Hrsg.), Rational-Choice-Theorie in den
    Sozialwissenschaften. Anwendungen und Probleme. München: Oldenbourg.
Durkheim, E., 1897: Le Suicide. Paris: Félix Alcan. Übersetzung: Der Selbstmord. Neuwied:
    Luchterhand 1973.
Esser, H., 1993: Soziologie: Allgemeine Grundlagen. Frankfurt a. M.: Campus.
Esser, H. & C. Kroneberg, 2015: An Integrative Theory of Action: The Model of Frame Selection.
    S. 63–85 in: E.J. Lawler, S.R. Thye & J. Yoon (Hrsg.), Order on the Edge of Chaos.
    Cambridge: Cambridge University Press.
Fehr, E. & K.M. Schmidt, 2006: The Economics of Fairness, Reciprocity and Altruism –
    Experimental Evidence and New Theories. S. 615–691 in: S.-C. Kolm & J.M. Ythier (Hrsg.),
    Handbook of the Economics of Giving, Altruism and Reciprocity. Amsterdam: Elsevier.
Friedman, J.W., 1990: Game Theory with Applications to Economics. 2. Aufl., New York: Oxford
    University Press.
Friedman, J., (Hrsg.), 1996: The Rational Choice Controversy. Economic Models of Politics
    Reconsidered. New Haven: Yale University Press.
Goldthorpe, J.H., 1996: The Quantitative Analysis of Large-Scale Data Sets and Rational Action
    Theory: For a Sociological Alliance. European Sociological Review 12: 109–126.
Goldthorpe, J.H., 2016: Sociology as a Population Science. Cambridge: Cambridge University
    Press.
Granovetter, M.S., 1985: Economic Action and Social Structure: The Problem of
    Embeddedness. American Journal of Sociology 91: 481–510.
Green, D.P. & I. Shapiro, 1994: Pathologies of Rational Choice Theory. New Haven: Yale
    University Press.
Greve, J., A. Schnabel & R. Schützeichel, (Hrsg.), 2008: Das Mikro-Makro-Modell der
    soziologischen Erklärung. Zur Ontologie, Methodologie und Metatheorie eines
    Forschungsprogramms. Wiesbaden: VS Verlag für Sozialwissenschaften.
Hedström, P., 2004: Generative Models and Explanatory Research. On the Sociology of Aage
    B. Sørensen. S. 13–25 in: A.L. Kalleberg, S.L. Morgan, J. Myles & R.A. Rosenfeld, (Hrsg.),
    Inequality: Structures, Dynamics and Mechanisms. Essays in Honor of Aage B. Sørensen.
    Research in Social Stratification and Mobility 21. Amsterdam: Elsevier.
Hedström, P., 2005: Dissecting the Social. On the Principles of Analytical Sociology.
    Cambridge: Cambridge University Press.
Hedström, P. & L. Udehn, 2009: Analytical Sociology and Theories of the Middle Range. S.
    25–47 in: P. Hedström & P. Bearman (Hrsg.), The Oxford Handbook of Analytical
    Sociology. Oxford: Oxford University Press.
Hempel, C.G., 1965: Aspects of Scientific Explanation. New York: Free Press.
Hummell, H.J., 1973: Methodologischer Individualismus, Struktureffekte und
    Systemkonsequenzen. S. 61–134 in: K.-D. Opp & H.J. Hummell (Hrsg.), Probleme der
    Erklärung sozialer Prozesse II: Soziales Verhalten und soziale Systeme. Frankfurt a. M.:
    Athenäum.

Jackson, M. & D.R. Cox, 2013: The Principles of Experimental Design and Their Application in Sociology. Annual Review of Sociology 39: 27–49.

Jann, B. & W. Przepiorka, (Hrsg.), 2017: Social Dilemmas, Institutions, and the Evolution of Cooperation. Berlin: De Gruyter.

Kollock, P., 1994: The Emergence of Exchange Structures: An Experimental Study of Uncertainty, Commitment, and Trust. American Journal of Sociology 100: 313–345.

Kreps, D.M., 1990: A Course in Microeconomic Theory. Princeton: Princeton University Press.

Kroneberg, C. & F. Kalter, 2012: Rational Choice Theory and Empirical Research: Methodological and Theoretical Contributions in Europe. Annual Review of Sociology 38: 73–92.

Lindenberg, S., 1977: Individuelle Effekte, kollektive Phänomene und das Problem der Transformation. S. 46–84 in: K. Eichner & W. Habermehl (Hrsg.), Probleme der Erklärung sozialen Verhaltens. Meisenheim a. G.: Hain.

Lindenberg, S., 1981: Erklärung als Modellbau: Zur soziologischen Nutzung von Nutzentheorien. S. 20–35 in: W. Schulte, (Hrsg.), Soziologie in der Gesellschaft: Referate aus den Veranstaltungen der Sektionen der Deutschen Gesellschaft für Soziologie, der Ad-hoc-Gruppen und des Berufsverbandes Deutscher Soziologen beim 20. Deutschen Soziologentag in Bremen 1980. Bremen: Universität Bremen.

Lindenberg, S., 1992: The Method of Decreasing Abstraction. S. 3–20 in: J.S. Coleman & T.J. Fararo (Hrsg.), Rational Choice Theory. Advocacy and Critique. Newbury Park: Sage.

Lindenberg, S., 2001: Social Rationality versus Rational Egoism. S. 635–668 in: J.H. Turner (Hrsg), Handbook of Sociological Theory. New York: Kluwer.

McFadden, D., 1973: Conditional Logit Analysis of Qualitative Choice Behavior. S. 105–142 in: P. Zarembka (Hrsg.), Frontiers in Econometrics. New York: Academic Press.

Merton, R.K., 1968: Social Theory and Social Structure. Erw. Aufl., New York: Free Press.

Nagel, E., 1961: The Structure of Science. London: Routledge.

North, D.C., 1990: Institutions, Institutional Change and Economic Performance. Cambridge: Cambridge University Press.

Ockenfels, A. & W. Raub, 2010: Rationale Modelle. S. 147–153 in: G. Albert & S. Sigmund, (Hrsg.), Soziologische Theorie kontrovers. Sonderheft 50 der Kölner Zeitschrift für Soziologie und Sozialpsychologie. Wiesbaden: Springer VS.

Olson, M., 1971: The Logic of Collective Action. 2. Aufl., Cambridge: Harvard University Press.

Opp, K.-D., 1979: Individualistische Sozialwissenschaft. Stuttgart: Enke.

Opp, K.-D., 2017: Warum gibt es keine brauchbaren Makrogesetze in den Sozialwissenschaften? S. 69–96 in: G. Wagner (Hrsg.), Die Provokation der Reduktion. Wiesbaden: Harrassowitz.

Opp, K.-D., 2019: Die Theorie rationalen Handelns, das Modell der Frame-Selektion und die Wirkungen von Bestrafungen auf Kooperation. Zeitschrift für Soziologie 48: 97–115.

Osborne, M.J. & A. Rubinstein, 1994: A Course in Game Theory. Cambridge: MIT Press.

Otten, K., 2018: The Paradox of Growing Dissatisfaction under Improving Opportunities: A Game-Theoretic Model of Relative Deprivation and Experimental Evidence. Master Thesis.

Rasmusen, E., 2007: Games and Information: An Introduction to Game Theory. 4. Aufl., Oxford: Blackwell.

Raub, W., 1982: The Structural-Individualistic Approach towards an Explanatory Sociology. S. 3–40 in: W. Raub (Hrsg.), Theoretical Models and Empirical Analyses. Utrecht: ESP.

Raub, W., 1984: Rationale Akteure, institutionelle Regelungen und Interdependenzen. Frankfurt a. M: Lang.

Raub, W., im Erscheinen: Rational Choice Theory in the Social Sciences. Erscheint in: M. Knauff & W. Spohn (Hrsg.), The Handbook of Rationality. Cambridge: MIT Press.

Raub, W. & V. Buskens, 2006: Spieltheoretische Modellierungen und empirischen Anwendungen in der Soziologie. S. 560–598 in: A. Diekmann, (Hrsg.), Methoden der Sozialforschung. Sonderheft 44 der Kölner Zeitschrift für Soziologie und Sozialpsychologie. Wiesbaden: VS Verlag für Sozialwissenschaften.

Raub, W., V. Buskens & R. Corten, 2014: Social Dilemmas and Cooperation. S. 597–626 in: N. Braun & N.J. Saam (Hrsg.), Handbuch Modellbildung und Simulation in den Sozialwissenschaften. Wiesbaden: Springer VS.

Raub, W., V. Buskens & V. Frey, 2013: The Rationality of Social Structure: Cooperation in Social Dilemmas through Investments in and Returns on Social Capital. Social Networks 35: 720–732.

Raub, W., V. Buskens & V. Frey, 2019: Strategic Tie Formation for Long-Term Exchange Relations. Rationality and Society 31: 490–510.

Raub, W. & T. Voss, 1981: Individuelles Handeln und gesellschaftliche Folgen. Darmstadt: Luchterhand.

Raub, W. & T. Voss, 1986: Die Sozialstruktur der Kooperation rationaler Egoisten. Zeitschrift für Soziologie 15: 309–323.

Raub, W. & T. Voss, 2017: Micro-Macro Models in Sociology: Antecedents of Coleman's Diagram. S. 11–36 in: B. Jann & W. Przepiorka (Hrsg.), Social Dilemmas, Institutions, and the Evolution of Cooperation. Berlin: De Gruyter.

Sandler, T., 1992: Collective Action. Ann Arbor: University of Michigan Press.

Snijders, T.A.B., 2013: Network Dynamics. S. 252–279 in: R. Wittek, T.A.B. Snijders & V. Nee (Hrsg.), Handbook of Rational Choice Social Research. Stanford: Stanford University Press.

Stegmüller, W., 1983: Probleme und Resultate der Wissenschaftstheorie und Analytischen Philosophie. Band I: Erklärung – Begründung – Kausalität. 2. Aufl., Berlin: Springer.

Stinchcombe, A.L., 1975: Merton's Theory of Social Structure. S. 11–33 in: L.A. Coser (Hrsg.), The Idea of Social Structure. Papers in Honor of Robert K. Merton. New York: Harcourt.

Stouffer, S. A., E.A. Suchman, L.C. DeVinney, S. A. Star & R.M. Williams, Jr., 1949: The American Soldier. Volume I: Adjustment During Army Life. Princeton: Princeton University Press.

Taylor, M., [1976] 1987: The Possibility of Cooperation. Cambridge: Cambridge University Press. Revised edition of Anarchy and Cooperation. London: Wiley 1976.

Thaler, R.H., 2018: From Cashews to Nudges: The Evolution of Behavioral Economics. American Economic Review 108: 1265–1287.

Tocqueville, A. de, 1856: L'Ancien Régime et la Révolution. Paris: Michel Lévy Frères. Übersetzung: Der alte Staat und die Revolution. München: dtv 1978.

Tutić, A., 2014: Procedurally Rational Volunteers. Journal of Mathematical Sociology 38: 219–232.

Udehn, L., 2001: Methodological Individualism. London: Routledge.

Voss, T., 2001: Game-Theoretical Perspectives on the Emergence of Social Norms. S. 105–136 in: M. Hechter & K.-D. Opp (Hrsg.), Social Norms. New York: Russell Sage.

Voss, T., 2017: Methodologischer Individualismus: Reduktion oder Direkterklärung? S. 154–174 in: G. Wagner (Hrsg.), Die Provokation der Reduktion. Wiesbaden: Harrassowitz.

Weber, M., [1921] 1976: Wirtschaft und Gesellschaft. 5. Aufl., Tübingen: Mohr.

Weesie, J., 1993: Asymmetry and Timing in the Volunteer's Dilemma. Journal of Conflict Resolution 37: 569–590.

Wittek, R., T.A.B. Snijders & V. Nee, (Hrsg.), 2013: Handbook of Rational Choice Social Research. Stanford: Stanford University Press.

Ziegler, R., 1972: Theorie und Modell. München: Oldenbourg.

Catherine Herfeld
I.3 Spielarten der Rational-Choice-Theorie

I.3.1 Einleitung

Warum verhalten sich Menschen, wie sie es tun? Und warum sollten sie sich so (oder anders) verhalten? Antworten auf beide Fragen werden in den Verhaltens- und Sozialwissenschaften sowie der Philosophie von Handlungstheorien gegeben. Theorien rationalen Handelns fallen in eine spezifische Kategorie solcher Handlungstheorien. Sie beantworten die Frage, warum sich eine Person auf eine spezifische Art verhält bzw. verhalten sollte, indem sie auf die Rationalität der Person verweisen. Bei den meisten Varianten solcher Theorien wird das Handeln einer Person als Ergebnis eines rationalen Abwägungsprozesses verstanden.

Theorien rationalen Handels gehören zu den prominentesten Handlungstheorien der Sozialwissenschaften. Ihr Anwendungsbereich erstreckt sich über die Ökonomie, die Soziologie, die Politikwissenschaft und die Psychologie bis hin zur Philosophie. Damit sind sie zum gegenwärtigen Zeitpunkt aus den Sozialwissenschaften nicht wegzudenken. Gleichzeitig wird die Erklärung von Handlungen durch den Verweis auf die Rationalität der Akteure lange schon kontrovers diskutiert. Erstens erscheint es kontraintuitiv anzunehmen, dass unser Verhalten tatsächlich immer auf rationale Überlegungen zurückgeführt werden kann. Vielmehr kann menschlichem Handeln eine Vielzahl von Motivationen zugrunde liegen. Damit ist es nicht immer im klassischen Sinne rational. Zweitens sind die in den Theorien getroffenen Annahmen über individuelle kognitive Fähigkeiten als Voraussetzung für rationales Handeln oftmals nicht gegeben. Darüber hinaus unterliegen Handlungsüberlegungen von Individuen oft sogenannten „kognitiven Verzerrungen", die einer rationalen Entscheidung entgegenwirken können. Diese Aspekte haben dazu geführt, dass Theorien rationalen Handelns immer wieder kritisiert und vielfach als empirisch nutzlos abgelehnt wurden.

In diesen Diskussionen wird oft von *der einen* Theorie rationalen Handelns für alle Sozialwissenschaften gesprochen, die auch als *Received View* bezeichnet wurde (z. B. Rosenberg 2015; Satz & Ferejohn 1994). Dieser wurden drei Merkmale zugesprochen: (1) dass sie den methodologischen Status einer wissenschaftlichen Theorie hat, (2) dass sie mit einer Verpflichtung zum methodologischen Individualismus (MI) einhergeht und (3) dass sie sich auf ein Rationalitätsverständnis stützt, welches menschliches Verhalten als egoistisch beschreibt (Satz & Ferejohn 1994). Als solche wird sie auf zwei Ebenen formuliert: auf der Ebene einer Handlungstheorie sowie auf einer formal-axiomatischen Ebene.

https://doi.org/10.1515/9783110673616-003

Als Handlungstheorie basiert sie auf unserem alltagspsychologischen Verständnis von intentionalen Handlungserklärungen. Danach wird eine Handlung kausal mittels des Verweises auf Handlungsgründe bzw. mentale Zustände erklärt und vorausgesagt. Intentionale Handlungserklärungen basieren auf einer Definition von Handlung als Verhalten, welches durch Handlungsgründe motiviert und hervorgebracht wird, sowie auf alltagspsychologischen Begriffen wie beispielsweise „Bedürfnisse" oder „Überzeugungen", welche diese Gründe spezifizieren.[1]

Nach dem *Received View* wird die allgemein formulierte Handlungstheorie auf der zweiten Ebene formal-axiomatisch beschrieben. Handlungsgründe werden mittels technischer Begriffe wie dem Präferenzbegriff sowie dem Begriff der Überzeugungsgrade rekonstruiert. Beispielsweise beschreibt der Begriff einer Präferenzordnung formal-axiomatisch die Bedürfnisse eines Akteurs, die sein Handeln motivieren und dessen Ziele definieren. Als solche bekommt die RCT den Status einer allgemeinen wissenschaftlichen Theorie menschlichen Handelns, welche Handlungen mit Verweis auf intentionale Zustände erklärt oder voraussagt.

Dieser *Received View* hat oft zu Missverständnissen geführt. Schaut man sich die Anwendungsbereiche der Theorie an, so wird deutlich, dass es keine einheitliche Theorie rationalen Handelns gibt. Vielmehr kommen Theorien rationalen Handelns (hiernach: RCT) in verschiedenen Varianten vor. Man kann diese Varianten als verschiedene theoretische Ansätze auffassen, die jedoch eine gewisse Familienähnlichkeit aufweisen (z. B. Braun 2009; Diekmann & Voss 2004; Herfeld 2013, 2020; Raub 2017). Aufgrund ihres breiten Anwendungsbereichs werden sie meist begrifflich und methodologisch an die Theoriegebäude aus den jeweiligen Disziplinen angepasst. In Diskussionen wurde die Unterscheidung dieser Varianten lange Zeit vernachlässigt, was oft zu einseitig formulierten und wenig konstruktiven Kritiken führte. In den letzten Jahren wurde vermehrt zwischen verschiedenen RC-Ansätzen unterschieden (z. B. Diekmann & Voss 2004; Steele 2014; Thoma 2019). Dabei wurde jedoch meist nur auf eine Teilmenge aller RC-Varianten fokussiert, nämlich diejenigen Varianten, die ihren Ursprung in der Axiomatisierung des Nutzenmaximierungsprinzips durch John von Neumann und Oskar Morgenstern haben.

In diesem Kapitel werden verschiedene Spielarten der RCT mit Blick auf ihre Gemeinsamkeiten und Unterschieden vorgestellt (Abschnitt 2). Es wird deutlich, dass es weder nur eine RCT gibt, noch dass alle existierenden Varianten

---

1 Es wird debattiert, ob Handlungsgründe als Ursachen angesehen werden werden können oder nicht; siehe Davidson (1963) für ein zentrales Argument dafür, dass Handlungsgründe als Ursachen verstanden werden können.

die drei Merkmale des *Received Views* erfüllen; es gibt zahlreiche Varianten der RCT, die mit diesem nur bedingt übereinstimmen. Es werden außerdem Erweiterungen der RCT skizziert (Abschnitt 3) und Minimalanforderungen identifiziert, die eine Handlungstheorie erfüllen sollte, um als Variante der RCT eingeordnet zu werden (Abschnitt 4).

I.3.2 Die verschiedenen Spielarten der Theorie rationalen Entscheidens

In der Literatur wird der Begriff „Theorie rationalen Entscheidens" i.d.R. mit einer der folgenden fünf Varianten gleichgesetzt: mit (1) der Erwartungsnutzentheorie (EUT), (2) der subjektiven Erwartungsnutzentheorie (SEUT), (3) der Spieltheorie, (4) der Theorie offenbarter Präferenzen sowie mit (5) Gary Beckers *Ökonomischem Ansatz*.[2] Sie werden im Folgenden mit Blick auf ihre Gemeinsamkeiten und Unterschiede skizziert.

Die Erwartungsnutzentheorie

Die EUT wird in den Sozialwissenschaften, der Philosophie sowie der Psychologie angewandt, um Entscheidungen unter Unsicherheit zu erklären, vorauszusagen oder vorzuschreiben.[3] Ein zentrales Anwendungsproblem ist die individuelle Entscheidung. Wenn als Entscheidungstheorie angewandt, dann ist sie diejenige Variante, die am nächsten an den *Received View* herankommt. Bei der EUT handelt sich jedoch um eine axiomatische Messtheorie, die im zweiten Schritt auch empirisch interpretiert und damit auch als Entscheidungstheorie verwendet werden kann. In dem Fall geht man stets von dem Entscheidungsproblem eines Akteurs

---

2 Es gibt weitere Varianten der RCT, die hier nicht vorgestellt werden können. Die folgenden Varianten gelten insofern als zentral, als dass sie die Grundlage für andere Varianten sowie Erweiterungen bilden.
3 In der Literatur wird zwischen Sicherheit, Risiko, Unsicherheit und Unwissenheit unterschieden. In Situationen der Sicherheit wissen Akteure, welche Ereignisse als Konsequenz ihrer Handlungen realisiert werden. Grundsätzlich geht man davon aus, dass in Risikosituationen die objektiven Eintrittswahrscheinlichkeiten bekannt sind, wohingegen in Unsicherheitssituationen angenommen wird, dass sich ein Akteur subjektive Urteile über die Eintrittswahrscheinlichkeiten der Ereignisse bildet. Von Situationen der Unwissenheit spricht man, wenn man den verschiedenen Ereignissen keine Eintrittswahrscheinlichkeiten zuschreiben kann (für die Ursprünge der Unterscheidung siehe Knight (1921)).

aus. Sein Entscheidungsverhalten ist das Ergebnis einer Auswahl zwischen verschiedenen Alternativen. Dabei wird das Verhalten mittels einer Präferenzrelation beschrieben. Genauer besteht die Theorie in ihrer Grundvariante aus drei Elementen: (1) einer binären Relation, (2) einer Anzahl an formalen Axiomen, die der binären Relation Struktur geben, indem sie als Bedingungen formuliert werden, welche die Relation erfüllen muss und (3) der Entscheidungsregel. Die bekannteste Regel ist die der Erwartungsnutzenmaximierung, nach dem ein Akteur immer diejenige Handlung wählt, die seinen erwarteten Nutzen maximiert (vgl. Kapitel II.1).

Ein wichtiger Unterschied zwischen der EUT und der Subjektiven Erwartungsnutzentheorie (SEUT) besteht darin, wie Präferenzen mittels dieser Elemente formal beschrieben werden. Eine zentrale Rolle spielt dabei das sogenannte Repräsentationstheorem und dessen Begründung. Als Repräsentationstheorem bezeichnet man den formalen Beweis, dass Akteurspräferenzen mittels einer Funktion dargestellt werden können, die den Nutzen der Akteure maximiert (siehe auch Thoma 2019: 66). Sowohl von Neumann und Morgenstern als Begründer der EUT als auch Leonard Savage als Begründer der SEUT gehen bei ihrem Repräsentationstheorem zunächst von einer binären Relation aus, welche bestimmte Eigenschaften erfüllt und damit als Ordnungsrelation klassifiziert werden kann. Diese wird im zweiten Schritt als Präferenzordnung interpretiert, wobei es je nach Anwendungskontext unterschiedliche Interpretationen davon gibt, was Präferenzen sind.

Welche Eigenschaften die Relation erfüllen muss, variiert je nach genauer Ausprägung der Theorie. Bei von Neumann und Morgenstern müssen u. a. das Transitivitätsaxiom, das Vollständigkeitsaxiom sowie das Axiom der Unabhängigkeit irrelevanter Handlungsalternativen erfüllt sein (vgl. Kapitel II.1).[4] Alle drei Axiome sind zentral für die Herleitung der Nutzenfunktion und weil sie zusätzlich als plausible Eigenschaften von Präferenzen eines rationalen Akteurs interpretiert werden. Die Rationalität eines Akteurs manifestiert sich damit in einer Präferenzordnung, welche die Axiome erfüllt. Die Plausibilität der von Neumann-Morgenstern-Axiome wird jedoch kritisch diskutiert, da es fragwürdig ist, ob sie die tatsächlichen Präferenzen von Akteuren beschreiben. In empirischen

---

4 Neben den „Rationalitätsaxiomen" müssen das Kontinuitätsaxiom, das Archimedische Axiom sowie das Reduktionsaxiom erfüllt sein. Auch das Kontinuitätsaxiom wurde als plausible Eigenschaft der Präferenzen eines rationalen Akteurs interpretiert. Es besagt, dass wenn ein rationaler Akteur die Wahl zwischen einer Lotterie x, bei der das beste Ergebnis mit einer bestimmten Wahrscheinlichkeit p eintritt und das schlechteste Ergebnis mit einer bestimmten Wahrscheinlichkeit $1-p$ eintritt, und einer Lotterie y, bei der das mittlere Ergebnis mit Sicherheit eintritt, hat, sich immer eine Wahrscheinlichkeit p finden lässt, bei der der Akteur indifferent ist bezüglich x und y.

Tests konnten sie vielfach nicht bestätigt werden. Darüber hinaus wurde argumentiert, dass auch intransitive Präferenzordnungen in manchen Fällen als vernünftig gelten können (siehe Thoma 2019: 84 ff.).

Von Neumann und Morgenstern beweisen mit ihrem Repräsentationstheorem die Existenz einer Nutzenfunktion. Diese besagt, dass ein Akteur eine Lotterie *x* gegenüber einer anderen Lotterie *y* genau dann vorzieht, wenn der Erwartungsnutzen von *x* größer ist als der von *y* (vgl. Kapitel II.1). Die so bewiesene Nutzenfunktion ist bis auf positiv-lineare Transformationen bestimmt. Damit ist sie nicht einzigartig in ihrer Eigenschaft die Präferenzen repräsentieren zu können. Vielmehr existieren weitere Nutzenfunktionen, die ebenfalls die Präferenzen repräsentieren. Die Nutzenfunktionen unterscheiden sich zwar mit Blick auf z. B. ihren Nullpunkt, sind aber strukturell identisch mit Blick auf das Verhältnis der Nutzenunterschiede einer bestimmten Präferenzordnung. Eine solche Nutzenfunktion bezeichnet man als kardinale Nutzenfunktion, die ermöglicht, Präferenzen zu messen.[5]

Die EUT in dieser allgemeinen Variante ist ohne weitere Spezifizierung, d. h. Interpretation der mathematischen Axiome und Begriffe wie „Relation", „Nutzen", „Präferenzen", „Restriktionen" etc., nicht anwendbar, um empirische Aussagen zu treffen. Im ersten Schritt gilt sie als rein formal-axiomatische Theorie, die unterschiedlich interpretiert und damit auf verschiedene, ggf. strukturell ähnliche Probleme angewandt werden kann. Sie hat daher nicht automatisch den Status einer wissenschaftlichen Theorie menschlichen Handelns. Vielmehr ist sie eine mathematische Theorie, die mit Blick auf ihre Interpretation und damit auf mögliche Anpassungen flexibel ist. Der *Received View* berücksichtigt dies nur insofern, als dass man hier die Interpretation der Theorie als Handlungstheorie bereits mitdenkt.

Genauer wird von der Interpretation einer formal-axiomatischen Theorie in zweierlei Hinsicht gesprochen. Erstens bezieht man sich oft auf die Interpretation der in der Theorie verwendeten Begriffe. Diese können unterschiedlich interpretiert werden. Mit Blick auf die EUT beispielsweise werden derzeit zwei Präferenzinterpretationen unterschieden: Präferenzen als beobachtbare Verhaltensmuster und als mentale Zustände (Guala 2019). Die Interpretation von Präferenzen hängt direkt mit der Interpretation des Nutzenbegriffs zusammen. Lange ging man in den Wirtschaftswissenschaften vom Nutzen als psychologische Entität aus, die man mit entsprechenden Instrumenten messen kann (z. B.

---

5 Im Gegensatz zur kardinalen Nutzenfunktion lässt eine ordinale Nutzenfunktion keine Aussagen über das Ausmaß der Nutzenunterschiede, sondern alleine über die Ordnung selber zu. Sie ist nur bis auf beliebige positiv monotone Transformationen bestimmt.

Edgeworth 1881; Jevons [1871] 1888). In der SEUT nimmt man an, dass der Nutzen uns etwas über die Intensität der Präferenzen eines Akteurs sagt. Ebenso werden Wahrscheinlichkeiten als subjektive Überzeugungsgrade eines Akteurs interpretiert. Daneben gibt es aber auch die Interpretation von Nutzen als eine rein theoretische Darstellung der Präferenzordnung.

Zweitens wird von der Interpretation einer axiomatischen Theorie gesprochen, wenn es um ihre Anwendung geht. Einerseits wird sie als normative Theorie interpretiert, die als Standard verwendet wird, um einem Akteur vorzuschreiben, was in einer bestimmten Situation die rationale Entscheidung wäre. Sie wird auch als normative Theorie verwendet, um *ex post* zu beurteilen, ob eine bereits getroffene Entscheidung rational oder irrational war. Andererseits wird sie auch als empirische Theorie interpretiert, um tatsächlich getroffene Entscheidungen *ex post* zu erklären bzw. *ex ante* vorauszusagen.

Dass für die Anwendung der Theorie eine Interpretation erforderlich ist, wird in der erklärenden Soziologie durch die Unterscheidung zwischen einer engen und einer weiten Variante der RCT weiter konkretisiert (Opp 1999). Die enge Variante basiert neben dem Nutzenmaximierungsprinzip auf Zusatzannahmen, die sich auf den Informationsstand und Akteursziele, auf die Eigenschaften bzw. die Interpretation der Präferenzen sowie der Handlungsoptionen im jeweiligen Anwendungskontext beziehen. Es wird angenommen, dass Akteure vollständige Informationen haben und Präferenzen stabil sind, d. h. sich im Zeitablauf nicht ändern. Damit werden Verhaltensänderungen allein auf Veränderungen in den verfügbaren Handlungsoptionen bzw. Restriktionen zurückgeführt. Auch wird oft die oben genannte Egoismus-Annahme getroffen, nämlich dass Akteure ihre Handlungsalternativen auf Basis ihrer persönlichen Interessen ordnen und ihren materiellen bzw. monetären Nutzen maximieren (Rössel & Weingärtner 2016: 8 ff.).[6] Ein letztes Element der engen Variante stellen die den Akteuren zur Verfügung stehenden materiellen oder immateriellen Ressourcen bzw. Restriktionen dar, welche Handlungsmöglichkeiten darin beschränken, die eigenen Ziele zu erreichen. In der engen Variante werden alleine monetäre Beschränkungen, wir beispielsweise das Einkommen, berücksichtigt.

Je nachdem wie der Nutzen- sowie der Präferenzbegriff formalisiert und interpretiert werden, können auch nicht-egoistische Motive wie beispielsweise moralische, sozial orientierte und emotional motivierte Handlungen sowie jedwede Art von materiellen und immateriellen Handlungsrestriktionen abgebildet werden. Man spricht dabei von der weiten Variante (Opp 1999). Akteure sind bei dieser Variante nur unvollständig informiert und Präferenzen können sich im Zeitablauf ändern.

---

6 Opp (1999) differenziert nicht zwischen verschiedenen Varianten der RCT.

Die weiten Varianten der EUT machen keine Einschränkungen bezüglich der zugelassenen Präferenzen. Da man die tatsächlichen Präferenzen der Akteure empirisch oftmals nicht eindeutig ermitteln kann und man demnach vom Verhalten der Akteure auf ihre Präferenzen schließt (siehe Abschnitt 2), wurde bei der Verwendung der weiten Variante der EUT als erklärende Handlungstheorie oft der Vorwurf der tautologischen bzw. zirkulären Erklärung formuliert. Man schließt von beobachtbarem Verhalten auf unbeobachtbare Präferenzen, um diese dann als Ursache für das Verhalten zu identifizieren und damit das Verhalten zu erklären. Jedoch würden Vertreter wie beispielsweise Opp (2019: 99) dem Zirkularitätsvorwurf mit dem Argument begegnen, dass Präferenzen immer nur ex ante bzw. unabhängig vom Verhalten und von Restriktionen bestimmt werden.

In ihren engen und weiten Varianten wird die EUT vielfach als Handlungstheorie und in Kombination mit dem methodologischen Individualismus (MI) verteidigt. Sie bietet eine von verschiedenen Entscheidungsregeln für Entscheidungssituationen unter Unsicherheit. Es stellt sich jedoch die Frage, inwiefern es sich um eine wissenschaftliche Theorie im traditionellen Sinne handelt, die tatsächlich eine Gesetzmäßigkeit des menschlichen Handelns beschreibt so wie es der *Received View* annimmt. Die EUT hat nicht immer den Status einer Entscheidungstheorie. In den Wirtschaftswissenschaften, in der erklärenden Soziologie sowie in der positiven Politikwissenschaft dient sie meist als theoretischer Ausgangspunkt, um soziale Phänomene unter Rückgriff auf individuelles Handeln zu erklären und vorauszusagen. Als *Explananda* gelten jedoch soziale bzw. kollektive Phänomene, wie Wahlausgänge, Preisänderungen, gesellschaftlicher Wandel, Wirtschaftswachstum, die Auswirkungen finanzpolitischer Maßnahmen auf Marktverhalten, und Makroeffekte der sozialen Interaktion zwischen Individuen, wie beispielsweise Kriminalitätsraten, Heiratsmuster, die Entstehung sozialer Ordnung oder Marktstrukturen (Diekmann & Voss 2018). Erklärungen dieser Phänomene werden mit Verweisen auf Akteurshandlungen, die Art der Interaktionen zwischen den Akteuren sowie auf die soziale Situation gegeben, innerhalb der die Handlungen stattfinden. Dieser Strategie liegt meist eine Verpflichtung zum MI zugrunde. Das Postulat des MI besagt, dass soziale Phänomene immer mit Verweis auf individuelles Verhalten erklärt werden sollen (Satz & Ferejohn 1994; Udehn 2001).[7] Es handelt sich dabei um ein *methodologisches Prinzip*, welches auf der Metaebene vorschreibt, wie soziale Phänomene mittels Theorien oder Modellen erklärt werden sollen. Das Postulat hat selber keinen Wahrheitswert.

---

7 Das Postulat des methodologischen Individualismus kommt in zahlreichen Varianten vor, auf die hier nicht ausreichend eingegangen werden kann (Udehn 2001).

Die Varianten der RCT können für solche Erklärungen herangezogen werden; angewandt als wissenschaftliche Theorien können sie wahr oder falsch sein (Mantzavinos 2009). Die EUT wird für solche Erklärungen jedoch oft für die Formulierung von Annahmen über individuelles Handeln herangezogen, welches in einen sozialen Kontext eingebettet ist. Als solche ist sie integrativer Bestandteil einer übergeordneten Theorie, was in der Soziologie eine spezifische Sozialtheorie (z. B. die Marx'sche Theorie; siehe Elsters Analytischen Marxismus (1985)) oder in den Wirtschaftswissenschaften eine allgemeine Markttheorie (z. B. die allgemeine Gleichgewichtstheorie) sein kann. Als einer von mehreren Bestandteilen eines übergeordneten theoretischen Ansatzes verliert sie damit ihren methodologischen Status als wissenschaftliche Handlungstheorie. Anders als vom *Received View* vorausgesetzt, wird sie auf eine Verhaltensannahme reduziert, die neben anderen Annahmen die Anwendungsbedingungen der übergeordneten Theorie fixieren. Als solche muss sie anderen epistemischen Anforderungen genügen als eine wissenschaftliche Theorie.

Darüber hinaus bekennen sich die Sozialwissenschaften zwar oft und explizit zum MI (Sugden 2016: 1379). In der konkreten Praxis bleibt es jedoch in vielen Teilbereichen bei einem rhetorischen Bekenntnis. Beispielsweise werden in den Wirtschaftswissenschaften unter dem Begriff des „Akteurs" vielfach kollektive Akteure wie beispielsweise Organisationen, Unternehmen oder Staaten gefasst. Diese Strategie führt die Erklärung von kollektiven Akteuren gerade nicht zurück auf die Ebene des Individuums. In ökonomischen Modellen ist meist von repräsentativen Akteuren die Rede, die idealtypische Eigenschaften wie beispielsweise die eines typischen Konsumenten oder Produzenten erfüllen. Diese Strategie, obwohl näher an der Forderung des MI, ignoriert die Eigenschaften des Individuums und dessen Verhaltens sowie die Heterogenität von Individuen. Je nachdem wie man die Forderung des MI schlussendlich definiert, stellt sich daher die Frage, inwiefern solche Modellierungen tatsächlich mit Verweis auf individuelle Handlungen erklären.

Die EUT spielt auch in formalen Modellen sowie in computergestützten Verfahren ebenso wie in der sozialwissenschaftlichen Theoriebildung eine zentrale Rolle (Diekmann & Voss 2004; Opp 2014; Hedström & Ylikoski 2010). In der Verhaltens- und Experimentalökonomik kommt sie als normative Theorie und damit als *benchmark* zum Einsatz. Als deduktiver Ansatz erlaubt sie Theoreme abzuleiten, die man als Aussagen über Verhalten (meist) in hypothetischen Situationen interpretieren kann.[8] Wenn ihre Aussagen vom tatsächlichen Verhalten

---

[8] Es kann durchaus sein, dass sich Akteure im Experiment tatsächlich gemäß den Voraussagen der EUT verhalten.

abweichen, dann hilft sie, das experimentelle Design sowie die Daten zu struktu-rieren. Sie trägt zur Theoriebildung bei, indem sie den Wissenschaftler bzw. der Wissenschaftlerin zwingt, die Abweichungen des tatsächlichen Verhaltens von theoretischen Voraussagen zu erklären (Schotter 2006). Andere verstehen die axiomatische Theorie selber als Modell und verwenden sie gemeinsam mit Kon-texthypothesen und Aggregationsregeln dafür, um soziale Phänomene – soziale Prozesse und kollektive Effekte als Ergebnis sozialer Interaktion – zu modellieren (vgl. Kapitel I.2; Diekmann & Voss 2004: 21). Man kann die EUT deshalb als Teil des sozialwissenschaftlichen Werkzeugkastens verstehen, der für verschiedene Probleme zur Anwendung kommt.

Leonard Savages subjektive Erwartungsnutzentheorie

Um Entscheidungen unter Unsicherheit abzubilden, gingen von Neumann und Morgenstern von objektiven und bekannten Wahrscheinlichkeiten aus, die jedem Ereignis zugeordnet sind. Mit seiner SEUT erweiterte der Statistiker und Mathema-tiker Leonard Savage (1954) die EUT (vgl. Kapitel II.1). Savage ging davon aus, dass Akteure subjektive Überzeugungsgrade bezüglich der möglichen Umweltzu-stände im Lichte gegebener Information bilden und Präferenzen bezüglich aller möglichen Handlungsalternativen sowie Ereignisse haben. In Savages Variante müssen Präferenzen ebenfalls eine Anzahl von Axiomen erfüllen. Die subjektiven Überzeugungsgrade müssen den Wahrscheinlichkeitsaxiomen genügen und der Bayesianischen Wahrscheinlichkeitsinterpretation folgen (Diekmann & Voss 2004).[9] So können eindeutige Nutzenwerte und subjektive Wahrschein-lichkeiten identifiziert werden.

Die SEUT stellt, ebenso wie die EUT, eine Formalisierung des Rationalitäts-prinzips dar. Der rationale Akteur maximiert seinen subjektiven Erwartungsnut-zen. Die Nutzenfunktion wird auch aus einer Theorie rationaler Präferenzen abgeleitet. Nach Savage müssen rationale Präferenzen vier Axiome erfüllen: Transitivität, Vollständigkeit, das Sure-Thing-Prinzip sowie das Wahrscheinlich-keitsprinzip. Das sogenannte Sure-Thing-Prinzip steht insofern in enger Beziehung zum Unabhängigkeitsaxiom als dass es letzteres impliziert – dies allerdings unter der Annahme, dass die Wahrscheinlichkeiten bekannt sind (vgl. Kapitel II.1).

---

9 Da die Wahrscheinlichkeiten bei der EUT bekannt sind, wird sie oftmals als eine Entschei-dungstheorie in Risikosituationen bezeichnet, wohingegen die SEUT oft als Entscheidungs-theorie unter Unsicherheit eingestuft wird.

Erfüllt eine Präferenzordnung die Axiome, dann kann man ein Repräsentationstheorem beweisen, welches die Präferenzordnung funktional repräsentiert. Diese Formulierung ist im ersten Schritt auch hier rein formal-mathematisch. Erst im zweiten Schritt werden die Axiome als Eigenschaften von Präferenzen eines rationalen Akteurs interpretiert und der funktionale Zusammenhang als Nutzenfunktion. Die Interpretation der Axiome wird ebenfalls oft auf Basis von Plausibilitätsüberlegungen gerechtfertigt. Beispielsweise erscheint es nicht plausibel, dass ein rationaler Akteur zirkuläre Präferenzen hat. Durch sogenannte *Money Pump*- bzw. *Dutch Book*-Argumente wird diese Intuition explizit gemacht.[10] Die Interpretation der Axiome stellt sicher, dass eine Handlung einer anderen Handlung genau dann vorgezogen wird, wenn der subjektive Erwartungsnutzen dieser Handlung größer ist als derjenige der anderen Handlung.

Diekmann & Voss (2004: 17) argumentieren, dass die formal-axiomatischen Varianten der RCT in den Sozialwissenschaften einerseits als zu schwach und andererseits als zu stark eingestuft werden; zu schwach, da es sich bei der EUT sowie der SEUT grundsätzlich um Messtheorien handelt. Die messtheoretische Dimension wird oftmals vernachlässigt. Genauer ist die Nutzenfunktion im Sinne einer Messtheorie nichts anderes als eine Abbildung der Akteurspräferenzen in die Menge der reellen Zahlen. Wie angedeutet, geht die EUT in ihrer Minimalform davon aus, dass Handlungsalternativen auf Basis von Präferenzen in eine Reihenfolge gebracht werden. Die Reihenfolge ergibt sich aus den Axiomen der Theorie, die von der Ordnungsrelation erfüllt werden müssen. Aus diesen Axiomen wird die Nutzenfunktion in Form eines Repräsentationstheorems deduktiv hergeleitet. Damit erhält sie die Präferenzordnung des Akteurs aufrecht. Die EUT hat also den epistemischen Status einer Messtheorie von Präferenzen. Die formal-axiomatischen Varianten werden jedoch oft auch als zu stark eingestuft, nämlich dann, wenn sie als universelle Entscheidungstheorien angesehen werden; sie werden als erklärende und voraussagende Theorien überschätzt. Obwohl sie auch als rein mathematische Theorien ihren Nutzen haben, so sind die empirische Überprüfbarkeit sowie Stützung der Rationalitätsaxiome doch essentiell, um sie auf menschliches Verhalten anwenden zu

---

10 Sogenannte *Money-Pump*- sowie *Dutch Book*-Argumente (Ramsey 1928; Davidson et al. 1955) basieren auf einem Gedankenexperiment, welches das Transitivitätsaxiom als notwendige Bedingung für rationale Präferenzen plausibel machen soll. Money-Pump-Argumente zeigen, dass ein Akteur mit zirkulären Präferenzen auf dem Markt ausgebeutet werden kann. Jedoch basiert auch diese Art von Argumenten wiederum auf Annahmen, die nicht ohne Weiteres akzeptiert werden müssen (Machina 1989).

können. Dies ist allerdings nicht trivial, wie im Falle der SEUT auch Paradoxa wie das Ellsberg-Paradox sowie, im Falle der EUT, das Allais-Paradox zeigen (vgl. Kapitel IV.1).[11]

Die Spieltheorie

Meist geht es in den Sozialwissenschaften weniger um individuelles Verhalten als vielmehr um die Interaktion verschiedener Akteure in unterschiedlichen sozialen Situationen und die durch diese Interaktionen entstehenden Muster. Weder die EUT noch die SEUT sind ohne Weiteres auf solche Situationen anwendbar. Die Schwierigkeit ergibt sich daraus, dass bei sozialen Interaktionen die Realisierung der Ereignisse immer auch vom Verhalten anderer Akteure abhängig ist. Um die Interdependenz von Handlungen theoretisch abbilden zu können, greifen die Sozialwissenschaften auf die Spieltheorie zurück. In der EUT sowie der SEUT sind die Eintrittswahrscheinlichkeiten der Umweltzustände exogen gegeben. In der Spieltheorie wird diese Annahme infrage gestellt.

Die Spieltheorie modelliert Situationen sozialer Interaktion, wie beispielsweise des Konflikts bzw. der Kooperation, als strategische Interaktion zwischen rationalen Akteuren (vgl. Kapitel II.2; Kapitel II.3). Die Bezeichnung „strategisch" verweist auf die Tatsache, dass Akteure die Handlungen Dritter insofern mit in ihre Entscheidungsüberlegungen aufnehmen als dass diese Auswirkungen auf das eigene Entscheidungsergebnis haben können (Steele 2014: 191). In der Modellierung wird eine soziale Situation als Spiel aufgefasst. Das Spiel wird durch die Spezifizierung aller Akteure und ihrer Handlungsoptionen bzw. Strategien beschrieben. Jede mögliche Kombination von Handlungsoptionen kann zu unterschiedlichen Ereignissen führen, bezüglich derer die Akteure Präferenzen haben. Es werden Annahmen über die Präferenzeigenschaften und den Informationsstand der Spieler gemacht. Präferenzen werden auch in der Spieltheorie durch eine Nutzenfunktion beschrieben, die verschiedene Formen annehmen und damit unterschiedliche Motive (z. B. egoistische, prosoziale und altruistische Motive) repräsentieren kann.

Um die Interdependenz von Handlungen zu modellieren, geht die Spieltheorie davon aus, dass die Eintrittswahrscheinlichkeiten gewisser Umweltzustände nicht mehr exogen gegeben sind, sondern in Abhängigkeit des Verhaltens aller anderer Akteure endogen bestimmt werden. Es wird angenommen, dass Akteure

---

11 Das Allais-Paradox (Allais 1953) sowie das Ellsberg-Paradox (Ellsberg 1961) zeigen auf, dass tatsächliches Akteursverhalten oftmals nicht den Rationalitätsaxiomen entspricht.

im Zusammenhang mit ihren Entscheidungen auch Erwartungen bezüglich des Verhaltens anderer Akteure bilden und ihre eigenen Erwartungen von diesen abhängig machen. Diese Annahme impliziert, dass ein Akteur Erwartungen über das Verhalten anderer Akteure bildet, die selber wiederum Erwartungen bilden über das Verhalten des Akteurs, der wiederum Erwartungen über das Verhalten dieser Akteure bildet, *ad infinitum*. Dieser infinite Regress muss zu einem bestimmten Zeitpunkt abgebrochen werden, damit eine Entscheidung getroffen werden und es zur Handlung kommen kann. Gleichzeitig macht dieser Prozess die tatsächlich resultierenden Handlungen nicht genau vorhersagbar. Daher werden Lösungskonzepte formuliert, die spezifizieren, wie sich die Spieler am Spielende entscheiden. Diese sind oftmals in Form eines „Gleichgewichts" formuliert, was intuitiv plausibel erscheint. Man erwartet, dass rationale Spieler am Ende eine Situation erreichen möchten, in der niemand einen Anreiz hat, das eigene Verhalten zu ändern, d. h. eine Situation zu erreichen, die *stabil* ist – daher der Begriff des „Gleichgewichts".

Das bekannteste Lösungskonzept ist das von dem Mathematiker John Nash formulierte Nash-Gleichgewicht (Nash 1950). Das Nash-Gleichgewicht ist ein Begriff aus der nicht-kooperativen Spieltheorie, der eine Kombination von Strategien bezeichnet, welche alle rationalen Spieler so wählen, dass der einzelne Spieler keinen Anreiz hat, die eigene Strategie zu wechseln, falls alle anderen Spieler ihre Strategie auch nicht wechseln; die Strategie des Spielers gilt als die beste Antwort (*best response*) auf die Strategiewahl der anderen Spieler. Im Gleichgewicht erzielt der einzelne Akteur den höchsten Erwartungsnutzen gegeben der Handlungen aller anderen Akteure.[12] Neben den Rationalitätsaxiomen der SEUT bzw. der EUT werden weitere Annahmen gemacht, um sicherzustellen, dass Spieler tatsächlich die Strategie wählen, die zum Nash-Gleichgewicht führt. Eine zentrale Annahme ist die *common knowledge*-Annahme (Vanderschraaf & Sillari 2014). Die Spieler haben vollständige Informationen bezüglich des Aufbaus des Spiels, ihrer eigenen Präferenzen sowie der Präferenzen und des erwarteten Nutzens ihrer Mitspieler. Die Annahme setzt ebenfalls voraus, dass alle Spieler denselben Rationalitätsannahmen folgen.

Die *common knowledge*-Annahme findet sich in ähnlicher Form in anderen Varianten der RCT wieder. Grundsätzlich wird in Entscheidungstheorien unter Sicherheit, wie beispielsweise in der ordinalen Nutzentheorie sowie dem Ökonomischen Ansatz von Gary Becker, vollständige Information auf Seiten der Akteure

---

12 Ein Nash-Gleichgewicht bringt nicht notwendigerweise das auf der kollektiven Ebene beste Ergebnis hervor, wie beispielsweise das Gefangenendilemma zeigt.

angenommen.[13] Solche Annahmen wurden in der Literatur kritisch diskutiert (vgl. Kapitel II.4).[14] Die *common knowledge*-Annahme ist nicht minder kontrovers. Es wird einerseits argumentiert, dass die Annahme die rationalen Spieler notwendigerweise zum Nash-Gleichgewicht führt. In der evolutionären Spieltheorie wird andererseits argumentiert, dass Spieler grundsätzlich nicht rational handeln, sondern dass durch Adaption und Selektion diejenigen Spieler in einem spezifischen Kontext favorisiert werden, die so handeln *als ob* sie rational wären. Damit erreichen sie zwar das Nash-Gleichgewicht, jedoch nicht durch rationale Überlegungen (Steele 2014: 195). Nash-Gleichgewichte werden also nur teilweise als das Ergebnis rationaler Überlegungen und unter der Bedingung der vollständigen Information angesehen.

Darüber hinaus ist zwar das Nash-Gleichgewicht eine notwendige aber keine hinreichende Bedingung für ein Lösungskonzept. Manche Spiele haben mehrere Nash-Gleichgewichte; Koordinationsspiele sind ein Beispiel. Für das sogenannte Selektionsproblem, d. h. die Wahl des am Ende realisierten Nash-Gleichgewichts, wurden unterschiedliche Lösungen gefunden. Diese gehen insofern vielfach über die Spieltheorie hinaus als dass sie nicht von der formalen Spielstruktur fixiert werden. Beispielsweise hat Thomas Schelling (1960) den Begriff des Fokalpunkts als eine Lösungsmöglichkeit für das Selektionsproblem eingeführt.[15] Nach Schelling hängt die Entscheidung von der Salienz der Alternativen ab. Die Salienz einer Alternative hängt von der Beurteilung ihrer Eigenschaften durch die Akteure auf Basis von kulturellen Hintergründen, Erfahrungen und Wissensmustern ab. Eine Handlung wird auf dieser Basis als Fokalhandlung und damit als die beste fixiert. Daneben wurde argumentiert, dass soziale Normen die Gleichgewichtswahl vorschreiben (Bicchieri 2006). Bei diesen Vorschlägen stellt sich jedoch die Frage, in welchem Sinne sie mit dem Grundgedanken der rationalen Akteure zu vereinen sind.

Bei der Spieltheorie handelte es sich ursprünglich um eine rein mathematische Theorie. Zwar hat von Neumann zunächst allein (1928) und dann gemeinsam mit

---

13 Die ordinale Nutzentheorie wird i. d. R. im Rahmen einer Markttheorie verwendet, um das Verhalten von ökonomischen Akteuren zu beschreiben. Die neoklassische Markttheorie fordert, dass vollkommene Transparenz bezüglich der Daten und Sachverhalte auf Seiten aller Akteure besteht. Nur wenn keine Informations- bzw. Transaktionskosten anfallen, führt die Interaktion der Marktteilnehmer zur Markträumung.

14 Ein wesentlicher Unterschied zwischen der Annahme vollständiger Information und der *common knowledge*-Annahme ist, dass bei der letzteren die Akteure zusätzlich Informationen über das Wissen aller anderen Akteure haben.

15 Schelling hat primär Koordinationsspiele untersucht und zu Illustrationszwecken weitestgehend informelle, wie er selber sagte „unwissenschaftliche", Experimente durchgeführt. Für eine experimentalökonomische Analyse siehe Metha et al. (1994).

Morgenstern (von Neumann & Morgenstern [1944] 1953) verschiedene Spielformen und Entscheidungsregeln in der nicht-kooperativen Spieltheorie formuliert und damit die Grundlagen für die heutige Spieltheorie gelegt. Darüber hinaus wurde durch die Zusammenarbeit mit Morgenstern die Erwartung geschürt, dass die Spieltheorie direkten Anwendungsbezug in den Wirtschaftswissenschaften hat. Lange konnte dies jedoch bis auf wenige Ausnahmen nicht realisiert werden, u. a. weil sie mathematisch zu anspruchsvoll war. Bis heute gehören Teilbereiche der Spieltheorie zur Mathematik. Erst im zweiten Schritt, nämlich wenn die abstrakten Begriffe wie die Ordnungsrelation, die Axiome, die Theoreme und Spielstrukturen eine entsprechende Interpretation erhalten, kann man auch hier von einer sozialwissenschaftlichen *Theorie* sprechen. Als solche wird die Spieltheorie ebenso wie die EUT und die SEUT sowohl als empirische als auch als normative Theorie interpretiert. Ziel ist am Ende zu erklären, vorauszusagen oder vorzuschreiben, welche Strategien die einzelnen Akteure wählen bzw. wählen sollen und welche Gleichgewichte dabei realisiert werden bzw. realisiert werden sollten.

Gary Beckers Ökonomischer Ansatz

Gerade in den Sozialwissenschaften wird die Bezeichnung der „Rational Choice Theory" vor allem in Verbindung mit Gary Beckers *Ökonomischem Ansatz* für menschliches Verhalten gebracht. Der Chicagoer Ökonom hat den Begriff der „Theorie rationalen Entscheidens" nicht eingeführt. Trotzdem wurde der Begriff durch die Bezeichnung des *Ökonomischen Ansatzes* als „Rational-Choice-Ansatz" nicht nur ein populärer Platzhalter für verschiedene Ansätze in der Entscheidungs- und Spieltheorie, sondern auch für die marginalistische Nutzentheorie (Vriend 1996). Die breite Begriffsanwendung führte oft zu einer Gleichsetzung von konzeptionell verschiedenen Ansätzen – beispielsweise der EUT und dem *Ökonomischen Ansatz* – und damit zu Missverständnissen.

Ein wesentlicher Unterschied zwischen dem *Ökonomischen Ansatz* und der EUT sowie der SEUT ist, dass es sich bei letzteren um axiomatische Theorien handelt, wohingegen Becker die axiomatische Methode in der ökonomischen Theorie ablehnt. Becker nimmt auch das Nutzenmaximierungsprinzip als theoretischen Ausgangspunkt. Er geht jedoch in seinem Ansatz nicht von einer Anzahl an Rationalitätsaxiomen aus, wie es in der EUT sowie die SEUT der Fall ist. Vielmehr wird der Ansatz in der marginalen Nutzentheorie verortet, in der die Nutzenfunktion *ad hoc* postuliert und unter Nebenbedingungen maximiert wird. Becker (1976: 5) macht drei Grundannahmen: „The combined assumptions of [1] maximizing behavior, [2] market equilibrium, and [3] stable preferences used relentlessly and unflinchingly". Damit macht Becker zwar Verhaltensannahmen, die sich in den Eigenschaften der Nutzenfunktion widerspiegeln. Diese haben jedoch nicht den Status von formalen Axiomen, die zur Herleitung eines Repräsentationstheorems und damit zur formalen Begründung der Nutzenfunktion dienen. Obwohl Beckers Ansatz vom *Received View* nicht erfasst wird, ist dieser zweifellos eine zentrale Variante der RCT. Eine formal-axiomatische Formulierung einer alltagspsychologischen Handlungstheorie ist also keine Minimalanforderung an eine RCT.

Der Begriff des rationalen Handelns wird bei Becker auch als Nutzenmaximierung interpretiert. Ebenso wie die EUT sowie die SEUT geht Becker von dem Entscheidungsproblem eines Akteurs aus. Er macht jedoch deutlich, dass dieses ein Allokationsproblem im klassisch ökonomischen Sinne ist. Es geht darum, eine begrenzte Menge an Ressourcen vor dem Hintergrund gewisser Restriktionen, wie beispielsweise einem begrenzten Budget oder einem begrenzten Zeithorizont, und bestimmter Opportunitätskosten, die jede Entscheidung mit sich bringt, optimal für die eigenen Zwecke einzusetzen. Das Maximierungsprinzip gibt eine Lösung für das Allokationsproblem vor. Mathematisch wird die Lösung durch die Maximierung der Nutzenfunktion unter gegebenen Nebenbedingungen gefunden; letztere erfasst die externen Beschränkungen des Akteurs. Wie auch in der Spieltheorie geht es darum, die Lösung als Gleichgewicht darzustellen. Beckers Prinzip des Marktgleichgewichts setzt die Existenz eines Marktes voraus, welcher die Handlungen der Akteure in mehr oder weniger effizienter Weise koordiniert. Akteure verfolgen keine Strategien im Sinne der Spieltheorie. Vielmehr nehmen Preise und andere Marktinstrumente (beispielsweise das Einkommen) die Funktion der Sicherung einer effizienten Ressourcenallokation ein, u. a. indem sie den Handlungsspielraum des Akteurs beschränken. Das Gleichgewicht kommt dadurch zustande, dass Akteure auf einem Markt innerhalb extern gegebener Rahmenbedingungen handeln und nicht dadurch, dass, wie in der Spieltheorie angenommen, der einzelne Akteur sich am Verhalten anderer Akteure orientiert und dann die beste Strategie wählt.

Becker nimmt auch an, dass sich Präferenzen weder über die Zeit hinweg fundamental verändern noch, dass sie sich über Akteursgruppen grundsätzlich voneinander unterscheiden. Dies gilt auch für Akteure, die sich mit Blick auf charakteristische Eigenschaften (z. B. bzgl. Geschlecht, Einkommen, Ethnie, Kultur etc.) unterscheiden. Bei Beckers Präferenzen handelt es sich jedoch nicht um Präferenzen über gewöhnliche Konsumgüter oder Handlungsergebnisse, wie es in der EUT und der SEUT formuliert werden kann. Vielmehr hat ein Akteur nur Präferenzen bezüglich fundamentaler Grundgüter, sogenannter „fundamental aspects of life" (Becker 1976: 5). Bei diesen Grundgütern handelt es sich um universelle Grundbedürfnisse wie beispielsweise Reichtum, Gesundheit,

Prestige, Nächstenliebe und Gemeinschaftsgefühl. Diese werden mittels Konsumgüter vom Akteur selber produziert. Becker nimmt an, dass Akteure für die Produktion solcher Güter Zeit, verschiedene Inputgüter und Dienstleistungen verwenden. Letztere werden am Markt angeboten und nachgefragt. Die Grundgüter stehen nicht in einer eindeutigen und gleichbleibenden Beziehung zu Produktionsgütern und Dienstleistungen (Becker 1976: 5 ff.). Das Grundgut „Prestige" kann mittels verschiedener Inputgüter produziert werden. Diese werden auf dem Markt nachgefragt. Ihre Nachfrage ist abhängig von ihren Preisen und dem Einkommen der Akteure. Daher kann sie variieren.

Es gibt n Grundgüter (Index j) und m Haushalte (Index i), die sich alleine mit Blick auf die Produktion und damit auf die Inputgüter unterscheiden, nicht mit Blick auf die Nutzenfunktion. Formal werden alleine die fundamentalen Grundgüter $Z_{j,i}$ und nicht die Produktionsgüter in die Nutzenfunktion aufgenommen und damit erweitert. Beispielsweise maximiert ein Haushalt i die Gewinne, die er aus der Produktion von „Prestige" $Z_{1,i}$ ziehen kann. Die Nutzenfunktion ist selbst eine abdiskontierte Summe an Funktionen; die Grundgüter sind auf einen Zeitraum fixiert und die Diskontrate wird durch die Zeitpräferenz eines Haushalts festgelegt.

$$U_i = u(Z_{1,i}, \ldots, Z_{n,i}) \text{ mit } i = 1, \ldots, m$$

$Z_{j,i}$ bezeichnet die Menge des Grundguts j, die gemäß der Produktionsfunktion des i-ten Haushalts $f_{j,i}$ produziert wird. Der Haushalt bezieht Nutzen aus den produzierten Gütern auf Basis von Inputfaktoren. Beispielsweise ist das Kochen mit Personen ein möglicher Inputfaktor, um das Grundgut „Gemeinschaftsgefühl" zu produzieren. Insofern dienen Marktgüter und Dienstleistungen nur als Inputfaktoren im Produktionsprozess. Die Produktionsfunktion kann für jeden Haushalt unterschiedlich sein. Ganz allgemein hat sie folgende Form:

$$Z_{j,i} = f_{j,i}(x_i, t_i, S_i) \text{ mit } i = 1, \ldots, m \text{ und } j = 1, \ldots, n$$

Die Grundgüter des Haushalts i werden mittels einer Kombination verschiedener Inputgüter x_i und Zeit t_i gemäß der Produktionsfunktion $f_{j,i}$ für das j-te Grundgut produziert. S_i bezeichnet das „Humankapital" des Haushalts, welches ebenfalls für die Produktion von $Z_{j,i}$ notwendig ist. Die Idee ist, dass Erfahrung und gewisse Fähigkeiten des Haushalts für die Produktion eines Gutes notwendig sind. Die Nachfrage nach Inputgütern wird, in Anlehnung an die neoklassische Produktionstheorie, als abgeleitete Nachfrage modelliert (Michael & Becker 1973: 381); die Nachfrage nach Grundgütern führt zu einer abgeleiteten Nachfrage nach Inputgütern (bzw. Produktionsfaktoren). Wenn die Nachfrage nach Grundgütern steigt, dann steigt auch die abgeleitete Nachfrage nach den Produktionsfaktoren für dieses Gut. Dieser Nachfrageanstieg führt zu einer Preiserhöhung und die durchschnittlichen variablen Kosten des Haushalts steigen. Umgekehrt sinken die Preise der Inputfaktoren sowie die durchschnittlichen variablen Kosten, wenn die Produktion des Grundguts abfällt. Beides führt im Laufe der Zeit zu Verhaltensveränderungen.

Auch wenn die Erklärung von Verhaltensänderungen durch Veränderungen im Anreizsystem auf der Annahme basieren, dass Akteure ihre Kosten und Nutzen kalkulieren, so hat Becker auch immaterielle Kosten und Nutzen berücksichtigt. Dieses erweiterte Verständnis von traditionellen ökonomischen Grundbegriffen ermöglicht es, den *Ökonomischen Ansatz* auch auf Verhalten außerhalb des Markts anzuwenden. Beispielsweise wird der Begriff des „Schattenpreises" für Güter reserviert, die nicht auf dem Markt getauscht werden und deren Preise sich durch ihre Produktionskosten fixieren lassen. Solche weiten Begriffe haben Becker jedoch auch Kritik eingebracht. Begriffe wie Schattenpreise und immaterieller Nutzen können, wenn zu weit gefasst, arbiträr werden und ihren theoretischen sowie empirischen Wert obsolet machen.

Weil die Annahme der stabilen Präferenzen stark kritisiert wurde, ist dieser Aspekt des Becker'schen Ansatzes zentral. Was sich über die Zeit hinweg und zwischen Akteuren verändert ist die Art und Weise, wie die von Akteuren kontinuierlich präferierten Grundgüter produziert werden. Damit verändern sich auch die Konsumentscheidungen des Akteurs mit Blick auf die Inputgüter, die zur Produktion notwendig sind. Meine Präferenz für Gesundheit ändert sich nicht; meine Nachfrage nach Gütern wie Obst, ökologisch verträglichen Lebensmittel, die Anmeldung in einem Fitnessstudio etc., kurz: die Nachfrage nach Gütern, die meine Gesundheit erhalten, ändert sich jedoch in Abhängigkeit von ihren Marktpreisen sowie meinen Einkommensverhältnissen.

Die Strategie, eine Nutzenfunktion als eine Haushaltsproduktionsfunktion zu formulieren, hat den Vorteil, dass Voraussagen über Verhaltensänderungen auf Basis von antizipierten Verhaltensreaktionen auf veränderte Anreizstrukturen und Restriktionen, wie beispielsweise Preis- und Einkommensänderungen, möglich sind. Zusätzlich argumentiert Becker für seine Haushaltsproduktionsfunktion als eine nützliche Alternative zur traditionellen Nutzenfunktion. Seiner Meinung nach basiert letztere auf der unrealistischen Annahme, dass materielle oder immaterielle Güter direkt in die Nutzenfunktion mit einfließen und ihr Konsum den Nutzen des Akteurs direkt beeinflusst. Aus Beckers Perspektive konsumieren Menschen bestimmte Güter nicht um ihrer selbst willen, sondern nur, weil diese Güter ihnen damit die Produktion von Dingen ermöglichen, die fundamentale Präferenzen befriedigen.

Beckers *Ökonomischer Ansatz* wurde in allen Sozialwissenschaften angewandt. Becker selbst behandelt ein breites Spektrum an Problemen – von traditionellem

Konsumentenverhalten über altruistisches Verhalten, Suchtverhalten und Diskriminierung bis hin zu Reproduktionsentscheidungen und Familiengründung (Becker 1976, 1994). Da es sich dabei nicht um traditionell ökonomische Fragestellungen handelt, wurde er als „ökonomischer Imperialist" kritisiert. Nicht zuletzt durch die enge Zusammenarbeit mit dem Chicagoer Soziologen James Coleman wurde Beckers Ansatz bereits früh in der Soziologie angewandt (siehe Braun 1998; Coleman 1990). Beispielsweise haben Coleman (1987) und Jon Elster (1989a, 1989b) aufbauend auf den klassischen Varianten von Becker sowie der EUT zentrale Weiterentwicklungen dieser vorgenommen, um normkonformes Verhalten innerhalb der RCT abzubilden bzw. zu erklären. Coleman hat dafür theoretische Kernbegriffe in Beckers Ansatz wie beispielsweise „Preis", „Nutzen", „Einkommen" und „Kosten" erweitert und reinterpretiert. Bei Coleman werden die dem normabweichenden Verhalten folgenden gesellschaftlichen Sanktionen als emotionale Kosten, wie beispielsweise das Erfahren von Scham oder sozialem Ausschluss, erfasst. Daneben wurden auch andere Versuche der theoretischen Einbindung von nicht-monetären Motiven, vom Einfluss sozialer Strukturen wie beispielsweise sozialer Netzwerke, von institutionellen Rahmenbedingungen und von Sozialkapital auf Handlungsbedingungen sowie deren Makroeffekten unternommen (Diekmann & Voss 2004: 13).

Ein Unterschied zwischen Beckers Ansatz und der EUT sowie der SEUT ist ihr Anwendungsproblem. Letztere werden in der Entscheidungstheorie sowie in der Mikroökonomik vielfach auf Individuen bzw. kleine und homogene Gruppen angewandt. Auch wenn beispielsweise in der Analytischen Soziologie gemäß des MI vom Individuum ausgegangen wird, dienen die Varianten der EUT sowie der SEUT dort eher als theoretischer Ausgangspunkt und Mittel zum Zweck, um kollektive Effekte und Regelmäßigkeiten auf der Makroebene zu erklären und vorauszusagen (Diekmann & Voss 2004: 21). Bei Beckers Ansatz geht es in erster Linie um die Voraussage von Verhaltensänderungen unter sich verändernden Anreizbedingungen, um auf dieser Basis Politikempfehlungen auszusprechen. Beispielsweise stellt eine Erhöhung der Alkoholsteuer eine Veränderung des Anreizsystems dar, deren Effekt auf das Suchtverhalten man vorhersagen möchte. Im zweiten Schritt kann man auf politischer Ebene beurteilen, ob die Steuereinführung zu den gewünschten Verhaltensänderungen führt bzw. ob die erwarteten Einnahmen realisiert werden.

Auch methodologisch kann der *Ökonomische Ansatz* nicht als Handlungstheorie im klassischen Sinn angesehen werden. Er ist intellektuell in der Chicagoer Schule und damit in der neoklassischen Preistheorie zu verorten. Es geht Becker bei dessen Anwendung um die Bestimmungsgrößen von Preisen und, allgemeiner, um Voraussagen von Marktveränderungen mit Verweis auf das Zusammenspiel von Preisen, Einkommen und anderen relevanten ökonomischen Variablen. Becker setzt einen instrumentalistischen Theoriebegriff voraus, definiert dabei die Wirtschaftswissenschaften als eine *Tool Box* und versteht vor diesem Hintergrund seinen Ansatz als die ökonomische „Methode", mittels derer man sich jedem sozialwissenschaftlichen Problem empirisch nähern kann (Becker 1976, 1993, 2009). Seine Methode ermöglicht ihm einen ökonomischen Zugang zu der sozialen Welt, d. h. Verhaltensänderungen unter variierenden Anreizbedingungen zu betrachten.

Im Gegensatz dazu kann man die EUT, die SEUT sowie die Spieltheorie zwar im ersten Schritt als mathematische Theorie ansehen (z. B. Binmore 1994). Im zweiten Schritt können sie durch die Interpretation ihrer zentralen Begriffe als Entscheidungstheorien anwendbar werden. Becker nimmt zwar an, dass jedem sozialen Phänomen die individuelle Entscheidung zugrunde liegt. Es geht ihm in der ökonomischen Perspektive aber nicht um die Erklärung der individuellen Entscheidung, sondern ganz in der Tradition Milton Friedmans um die Voraussage von stabilen Verhaltensregularitäten von Gruppen auf der Makroebene unter sich verändernden Anreizstrukturen (Becker 1976: 5). Darüber hinaus wird seine Produktionsfunktion ebenfalls auf unterschiedliche Akteure angewandt, vor allem aber auf Haushalte und nicht auf Individuen. Es ist daher nicht eindeutig, inwiefern Becker dem MI verpflichtet ist. In Kombination mit weiteren theoretischen Begriffen erlaubt ihm seine Methode aber Hypothesen zur Erklärung von sozialen Zusammenhängen auf Makroebene abzuleiten und empirisch zu testen.

Die Theorie der offenbarten Präferenzen

In der Chicagoer Tradition wurde spätestens seit Friedman (1953) das Nutzenmaximierungsprinzip oft mit Verweis auf die „als ob"-Annahme interpretiert. Genauer haben sowohl Friedman als auch Becker das Prinzip mit dem Argument gerechtfertigt, dass man in den Wirtschaftswissenschaften nicht wirklich davon ausgehe, dass Akteure tatsächlich ihren Nutzen maximieren. Vielmehr wird angenommen, dass sich Akteure so verhalten *als ob* sie ihren Nutzen maximieren. Die Theorie der offenbarten Präferenzen setzt hier an. Die „als ob"-Annahme gründet in einer in den Wirtschaftswissenschaften lange Zeit verbreiteten Skepsis gegenüber der theoretischen Einbindung von Handlungsmotiven. Man wollte die ökonomische Theorie von unbeobachtbaren Entitäten und damit von psychologischen Begriffen wie beispielsweise dem Begriff des Bedürfnisses freihalten, da ökonomische Theorien anwendbar sein und testbare Voraussagen zulassen sollten. Da der Gebrauch von Begriffen von unbeobachtbaren Entitäten metaphysische Annahmen mit sich bringt und die empirische Überprüfbarkeit der Theorien erschweren bzw. verhindern würden, sollte auf diese verzichtet werden (z. B. Samuelson 1938).

Darüber hinaus argumentierten Ökonomen wie Becker, dass eine Interpretation der Nutzenmaximierungsannahme als psychologisches Prinzip *ad hoc* Modifikationen der Theorie sowie *ad hoc* Handlungserklärungen mit Verweis auf Präferenzänderung zuließe, die man nicht empirisch überprüfen könne. Für die Verwendung des Nutzenmaximierungsprinzips als Beschreibung von Marktverhalten spräche dagegen, dass langfristige Abweichungen vom Nutzenmaximierungsprinzip zu Misserfolgen der abweichenden Akteure auf Märkten führen würden und sich die Akteure damit ohnehin nicht auf dem Markt aufhielten. Genauer wird argumentiert, dass nur diejenigen überhaupt auf Märkten überleben können, die sich zumindest so verhalten, als ob sie ihren Nutzen maximieren. Damit nähere sich das Prinzip einer adäquaten Beschreibung des beobachteten Verhaltens.

Neben dieser evolutionstheoretischen Rechtfertigung haben Ökonomen wie Paul Samuelson Strategien vorgeschlagen, um mit Problemen durch unbeobachtbare mentale Zustände umzugehen. Samuelsons Vorschlag manifestiert sich in der Theorie der offenbarten Präferenzen, die er als Alternative zur traditionellen neoklassischen Haushaltstheorie entwickelte. Ursprünglich war sein Ziel, den Fokus alleine auf die Beschreibung von beobachtbarem Verhalten zu legen. Später wurde die Theorie durch die Zusatzannahme ergänzt, dass beobachtetes Verhalten Rückschlüsse auf die Präferenzordnung des Akteurs und damit auf seine Motivation ermöglicht. Da der Ansatz ebenfalls auf einem Rationalitätsbegriff basiert, kann er als eine Variante der RCT bezeichnet werden. Im Folgenden wird jedoch ebenfalls deutlich, dass dieser sich fundamental von Varianten wie dem *Ökonomischen Ansatz*, der EUT sowie der SEUT unterscheidet.

Die Geschichte der Theorie der offenbarten Präferenzen ist für ihr Verständnis und ihre Verortung relevant, jedoch komplex. Sie kann daher hier nicht rekonstruiert werden.[16] Es soll nur kurz erwähnt werden, dass ursprünglich ihr theoretischer Kern das sogenannte schwache Axiom der offenbarten Präferenzen bildete (siehe Samuelson 1938: 65).[17] Die Nutzenfunktion wird durch eine Verhaltensannahme fixiert, nämlich dass das Verhalten eines rationalen Akteurs konsistent ist (vgl. Kapitel II.1). Wenn das Verhalten eines Akteurs das

---

16 Für Beiträge zur historischen Entwicklung der Theorie siehe Hands (2014). Für eine methodologische Diskussion siehe Wong (2006).

17 Die ursprüngliche Terminologie von Samuelson, dass ein Gut gegenüber einem anderen Gut vorgezogen wird (*selected over*), wurde später nicht aufgegriffen. Stattdessen hat sich der missverständliche Begriff der „offenbarten Präferenzen" durchgesetzt, welcher den Zirkularitätsvorwurf gestützt hat.

schwache Axiom erfüllt, dann kann man sagen, dass der Akteur die beste Alternative wählt, die er sich leisten kann; dass die tatsächlich getroffene Entscheidung gegenüber anderen Entscheidungen vorgezogen werden, die ebenfalls getroffen hätten werden können (Varian 2014: 120 f.).

Spätere Versionen basieren auf der Idee, dass die Akteurspräferenzen durch das Verhalten offenbart werden. Es wird angenommen, dass Akteure sich immer gemäß ihren Präferenzen entscheiden und, gegeben bestimmter Preis- und Einkommenskonstellationen, diejenige Option wählen, die sie auch tatsächlich in dieser Situation und bei direktem Vergleich vorziehen. Darüber hinaus wird bei der Theorie offenbarter Präferenzen angenommen, dass Präferenzen über den Beobachtungszeitraum hinweg stabil bleiben, d. h. kurzfristig nicht variieren. Diese Annahme ist bedeutsam, da die Konsistenz von Verhalten nur über die Zeit hinweg überprüft werden kann. Obwohl diese Annahme mit Blick auf lange Zeiträume infrage gestellt wurde, so argumentieren manche Ökonomen, könne sie für kürzere Untersuchungsperioden als plausibel angesehen werden (Varian 2014: 118).

Dennoch muss die Variante ebenfalls mit einem Zirkularitätsvorwurf umgehen. Die Theorie besagt, dass beobachtbares Verhalten die *tatsächliche Präferenz* offenlegt. Diese offenbarte Präferenz wird wiederum herangezogen, um das Verhalten zu erklären, welches sie offenbart. Diese Erklärung erscheint zirkulär. Um dem Zirkularitätsvorwurf zu begegnen, wird der Begriff der „offenbarten Präferenz" schlicht als das beobachtete Wahlverhalten des Akteurs eines Bündels x interpretiert, obwohl ein anderes Bündel y verfügbar und bezahlbar gewesen wäre. Mit dieser verhaltensbasierten Interpretation von Präferenzen wird versucht die dem Zirkularitätsvorwurf zugrundeliegende Interpretation von Präferenzen als mentale Zustände von sich zu weisen (Varian 2014: 121). Es bleibt jedoch unklar, inwiefern Vertreter dieser Präferenzinterpretation dem Vorwurf tatsächlich entgehen können, falls die Theorie zur Verhaltenserklärung herangezogen werden soll.

Die ursprüngliche Idee der Theorie war, dass alleine durch die plausible Minimalanforderung der temporären Konsistenz von menschlichem Verhalten die Nutzenfunktion des Akteurs ableitbar und damit beobachtbares Verhalten beschreibbar wird. Formal beginnt die traditionelle Variante mit einer postulierten Nachfragefunktion. Damit unterscheidet sie sich von axiomatischen Varianten darin, dass sie nicht im ersten Schritt von einer Präferenzordnung ausgeht. Neben der Schwierigkeit der empirischen Überprüfbarkeit kann diese Variante die Kritik umgehen, dass Akteurspräferenzen nicht die Rationalitätsaxiome der EUT bzw. der SEUT erfüllen. Sie muss jedoch rechtfertigen, warum sich Präferenzen über einen langen Zeitraum nicht ändern – eine Annahme, die ebenfalls vielfach als unplausibel kritisiert wurde.

I.3.3 Zusätzliche Varianten und Erweiterungen der RCT

Neben den fünf Spielarten der RCT gibt es noch zahlreiche andere Varianten, die in den Sozialwissenschaften zur Anwendung kommen. Dazu gehören die vor allem in der Politikwissenschaft angewandte und auf Kenneth Arrow (1951) zurückgehende Sozialwahltheorie, die auf Gruppenentscheidungen wie Wahlen oder andere politische Abstimmungen angewandt wird. Dabei geht es primär um das Problem, Aggregationsregeln zu identifizieren, die es erlauben, von verschiedenartigen individuellen Präferenzen auf eine Gruppenpräferenz bzw. -entscheidung zu schließen. Eine weitere Variante ist die sogenannte Public-Choice-Theorie, die auf politische Entscheidungen und Entscheidungsfindungsprozesse von Interessengruppen, politischen Parteien sowie in Verwaltungen des öffentlichen Sektors bzw. innerhalb des Staatsapparats angewandt wird (Downs 1957; Buchanan & Tullock 1962).

Weniger prominente Varianten sind Gérard Debreus axiomatische Werttheorie (Debreu 1959) sowie die Praxeologie von Ludwig von Mises (1940). Beide werden primär in den Wirtschaftswissenschaften angewandt und sind u. a. auch durch ihre begriffliche und theoretische Eingebundenheit in die jeweiligen theoretischen Ansätze der allgemeinen Gleichgewichtstheorie (im Falle Debreus) sowie der Österreichischen Schule (im Falle von Mises) zu unflexibel, als dass sie sich ohne Weiteres in die Theoriegebäude anderer Sozialwissenschaften integrieren ließen.

Daneben wurden aufgrund der anhaltenden Kritik an den zentralen Begriffen und Annahmen der verschiedenen Varianten einige Erweiterungen unterschiedlicher Ausprägung formuliert. Die breite Anwendung der RCT auf menschliches Verhalten einerseits und das eng gefasste Nutzenmaximierungsprinzip zur theoretischen Beschreibung von Verhalten (je nach Variante) andererseits stellte für Sozialwissenschaften wie beispielsweise die Soziologie eine theoretische Herausforderung dar. Genauer wurde die RCT mit Verweis auf Max Webers Idealtypen-Methodologie oft in direkten Zusammenhang gebracht mit dem Motiv der Zweckrationalität, d. h. der Idee, dass Menschen ihre persönlichen Ziele erreichen wollen und dafür entsprechend die besten, ihnen zur Verfügung stehenden Mittel wählen. Dieser Idealtyp greift nach Weber primär in ökonomischen Kontexten wie dem Markt. In anderen Gesellschaftsbereichen wären andere Idealtypen jedoch sinnvoller. Nach Weber sollten sozialwissenschaftlichen Erklärungen verschiedene Motivationstypen zugrunde liegen, welche die Handlungsgründe in unterschiedlichen Gesellschaftsbereichen erfassen.

Es sollen hier drei Varianten der soziologischen RCT erwähnt werden, welche begrifflich und theoretisch auf den bereits vorgestellten Varianten basieren, jedoch innerhalb der Soziologie und speziell für die Bedürfnisse der Disziplin entwickelt wurden. Zuerst sei das Modell der Frame-Selektion von Hartmut Esser (2001, 2010) als eine situative Handlungstheorie (Rössel & Weingärtner 2016) zu nennen (vgl. Kapitel IV.2). Die Grundannahme ist, dass Menschen auf Basis ihrer Wahrnehmung einer Situation entscheiden. Vor dem Handeln erfolgt eine Selektion der Orientierung, die der Entscheidungssituation einen Rahmen gibt, aus dem sich wiederum u. a. Ziele, Mittel, Wahrscheinlichkeiten, Erwartungen und Werte ergeben (Esser 1999). Die Idee ist, dass diese auch in anderen Varianten der RCT verwendeten Variablen durch die Situation beeinflusst werden. Handlungen sind rational, da sie innerhalb eines Frames immer noch zielorientiert sind.

Zweitens sei das kognitivistische Modell von Raymond Boudon (1996) zu nennen. Der zentrale Begriff ist der der kognitiven Rationalität, bei der man im Sinne des Weber'schen Idealtyps der Wertrationalität annimmt, dass ein Akteur „gute Gründe" für sein Verhalten hat. Damit gründet eine Entscheidung nicht mehr nur in Kosten-Nutzen-Kalkulationen, sondern wird auf Basis von Anschauungsabwägungen getroffen, je nachdem, was einem Akteur plausibel, wahr oder wahrscheinlich erscheint. Zuletzt sei die Variante von Siegwart Lindenberg (1993) zu nennen, welche durch eine erweiterte Annahmebasis einen Akteur als „a restricted, resourceful, expecting, evaluating, maximizing man [or woman]" (RREEMM) beschreibt. Die Kernidee ist, dass Akteure in ihren Handlungsmöglichkeiten eingeschränkt sind, ihre Ressourcen aber gezielt einsetzen können. Ein Akteur gründet seine Überlegungen auf subjektiven Erwartungen, um seine Handlungsoptionen mit Blick auf seine Ziele zu beurteilen. Er entscheidet sich für die Option, die seinen Nutzen maximiert. Ein Ziel dieser differenzierten Variante der SEUT ist der Entwurf eines realistischeren Verhaltensmodells.

Schlussendlich wurde die RCT auch im Rahmen der Verhaltensökonomik erweitert, um Motive wie Normkonformismus, emotionales Verhalten, Altruismus, Fairness oder Reziprozität zu modellieren; die Modelle sozialer Präferenzen sind ein wichtiges Resultat eines solchen Versuchs. Sie basieren hauptsächlich auf Erkenntnissen der experimentellen Entscheidungs- und Spieltheorie, die zeigen, dass Menschen nicht eigennützig motiviert sind bzw. ihre Präferenzen nicht immer und ausschließlich den Rationalitätsaxiomen der EUT sowie der SEUT genügen, sondern andere Eigenschaften aufweisen. Das Diktatorspiel sowie das Ultimatumspiel haben gezeigt, dass Voraussagen auf Basis der Spieltheorie in vielen Zusammenhängen nicht bestätigt werden können (vgl. Kapitel II.4; Kapitel IV.1).

I.3.4 Schluss

Die zentralen Spielarten der RCT zeigen, dass die drei dem *Received View* zugrundeliegenden Merkmale nicht als notwendige Bedingungen gelten können, um einen Ansatz als eine Spielart der RCT einzuordnen. Alle drei Merkmale – (1) eine RCT hat den methodologischen Status einer wissenschaftlichen Theorie, (2) eine RCT geht einher mit einer Verpflichtung zum MI und (3) eine RCT stützt sich auf ein Rationalitätsverständnis, welches menschliches Verhalten als selbstbezogen bzw. egoistisch beschreibt – sind nicht bei allen Varianten gleichermaßen gegeben. Es stellt sich daher die Frage, welche Anforderungen ein theoretischer Ansatz erfüllen muss, um als RC-Variante zu gelten. Im Folgenden werden drei Anforderungen vorgestellt, die allen Varianten zugrunde liegen und damit erlauben, diese als verwandt zu klassifizieren (siehe auch Diekmann & Voss 2004: 14 ff.). Die Anforderungen sind so allgemein, dass sie abhängig von ihren Ausprägungen zu fundamental verschiedenen Varianten führen können. Daher sprechen wir hier von Minimalanforderungen der RCT.

Erstens geht es bei jeder Variante darum, Akteursverhalten zu erfassen. Je nach Spezifikation ist das Ziel dabei Verhalten zu beschreiben, zu erklären, vorauszusagen oder auch vorzuschreiben. Bei Akteuren kann es sich sowohl um Individuen also auch um kollektive Akteure handeln. Zweitens beginnen alle Varianten mit einem Entscheidungsproblem, wobei die Akteurshandlung als Lösung für das Problem aufgefasst wird. Die genaue Form des Entscheidungsproblems kann jedoch variieren. Dessen Darstellung im Falle der SEUT sieht vor, dass Akteure sich zwischen verschiedenen verfügbaren Handlungsalternativen auf Basis ihrer Präferenzen und im Lichte möglicherweise eintretender Umweltereignisse entscheiden. Bei Becker wird angenommen, dass Akteure begrenzte Ressourcen zur Verfügung haben bzw. unter gegebenen Restriktionen handeln, woraus sich die Notwendigkeit einer Allokation dieser Ressourcen ergibt. Es wird außerdem angenommen, dass Akteure bestimmte Ziele verfolgen. Bei Ressourcen ebenso wie bei Restriktionen kann es sich um materielle Elemente handeln wie beispielsweise um verfügbares Einkommen oder Güterpreise. Es können aber ebenso gut auch immaterielle Dinge wie etwa die verfügbare Zeit, existierende Technologien, institutionelle Regelungen sowie rechtliche Einschränkungen berücksichtig werden.

Drittens wird angenommen, dass die Akteure das Entscheidungsproblem mittels einer Entscheidungsregel lösen bzw. sich gemäß dieser Regel entscheiden. Die gängigsten Entscheidungsregeln basieren auf der Idee eines Optimierungskalküls, d. h., dass Akteure im Rahmen ihrer Möglichkeiten ihre gegenwärtige Situation verbessern. Es gibt andere Entscheidungsregeln, die auf die Minimierung des maximalen Schadens, minimales Bedauern, begrenzte Rationalitätskalküle oder auch auf einfache Anspruchserfüllung (*satisficing*) abzielen. Trotz ihrer Unterschiede basieren die meisten Entscheidungsregeln auf der Annahme, dass Akteure bei ihren Entscheidungen *vernünftig* vorgehen. Wie der Name der RCT sagt, wird „vernünftig" in der Regel mit „rational" gleichgesetzt. Anders formuliert haben viele Entscheidungsregeln ihren Ursprung in einem von vielen Sozialwissenschaften akzeptierten methodologischen Postulat, welches vorschreibt, dass menschliches Handeln als rationales Handeln theoretisch gefasst werden soll.

Was der Rationalitätsbegriff im Einzelfall bedeutet, wird bei dem Prinzip des methodologischen Rationalismus offengelassen. Die Definition von rationalem Handeln als eigennütziges Handeln innerhalb des *Received Views* ist nur eine von verschiedenen Begriffsdefinitionen, die in den verschiedenen Spielarten der RCT Verwendung finden. Dessen Definition kann in Abhängigkeit der Interpretation anderer zentraler Begriffe wie dem Präferenz- oder dem Nutzenbegriff je nach Spielart variieren. In axiomatischen Handlungstheorien wird der Nutzenbegriff weit gefasst, sodass trotz der Definition von rationalem Handeln als nutzenmaximierendes Handeln auch altruistisches sowie normkonformes Handeln erfasst werden kann. Daneben basiert die Theorie der offenbarten Präferenzen auf der Definition von rationalem Handeln als konsistentes Handeln. Bei Becker wird rationales Handeln als nutzenmaximierendes Handeln definiert, wobei die Nutzenmaximierung hier alleine auf der Basis von Kosten-Nutzen-Abwägungen getroffen wird. Der Kosten- sowie der Nutzenbegriff schließen bei Becker immaterielle Kosten und Nutzen aber mit ein.

Alle drei Anforderungen sind so allgemein formuliert, dass sie je nach Variante weiter spezifiziert werden können. Die Spezifizierung hängt davon ab, welche Variante für ein bestimmtes Problem angemessen ist. Darüber hinaus ist die Auswahl der Variante in verschiedenen Disziplinen davon abhängig, welche epistemischen Werte bei der Theoriewahl priorisiert werden. Beispielsweise sind „Einfachheit" und „Voraussagekraft" Kernkriterien für die Theoriewahl in den Wirtschaftswissenschaften. In der Soziologie und der Politikwissenschaft hingegen wird auch die „Erklärungskraft" und die „empirische Adäquatheit" einer Theorie in den Vordergrund gestellt. Vor diesem Hintergrund ist es wichtig anzuerkennen, dass der Prozess der Spezifizierung in unterschiedlichen Varianten der Theorie enden kann.

Literatur

Abraham, M. & T. Voss, 2002: Contributions of Rational Choice Theory to Modern Sociology: An Overview. S. 136–167 in: N. Genov (Hrsg.), Adavances in Sociological Knowledge Over Half a Century. Paris: International Social Science Council.

Allais, M., 1953: Le comportement de l'homme rationnel devant le risque: critique des postulats et axiomes de l'école Américaine. Econometrica 21: 503–546.

Arrow, K., 1951: Social Choice and Individual Values. New Haven: Yale University Press.

Becker, G.S., 1976: The Economic Approach to Human Behavior. Chicago: University of Chicago Press.

Becker, G.S., 1993: Nobel Lecture: The Economic Way of Looking at Behavior. Journal of Political Economy 101: 385–409.

Becker, G.S., 2009: Gary S. Becker. S. 132–152 in: K.I. Horn (Hrsg.), Roads to Wisdom, Conversations with Ten Nobel Laureates in Economics. Cheltenham: Edward Elgar.

Bicchieri, C., 2006: The Grammar of Society: The Nature and Dynamics of Social Norms. Cambridge: Cambridge University Press.

Binmore, K., 1994: Game Theory and the Social Contract. Volume 1: Playing Fair. Cambridge: MIT Press.

Boudon, R., 1996: The 'Cognitivist Model': A Generalized 'Rational-Choice Model'. Rationality and Society 8: 123–150.

Boudon, R., 2003: Beyond Rational Choice Theory. Annual Review of Sociology 291: 1–21.

Braun, N., 1998: Socially Embedded Exchange. Frankfurt a. M.: Lang.

Braun, N., 2009: Rational Choice Theorie. S. 395–418 in: G. Kneer & M. Schroer (Hrsg.), Handbuch soziologische Theorien. Wiesbaden: VS Verlag für Sozialwissenschaften.

Buchanan, J.M. & G. Tullock, 1962: The Calculus of Consent: Logical Foundations of Constitutional Democracy. Michigan: Arbor.

Coleman, J.S., 1987: Norms as Social Capital. S. 133–155 in: G. Radnitzky & P. Bernholz (Hrsg.), Economic Imperialism: The Economic Method Applied Outside the Field of Economics. New York: Paragon House Publishers.

Coleman, J.S., 1990: Foundations of Social Theory. Cambridge: The Belknap Press of Harvard University Press.

Davidson, D., 1963: Actions, Reasons, and Causes. S. 3–21 in: D. Davidson, Essays on Actions and Events. Oxford: Oxford University Press.

Davidson, D., J.C.C. McKinsey & P. Suppes, 1955: Outlines of a Formal Theory of Value, I. Philosophy of Science 22: 140–160.

Debreu, G., 1959: The Theory of Value: An Axiomatic Analysis of Economic Equilibrium. New York: Wiley.

Diekmann, A. & T. Voss, 2004: Die Theorie rationalen Handelns. Stand und Perspektiven. S. 13–29 in: A. Diekmann & T. Voss (Hrsg.), Rational-Choice-Theorie in den Sozialwissenschaften. Anwendungen und Probleme. München: Oldenbourg.

Diekmann, A. & T. Voss, 2018: Rational Choice-Rezeption in der deutschsprachigen Soziologie. S. 662–682 in: S. Moebius & A. Ploder (Hrsg.), Handbuch Geschichte der deutschsprachigen Soziologie. Band 1: Geschichte der Soziologie im deutschsprachigen Raum. Wiesbaden: Springer VS.

Dietrich, F. & C. List, 2013: A Reason-Based Theory of Rational Choice. Noûs 47: 104–134.

Downs, A., 1957: An Economic Theory of Democracy. New York: Harper & Row.

Edgeworth, F.Y., 1881: Mathematical Psychics: An Essay on the Application of Mathematics to the Moral Sciences. London: C. Kegan Paul & Co.

Ellsberg, D., 1961: Risk, Ambiguity, and the Savage Axioms. The Quarterly Journal of Economics 75: 643–669.

Elster, J., 1985: Making Sense of Marx. Cambridge: Cambridge University Press.

Elster, J., 1989a: The Cement of Society: A Study of Social Order. Cambridge: Cambridge University Press.

Elster, J., 1989b: Social Norms and Economic Theory. Journal of Economic Perspectives 3: 99–117.

Esser, H. 1999. Soziologie. Spezielle Grundlagen. Band 1: Situationslogik und Handeln. Frankfurt a. M.: Campus.

Esser, H. 2001. Soziologie. Spezielle Grundlagen. Band 6: Sinn und Kultur. Frankfurt a. M.: Campus.

Esser, H. 2010. Das Modell der Frame-Selektion. Eine allgemeine Handlungstheorie für die Sozialwissenschaften? S. 45–62 in: G. Albert & S. Sigmund (Hrsg.), Soziologische Theorie kontrovers. Sonderheft 50 der Kölner Zeitschrift für Soziologie und Sozialpsychologie. Wiesbaden: VS Verlag für Sozialwissenschaften.

Friedman, M., 1953: The Methodology of Positive Economics. S. 3–43 in: M. Friedman, Essays in Positive Economics. Chicago: University of Chicago Press.

Guala, F., 2019: Preferences: Neither Behavioural nor Mental. Economics & Philosophy 35: 383–401.

Hands, W., 2014: Paul Samuelson and Revealed Preference Theory. History of Political Economy 46: 85–116.

Hedström, P. & P. Ylikoski, 2010: Causal Mechanisms in the Social Sciences. Annual Review of Sociology 36: 49–67.

Herfeld, C.S., 2012: The Potentials and Limitations of Rational Choice Theory: An Interview with Gary Becker. Erasmus Journal for Philosophy and Economics 5: 73–86.

Herfeld, C.S., 2013: The Many Faces of Rational Choice Theory. Witten: Witten/Herdecke University.

Herfeld, C.S., 2020: The Diversity of Rational Choice Theory: A Review Note. Topoi: 10.1007/s11245-018-9588-7.

Jevons, W., [1871] 1888: The Theory of Political Economy. 3. Aufl., London: Macmillan and Co.

Knight, F.H., 1921: Risk, Uncertainty, and Profit. Boston: Hart, Schaffner and Marx.

Lindenberg, S., 1993: Framing, Empirical Evidence, and Applications. S. 11–38 in: P. Herder-Dorneich, K.-E. Schenk & D. Schmidtchen (Hrsg.), Jahrbuch für Neue Politische Ökonomie. Band 12: Neue Politische Ökonomie von Normen und Institutionen. Tübingen: Mohr.

Machina, M.J., 1989: Dynamic Consistency and Non-Expected Utility Models of Choice under Uncertainty. Journal of Economic Literature 27: 1622–1668.

Mantzavinos, C., 2009: A Note on Methodological Individualism. S. 211–215 in: M. Cherkaoui & P. Hamilton (Hrsg.), Raymond Boudon. A Life in Sociology. Oxford: Bardwell Press.

Mehta, J., C.S. Starmer & R. Sugden, 1994: The Nature of Salience: An Experimental Investigation of Pure Coordination Games. American Economic Review 84: 658–673.

Michael, R.T. & G.S. Becker, 1973: On the New Theory of Consumer Behavior. The Swedish Journal of Economics 75: 378–396.

Milton, F., 1953: Essays in Positive Economics. Chicago: University of Chicago Press.

Nash, J., 1950: Equilibrium Points in n-Person Games. Proceedings of the National Academy of Science 36: 48–49.

Opp, K.-D., 1999: Contending Conceptions of the Theory of Rational Action. Journal of Theoretical Politics 11: 171–202.

Opp, K.-D., 2014: Methodologie der Sozialwissenschaften. Wiesbaden: VS Verlag für Sozialwissenschaften.

Opp, K.-D. 2019: Die Theorie rationalen Handelns, das Modell der Frame-Selektion und die Wirkungen von Bestrafungen auf Kooperation. Zeitschrift für Soziologie 48: 97–115.

Ramsey, F.P., 1928: Truth and Probability. S. 156–198 in: R.B. Braithwaite (Hrsg.), The Foundations of Mathematics and Other Logical Essays. London: Routledge & Kegan Paul.

Raub, W., 2017: Rational Models. Utrecht: Utrecht University.

Rosenberg, A., 2015: Philosophy of Social Science. Boulder: Westview.

Rössel, J. & S. Weingartner, 2016: Rational Choice-Theorie in der Kultursoziologie. S. 1–19 in: S. Moebius, F. Nungesser & K. Scherke (Hrsg.): Handbuch Kultursoziologie. Band 2: Theorien – Methoden – Felder. Wiesbaden: VS Verlag für Sozialwissenschaften.

Samuelson, P. A., 1938: A Note on the Pure Theory of Consumer's Behaviour. Economica 5: 61–71.

Satz, D. & J. Ferejohn, 1994: Rational Choice and Social Theory. Journal of Philosophy 91: 71–87.

Savage, L.J., 1954: The Foundations of Statistics. New York: Dover.

Schelling, T.C., 1960: The Strategy of Conflict. Cambridge: Harvard University Press.

Schotter, A., 2006: Strong and Wrong: The Use of Rational Choice Theory in Experimental Economics. Journal of Theoretical Politics 18: 498–511.

Steele, K., 2014: Choice Models. S. 185–208 in: N. Cartwright & E. Montuschi (Hrsg.), Philosophy of Social Science. Oxford: Oxford University Press.

Sugden, R., 2016: Ontology, Methodological Individualism, and the Foundations of the Social Sciences. Journal of Economic Literature 54: 1377–1389.

Thoma, J., 2019: Decision Theory. S. 57–106 in: R. Pettigrew & J. Weisberg (Hrsg.), The Open Handbook of Formal Epistemology. PhilPapers Foundation.

Udehn, L., 2001: Methodological Individualism: Background, History and Meaning. London: Routledge.

Vanderschraaf, P. & G. Sillari, 2014: Common Knowledge. The Stanford Encyclopedia of Philosophy: https://plato.stanford.edu/archives/spr2014/entries/common-knowledge/ (abgerufen am 03. 03.2020).

Varian, H.R., 2014: Intermediate Microeconomics: A Modern Approach. New York: Norton.

von Mises, L., 1940: Human Action: A Treatise on Economics. 4. Aufl., Irvington-on-Hudson: Foundation for Economic Education, Inc.

von Neumann, J., 1928: Zur Theorie der Gesellschaftsspiele. Mathematische Annalen 100: 295–320.

von Neumann, J. & O. Morgenstern, [1944] 1953: Theory of Games and Economic Behavior. Princeton: Princeton University Press.

Vriend, N.J., 1996: Rational Behavior and Economic Theory. Journal of Economic Behavior and Organization 29: 263–85.

Wong, S., 2006: Foundations of Paul Samuelson's Revealed Preference Theory. A Study by the Method of Rational Reconstruction. Oxon: Routledge.

II Theoretische Grundlagen

Andreas Tutić

II.1 Entscheidungstheorie

II.1.1 Einleitung

Ein Satz darf in keiner Darstellung der Rational-Choice-Theorie (RCT) fehlen: Die RCT geht davon aus, dass Akteure rational handeln. So banal diese Aussage auf den ersten Blick erscheinen mag – wenig Äußerungen in der Geschichte der Sozialwissenschaften haben zu mehr Missverständnissen und Kontroversen geführt.

Gerade in der Soziologie hat die Kritik an der Annahme rationalen Handelns eine lange Tradition. Bereits Talcott Parsons hat in seinem handlungstheoretischen Grundlagenwerk „The Structure of Social Action" argumentiert, dass der Utilitarismus als intellektueller Vorläufer der RCT (vgl. Kapitel I.1) mit seiner Fokussierung auf Zweckrationalität die normative Orientierung sozialen Handelns, die jeder sozialen Ordnung zugrunde liegen müsse, vernachlässige (Parsons 1937). Noch heute findet sich in der Soziologie weitverbreitet die Vorstellung, die RCT gehe davon aus, dass Akteure nur auf harte materielle Anreize reagieren und egoistisch sind. Empathie und Prosozialität, die Orientierung an Werten und Normen, Emotionalität, Spontanität und Expressivität bleiben dabei zwangsläufig außen vor, so einige die wichtigsten soziologischen Kritikpunkte an der RCT (etwa Münch 2004: 119; Schneider 2009: 83).

In diesem Kapitel wird dieses Zerrbild der RCT korrigiert. Dabei orientieren wir uns an der modernen entscheidungstheoretischen Literatur, die sich damit beschäftigt, wie mithilfe formaler Kalküle, etwa der Optimierung numerischer Funktionen unter Nebenbedingungen, individuelles menschliches Handeln dargestellt werden kann (Rubinstein 1998, 2017; Kreps 1988). Dabei wird deutlich werden, dass Rationalität im Rahmen der RCT nicht mehr, aber auch nicht weniger bedeutet als *konsistentes Verhalten*. Welche spezifische Form der Konsistenz vorausgesetzt werden muss, hängt von dem jeweiligen formalen Kalkül, das zur Darstellung herangezogen wird, ab. Die RCT geht mithin nicht von psychologischen Annahmen aus, etwa der Idee, dass Akteure stets reflektiert und instrumentell rational (vgl. das Konzept der Zweckrationalität bei Weber ([1921] 1972)) handeln. Stattdessen setzt sie formale Rationalität voraus, d. h. Beschreibbarkeit durch gewisse formale Kalküle (vgl. Gintis 2017: 104). Ferner erlauben diese Kalküle durchaus, handlungstheoretische Konzepte wie Werte und Normen oder Empathie und Prosozialität und ihren potentiellen Einfluss auf das Verhalten zu berücksichtigen.

https://doi.org/10.1515/9783110673616-004

II.1.2 Präferenzen

Wie bereits angeführt, lässt sich zwar sagen, dass die RCT von der Vorstellung rationalen Handelns ausgeht. Jedoch sind damit zunächst keinerlei psychologische Annahmen hinsichtlich des inneren Tuns der Akteure bei der Entscheidungsfindung verknüpft. Die RCT verwendet gewisse Kalküle, um individuelles Handeln formal zu repräsentieren. Jedes Verhalten, das sich vermöge dieser Kalküle darstellen lässt, ist *per definitionem* rational. In diesem Abschnitt beschäftigen wir uns mit dem elementarsten Kalkül, das bei der Modellierung individuellen Handelns Verwendung findet.

In der RCT wird Entscheidungsverhalten generell als Auswahl aus einer Menge an Entscheidungsalternativen modelliert. Es sei X die im Rahmen einer Anwendung denkbare Menge an Entscheidungsalternativen. Objektive Entscheidungssituationen werden schlicht als Teilmenge von X beschrieben. Es ist also $X : 2^X \setminus \{\emptyset\}$ die Menge aller Entscheidungssituationen.

Beispiel 1. Ist $X = \{a, b, c\}$, dann ist $X = \{\{a, b, c\}, \{a, b\}, \{a, c\}, \{b, c\}, \{a\}, \{b\}, \{c\}\}$. In etwa könnten a, b und c politische Parteien sein. In einer Wahl treten nicht notwendigerweise alle drei Parteien an, so dass der Akteur bei einer konkreten Wahl sich unter Umständen nur zwischen einer Teilmenge der drei Parteien entscheiden kann.

Die Mengen X und X dienen dazu, Entscheidungssituationen zu modellieren. Das Entscheidungsverhalten selbst wird vermöge einer sogenannten schwachen Präferenzrelation $\geq$ auf X beschrieben. Präferenzrelationen sind binäre Relationen mit speziellen Eigenschaften. Relationen sind ein grundlegendes mathematisches Konzept, um Beziehungen zwischen Elementen einer Menge zu beschreiben. Formal ist eine Relation R auf X eine Teilmenge der Menge $X \times X$. R enthält demnach geordnete Paare (x, y) mit $x, y \in X$. Liegt etwa das Paar (a, b) in R, dann ist dies der formale Ausdruck dafür, dass das Element a gegenüber dem Element b in Relation R steht.

Beispiel 2. Geht man von der Menge $X = \{1, 2, 3\}$, dann ist $X \times X = \{(1, 1), (1, 2), (1, 3), (2, 1), (2, 2), (2, 3), (3, 1), (3, 2), (3, 3)\}$. Ein Beispiel für eine Relation R auf X könnte etwa sein: $(x, y) \in R$ genau dann, wenn x gerade das Doppelte von y ist. In diesem Fall wäre $R = \{(2, 1)\}$.

Häufig verwendet man statt $(x, y) \in R$ die sparsamere Schreibweise xRy. So ist etwa das gewöhnliche $>$ eine Relation auf der Menge der reellen Zahlen und man schreibt typischerweise $5 > 2$ anstelle von $(5, 2) \in >$.

Nicht jede Relation auf X qualifiziert sich als schwache Präferenzrelation, sondern es müssen zwei Eigenschaften erfüllt sein.

Definition 1. Sei X eine nichtleere Menge. Eine Relation $\succeq \subseteq X \times X$ heißt *schwache Präferenzrelation* auf X, wenn sie die zwei folgenden Eigenschaften erfüllt:
 - *Vollständigkeit*: Für alle $x, y \in X$ gilt $x \succeq y$ oder $y \succeq x$.
 - *Transitivität*: Für alle $x, y, z \in X$ gilt: $x \succeq y$ und $y \succeq z$ impliziert $x \succeq z$.

Vollständigkeit bedeutet, dass die Präferenzrelation über jedes Paar an Alternativen eine Aussage trifft. In Worten besagt Transitivität, dass wenn x gegenüber y und y gegenüber z schwach präferiert wird, auch x gegenüber z schwach präferiert wird. Warum „muss" eine Präferenzrelation diese beiden Eigenschaften aufweisen? Wie wir noch sehen werden, strebt man in der RCT häufig eine Darstellung von Präferenzrelationen mithilfe numerischer Funktionen an. Und weil das gewöhnliche $\geq$ auf Zahlbereichen reflexiv und transitiv ist, muss auch $\succeq$ auf X diese Eigenschaften aufweisen.

Ähnlich, aber nicht völlig identisch wie sich $>$ und $=$ zum $\geq$ bei Zahlen verhalten, stehen auch die sogenannte strikte Präferenzrelation $\succ$ und die Indifferenzrelation $\sim$ zur zugrundliegenden schwachen Präferenzrelation.

Definition 2. Ist $\succeq$ eine schwache Präferenzrelation auf X, dann heißt
 - $\succ$ auf X definiert mit $x \succ y$ genau dann, wenn $x \succeq y$ aber nicht $y \succeq x$, *strikte Präferenzrelation*, und
 - $\sim$ auf X definiert mit $x \sim y$ genau dann, wenn $x \succeq y$ und $y \succeq x$, *Indifferenzrelation*.

Häufig spricht man anstelle von einer schwachen Präferenzrelation nur von einer Präferenzrelation, wenn $\succeq$ gemeint ist.

Beispiel 3. Aus $X = \{a, b, c\}$ und $\succeq = \{(a, a), (b, b), (c, c), (a, b), (a, c), (b, c), (c, b)\}$ folgt $\succ = \{(a, b), (a, c)\}$ und $\sim = \{(a, a), (b, b), (c, c), (b, c), (c, b)\}$.

Man beachte, dass in Beispiel 3 offenbar $\succeq = \succ \cup \sim$ gilt, d. h. die schwache Präferenzrelation ist die mengenmäßige Vereinigung der strikten Präferenzrelation und der Indifferenzrelation. Das ist immer so. Auch „erben" die strikte Präferenzrelation und die Indifferenzrelation gewisse Eigenschaften der schwachen Präferenzrelation. Beide sind stets transitiv. Die Indifferenzrelation ist ferner auch reflexiv und „symmetrisch", d. h. aus $x \sim y$ folgt stets $y \sim x$. Die strikte Präferenzrelation ist hingegen, sofern sie nicht leer ist, nie reflexiv und nie symmetrisch.

Man kann an eine Treppe denken, um sich diese Konzepte bildhaft zu veranschaulichen. Jedes Element von X liegt auf einer Stufe; Elemente, die auf einer höheren Stufe liegen, werden gegenüber Elementen auf einer tieferen Stufe strikt präferiert. Liegen zwei Elemente auf der gleichen Stufe, so ist der Entscheider indifferent.

Es ist nicht ganz falsch, sich $\succeq$ wie eine verallgemeinerte $\geq$-Relation vorzustellen. $\geq$ ist auf gewissen Zahlbereichen definiert, während $\succeq$ abstrakte Mengen von Handlungsalternativen ordnet. Darüber hinaus gibt es nur einen weiteren Unterschied. Bei Zahlen folgt aus $x \geq y$ und $y \geq x$ stets $x = y$, d. h. x und y sind dieselbe Zahl. Im Unterschied dazu folgt aus $x \succeq y$ und $y \succeq x$ lediglich $x \sim y$ aber nicht $x = y$. Der Formalismus lässt also zu, dass ein Entscheider indifferent zwischen verschiedenen Elementen ist.

Man beachte, dass eine psychologische Interpretation von Präferenzen im Allgemeinen in die Irre führt. So bedeutet $a \succ b$ nicht unbedingt, dass der Entscheider a „lieber mag" als b oder größeren „Nutzen verspürt", wenn er sich für a an Stelle von b entscheidet. Präferenzrelationen sind nicht mehr als ein mathematisches Konstrukt, um menschliches Entscheidungsverhalten formal zu repräsentieren. Mithin zeigt $a \succ b$ lediglich an, dass wenn in einer Entscheidungssituation sowohl a als auch b verfügbar sind, der Akteur sich nie für b entscheidet.

II.1.3 Entscheidungen

Das Grundprinzip der Entscheidungstheorie ist sehr einfach: Der Entscheider wählt aus der Menge der verfügbaren Alternativen eine derjenigen Handlungsweisen, die seine Präferenzrelation maximieren.

Definition 3. Sei $\succeq$ eine schwache Präferenzrelation auf X. Für jedes Entscheidungsproblem $S \in X$ sei $C^{\succeq}(S) := \{ s \in S : s \succeq s' \text{ für } alle \ s' \in S \}$ die *Menge der präferenzmaximalen Entscheidungen*.

Nicht immer existiert eine präferenzmaximale Entscheidung. Wir wissen bereits, dass aus formaler Perspektive $\geq$ eine Präferenzrelation auf der Menge der natürlichen Zahlen $\mathbb{N}$ darstellt. Es gibt aber keine natürliche Zahl, die mindestens so groß ist wie jede andere natürliche Zahl, d. h. $C^{\geq}(\mathbb{N}) = \emptyset$. Dies ist nicht nur eine technische Spielerei, sondern in der Tat hin und wieder problematisch. In einigen Anwendungen bringt es das methodische Vorgehen, menschliches Handeln vermöge der Maximierung einer Relation darzustellen, mit sich, dass die RCT keine oder verquere Vorhersagen macht, gerade weil aus formaler Perspektive keine rationale Wahl existiert. In der Entscheidungstheorie hat man Bedingungen, die eine Präferenzrelation oder eine Entscheidungssituation erfüllen muss, damit die Menge der präferenzmaximalen Alternativen nicht leer ist, herausgearbeitet. Insbesondere bei Entscheidungsproblemen, bei denen der Akteur nur die Wahl zwischen einer endlichen Anzahl an Alternativen hat, ist das der Fall.

Satz 1. Sei $\geq$ eine schwache Präferenzrelation auf X. Ist $S \in \boldsymbol{X}$ endlich, dann ist $C^{\geq}(S)$ nicht leer.

Der Satz lässt sich leicht über Induktion zeigen und auch intuitiv nachvollziehen. Der Satz stimmt trivialerweise für jedes Entscheidungsproblem, in dem der Akteur nur die Wahl zwischen einer Alternative hat, denn genau diese Alternative wird dann schwach gegenüber allen verfügbaren Alternativen präferiert. Angenommen der Satz stimmt nun für alle Entscheidungsprobleme mit n Alternativen. Dann stimmt er auch für alle Entscheidungsprobleme mit $n + 1$ Alternativen, weil entweder die präferenzmaximalen Alternativen aus der Menge mit n Alternativen auch präferenzmaximal in der Menge mit $n + 1$ Alternativen sind oder aber nur das neue $(n + 1)$-te Element präferenzmaximal ist. Also stimmt der Satz für Entscheidungsprobleme mit 1, 2, 3, ... Elementen.

Geht man davon aus, dass stets eine rationale Entscheidung existiert, dann ordnet eine Präferenzrelation $\geq$ auf X jedem Entscheidungsproblem $S \in \boldsymbol{X}$ eine Menge an präferenzmaximalen Elementen $C^{\geq}(S)$ zu. $C^{\geq}$ lässt sich in diesem Fall auch als Abbildung $C^{\geq} \colon \boldsymbol{X} \to \boldsymbol{X}$ auffassen, die $C^{\geq}(S) \subseteq S$ für alle $S \in \boldsymbol{X}$ erfüllt.

Beispiel 4. Aus $X = \{a, b, c\}$ und $\geq = \{(a,a), (b,b), (c,c), (a,b), (a,c), (b,c), (c,b)\}$ folgt

S	X	$\{a,b\}$	$\{a,c\}$	$\{b,c\}$	$\{a\}$	$\{b\}$	$\{c\}$
$C^{\geq}$	$\{a\}$	$\{a\}$	$\{a\}$	$\{b,c\}$	$\{a\}$	$\{b\}$	$\{c\}$

Dieses Beispiel zeigt auch, dass $C^{\geq}(S)$ im Allgemeinen nicht einelementig sein muss, d. h. es existiert nicht immer eine eindeutig rationale Wahl. Die Möglichkeit von Indifferenzen unterminiert in manchen Anwendungen, dass die RCT scharfe Vorhersagen macht.

Im Rahmen der RCT ist jedes Verhalten rational, welches mithilfe der Maximierung einer Präferenzrelation rekonstruiert werden kann. Aber welches Verhalten lässt sich denn mit diesem Formalismus darstellen? Die *Theorie der offenbarten Präferenzen* (vgl. Kreps 1988) beantwortet genau diese Frage.

Zunächst müssen wir „Verhalten" formal fassen. Dazu bietet sich das Konzept der Entscheidungsfunktion an:

Definition 4. Eine Abbildung $C \colon \boldsymbol{X} \to \boldsymbol{X}$, die $C(S) \subseteq S$ für alle $S \in \boldsymbol{X}$ heißt *Entscheidungsfunktion* auf X.

Eine Entscheidungsfunktion gibt wieder, wie sich ein Entscheider in jedem möglichen Entscheidungsproblem verhalten hat. In einelementigen Entscheidungsproblemen hat er dabei natürlich keine andere Wahl als die einzig mögliche Alternative zu wählen. Weil $C(S)$ im Allgemeinen nicht einelementig sein muss, liegt der Entscheidungsfunktion die Vorstellung zugrunde, dass der Entscheider wiederholt mit demselben Entscheidungsproblem konfrontiert war und $C(S)$ alle Alternativen enthält, die er in irgendeiner dieser wiederholten Entscheidungsprobleme gewählt hat.

Beispiel 5. Sei $X = \{a, b, c\}$. Die folgende Tabelle gibt einen Überblick zu drei Entscheidungsfunktionen auf X:

S	C^1	C^2	C^3
X	$\{a\}$	$\{b\}$	$\{c\}$
$\{a, b\}$	$\{a\}$	$\{a\}$	$\{a\}$
$\{a, c\}$	$\{a\}$	$\{a\}$	$\{c\}$
$\{b, c\}$	$\{b\}$	$\{b\}$	$\{b\}$

Die Frage ist nun, ob wir für C^1, C^2 und C^3 jeweils eine Präferenzrelation $\succeq^1$, $\succeq^2$ und $\succeq^3$ finden können, die sie „erklärt", d. h. *rationalisiert*.

Definition 5. Eine Entscheidungsfunktion C auf X heißt *rationalisierbar*, wenn eine Präferenzrelation $\succeq$ auf X existiert, so dass $C = C^\succeq$.

Beispiel 5 (Fortsetzung). C^1 ist rationalisierbar. Aus $C^1(X) = \{a\}$ folgt $a \succ b$ und $a \succ c$. $C^1(\{b, c\}) = \{b\}$ impliziert $b \succ c$. $C^1(\{a, b\}) = a = C^1(\{a, c\})$ ist konsistent mit $a \succ b \succ c$. Betrachten wir nun C^2. $C^2(X) = \{b\}$ ist nur dann erklärbar, wenn $b \succ a$ und $b \succ c$. Aber $C^2(\{a, b\}) = a$ impliziert $a \succ b$, ein Widerspruch. Mithin können wir C^2 nicht mit der Vorstellung erklären, dass der Entscheider eine Präferenzrelation maximiert. Ähnlich verhält es sich mit C^3. Hier folgt aus $C^3(\{a, b\}) = a$ natürlich $a \succ b$, $C^3(\{a, c\}) = c$ erfordert $c \succ a$ und $C^3(\{b, c\}) = b$ impliziert $b \succ c$. Aber dies widerspricht der Transitivität von $\succ$, mithin ist C^3 nicht rationalisierbar.

Tatsächlich geben C^2 und C^3 zwei wichtige Anomalien der Entscheidungstheorie wieder. C^2 ist ein Beispiel für den sogenannten *Attraction Effect*, der die Tatsache beschreibt, dass in realem Entscheidungsverhalten die Einschätzung der Attraktivität einer Alternative häufig durch den Kontext der anderen verfügbaren Alternativen bedingt ist. C^3 ist ein elementares Beispiel für *zyklisches Entscheidungsverhalten*.

Beispiel 5 zeigt, dass nicht jedes Verhalten durch Präferenzrelationen erklärt werden kann. Tatsächlich können wir genau angeben, welche Art von Entscheidungsverhalten sich mit diesem Formalismus repräsentieren lässt:

Definition 6. Sei X eine nichtleere, endliche Menge und C eine Entscheidungsfunktion auf X. C erfüllt das *Weak Axiom of Revealed Preference* (*WARP*), wenn für alle $x, y \in X$ gilt: Existiert ein $S \in \mathbf{X}$, so dass $x, y \in S$ und $x \in C(S)$ sowie $y \notin C(S)$, dann existiert kein $T \in \mathbf{X}$, so dass $x, y \in T$ und $y \in C(T)$.

Wir sollten uns zunächst überlegen, dass jede von einer Präferenzrelation induzierte Entscheidungsfunktion $C^{\succeq}$ *WARP* erfüllt. Aus $x, y \in S$ und $x \in C^{\succeq}(S)$ sowie $y \notin C^{\succeq}(S)$ folgt nach Definition 3 bereits $x \succ y$. Man sagt: S offenbart, dass x gegenüber y strikt präferiert wird. Würde $x, y \in T$ und $y \in C^{\succeq}(T)$ gelten, müssten wir auf $y \succeq x$ schließen, was der Definition der strikten Präferenz widerspricht. Mithin erfüllt $C^{\succeq}$ stets *WARP*.

Es zeigt sich nun, dass man zu jeder Entscheidungsfunktion, die *WARP* erfüllt, eine Präferenzrelation finden kann, die sie erklärt (Samuelson 1938).

Satz 2. Sei X eine nichtleere, endliche Menge und C eine Entscheidungsfunktion auf X. C ist genau dann rationalisierbar, wenn C die Eigenschaft *WARP* erfüllt.

Dieser Satz 2 beinhaltet zwei Teilaussagen. Wenn eine Entscheidungsfunktion die Konsistenzeigenschaft *WARP* erfüllt, dann ist es möglich, eine schwache Präferenzrelation zu konstruieren, die diese Entscheidungsfunktion rationalisiert. Und umgekehrt: Wenn eine Entscheidungsfunktion rationalisierbar ist, dann erfüllt sie *WARP*.

Letzteres haben wir schon gezeigt. Dem Beweis der ersten Teilaussage liegt ein Grundprinzip der RCT zugrunde: Die RCT liefert Messtheorien für theoretische Konstrukte wie Präferenzen, Nutzen und subjektive Wahrscheinlichkeiten, indem sie präzise aufzeigt, wie aus beobachtbarem Handeln auf diese Konstrukte zurückgeschlossen werden kann. Im Fall von Satz 2 ist die Messtheorie trivial. Angenommen wir haben es mit einer Entscheidungsfunktion C zu tun, die *WARP* erfüllt. Wir definieren nun $x \succeq y$ genau dann, wenn $x \in C(\{x, y\})$, d. h. x wird genau dann gegenüber y schwach präferiert, wenn x in der Menge $\{x, y\}$ gewählt wird. Es lässt sich zeigen, dass die so definierte Relation vollständig und transitiv ist und damit aus formaler Perspektive eine Präferenzrelation. Schließlich lässt sich zeigen, dass für diese Präferenzrelation $\succeq$ stets $C^{\succeq}(S) = C(S)$ für alle $S \in \mathbf{X}$ gilt.

Neben der Fundierung handlungstheoretischer Konstrukte im beobachtbaren Verhalten kommt Satz 2 auch einer zentralen methodologischen Anforderung an Theorien nach. Satz 2 beschreibt präzise, welche Art von empirischen Beobachtungen die Präferenztheorie falsifizieren können. *WARP* ist eine Eigenschaft von Entscheidungsfunktionen und damit prinzipiell empirisch beobachtbar. Das theoretische Resultat beschreibt gerade, welche Art von empirischen Zusammenhängen zwischen objektiven Entscheidungssituationen und Handeln sich vermöge der Theorie – Akteure handeln so, als ob sie eine Präferenzrelation maximieren würden – erklären lässt. Jedes Verhalten, welches konsistent im Sinne von *WARP* ist, lässt sich mit dieser Theorie erklären. Und kein Verhalten, welches diese Konsistenzbedingung verletzt, ist mit dieser Theorie vereinbar.

Ein sowohl theoretisch auch als empirisch interessanter Spezialfall von Satz 2 liegt vor, wenn wir es mit einer Entscheidungsfunktion zu tun haben, die einelementig in jedem Entscheidungsproblem ist. Dies kann etwa im Rahmen von Laborstudien auftreten, in denen die Probanden mit jedem Entscheidungsproblem genau einmal konfrontiert werden. In diesem Fall lässt sich das beobachtete Verhalten, wenn es sich denn überhaupt erklären lässt, über eine strikte Präferenzrelation erklären (d. h. jedes Element ist dann nur indifferent zu sich selbst). Konkret gilt der folgende Satz:

Satz 3. Sei C eine Entscheidungsfunktion auf X, die $|C(S)| = 1$ für alle $S \in X$ erfüllt. Dann gilt: C ist genau dann rationalisierbar, wenn C die Eigenschaft *IIA-O* erfüllt.

Definition 7. Sei C eine Entscheidungsfunktion auf X, die $|C(S)| = 1$ für alle $S \in X$ erfüllt. C erfüllt die Eigenschaft *Independence of Irrelevant Alternatives* (*IIA-O*), wenn für alle $S, T \in X$ mit $S \subseteq T$ und $C(T) \subseteq S$ gilt: $C(T) = C(S)$.

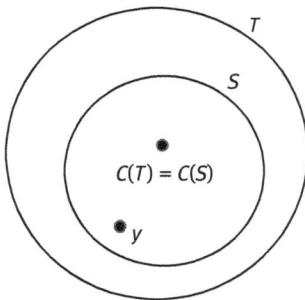

Abbildung II.1.1: Independence of Irrelevant Alternatives (*IIA-O*).

Die Konsistenzeigenschaft *IIA-O* lässt sich leicht in Worte fassen: Wenn ein Element in einer Obermenge gewählt wird, dann muss es auch in jeder Teilmenge gewählt werden, in der dieses Element verfügbar ist.

Es ist klar, dass eine Entscheidungsfunktion, die von einer strikten Präferenzrelation (, die „quasi" vollständig ist, d. h. für alle $x, y \in X$ mit $x \neq y$ gilt $x \succ y$ oder $y \succ x$) induziert wird, *IIA-O* erfüllt. Denn mit Blick auf Abbildung II.1.1 folgt aus $C^\succ(T) \neq y$ bereits $C^\succ(T) \succ y$. Beispiel 5 illustriert Satz 3: Sowohl C^2 und C^3 verletzen *IIA-O*, während C^1 diese Eigenschaft erfüllt.

Alles in allem können wir festhalten: Die Annahme, dass Akteure rational handeln, bedeutet im Kontext von Entscheidungen bei Sicherheit nichts anderes, als dass man ihr Verhalten vermöge der Maximierung einer Präferenzrelation erklären kann. Dies ist genau dann der Fall, wenn ihr beobachtbares Handeln *WARP* erfüllt.

II.1.4 Ordinaler Nutzen

Wir hatten bereits bemerkt, dass die schwache Präferenzrelation $\gtrsim$, die auf abstrakten Mengen von Handlungsalternativen definiert ist, der $\geq$-Relation, welche Zahlbereiche ordnet, nachempfunden ist. Dies ist natürlich kein Zufall; dogmengeschichtlich ging die Idee, menschliches Handeln als die Maximierung einer numerischen Funktion zu verstehen, dem Präferenzkonzept voraus. Präferenzen dienen vor allem dazu, sich vor handlungstheoretisch falschen Schlüssen, die aus einer naiven Interpretation von Nutzenfunktionen herrühren, zu bewahren.

Wie bereits ausgeführt, kann man sich Präferenzen als Treppe vorstellen, derart, dass auf höheren Stufen strikt präferierte Elemente liegen. Eine Nutzenfunktion beschriftet nun die Stufen mit Zahlen, wobei höhere Stufen mit größeren Zahlen indiziert werden.

Definition 8. Sei $\gtrsim$ eine Präferenzrelation auf X. Eine Abbildung $u : X \to \mathbb{R}$ heißt *Nutzenfunktion* für $\gtrsim$, wenn für alle $x, y \in X$ gilt: $x \gtrsim y$ genau dann, wenn $u(x) \geq u(y)$.

Eine Nutzenfunktion ordnet Elementen X also Zahlen derart zu, dass das $\geq$ auf den Zahlen gerade dem $\gtrsim$ auf den Alternativen entspricht. Man bettet damit gewissermaßen die Struktur $(X, \gtrsim)$ in die Struktur $(\mathbb{R}, \geq)$ ein.

Beispiel 6. Sei $X = \{a, b, c, d\}$ und $a \succ b \sim c \succ d$. Die folgende Tabelle gibt eine Reihe von Abbildungen $X \to \mathbb{R}$ wieder:

X	u_1	u_2	u_3	u_4	u_5
a	4	100	-10	3	10
b	2	1	-11	3	11
c	2	1	-11	2	11
d	1	0	-12	1	200

u_1, u_2 und u_3 sind Nutzenfunktionen für $\gtrsim$ auf X, u_4 und u_5 sind es nicht.

Ein Problem bei der Arbeit mit Nutzenfunktionen ist, dass die Struktur $(R, \geq)$ viel mehr Informationen enthält als $(X, \geq)$. Dies verführt zu Aussagen, die handlungstheoretisch keinen Sinn ergeben. Beispiel 6 illustriert zwei der gefährlichsten Fallstricke. Es ist $u_1(a) = 2 \cdot u_1(b)$; ein naiver Beobachter könnte nun die Aussage formulieren, dass Alternative a dem Entscheider doppelt so viel „Nutzen bringt" wie Alternative b. Aber u_2 repräsentiert ebenso die zugrundliegende Präferenzrelation $\geq$ und demnach würde a hundertmal so viel Nutzen stiften wie b. Es macht also keinen Sinn, das Verhältnis von Nutzenwerten zu interpretieren, denn diese Verhältnisse sind nicht invariant in der Wahl der Nutzenfunktion. Ähnlich verhält es sich mit Nutzendifferenzen. u_3 suggeriert, dass der Entscheider, wenn er von b auf a wechselt, einen gleich hohen Nutzenzuwachs erhält, wie wenn er von d zu b wechselt. Denn $u_3(a) - u_3(b) = u_3(b) - u_3(d)$. u_2 repräsentiert aber ebenso die zugrundeliegende Präferenzordnung und hier stimmt die Aussage nicht. Der Vergleich von Nutzendifferenzen ist mithin nicht invariant gegenüber der Wahl einer Nutzenfunktion und kann deshalb nicht handlungstheoretisch interpretiert werden. Diese Aussage stimmt aber nur mit Blick auf die ordinale Nutzentheorie; wir werden im Zusammenhang mit der kardinalen Nutzentheorie noch sehen, dass man Nutzendifferenzen durchaus interpretieren kann, allerdings nur, wenn man stärkere Annahmen hinsichtlich der zugrundeliegenden Präferenzrelation trifft.

Es gibt nie nur eine einzige Nutzenfunktion für eine Präferenzrelation. Wenn eine Nutzenfunktion existiert, dann ist auch jede streng positiv monotone Transformation dieser Nutzenfunktion eine Nutzenfunktion für die zugrundliegende Präferenzrelation.

Satz 4. Seien $\geq$ eine Präferenzrelation auf X und u eine Nutzenfunktion für $\geq$. Ist $f : \mathbb{R} \to \mathbb{R}$ streng positiv monoton auf dem Wertebereich von u, dann ist $v = f \circ u$ eine Nutzenfunktion für $\geq$.

Der Beweis ist leicht nachzuvollziehen. Seien $x, y \in X$ beliebig mit $x \geq y$. Weil u eine Nutzenfunktion ist, gilt $u(x) \geq u(y)$. Weil f streng positiv monoton ist, folgt $v(x) = f(u(x)) \geq f(u(y)) = v(y)$.

Beispiel 6 (Fortsetzung). So sind beispielsweise $u_6 = u_1 - 100$, $u_7 = 10 \cdot u_1$ und $u_8 = (u_1)^2$ Nutzenfunktionen für $\geq$, weil all dies streng positiv monotone Transformationen auf dem Wertebereich von u_1 sind. Hingegen ist $u_9 = (u_3)^2$ keine Nutzenfunktion für $\geq$, weil etwa $u_9(a) = 100 < 121 = u_9(b)$. Die Quadration ist nur bei nichtnegativen Zahlen eine streng positiv monotone Transformation.

Nutzenfunktionen fügen der handlungstheoretischen Substanz der Entscheidungstheorie nichts hinzu. Das Konstrukt „Nutzenfunktion" ist, sofern es existiert, ein perfektes Substitut für das Konstrukt „Präferenzrelation". In Anwendungen arbeitet man häufig lieber mit Nutzenfunktionen. Dafür gibt es im Wesentlichen zwei Gründe. Zum einen lassen sich handlungstheoretische Annahmen durch Nutzenfunktionen in sehr komprimierter Form angeben. Die Nutzenfunktion von Fehr & Schmidt (1999) in etwa beschreibt soziale Präferenzen, die Gefühle der Schuld und Scham beinhalten, und liest sich kompakt als

$$u(x,y) = x - \alpha \cdot \max\{y - x, 0\} - \beta \cdot \max\{x - y, 0\},$$

wobei $x, y \in \mathbb{R}$ die Auszahlungen von Ego (x) und Alter (y) wiedergeben. Man stelle sich den Arbeitsaufwand vor, die zugrundeliegenden Präferenzen auf $X = \mathbb{R} \times \mathbb{R}$ direkt anzugeben. Zum zweiten erlauben es Nutzenfunktionen, Techniken der Differentialrechnung einzusetzen, um die präferenzmaximalen Elemente zu bestimmen.

Nicht jede Präferenzrelation besitzt eine Nutzenfunktion. Ein handlungstheoretisch interessantes Beispiel hierfür sind lexikographische Präferenzen. Es sei $X = [0,1] \times [0,1]$, also das Einheitsquadrat, und $\geq$ erklärt mit

$$(x_1, x_2) \geq (y_1, y_2) \;\Leftrightarrow\; x_1 > y_1 \text{ oder } [x_1 = y_1 \text{ und } x_2 > y_2].$$

Lexikographische Präferenzen geben die Vorstellung wieder, dass Entscheider Alternativen nach verschiedenen Kriterien beurteilen, wobei es übergeordnete und nachgeordnete Kriterien gibt. Nur wenn das übergeordnete Kriterium nicht zwischen den Alternativen diskriminiert, wird das nachgeordnete Kriterium in Betracht gezogen. In der Literatur wurde wiederholt vorgeschlagen, derartige Präferenzen zur Modellierung des Einflusses normativer Überzeugungen einzusetzen (vgl. Voss 1985: 30). Es lässt sich zeigen, dass lexikographische Präferenzen keine Darstellung vermöge einer Nutzenfunktion zulassen; leider lässt sich das zugrundeliegende Argument intuitiv nur schwer nachvollziehen.

Die Frage, unter welchen allgemeinen Bedingungen Nutzenfunktionen existieren, ist nicht leicht zu beantworten und Gegenstand technisch anspruchsvollerer Analysen. Ein elementares Ergebnis lässt sich aber auch intuitiv leicht verstehen.

Satz 5. Sei $\geq$ eine Präferenzrelation auf X. Wenn X endlich ist, dann besitzt $\geq$ eine Nutzenfunktion.

Der Satz lässt sich ähnlich wie Satz 1 über Induktion zeigen. Auf einer einelementigen Menge existiert sicherlich eine Nutzenfunktion. Fügt man einer n-elementigen Menge mit Nutzenfunktion ein weiteres Element hinzu, findet sich sicherlich eine geeignete Zahl, die das neue Element korrekt einsortiert.

Bezüglich unendlicher Mengen stammt das fundamentale Resultat von Gérard Debreu, welches die wichtigsten Modelle der Neoklassik gewissermaßen handlungstheoretisch legitimiert (Debreu 1954):

Satz 6. Sei $\succeq$ eine Präferenzrelation auf einer konvexen Teilmenge des $\mathbb{R}^n$. Wenn $\succeq$ stetig ist, dann besitzt $\succeq$ eine Nutzenfunktion.

Wohlgemerkt, der Satz garantiert nicht, dass jede Präferenzrelation auf dem $\mathbb{R}^n$ eine Nutzenfunktion besitzt, sondern lediglich, dass stetige Präferenzrelation eine derartige numerische Darstellung haben. Der Begriff der Stetigkeit setzt einen sinnhaften Distanzbegriff in der Menge X voraus. Für den $\mathbb{R}^n$ gibt es eine ganze Reihe derartiger Distanzbegriffe. Wir können uns für unsere Zwecke mit der üblichen Metrik

$$d(x,y) := \sqrt{\sum_{i=1}^{n} (x_i - y_i)^2}$$

für $x, y \in \mathbb{R}^n$ mit $x = (x_1, \ldots, x_n)$ und $y = (y_1, \ldots, y_n)$ begnügen.

Definition 9. Sei $\succeq$ eine Präferenzrelation auf $X = \mathbb{R}^n$. $\succeq$ heißt *stetig*, wenn für alle $x, y \in X$ mit $x \succ y$ ein $\varepsilon > 0$ existiert, so dass für alle $x', y' \in X$ mit $d(x, x') < \varepsilon$ und $d(y, y') < \varepsilon$ auch $x' \succ y'$ gilt.

Demnach ist eine Präferenzrelation dann stetig, wenn sich die strikte Präferenz zwischen zwei Elementen auf ausreichend kleine Umgebungen der Elemente überträgt (vgl. Rubinstein 2017). Noch gröber formuliert: Stetige Präferenzrelationen bewerten ähnliche Alternativen ähnlich.

Die lexikographische Präferenzrelation ist nicht stetig (vgl. Abbildung II.1.2). Denn für $x \in (0, 1)$ gilt $(x, 1) \succ (x, 0)$. Aber für jedes $\varepsilon > 0$ ist $d\big((x, 1), (x - \frac{\varepsilon}{2}, 1)\big) < \varepsilon$, aber $(x - \frac{\varepsilon}{2}, 1) \prec (x, 0)$.

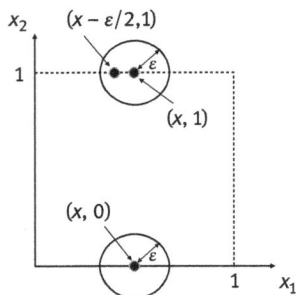

Abbildung II.1.2: Lexikographische Präferenzen sind nicht stetig.

II.1.5 Kardinaler Nutzen

Bisher haben wir gesehen, dass der Ansatz, menschliches Handeln mithilfe von Präferenzrelationen zu beschreiben, es mit sich bringt, dass nur ausreichend konsistente Handlungsweisen dargestellt werden können. Ferner führt die Arbeit mit stetigen oder gar differenzierbaren Nutzenfunktionen zu weiteren Einschränkungen des im Rahmen der Theorie beschreibbaren Entscheidungsverhaltens. In diesem Abschnitt stellen wir die Entscheidungstheorie bei Risiko dar und werden in diesem Zusammenhang sehen, dass eine formal ansprechende Darstellungsweise wiederum mit derartigen Einschränkungen verbunden ist.

Zur Motivation betrachten wir das Sankt-Petersburg-Paradoxon. Angenommen einem Entscheider wird die folgende Lotterie offeriert: Eine faire Münze wird solange geworfen bis sie das erste Mal Kopf zeigt. Zeigt die Münze beim k-ten Wurf Kopf, so erhält der Entscheider die Auszahlung 2^{k-1} Geldeinheiten. Der Erwartungswert dieser Lotterie ist $\frac{1}{2} \cdot 1 + \frac{1}{4} \cdot 2 + \frac{1}{8} \cdot 4 + \ldots = \infty$.

Angenommen wir würden die Theorie vertreten, dass Entscheider Lotterien anhand ihres Erwartungswertes bewerten. Dann müssten wir davon ausgehen, dass ein Entscheider jede beliebige Summe zahlen würde, um an der Sankt-Petersburg-Lotterie teilnehmen zu können. Und das obwohl die Wahrscheinlichkeit, mehr als 16 Geldeinheiten zu gewinnen, weniger als 4 % beträgt!

Dieses Beispiel zeigt, dass die erste Intuition, menschliches Handeln bei Risiko derart zu modellieren, dass der Entscheider Lotterien anhand ihres Erwartungswertes bewertet, nicht trägt. Bereits Daniel Bernoulli hat vor diesem Hintergrund die Idee formuliert, dass Entscheider Lotterien nicht anhand ihres Erwartungswertes, sondern anhand ihres Erwartungsnutzens bewerten. Die Vorstellung ist, dass ein Akteur eine Nutzenfunktion auf den Preisen einer Lotterie hat. Angenommen die Nutzenfunktion für Geld ist gerade $u(x) = \sqrt{x}$. Man kann mit etwas Aufwand nachrechnen, dass dann der Erwartungsnutzen der Lotterie ungefähr $1,7$ beträgt, d. h. ein Entscheider mit derartiger Nutzenfunktion würde nicht mehr als $1,7^2 \approx 2,89$ Geldeinheiten für die Teilnahme bezahlen.

Es stellt sich nun die Frage, welche Art von Entscheidungsverhalten bei Risiko sich mit der Vorstellung vereinbaren lässt, dass Entscheider Lotterien anhand ihres Erwartungsnutzens bewerten. Die Antwort auf diese Frage gibt das von Neumann-Morgenstern-Theorem in der kardinalen Nutzentheorie.

Definition 10. Es sei X eine endliche und nichtleere Menge von Konsequenzen. Eine *Lotterie* ist eine diskrete Wahrscheinlichkeitsverteilung auf X, d. h. eine Abbildung $l : X \to [0,1]$ mit $\sum_{x \in X} l(x) = 1$. Die Menge der Lotterien auf X sei L.

In der kardinalen Nutzentheorie liegt das Augenmerk auf folgender Frage: Angenommen wir haben eine Präferenzrelation $\succeq$ auf L. Unter welchen Bedingungen nimmt eine Nutzenfunktion $v : L \to \mathbb{R}$, die $\geq$ repräsentiert, die spezielle Form an, dass es eine Abbildung $u : X \to \mathbb{R}$ gibt, so dass $v(l) = \sum_{x \in X} l(x) u(x)$ für alle $l \in L$ gilt?

Um die Frage zu beantworten, müssen wir das Konzept einer komplexen Lotterie einführen. Eine Lotterie heißt komplex, wenn sie nicht Elemente aus X, sondern Lotterien als Preise hat.

Definition 11. Eine *komplexe Lotterie* ist ein Tupel $[\alpha_1, \dots, \alpha_k; l_1, \dots, l_k]$ mit $k \in \mathbb{N}$, $\alpha_1, \dots, \alpha_k \in [0,1]$ und $\sum_{i=1}^{k} \alpha_i = 1$ sowie $l_1, \dots, l_k \in L$.

Die Interpretation einer komplexen Lotterie $[\alpha_1, \dots, \alpha_k; l_1, \dots, l_k]$ ist, dass der Entscheider mit Wahrscheinlichkeit α_i die Lotterie l_i erhält. Jeder komplexen Lotterie lässt sich eindeutig eine elementare Lotterie zuordnen. Und zwar sei für $[\alpha_1, \dots, \alpha_k; l_1, \dots, l_k]$ die elementare Lotterie $\sum_{j=1}^{k} \alpha_j l_j$ definiert durch $\left(\sum_{j=1}^{k} \alpha_j l_j \right)(x) = \sum_{j=1}^{k} \alpha_j l_j(x)$ für alle $x \in X$.

Beispiel 7. Es sei $X = \{a, b, c\}$ und $l_1 = \left(\frac{1}{2}, 0, \frac{1}{2} \right)$, d. h. $l_1(a) = \frac{1}{2}$, $l_2(b) = 0$ und $l_3(c) = \frac{1}{2}$, sowie $l_2 = \left(\frac{1}{4}, \frac{1}{2}, \frac{1}{4} \right)$. Als komplexe Lotterie betrachten wir $\left[\frac{1}{2}, \frac{1}{2}; l_1, l_2 \right]$. Dann ist $\left(\frac{1}{2} l_1 + \frac{1}{2} l_2 \right)(a) = \frac{1}{2} \cdot \frac{1}{2} + \frac{1}{2} \cdot \frac{1}{4} = \frac{3}{8}$, $\left(\frac{1}{2} l_1 + \frac{1}{2} l_2 \right)(b) = \frac{1}{2} \cdot 0 + \frac{1}{2} \cdot \frac{1}{2} = \frac{1}{4}$ und $\left(\frac{1}{2} l_1 + \frac{1}{2} l_2 \right)(c) = \frac{1}{2} \cdot \frac{1}{2} + \frac{1}{2} \cdot \frac{1}{4} = \frac{3}{8}$ (vgl. Abbildung II.1.3).

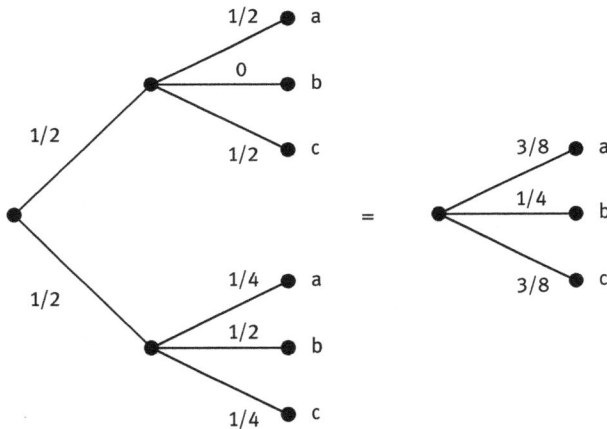

Abbildung II.1.3: Komplexe und einfache Lotterien.

Es wird sich zeigen, dass eine Präferenzrelation auf L neben der Stetigkeit noch die folgende Eigenschaft aufweisen muss, damit sie vermöge der Vorstellung, Entscheider bewerten Lotterien anhand ihres Erwartungsnutzens, darstellbar ist:

Definition 12. Eine Präferenzrelation $\geq$ auf L erfüllt die Eigenschaft *Independence of Irrelevant Alternatives (IIA-C)*, wenn für alle $p, q, r \in L$ und jedes $\alpha \in (0, 1]$ gilt: $p \geq q \Leftrightarrow \alpha p + (1 - \alpha) r \geq \alpha q + (1 - \alpha) r$.

Die Interpretation dieser Eigenschaft ist einfach (vgl. Abbildung II.1.4): Die beiden komplexen Lotterien $\alpha p + (1-\alpha)r$ und $\alpha q + (1-\alpha)r$ unterscheiden sich nur in der „Komponente" p bzw. q. Also sollte die Präferenz des Entscheiders zwischen p und q der Präferenz zwischen den Lotterien $\alpha p + (1-\alpha)r$ und $\alpha q + (1-\alpha)r$ gleichen.

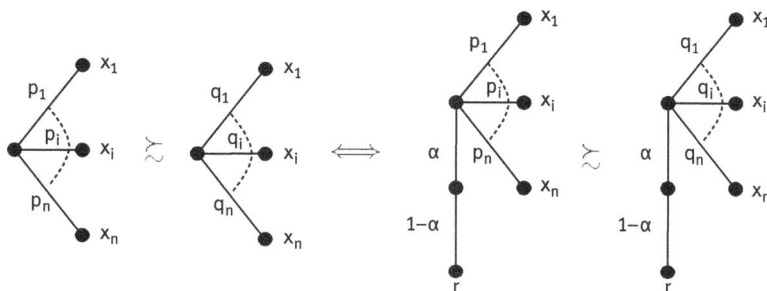

Abbildung II.1.4: Independence of Irrelevant Alternatives (*IIA-C*).

Wir sind nun in der Lage, das sogenannte von Neumann-Morgenstern-Theorem zu formulieren.

Satz 7. Eine stetige Präferenzrelation $\geq$ auf L erfüllt genau dann *IIA-C*, wenn es eine Abbildung $u : X \to \mathbb{R}$ gibt, so dass für alle $p, q \in L$ gilt: $p \geq q \Leftrightarrow \sum_{x \in X} p(x)u(x) \geq \sum_{x \in X} q(x)u(x)$.

Der Beweis ist technisch etwas involvierter, sodass wir uns hier auf die Grundidee beschränken müssen. Ordnen wir zunächst gedanklich die Konsequenzen von der besten zur schlechtesten, d. h. $x_1 \geq x_2 \geq \ldots \geq x_n$. Es lässt sich zeigen, dass die Stetigkeit von $\geq$ eine zentrale Implikation hat: Für jede Konsequenz $x_i \in X$ existiert ein eindeutiges $\alpha_i \in [0,1]$, so dass der Entscheider indifferent zwischen dem sicheren Erhalt von x_i und der Lotterie $\alpha_i x_1 + (1-\alpha_i)x_n$ ist. Die Idee ist nun, eine Lotterie $l \in L$ schrittweise in eine komplexe Lotterie zu überführen, in der nur noch die beste und die schlechteste Konsequenz eine positive Wahrscheinlichkeit haben (vgl. Abbildung II.1.5). Dass die transformierte Lotterie dabei jeweils indifferent zur ursprünglichen Lotterie ist, folgt aus wiederholter Anwendung von *IIA-C*. Die resultierende komplexe Lotterie ist identisch zu der einfachen Lotterie, in der die Konsequenz x_1 mit Wahrscheinlichkeit $\sum_{i=1}^{n} l(x_i)\alpha_i$ und die Konsequenz x_n mit der Wahrscheinlichkeit $\sum_{i=1}^{n} l(x_i)(1-\alpha_i)$ resultieren. Schließlich impliziert wiederum *IIA-C*, dass der Entscheider eine Lotterie $p \in L$ gegenüber einer Lotterie $q \in L$ genau dann vorzieht, wenn $\sum_{i=1}^{n} p(x_i)\alpha_i \geq \sum_{i=1}^{n} q(x_i)\alpha_i$. Das bedeutet unter anderem auch: Die Zahlen $\alpha_1, \ldots, \alpha_n$ stellen bereits die gesuchte Abbildung $u : X \to \mathbb{R}$ dar.

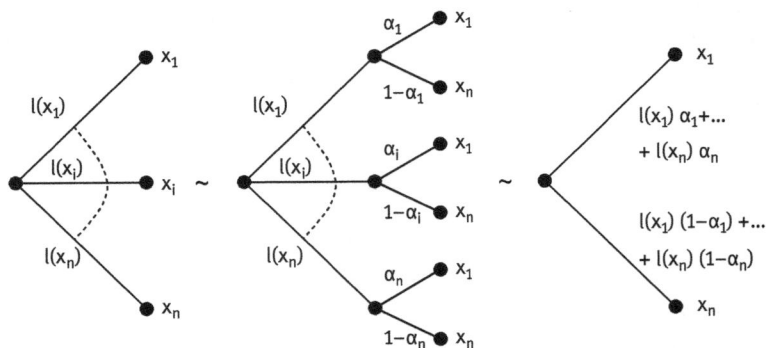

Abbildung II.1.5: Grundidee des von Neumann-Morgenstern-Theorems.

Die im Satz genannte Abbildung u nennt man eine von Neumann-Morgenstern-Nutzenfunktion (VNM-Nutzenfunktion) für $\geq$ auf L. Wir nennen $Eu : L \to \mathbb{R}$, $l \mapsto \sum_{x \in X} l(x)u(x)$ die zugehörige Erwartungsnutzenfunktion auf Lotterien. Es zeigt sich, dass eine VNM-Nutzenfunktion ein höheres Skalenniveau als eine ordinale Nutzenfunktion hat.

Beispiel 8. Betrachten wir die zwei Lotterien $l_1 = \left[\frac{1}{2}, \frac{1}{2}; 0, 8\right]$ und $l_2 = [1; 5]$. Angenommen, die VNM-Nutzenfunktion ist $u(x) = x$. Dann gilt $Eu(l_1) = \frac{1}{2} \cdot 0 + \frac{1}{2} \cdot 8 = 4$ und $Eu(l_2) = 5$, d. h. der Akteur würde sich für die zweite Lotterie entscheiden. Hätte eine VNM-Nutzenfunktion lediglich ordinales Niveau, dann wäre die Transformation $v(x) = (u(x))^2 = x^2$ zulässig. Unter dieser Nutzenfunktion würden sich aber die Erwartungsnutzenwerte $Eu(l_1) = \frac{1}{2} \cdot 0 + \frac{1}{2} \cdot 64 = 32$ und $Eu(l_2) = 25$ ergeben, d. h. der Entscheider würde sich für die erste Lotterie entscheiden.

Das Beispiel zeigt, dass die Darstellung einer Präferenzrelation auf Lotterien über den Erwartungsnutzen voraussetzt, dass eine VNM-Nutzenfunktion ein höheres Skalenniveau als eine ordinale Nutzenfunktion aufweisen muss. Tatsächlich ist eine VNM-Nutzenfunktion eindeutig bis auf positiv-affine Transformationen.

Satz 8. Ist u eine VNM-Nutzenfunktion für $\geq$ auf L und sind $\alpha, \beta \in \mathbb{R}$ mit $\beta > 0$, dann ist auch $v = \alpha + \beta u$ eine VNM-Nutzenfunktion für $\geq$ auf L.

Die Behauptung lässt sich leicht nachrechnen. Seien $p, q \in L$ beliebig. Unter den Voraussetzungen von Satz 8 gilt

$$\sum_{x \in X} p(x)[\alpha + \beta \cdot u(x)] \geq \sum_{x \in X} q(x)[\alpha + \beta \cdot u(x)] \Leftrightarrow$$

$$\alpha \sum_{x \in X} p(x) + \beta \sum_{x \in X} p(x)u(x) \geq \alpha \sum_{x \in X} q(x) + \beta \sum_{x \in X} q(x)u(x) \Leftrightarrow$$

$$\sum_{x \in X} p(x)u(x) \geq \sum_{x \in X} q(x)u(x).$$

Tatsächlich lässt sich Satz 8 verschärfen: Sind u und v zwei VNM-Nutzenfunktionen für $\geq$ auf L, dann lässt sich stets v als positiv-affine Transformation von u darstellen. Eine VNM-Nutzenfunktion ist also eindeutig bis auf positiv-affine Transformationen. Man beachte, dass die Erwartungsnutzenfunktion eines Entscheiders eindeutig bis auf monoton wachsende Transformationen ist (vgl. Satz 4). Eine VNM-Nutzenfunktion auf Konsequenzen, welche eindeutig bis auf positiv-affine Transformationen ist, induziert also eine Nutzenfunktion auf Lotterien, welche eindeutig bis auf monoton wachsende Transformationen ist.

Eine Konsequenz des höheren Skalenniveaus einer VNM-Nutzenfunktion ist, dass Nutzendifferenzen interpretierbar sind. Seien $a, b, c, d \in X$ und u eine von VNM-Nutzenfunktion auf X, so dass $u(a) - u(b) = u(c) - u(d)$. Es ist $(\alpha + \beta u(a)) - (\alpha + \beta u(b)) = (\alpha + \beta u(c)) - (\alpha + \beta u(d))$, d. h. in diesem Sinne bleiben Nutzendifferenzen zwischen äquivalenten VNM-Nutzenfunktionen gewahrt. Quotienten zwischen Nutzenwerten sind hingegen nach wie vor nicht sinnvoll interpretierbar.

Wie angedeutet, enthält der Beweis von Satz 7 eine Messtheorie für VNM-Nutzenfunktionen. Angenommen wir möchten die VNM-Nutzenfunktion eines Entscheiders auf den Geldbeträgen $\{0, 1, 5, 10\}$ messen. Aufgrund des Skalenniveaus der VNM-Nutzenfunktion können wir $u(0) = 0$ und $u(10) = 1$ setzen. Wie beschrieben existiert eine eindeutig bestimmte Wahrscheinlichkeit α_5, so dass der Entscheider indifferent ist zwischen dem sicheren Erhalt von 5 Geldeinheiten und einer Lotterie, in der er mit Wahrscheinlichkeit α_5 die Auszahlung 10 und mit Wahrscheinlichkeit $1 - \alpha_5$ die Auszahlung 0 erhält. Diese Wahrscheinlichkeit kann entweder direkt erfragt oder durch wiederholte Entscheidungen zwischen der sicheren Auszahlung 5 und Lotterien der Form $[\alpha, 1 - \alpha; 10, 0]$ bei variierendem α eingegrenzt werden.

Man kann das von Neumann-Morgenstern-Theorem (Satz 7) auch auf den Fall einer nichtendlichen Menge von Konsequenzen verallgemeinern (vgl. Kreps 1988). In Anwendungen spielt vor allem der Fall eine Rolle, in dem die Konsequenzen durch Geldbeträge gegeben sind, d. h. $X = \mathbb{R}$ und Lotterien aus der Menge $L_{\mathbb{R}}$ betrachtet werden, die nur endlich vielen Elementen von X eine positive Wahrscheinlichkeit zusprechen. Der Erwartungswert einer derartigen Lotterie $l \in L_{\mathbb{R}}$ ist dann definiert mit $E(l) = \sum_{x \in Z_l} l(x)x$, wobei Z_l die Teilmenge der Konsequenzen ist, denen l positive Wahrscheinlichkeit zuordnet.

Definition 13. Eine Präferenzrelation $\succsim$ auf $L_\mathbb{R}$ heißt *risikoavers*, wenn für alle $l \in L_\mathbb{R}$ mit $|Z_l| \geq 2$ gilt $E(l) \succ l$.

Analog sind die Begriffe risikoneutral ($E(l){\sim}l$) und risikofreudig ($E(l) \prec l$) definiert. Ein risikoneutraler Entscheider ist demnach indifferent zwischen der sicheren Auszahlung des Erwartungswertes einer Lotterie und dem Erhalt der Lotterie. Ein risikoaverser Entscheider zieht hingegen den Erwartungswert vor, während ein risikofreudiger Entscheider die Lotterie präferiert.

Satz 9. Sei $\succsim$ eine Präferenzrelation auf $L_\mathbb{R}$ und u eine zugehörige VNM-Nutzenfunktion auf $\mathbb{R}$. $\succsim$ ist genau dann risikoavers, wenn u streng konkav ist.

Entsprechend ist die VNM-Nutzenfunktion streng konvex im Falle der Risikofreude und linear, wenn Risikoneutralität vorliegt. Der Beweis für Satz 9 ist eher technisch und es bietet sich im Rahmen dieses Kapitels nicht an, näher darauf einzugehen.

Beispiel 9. Betrachten wir die Lotterie $l \in L_\mathbb{R}$ mit $l(1) = 2/3$ und $l(4) = 1/3$. Der Erwartungswert dieser Lotterie ist $E(l) = 2$. In Abbildung II.1.6 sind drei VNM-Nutzenfunktionen eingezeichnet. Die streng konkave Abbildung zeigt Risikoaversion an; entsprechend ist der Erwartungsnutzen der Lotterie $Eu(l)$ kleiner als der Nutzen des Erwartungswerts $u(E(l))$. Die lineare Abbildung bildet risikoneutrales Verhalten ab, weshalb $E(l) = u(E(l))$ gilt. Schließlich wird Risikofreude von der streng konvexen Abbildung dargestellt, wobei $Eu(l) > u(E(l))$ vorliegt.

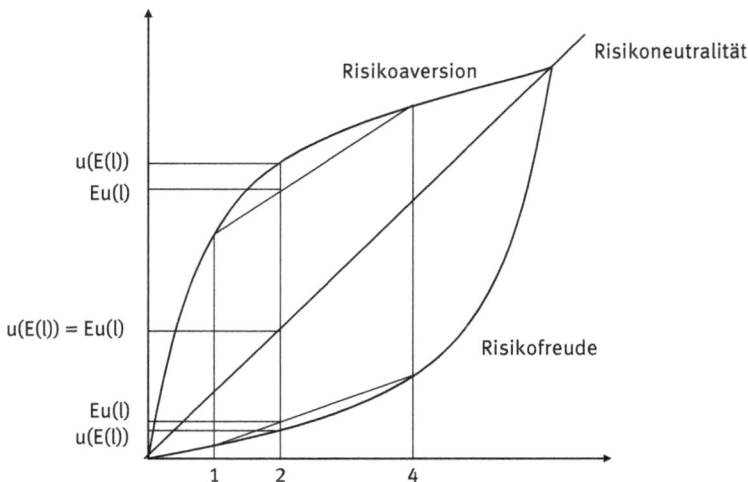

Abbildung II.1.6: Risikopräferenzen.

Dies sind die Grundzüge der kardinalen Nutzentheorie. Die zugrundeliegende Idee dabei ist, die Struktur der Menge der Lotterien auszubeuten, um eine Nutzenfunktion auf Lotterien zu etablieren, die das Prinzip der Erwartungswertbildung honoriert. Die ordinale Nutzentheorie garantiert die Existenz einer Nutzenfunktion auf Lotterien, sofern die zugrundliegende Präferenzrelation stetig ist. Fordert man zusätzlich, dass die Präferenzrelation konvexe Mischungen von Lotterien konsistent im Sinne von *IIA-C* bewertet, resultiert die Darstellbarkeit von Entscheidungsverhalten bei Risiko vermöge des Erwartungsnutzens. Je stärker die Annahmen hinsichtlich der zugrundeliegenden Präferenzrelation sind, desto eher können sie von realen Akteuren verletzt werden. Deshalb ist die kardinale Nutzentheorie viel anfälliger gegenüber empirischen Anomalien als die Präferenz- und ordinale Nutzentheorie.

Das von Neumann-Morgenstern-Theorem beschäftigt sich mit Entscheidungen bei Risiko, d. h. objektiv gegebenen Wahrscheinlichkeiten. In vielen Anwendungen hat man es aber mit Entscheidungen bei Unsicherheit zu tun, in denen keine im Sinne einer frequentistischen Perspektive objektiven Wahrscheinlichkeiten vorliegen. Es ist beispielsweise objektiv, dass die Wahrscheinlichkeit dafür, dass beim Wurf einer fairen Münze Kopf fällt, gerade $1/2$ beträgt. Es gibt aber keine derart objektive Wahrscheinlichkeit dafür, dass in einem Pferderennen ein gewisses Rennpferd als erstes durchs Ziel geht.

Die kardinale Nutzentheorie hat eine Fortsetzung auf Entscheidungen bei Unsicherheit, die auf ähnliche Repräsentationsaussagen wie Satz 7 abzielt, aber technisch viel aufwendiger ist. Die *Subjective Expected Utility* Theorie (SEU-Theorie) von Leonard Savage (1954) ist der bei weitem wichtigste Beitrag auf diesem Feld. Es sei X die Menge der Konsequenzen und S die Menge der *States of Nature* (Zustände der Natur). Die Menge S dient dazu, die Unsicherheit des Entscheiders zu modellieren. Ex ante weiß der Entscheider nicht, welcher Zustand der Natur der Fall ist. Bei Realisierung eines gewissen Elements von S wird jede Unsicherheit beseitigt. Die Zustände der Natur müssen exhaustiv und disjunkt sein, d. h. irgendein Zustand in S muss sich realisieren und die Realisation eines der Zustände schließt die anderen Zustände aus. Eine Handlung a wird in diesem Formalismus als Abbildung von den Zuständen der Natur in die Menge der Konsequenzen aufgefasst, d. h. $a : S \rightarrow X$. Der Entscheider hat eine Präferenzrelation auf der Menge der Handlungen A.

Beispiel 10. Angenommen, wir möchten die Entscheidung am Morgen einen Regenschirm mitzunehmen modellieren. Es gibt zwei Zustände der Natur $S = \{\text{Regen}, \text{kein Regen}\}$ und vier Konsequenzen $X = \{(\text{Schirm}, \text{Regen}), (\text{kein Schirm}, \text{Regen}), (\text{Schirm}, \text{kein Regen}), (\text{kein Schirm}, \text{kein Regen})\}$. Die Handlung „Schirm" entspricht der Abbildung Regen $\mapsto$ (Schirm, Regen) und kein

Regen ↦ (Schirm, kein Regen). Analog stellt die Abbildung Regen ↦ (kein Schirm, Regen) und kein Regen ↦ (kein Schirm, kein Regen) die Alternative „kein Schirm" dar.

Savage stellt sich nun die Frage, welchen Anforderungen Präferenzen auf A genügen müssen, damit sich das Entscheidungsverhalten des Akteurs so darstellen lässt, als ob er eine VNM-Nutzenfunktion auf X und subjektive Wahrscheinlichkeiten $p : S \to [0,1]$ mit $\sum_{s \in S} p(s) = 1$ besitzt und stets diejenige Handlung $a \in A$ wählt, die seinen Erwartungsnutzen

$$u(a) = \sum_{s \in S} p(s)u(a(s))$$

maximiert.

Es ist klar, dass nur sehr spezielle Präferenzen eine derartige Darstellung zulassen. Denn diese Präferenzen müssen ausreichend konsistent sein, um beides, subjektive Wahrscheinlichkeiten und subjektiven Nutzen, fundieren zu können. Der Beweis des Theorems enthält entsprechend auch eine Messtheorie für subjektive Wahrscheinlichkeiten.

Die Darstellung der SEU-Theorie geht weit über das technische Niveau, auf das diese Abhandlung abzielt, hinaus. An dieser Stelle möchten wir nun die wichtigste zusätzliche Konsistenzeigenschaft darstellen, die bei der Behandlung von subjektiven Wahrscheinlichkeiten eine Rolle spielt.

Betrachten wir zwei Paare von Handlungen, $a, b \in A$ und $a', b' \in A$. Angenommen sowohl a und b als auch a' und b' sind jeweils identisch auf $R \subseteq S$, d. h. $a(r) = b(r)$ und $a'(r) = b'(r)$ für alle $r \in R$. Sind ferner a und a' identisch auf S/R und b und b' identisch auf S/R, dann impliziert $a \succ b$ bereits $a' \succ b'$. Dies ist das sogenannte *Sure Thing Principle* (STP). Dieses Prinzip ähnelt *IIA-C*, denn auch hier wird im Kern gefordert, dass Alternativen ausschließlich anhand ihrer Unterschiede und nicht anhand ihrer Gemeinsamkeiten bewertet werden. Sowohl die Präferenz zwischen a und b als auch die Präferenz zwischen a' und b' kann nur durch ihre Unterschiede, d. h. durch die unterschiedlichen Konsequenzen, die mit Zuständen der Natur aus S/R verknüpft sind, bedingt sein. Aber wenn a und a' sowie b und b' jeweils identisch auf S/R sind, dann muss die Präferenz zwischen dem einen Paar der Präferenz zwischen dem anderen Paar gleichen.

II.1.6 Methodologische Anmerkungen

In diesem Kapitel wurden die Grundzüge der Entscheidungstheorie dargelegt. Es wurde deutlich, dass der RCT ein formeller Rationalitätsbegriff zugrunde liegt: Jedes Verhalten, das ausreichend konsistent ist, um durch gewisse formale Kalküle wie etwa Präferenzrelationen, Nutzenfunktionen oder Erwartungsnutzenfunktionen dargestellt zu werden, ist rational. Je nach Kalkül unterscheiden sich die Konsistenzbedingungen an rationales Handeln. Konsistenz im Sinne von *WARP* macht den harten Kern der RCT aus, da in allen Analysen der RCT mit Präferenzrelationen gearbeitet wird. Entscheidungsprozeduren, die nicht bzw. nicht nur auf Präferenzrelationen rekurrieren, sind Gegenstand der Theorien der begrenzten Rationalität (vgl. Kapitel II.4). Deshalb versteht man in der modernen Entscheidungstheorie unter dem Begriff des *homo oeconomicus* typischerweise einen Akteur, dessen Verhalten konsistent im Sinne von *WARP* ist (vgl. Rubinstein 1998). Die Darstellung von Präferenzen mithilfe von Nutzenfunktionen setzt im Allgemeinen voraus, dass Präferenzrelationen nicht nur vollständig und transitiv, sondern auch stetig sind; darüber hinaus verleiten Nutzenfunktionen aufgrund eines Überflusses an scheinbaren Informationen zu Aussagen, die handlungstheoretisch problematisch sind. Entscheidungen bei Risiko und Unsicherheit werden in der RCT in der Regel vermöge einer Erwartungsnutzenfunktion modelliert. Dies setzt deutlich verschärfte Bedingungen an die Konsistenz des Verhaltens, etwa in Form von *IIA-C* und *STP*, voraus. In Kapitel II.2 wird unter anderem aufgezeigt werden, dass bei der Modellierung sozialer Interaktion mithilfe der nichtkooperativen Spieltheorie weitere Anforderungen an die Rationalität der Akteure und insbesondere auch an ihr Wissen über die Rationalität der anderen Akteure gestellt werden müssen.

Folgt aus der Position, dass der RCT lediglich ein formaler und kein substantieller (etwa ein instrumenteller) Rationalitätsbegriff zugrunde liegt, dass die Theorie empirisch leer ist? Und wie lässt sich der Formalismus nutzen, um sozialwissenschaftliche Theorien und testbare empirische Hypothesen zu konstruieren?

Es sind drei Arten von empirischen Implikationen der Entscheidungstheorie vorstellbar. Zum einen kann der Entscheidungstheoretiker den konkreten Inhalt der theoretischen Konstrukte ex ante spezifizieren. In etwa könnte man davon ausgehen, dass ein rationaler Entscheider materialistische und egoistische Präferenzen besitzt. Dies ist eine ex-ante-Spezifikation qua Annahme. Oder es ließe sich versuchen, die nicht direkt beobachtbaren theoretischen Konstrukte zu operationalisieren und zu messen. In etwa könnte man versuchen, VNM-Nutzenfunktionen und subjektive Wahrscheinlichkeiten auf Ereignissen im Labor oder auch in Surveys zu messen. Dies stellt eine ex-ante-Spezifikation qua Messung dar. In diesen Fällen der Spezifikation der mentalen

Konstrukte würde die Entscheidungstheorie spezifische Handlungsweisen vorhersagen. Beobachtet man dann beispielsweise, dass ein materieller Egoist in einem Diktatorspiel einen positiven Betrag an den Empfänger abgibt, so ist das Konglomerat aus Entscheidungstheorie und dieser speziellen ex-ante-Spezifikation falsifiziert. Ein guter Teil der sozialwissenschaftlichen Forschung auf Grundlage der RCT geht genauso vor; im Zentrum steht dabei weniger ein empirischer Test des Formalismus selbst, sondern die Debatten drehen sich darum, ob die ex-ante-Spezifikationen ausreichend gut zu den empirisch beobachtbaren Handlungen passen. Ein Beispiel: Das Breen/Goldthorpe-Modell ist ein elementares entscheidungstheoretisches Modell, um systematische Unterschiede zwischen sozialen Klassen hinsichtlich Bildungsentscheidungen zu erklären (Breen & Goldthorpe 1997; Tutić 2017). Das Modell geht davon aus, dass sich soziale Klassen in ihren Präferenzen unterscheiden (sogenannte „relative Risikoaversion"). Viele empirische Studien in der Bildungssoziologie stellen sich nun die Frage, wieviel Varianz in den beobachteten Bildungsentscheidungen sich über Varianz in den gemessenen Präferenzen erklären lässt (Stocké 2007; Gabay-Egozi et al. 2010). Die Kapitel im dritten Teil dieses Buches werden eine Vielzahl von sozialwissenschaftlich höchst relevanten Anwendungen der RCT behandeln, die der Logik der ersten Art empirischer Evidenzen der RCT folgen.

Da die Entscheidungstheorie sehr klar und präzise formuliert ist, weist sie eine zweite Art empirischer Implikationen auf, die ohne ex-ante-Spezifikation der mentalen Konstrukte auskommt. So kann man natürlich die Konsistenzbedingungen an rationales Handeln – etwa *WARP, IIA-O, IIA-C, STP* – per se testen. In Kapitel IV.1 werden wir sehen, dass derartige Konsistenzbedingungen systematisch verletzt werden; man spricht von *Anomalien der RCT*. Diese weisen darauf hin, dass die Formalismen nicht geeignet sind, die ganze Bandbreite menschlichen Handelns abzubilden, und wirft die Frage auf, ob die RCT nicht grundlegend modifiziert werden müsste. Die Theorien begrenzter Rationalität (vgl. Kapitel II.4) und die neue soziologische Handlungstheorie (vgl. Kapitel IV.2) stellen Versuche in diese Richtung dar.

Die ersten beiden Arten empirischer Implikationen beziehen sich auf die direkt beobachtbare Beziehung von objektiver Handlungssituation und ausgeführter Handlung. Einer *instrumentalistischen* Auffassung von Handlungstheorie zufolge kommt es lediglich auf diese direkt beobachtbare Beziehung, also den explanativen Gehalt von Handlungstheorien an. Demgegenüber steht eine *realistische* Interpretation von Handlungstheorien, die sich zusätzlich für die Frage interessiert, inwieweit der reale Entscheidungsprozess von handlungstheoretischen Annahmen bezüglich theoretischer Konstrukte und Entscheidungsregeln abgebildet wird. Für Vertreter einer realistischen Auffassung ist eine dritte Art empirischer Evidenzen relevant, nämlich Hinweise auf den deskriptiven Gehalt einer Handlungstheorie. Derartige Evidenzen können etwa durch bildgebende Verfahren der Neurowissenschaften verschafft werden. Vertreter der orthodoxen RCT haben stets zu einer instrumentalistischen Auffassung der Entscheidungstheorie tendiert – sicherlich, weil der deskriptive Gehalt der Theorie augenscheinlich eher gering ist. Vor dem Hintergrund der systematischen Anomalien der RCT und der Bemühungen, sie zu reformieren, lässt sich allerdings ein Trend zu einer stärker realistischen Auffassung von Handlungstheorie ausmachen und entsprechend werden Evidenzen der dritten Art für die RCT immer bedeutsamer.

Literatur

Breen, R. & J. Goldthorpe, 1997: Explaining Educational Differentials: Towards a Formal Rational Action Theory. Rationality and Society 9: 275–305.

Debreu, G., 1954: Representation of a Preference Ordering by a Numerical Function. S. 159–165 in: R. Thrall, C. Commbs & R. Ravis (Hrsg.), Decision Processes. Oxford: Wiley.

Fehr, E. & K.M. Schmidt, 1999: A Theory of Fairness, Competition, and Cooperation. Quarterly Journal of Economics 114: 817–868.

Gabay-Egozi, L., Y. Shavit & M. Yaish, 2010: Curricular Choice: A Test of a Rational Choice Model of Education. European Sociological Review 26: 447–463.

Gintis, H., 2017: Individuality and Entanglement: The Moral and Material Bases of Social Life. Princeton: Princeton University Press.

Kreps, D.M., 1988: Notes on the Theory of Choice. Boulder: Westview Press.

Münch, R., 2004: Soziologische Theorie. Band 2: Handlungstheorie. Frankfurt a. M.: Campus.

Parsons, T., 1937: The Structure of Social Action. A Study in Social Theory with Special Reference to a Group of Recent European Writers. New York: Free Press.

Rubinstein, A., 1998: Modeling Bounded Rationality. Cambridge: MIT Press.

Rubinstein, A., 2017: Lecture Notes in Microeconomic Theory. Princeton: Princeton University Press.

Samuelson, P. A., 1938: A Note on the Pure Theory of Consumers' Behavior. Econometrica 5: 61–71.

Savage, L.J., 1954: The Foundations of Statistics. New York: Dover.

Schneider, W.L., 2009: Grundlagen der soziologischen Theorie. Band 2: Garfinkel – RC – Habermas – Luhmann. 3. Aufl., Wiesbaden: VS Verlag.

Stocké, V., 2007: Explaining Educational Decision and Effects of Families' Social Class Position: An Empirical Test of the Breen-Goldthorpe Model of Educational Attainment. European Sociological Review 23: 505–519.

Tutić, A., 2017: Revisiting the Breen-Goldthorpe Model of Educational Stratification. Rationality and Society 29: 289–407.

Voss, T., 1985: Rationale Akteure und soziale Institutionen. Beitrag zu einer endogenen Theorie sozialen Tauschs. München: Oldenbourg.

Weber, M., [1921] 1972: Wirtschaft und Gesellschaft. Tübingen: Mohr.

Heinrich H. Nax und Bary S. R. Pradelski

II.2 Nichtkooperative Spieltheorie

II.2.1 Ursprünge

Die Spieltheorie ist eine mathematische Sprache zur Formalisierung von interaktiven Entscheidungssituationen. Im Unterschied zur (herkömmlichen) Entscheidungstheorie, die Situationen beschreibt, in denen ein einzelnes Individuum sich zwischen verschiedenen Lotterien entscheidet, gibt es in der Spieltheorie in der Regel Interaktionen zwischen den Entscheidungen mehrerer Entscheidungsträger, so dass der Nutzen des Einzelnen (im Sinne des individuellen „von Neumann-Morgenstern-Nutzens" – vgl. Kapitel II.1 zur Entscheidungstheorie) nicht nur von den Lotterien und den eigenen Entscheidungen, sondern auch von den Entscheidungen der anderen Entscheidungsträger abhängt. Der spieltheoretische Ansatz hat revolutionären Einfluss auf die Entwicklung der Biologie und Sozialwissenschaften genommen, insbesondere in der Wirtschaftsforschung, was dadurch belegt ist, dass bis heute 13 Spieltheoretiker den Wirtschaftsnobelpreis gewonnen haben, unter ihnen auch der in Deutschland geborene Robert Aumann und der bisher einzige deutsche Preisträger Reinhard Selten.

Der Begriff Spieltheorie („game theory") geht auf die 1928 und 1944 erschienenen Bücher „Zur Theorie der Gesellschaftsspiele" (John von Neumann) und „Theory of Games and Economic Behavior" (John von Neumann & Oskar Morgenstern) zurück. In diesen beiden Büchern werden hauptsächlich Grundlagen der Spieltheorie sowie wirtschaftliche Anwendungen der Spieltheorie behandelt, aber es werden auch illustrative Beispiele diskutiert, die auf der Analyse von Gesellschaftsspielen (wie Schach oder Poker) basieren. Das 1944 erschienene Werk von John von Neumann und Oskar Morgenstern wird gerne

---

Anmerkung: Es ist unmöglich der nichtkooperativen Spieltheorie in einem Kapitel gerecht zu werden. Ziel dieses Kapitels ist es daher, nur einige (wenige) zentrale Konzepte der Spieltheorie zu erläutern und diese zu nutzen, um einige der Rational-Choice- bzw. entscheidungstheoretischen Grundlagen der nichtkooperativen Spieltheorie zu diskutieren. Dieses Kapitel ist aus dem Kurs „Introduction to Game Theory" entstanden, den die Autoren in den Jahren 2017 und 2018 gemeinsam an der ETH Zürich unterrichteten. Die Autoren danken den Studenten, insbesondere Simon Jantschgi, für Kommentare. Mehr Informationen zu diesem Kurs und anderen Ressourcen rundum Spieltheorie sind auf www.gametheory.online zu finden. Für einen tieferen Einblick in die nichtkooperative Spieltheorie verweisen wir den interessierten Leser auf eines der vielen Lehrbücher, die sich ausschließlich mit nichtkooperativer Spieltheorie befassen, wie etwa das Buch von Osborne & Rubinstein (1994).

https://doi.org/10.1515/9783110673616-005

als Beginn der modernen Spieltheorie bezeichnet wird. Es ist jedoch anzumerken, dass es bereits vorher, sogar schon im 19. Jahrhundert, einige spieltheoretische Abhandlungen ökonomischer Entscheidungssituationen gab, wie etwa 1838 das Oligopolmodell von Antoine Augustin Cournot.

Der Begriff Spieltheorie umfasst grob gesagt zwei Spielarten (Kategorien): die kooperative und die nichtkooperative Spieltheorie. In diesem Kapitel befassen wir uns mit der nichtkooperativen Spieltheorie, die wir in diesem Kapitel kurz als Spieltheorie bezeichnen werden. Es wird angenommen, dass die individuellen Akteure in ihrem eigenen Interesse agieren, ohne dass sie verbindliche Verträge mit anderen Akteuren abschließen können. Die Folgen von verbindlichen Abkommen werden in Kapitel II.3 behandelt. Es ist jedoch anzumerken, dass der individuelle Entscheidungsträger nicht nur ein einzelnes menschliches Individuum beschreiben muss, sondern durchaus auch eine Gruppe oder andersartige Koalition von Individuen wie etwa Firmen, Staaten etc. beschreiben kann. Jedoch agieren jene in diesem Fall als ein einzelner Entscheidungsträger. Des Weiteren müssen die individuellen „utilities" keineswegs nur eigenen, das Individuum selbst betreffenden, materiellen Eigennutzen beschreiben, sondern können sich durchaus auch auf das sich ergebende Gesamtresultat (z. B. die Verteilung des materiellen Wohlstandes) beziehen (vgl. Kapitel II.4; Kapitel III.1; Kapitel III.3; Kapitel III.4), insofern das betroffene Individuum ebensolche (sozialen) Präferenzen innehat.

II.2.2 Spiele in Normalform

Es gibt zwei Repräsentationen nichtkooperativer Spiele, nämlich die extensive und normale Form. Die extensive Form enthält Informationen darüber, welcher Spieler wann handelt und welche Informationen Spieler über vorhergehende Aktionen erhalten – Schach eignet sich hier als gutes Beispiel. Hier konzentrieren wir uns auf die einfachere Normalform, die ausreicht, um Spiele zu beschreiben, in denen alle Spieler simultan entscheiden – Schere-Stein-Papier ist ein solches Spiel. Für Informationen zur extensiven Form und der Verbindungen der beiden Spielformen verweisen wir den Leser auf Bücher, die sich detailliert mit nichtkooperativer Spieltheorie befassen wie etwa Osborne & Rubinstein (1994).

Bevor wir die allgemeine Notation einführen, diskutieren wir zunächst einige Beispiele nichtkooperativer Spiele in Normalform in Worten:

Beispiel 1 (Schere-Stein-Papier). Zwei Spieler, Anna und Beate, spielen Schere-Stein-Papier: Anna gewinnt, wenn sie „Stein" spielt und Beate „Schere", oder wenn sie „Schere" spielt und Beate „Papier" etc. Wir werden die vereinfachende Annahme machen, dass sowohl Anna und Beate einfach nur gewinnen wollen, also nicht etwa versuchen so zu spielen, dass sie verlieren, weil sie sich wünschen, dass die jeweils andere gewinnt. In diesem Fall wird Anna versuchen, auf Beates „Schere" mit „Stein" zu reagieren, auf Beates „Papier" mit „Schere" und auf Beates „Stein" mit „Papier": Beate jedoch räsoniert ebenso: *Frage*: Wie sollten Anna und Beate spielen, um Ihre Gewinnchancen zu maximieren?

Beispiel 2 (Triopol). Drei identische Firmen (Firma A, Firma B und Firma C) entscheiden sich, wieviel Einheiten eines Gutes sie produzieren. Der Marktpreis des Gutes hängt (negativ) vom Gesamtangebot ab. Der individuelle Firmenprofit ist eine Funktion der verkauften und produzierten Einheiten sowie des Preises, der pro verkaufte Einheit erzielt wird. Wir werden die vereinfachende Annahme treffen, dass alle drei Firmen mit konstantem Grenznutzen nur ihren eigenen Gewinn maximieren wollen, also nicht etwa versuchen den Gewinn der anderen Firmen darüber hinaus (positiv oder negativ) zu beeinflussen. Unter dieser Annahme wird jede Firma genauso viele Einheiten produzieren, dass der ihr zufallende Gewinn maximal ist gegeben des Produktionsverhaltens der anderen Firmen. *Frage*: Wieviel sollten die Firmen jeweils produzieren? Angenommen ein Entscheidungsträger besitzt alle drei Firmen, wird er gleich entscheiden?

Nebenbei sei bemerkt, dass beide Beispiele symmetrisch in dem Sinne sind, dass alle am Spiel beteiligten Spieler dieselben Strategien spielen können, und dass die individuellen Nutzen gleichermaßen vom gesamten Strategieprofil abhängen.

Aus der Beschreibung der beiden Spiele wird deutlich, dass ein nichtkooperatives Spiel der Spezifizierung dreier Elemente bedarf: 1. Spieler, 2. Strategien und 3. Auszahlungen/Nutzen. Formal schreiben wir für die Bausteine 1, 2 und 3, die ein Spiel definieren, folgendes:

Definition 1. Ein nichtkooperatives *Spiel in Normalform* besteht aus den folgenden Komponenten:

- *Spieler*: Eine Population von $N = \{1, \ldots, n\}$ Spielern.
- *Strategien*: Für jeden Spieler i eine Strategiemenge $A_i = \{a_i^1, a_i^2, \ldots, a_i^{k_i}\}$ mit typischem Element a_i. Wir schreiben $a = (a_1, a_2, \ldots, a_n) \in \prod_{i \in N} A_i$ für ein Srategieprofil aller Spieler.

- *Nutzen*: Gegeben ein Strategieprofils $a = (a_1, a_2, \ldots, a_n) \in \prod_{i \in N} A_i$, das für jeden Spieler eine Strategie spezifiziert, gibt es eine Nutzen-Konsequenz in der Form eines von Neumann-Morgenstern-Nutzens $u: A \to R^n$.

Für unsere beiden Beispiele symmetrischer Spiele bedeutet das folgendes:

Beispiel 1 (Fortsetzung).
- *Spieler*: $N = \{Anna, \; Beate\}$.
- *Strategien*: $A_{Anna} = A_{Beate} = \{Schere, \; Stein, Papier\}$.
- *Nutzen*: Anna und Beate bekommen jeweils $+1$ bei Sieg, -1 bei Niederlage, 0 bei Unentschieden. Wer wann gewinnt, ist bekannt.

Die Normalform eines 2×3-Spieles (d. h. zwei Spieler mit je drei Strategien), wie etwa von Schere-Stein-Papier, sieht durch eine Spielmatrix zusammengefasst so aus:

		Beate		
		Schere	Stein	Papier
	Schere	0,0	−1,1	**1,−1**
Anna	Stein	**1,−1**	0,0	−1,1
	Papier	−1,1	**1,−1**	0,0

Abbildung II.2.1: Schere-Stein-Papier.

Die beiden Spielerinnen, d. h. Reihenspielerin (Anna) und Zeilenspielerin (Beate), haben je drei Aktionen (Schere, Stein, Papier). Anna gewinnt (erhält einen Nutzen von $+1$ und Beate einen von -1), verliert (erhält einen Nutzen von -1 und Beate einen von $+1$) oder das Spiel endet unentschieden (beide erhalten 0), je nachdem welche Aktion Anna und Beate jeweils wählen. Dieses Spiel ist ein Beispiel eines sogenannten Nullsummenspieles, in dem die Summe der Nutzen für jedes Strategieprofil 0 ergibt. Intuitiv beschreiben Nullsummenspiele mit zwei Spielern Interaktionen, in denen immer entweder einer der beiden Spieler gewinnt (und der andere entsprechend verliert) oder das Spiel unentschieden endet.

Beispiel 2 (Fortsetzung).
- *Spieler*: $N = \{Firma \; A, \; Firma \; B, \; Firma \; C\}$.
- *Strategien*: $q_i \in [0, M], \forall i \in N$.
- *Nutzen*: $u_i = Preis(Q) \cdot q_i - Produktionskosten(q_i)$, wobei $Q = \sum_{i \in N} q_i$, also der Preis eine Funktion der Gesamtproduktion ist. Wir nehmen an, dass Preis und Produktionskosten durch die Funktionen $Preis(Q) = P - Q$ und $Produktionskosten(q_i) = c \cdot q_i$ bestimmt werden.

II.2.3 Lösungsansätze

Als nächstes wenden wir uns nun der Frage zu, welche Art von Strategieprofilen bei Spielen (vorerst immer in Normalform) Lösungen (oder Gleichgewichte) darstellen? In der Spieltheorie sind solche Gleichgewichte Aussagen bezüglich der Strategieprofile, die gegeben des jeweiligen Lösungsansatzes Lösungen darstellen. Es gibt eine Vielzahl solcher Lösungsansätze, von denen wir hier zwei genauer beschreiben möchten, nämlich das berühmte Nash-Gleichgewicht und das Strong Equilibrium.

Nash-Gleichgewicht

Das bekannteste Lösungskonzept der Spieltheorie ist das nach John Nash benannte Nash-Gleichgewicht. In Worten beschrieben ist das Nash-Gleichgewicht ein Strategieprofil, in dem sich jeder Spieler so verhält (eine Strategie spielend), dass es gegeben dem Verhalten der restlichen Spieler keine andere Strategie gibt, die einen höheren Nutzen erzielt.

Bevor wir das Konzept des Nash-Gleichgewicht auf unsere beiden Beispiele anwenden, betrachten wir zunächst ein anderes berühmtes Spiel, denn zur Illustration des Nash-Gleichgewichts wird oft die Geschichte des sogenannten Gefangenendilemmas erzählt, welches 1950 von Merrill Flood und Melvin Dresher in etwa wie folgt formuliert wurde:

Beispiel 3 (Gefangenendilemma). Zwei Gefangene, Robbie und Priscilla, werden unabhängig voneinander gleichzeitig befragt. Für jeden gilt die Kronzeugenregelung und beide Gefangenen versuchen so kurz wie möglich inhaftiert zu werden. Wenn sich beide bedeckt halten („kooperieren"), gehen beide nur kurz in den Bau (1 Jahr). Wenn der eine den anderen jedoch in die Pfanne haut (d. h. wenn er „defektiert"), kommt der Defektierende sofort frei und der andere bleibt lange in Haft (10 Jahre). Wenn sich beide beschuldigen, gehen beide in den Bau (6 Jahre) (siehe Abbildung II.2.2).

Was ist also das Nash-Gleichgewicht, also das Strategieprofil, in dem jeder die Strategie spielt, die ihm den höchsten Nutzen garantiert, wenn er das Verhalten des anderen als bereits gegeben betrachtet? Im Gefangenendilemma ist diese Frage relativ leicht zu beantworten, denn es gibt eine dominierte Kooperationsstrategie und eine dominante Defektionsstrategie.

	Priscilla	
	hält sich bedeckt („kooperiert")	packt aus („defektiert")
Robbie hält sich bedeckt („kooperiert")	−1,−1	−10,0
packt aus („defektiert")	0,−10	−6,−6

Abbildung II.2.2: Gefangenendilemma.

Definition 1. Eine Strategie a_i gilt als *schwach dominiert,* wenn Spieler i eine Strategie a'_i hat, für die $u_i(a'_i, a_j) \geq u_i(a_i, a_j)$ für alle möglichen Strategien a_j des anderen Spielers gilt, mit strikter Ungleichung für wenigstens eine Strategie $a_j \in A_j$. Ist die Ungleichung strikt für alle $a_j \in A_j$, dann gilt a_i als *strikt dominiert.*

Im Gefangenendilemma dominiert die Defektionsstrategie, da 0 Jahre im Bau besser sind als 1 Jahr (defektieren ist eine sogenannte *Beste Antwort* gegen kooperieren) und 6 Jahre im Bau besser sind als 10 Jahre im Bau (defektieren ist eine *Beste Antwort* gegen defektieren). Da die Defektionsstrategie also immer besser als die Kooperationsstrategie ist, lässt sich universale Defektion als vollkommen überzeugende Lösung des Gefangenendilemmas ansehen.

Nicht jedes Spiel hat jedoch dominierte oder dominante Strategien; um ein Lösungskonzept für derartige Spiele formulieren zu können, greift man häufig auf das Konzept der Besten Antwort zurück:

Definition 2. Eine Strategie a_i^* von Spieler i ist eine *Beste Antwort* auf die Strategie a_j des Spielers j, wenn $u_i(a_i^*, a_j) \geq u_i(a_i, a_j)$ verglichen mit allen alternativen Strategien $a_i \in A_i$ gilt

Auf der Grundlage des Konzeptes der Besten Antwort lässt sich das Nash-Gleichgewicht nun wie folgt definieren:

Definition 3. Ein Strategieprofil $a^* \in A$, ist ein *Nash-Gleichgewicht,* wenn die Strategie eines jeden Spielers i (a_i^*) eine Beste Antwort gegenüber den Strategien der anderen Spieler in a^* ist.

Wir ermutigen den Leser sich davon zu überzeugen, dass das Nash-Gleichgewicht des Gefangenendilemmas das Strategieprofil ist, in dem beide Spieler defektieren. Dies illustriert den wichtigen Punkt, dass das Nash-Gleichgewicht keinerlei Garantien bezüglich der Paretoeffizienz des Strategieprofils gibt.[1] Es beschreibt lediglich das Strategieprofil, in dem kein Spieler unilateral eine andere Spielstrategie wählen kann, um seinen Nutzen zu verbessern.

Was bedeutet das für unsere beiden Beispiele Triopol und Schere-Stein-Papier?

Beispiel 2 (Fortsetzung). Im Triopolspiel ergibt sich die Beste Antwort aus den Optimalitätskriterien erster Ordnung: der individuelle Nutzen ist $u_i = Preis(Q) \cdot q_i - Produktionskosten(q_i) = (P - Q) \cdot q_i - c \cdot q_i$, somit ergibt sich aus der ersten Ableitung ein Optimalitätskriterium von $q_i^* = \left(P - c - \left(Q - q_i^*\right)\right)/2$ für alle $i \in N$. Im symmetrischen Nash-Gleichgewicht gilt mithin $q_i^* = (P - c)/4$ für alle $i \in N$.

Beispiel 1 (Fortsetzung). In Schere-Stein-Papier ist es jedoch offensichtlich, dass jede Strategie auf genau eine andere Strategie des anderen Spielers den Sieg garantiert. Die in Abbildung II.2.1 fett gedruckten Nutzenwerte illustrieren die Besten Antworten. In anderen Worten, die Beste Antwort, d. h. die Strategie, die auf eine Strategie des anderen am besten reagiert, ist immer eine andere. Da es in Schere-Stein-Papier kein Strategieprofil gibt, in dem beide Spieler gleichzeitig eine der drei (puren) Strategien – d. h. Schere, Stein oder Papier – spielen und diese als Beste Antwort verbuchen, gibt es in Schere-Stein-Papier kein Nash-Gleichgewicht in (puren) Strategien.

Da wir bereits festgestellt haben, dass Schere-Stein-Papier kein Nash-Gleichgewicht in puren Strategien besitzt, stellt sich die Frage: Lässt sich der Grundgedanke des Nash-Gleichgewichts als ein Profil Bester Antworten retten, indem wir eine natürliche Erweiterung dieses Spiels betrachten? Um diese Frage zu beantworten, müssen wir den Strategieraum des ursprünglichen Spieles erweitern, so dass jeder Spieler beliebig zwischen seinen Strategien randomisieren („mischen") kann. Insbesondere kann ein Spieler jede pure Strategie mit einer Wahrscheinlichkeit von $1/3$ spielen, woraufhin für den Gegenspieler alle Strategien die gleiche Gewinnchance ergeben. Also kann der Gegenspieler ebenso als Beste Antwort jede pure Strategie mit einer Wahrscheinlichkeit von $1/3$ spielen, und so ergibt sich ein symmetrisches Nash-Gleichgewicht in gemischten Strategien. Formal kann man dies folgendermaßen ausdrücken.

Definition 4. Eine *gemischte Strategie* eines Spielers i spezifiziert eine Wahrscheinlichkeitsverteilung p_i, die jeder Strategie a_i^j eine Spielwahrscheinlichkeit $p_i\left(a_i^j\right) \geq 0$ zuordnet, so dass $\sum_{j=1}^{k_i} p_i\left(a_i^j\right) = 1$.

---

1 Ein Strategieprofil ist Pareto-effizient, wenn es kein alternatives Strategieprofil gibt, in dem keiner der Spieler einen niedrigeren Nutzen erhält und mindestens ein Spieler einen höheren Nutzen erhält (vgl. Kapitel II.3).

Wir können das *Nash-Gleichgewicht* nun auch für gemischte Strategien definieren:

Definition 5. Ein gemischtes Strategieprofil $(p_1, p_2, \ldots p_n)$, ist ein *Nash-Gleichgewicht*, wenn die Strategie eines jeden Spielers i (p_i) eine Beste Antwort gegenüber den Strategien der anderen Spieler in $(p_1, p_2, \ldots p_n)$ ist.

Wir bemerken, dass im gemischten Nash-Gleichgewicht des Schere-Stein-Papier-Spiels jeder Spieler i jede der drei puren Strategien a_i mit einer gemischten Strategiewahrscheinlichkeit von $p_i(a_i) = 1/3$ spielt.

Nash beweist in seiner Dissertation aus dem Jahre 1950, dass jedes Spiel mindestens ein Nash-Gleichgewicht in puren oder gemischten Strategien besitzt. Insbesondere besitzt jedes symmetrische Spiel mindestens ein symmetrisches Nash-Gleichgewicht (Nash 1951). Übrigens ist die Anzahl der existierenden Nash-Gleichgewichte fast immer ungerade.

Streng dominierte Strategien können in einem durch die Normalform ausgedrückten Spiel niemals eine Beste Antwort darstellen. Also können wir alle streng dominierten Strategien eliminieren und in dem daraus resultierenden reduzierten Spiel können wir wiederum alle streng dominierten Strategien eliminieren usw. Der Grund dafür ist, dass eine streng dominierte Strategie nie eine Beste Antwort ist und somit auch eine Strategie, die ebenfalls streng dominiert oder nur auf eine dominierte Strategie nicht-streng-dominiert ist, nie eine Beste Antwort ist. Dieses Verfahren der iterativen Elimination streng dominierter Strategien kann auch auf gemischte Strategien angewendet werden.

Beispiel 3 (Fortsetzung). Und so funktioniert die iterative Elimination streng dominierter Strategien im Gefangenendilemma (siehe Abbildung II.2.3–5):

		Priscilla	
		hält sich bedeckt ("kooperiert")	packt aus ("defektiert")
Robbie	~~hält sich bedeckt ("kooperiert")~~	~~−1,−1~~	~~−10,0~~
	packt aus ("defektiert")	0,−10	−6,−6

Abbildung II.2.3: Elimination 1 – Kooperation ist streng dominiert für Robbie.

Priscilla

	hält sich bedeckt ("kooperiert")	packt aus ("defektiert")
Robbie hält sich bedeckt ("kooperiert")	=1,=1	−10,0
Robbie packt aus ("defektiert")	0,−10	−6,−6

Abbildung II.2.4: Elimination 2 – Kooperation ist streng dominiert für Priscilla.

Priscilla
packt aus
("defektiert")

Robbie packt aus ("defektiert)	−6,−6

Abbildung II.2.5: Resultat der beiden Eliminationen.

Nash-Gleichgewichte enthalten keine Strategien, die durch das Verfahren der iterativen Elimination streng dominierter Strategien eliminiert werden können. Folglich kann das Verfahren zum Identifizieren der Nash-Gleichgewichte genutzt werden, denn auch wenn es nicht immer direkt zu ihnen führt, kann es die Analyse von komplexeren Spielen deutlich vereinfachen.

Verfeinerungen und Alternativen

Das Nash-Gleichgewicht ist das bei weitem bekannteste, aber keineswegs einzige Lösungskonzept der nichtkooperativen Spieltheorie. Alternativen und Erweiterungen existieren für kompliziertere Spiele als die hier eingeführten. Zum Beispiel gibt es in Spielen mit nichtsimultanen Entscheidungen, d. h. mit konsekutiven Entscheidungsketten, das teil- oder subspielperfekte Nash-Gleichgewicht (*subgame perfect Nash Equilibrium*) von Reinhard Selten (1965). Grob vereinfacht werden dadurch diejenigen Gleichgewichte identifiziert, die auch in jedem durch vorherige Entscheidungen erreichten Subspiel ein subspielperfektes Nash-Gleichgewicht beinhalten (vgl. Abschnitt 5). Noch komplizierter wird es in Spielen mit inkompletter Information, in denen einfachere Entscheidungsgrundlagen nicht haltbar sind. In diesen werden „beliefs" bezüglich des

Spieles und der anderen Spieler eingeführt und Bayesianische Rationalität angewendet (Harsanyi 1967/1968).[2]

Für den Fall, dass eine Mehrzahl von Nash-Gleichgewichten existiert, gibt es Verfeinerungen des Nash-Gleichgewicht, z. B. das von Robert Aumann entwickelte *Strong (Nash) Equilibrium*. Im Unterschied zum Nash-Gleichgewicht verlangt ein Strong Equilibrium, dass das Strategieprofil nicht nur stabil gegenüber unilateralen Strategiewechseln einzelner Spieler, sondern auch gegenüber multilateralen Strategiewechseln jeder beliebigen Gruppengröße ist.

Definition 6. Ein Strategieprofil $a^!$ ist ein *Strong Equilibrium*, wenn alle Strategien $a^!_S$ einer jeden Gruppe $S \subseteq N$ von Spielern so gewählt sind, dass $u_i\left(a^!_S, a^!_{\{N-S\}}\right) \geq u_i\left(a_S, a^!_{\{N-S\}}\right)$ für alle $i \in S$ verglichen mit allen alternativen Strategie Profilen a_S für S.

Das Strong Equilibrium verlangt somit deutlich mehr als das Nash-Gleichgewicht, denn da auch N eine erlaubte Gruppengröße ist, muss das Strong Equilibrium auch Pareto-effizient sein. Somit ist das Strong Equilibrium in einem gewissen Sinne das Nonplusultra: robust in eigentlich jedem Sinne und Pareto-effizient. Leider, wie so oft im Leben mit den Traumprodukten, existiert das Strong Equilibrium in puren Strategien in keinem unserer Beispiele. Was bedeutet das? Es bedeutet, dass keines unserer Beispiele ein stabiles Strategieprofil hat, das robust gegen sowohl unilaterale Abweichungen als auch gegen multilaterale Neuverhandlungen ist. Das trifft auf die meisten Spiele zu, die in Spieltheorie standardmäßig behandelt werden, wie z. B. Public Goods Games (vgl. Kapitel III.2). Die Nichtexistenz der Strong Equilibria bedeutet aber nicht, dass das Lösungskonzept uninteressant ist oder dass die Spieltheorie per se vorhersagt (oder vorschreibt), dass das Nash-Gleichgewicht gespielt werden muss. Es besagt lediglich, dass all solche Spiele wie die, die wir hier beschrieben haben, eine gewisse Spannung innehaben in Bezug auf Stabilität des Strategieprofils (wie im Falle von Schere-Stein-Papier) oder im Hinblick auf individuelle versus kollektive Interessen (wie in den Fällen Gefangenendilemma und Triopol). In unseren Augen sind genau solche Erkenntnisse ein Vorzug der nichtkooperativen Spieltheorie.

---

2 Und hier öffnet sich auch schon die Büchse der Pandora, denn unterschiedliche Lösungskonzepte setzen grundlegend auch unterschiedliche Formen geteilten Wissens voraus und so verschwimmen auch die Grenzen zwischen imperfekter und inkompletter Information. Diese Fragen sind Gegenstand der epistemischen Spieltheorie, deren Darstellung aber den Rahmen dieses Kapitels sprengen würde. Der interessierte Leser wird zum Beispiel auf Dekel & Siniscalchi (2015) für eine Einführung verwiesen.

II.2.4 Spiele in extensiver Form und Subspielperfektion

Bisher legten wir den Fokus auf Spiele, in denen alle Spieler gleichzeitig entscheiden oder in denen kein Spieler weiß, welche Strategien die anderen gespielt haben. In vielen Spielen ist das nicht der Fall, denn es gibt eine Reihenfolge, in der die Spieler ihre Strategien spielen. Solche Spiele werden in der sogenannten extensiven Form (im Gegensatz zur Normalform) aufgeschrieben. Über solche Spiele werden wir an Hand des folgenden Koordinationsspieles nachdenken.

Beispiel 4 (Koordinationsspiel). Zwei Spieler, Westen und Osten, laufen aufeinander zu und entscheiden sich entweder rechts oder links zu gehen, um den anderen zu vermeiden. Wenn sie ineinander laufen, tut es beiden weh. Wenn sie aneinander vorbeilaufen, geht es beiden gut. Westen hat eine Präferenz für links laufen, Osten für rechts.

Stellt man diese Situation als ein Spiel in Normalform dar (vgl. Abbildung II.2.6), zeigt sich, dass es zwei Nash-Gleichgewichte in puren Strategien gibt, nämlich (links, links) sowie (rechts, rechts).

		Osten	
		links	rechts
Westen	links	2,1	0,0
	rechts	0,0	1,2

Abbildung II.2.6: Koordinationsspiel in Normalform.

Jetzt stellen wir uns das Szenario vor, in dem Osten zuerst entscheidet und Westen diese Entscheidung observiert und darauf reagiert. Dies führt zur Abbildung II.2.7.

In diesem Fall hat Spieler Osten den Vorteil, dass er rechts spielen kann, und so Westen im eigenen Interesse seine Beste Antwort spielt und somit auch rechts wählt. Somit kann sich Osten durch seinen Zug das Nash-Gleichgewicht quasi aussuchen. Diese Verfeinerung nennt man subspiel- oder teilspielperfektes Nash-Gleichgewicht. Man findet es durch Rückwärtsinduktion, bei der man das Spiel vom Ende her analysiert (vgl. Abbildungen II.2.8–10).

Anmerkung: Was würde Westen im Eigeninteresse machen, wenn Osten links spielt? Westen würde links spielen.

Anmerkung: Was würde Westen im Eigeninteresse machen, wenn Osten rechts spielt? Westen würde rechts spielen.

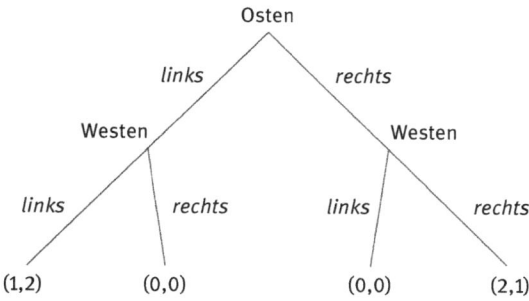

Abbildung II.2.7: Koordinationsspiel in extensiver Form.

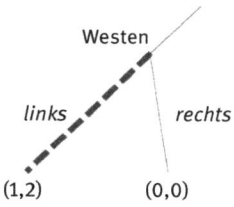

Abbildung II.2.8: Teilspiel „Westen links".

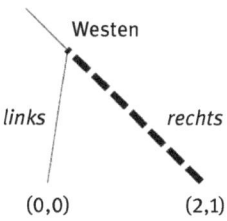

Abbildung II.2.9: Teilspiel „Westen rechts".

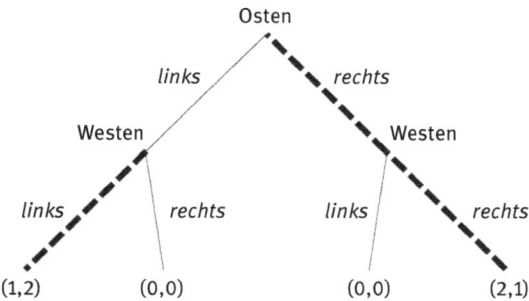

Abbildung II.2.10: Teilspiel „Osten".

Anmerkung: Was tut Osten, wenn es durch rechts oder links spielen zwischen (rechts, rechts) oder (links, links) auswählen kann? Osten wählt rechts, denn das Nash-Gleichgewicht (rechts, rechts) hat einen höheren Nutzen für Osten.

II.2.5 Rational-Choice-Grundlagen

Um den Rational-Choice-Grundlagen eines Lösungskonzeptes wie dem Nash-Gleichgewicht nachzugehen, stellen wir uns zwei Fragen:
- Was also ist Spieltheorie?
- Auf welchen Rationalitätsannahmen beruht sie?

Zunächst zur ersten Frage: Die Spieltheorie ist in erster Linie eine präzise Sprache zur Entwicklung mathematischer Modelle für interaktive Entscheidungssituationen. Weder Biologie noch Sozialwissenschaften, obschon ihre zu studierenden Phänomene häufig einer ebensolchen Natur sind und einer ebensolchen Sprache bedürfen, besaßen eine solche Sprache bis John von Neumann und Kollegen sie in der Mitte des 20. Jahrhunderts entwickelten. Die evolutionäre Fitness einer Spezies hängt eben nicht nur von der Temperatur und anderen klimatischen Umständen ab, sondern auch von der Präsenz bzw. Absenz anderer konkurrierender Spezies, die z. B. die gleichen Ernährungsstrategien verfolgen. Gleichermaßen hängt der Profit einer produzierenden Firma nicht nur von der Marktnachfrage, sondern auch von der Produktionstätigkeit der Konkurrenz ab.

Es ist daher kein Wunder, dass die Spieltheorie all diese Disziplinen nachträglich revolutioniert hat, da es die Analyse von einer systemischen Ebene auf eine mit dem Handeln des Individuums beginnende Ebene verschoben hat. Folglich kann, in Roger Myersons Worten, die Spieltheorie definiert werden als „as the study of mathematical models of conflict and cooperation between intelligent rational decision-makers" (Myerson 1991). Natürlich ist sich Myerson bewusst, dass nicht dieselben Rationalitätskriterien anwendbar sind, falls wir Spieltheorie nutzen, um das Fressverhalten von Darwinfinken oder das Produktionsverhalten multinationaler Industrieunternehmen zu analysieren.

Und das bringt uns zu unserer zweiten Frage nach den Rationalitätsannahmen der Spieltheorie. Und hierzu möchten wir als erstes klar sagen, dass sie per se keine eigenen hat. Um ein Spiel zu formulieren, bedarf es lediglich der Spezifizierung *von Spielern, ihren Strategien und ihren Auszahlungen*. Diese drei Elemente sollten der Problematik entsprechen, die wir als Wissenschaftler zu untersuchen gedenken. Anders ausgedrückt, welche Rationalitätsannahmen wir über die Beschreibung der Spielbausteine hinaus machen, hängt von den Phänomenen, Problemen und Zielen unserer Forschung ab.

Die getroffenen Rationalitätsannahmen wiederum entscheiden darüber, welches Lösungskonzept für die Analyse relevant ist. Ein Evolutionsbiologe etwa interpretiert Strategien als Evolutionsstrategien und analysiert mit Hilfe der Replikatorgleichungen, welche Strategien evolutionär stabil sein könnten. Interessanterweise und wie sogar schon in der letzten Sektion der Dissertation von John Nash erwähnt, kann ein solcher Ansatz, ohne dass hier große Rationalitätsgedanken relevant sind, wiederum die Nash-Gleichgewichte des zu Grunde liegenden Spieles als evolutionsstabile Langzeitphänomene entdecken.

Anders denkt ein Spieltheoretiker, der z. B. von einer Telekommunikationsfirma bezahlt wird, um sie bei gewissen Investitionen zu beraten, die die Konkurrenz betreffen. Dieser wird sich sehr wohl Gedanken darüber machen, warum die Konkurrenz was, wie und wann tun wird und dann versuchen, darauf so strategisch-rational wie möglich und im materiellen Eigennutz der Telekommunikationsfirma zu reagieren. Wenn die Konkurrenz ähnlich denkt und ähnliche Grundannahmen macht, kann eine solche Situation ebenso dazu führen, dass ein Nash-Gleichgewicht erreicht wird. Anders als in dem Biologieszenario resultiert das Nash-Gleichgewicht hier vielleicht, weil sich jeder beratende Spieltheoretiker Gedanken der folgenden Art macht: „Wenn ich auf das Verhalten des anderen, so wie ich es erwarte, eine Beste Antwort spiele und der andere nun ebenso eine Beste Antwort auf mein, ihm realistisch erscheinendes Verhalten spielt etc."

Um das relevante Rationalitätskonzept zu identifizieren, müssen einige Fragen beantwortet werden.

Gibt es einen auszahlungsorientieren Deliberationsprozess oder folgt der Entscheidungsträger simplen evolutionären oder heuristischen Entscheidungskriterien? Rationalitätsannahmen sind nur dann notwendig, wenn es einen Deliberationsprozess gibt, ansonsten geht es um eine Spezifizierung diverser mechanistischer Entscheidungskriterien und nicht um Deliberationsprozesse und Rationalität.

Angenommen, es gibt einen Deliberationsprozess, nach dem das Individuum versucht, den eigenen Nutzen zu maximieren. Dann gilt es zu verstehen: Wie sind die Präferenzen des Spielers? Repräsentieren die Zahlen des Spieles, wie etwa die Einträge in dessen Normalform, schon die effektiven von Neumann-Morgenstern-Nutzen? Oder muss noch für Risikoorientierung und soziale Präferenzen korrigiert werden? Wenn die Einträge in der Spielmatrix eines Normalformspieles nicht etwa die von Neumann-Morgenstern-Nutzenwerte beschreiben, sondern nur die anfallenden materiellen Auszahlungen, dann muss das spieltheoretisch zu analysierende Spiel erst noch in von Neumann-Morgenstern-Nutzenwerte transformiert werden, um die Nash-Gleichgewichte bestimmen zu können.

Beispiel 3 (Fortsetzung). Wenn Robbie und Priscilla in unserem Beispiel des Gefangenendilemmas etwa ihre eigenen Jahre im Knast gleich werten wie die des anderen, dann wäre die relevante Normalform zur Analyse der Nash-Gleichgewichte folgendermaßen (siehe Abbildung II.2.11):

		Priscilla	
		hält sich bedeckt („kooperiert")	packt aus („defektiert")
Robbie	hält sich bedeckt („kooperiert")	−2,−2	−10,−10
	packt aus („defektiert")	−10,−10	−12,−12

Abbildung II.2.11: Gefangenendilemma transformiert mit gemeinschaftlichen Präferenzen.

In diesem Fall wäre also kooperieren die dominante Strategie und das resultierende Nash-Gleichgewicht wäre Kooperation.

Angenommen, eine Normalform beinhaltet nun bereits die von Neumann-Morgenstern-Nutzenwerte, so stellen sich immer noch einige Fragen, die es zu beantworten gilt, bevor ein Rationalitätskonzept formuliert und der Analyse zu Grunde gelegt werden kann: Wie komplex ist das resultierende Spiel? Wie rational sind die Spieler? Und ist dieses Spiel *Common Knowledge*, d. h., weiß jeder Spieler genau, was die Auszahlungen bzw. Konsequenzen für alle Spieler in allen Szenarien sind? Gibt es experimentelle oder andere empirische Grundlagen für die relevanten Rationalitätsannahmen (vgl. Kapitel II.4)? Ein wichtiger Agendapunkt der nichtkooperativen Spieltheorie bleibt des Weiteren weiterhin das sogenannte „Nash- Programm", d. h. die Untermauerung kooperativer Lösungskonzepte (vgl. Kapitel II.3) durch nichtkooperative Modelle.

II.2.6 Abschließende Bemerkungen

Die Spieltheorie ist eine einmalig einfache und präzise Sprache zur Formulierung komplexer Interaktionen zwischen mehreren und miteinander zusammenhängenden Entscheidungsträgern. Ihr Modellierungsspielraum geht deutlich über die herkömmliche 1-Person-Entscheidungstheorie (vgl. Kapitel II.1), basierend auf subjektiver Erwartungsnutzenmaximierung, hinaus. Die Spieltheorie ist keineswegs die Theorie des eigennützigen Handelns, der Eskalation der Gewalt und des

Scheiterns kollektiver Ziele. Unter gewissen Rationalitätsannahmen jedoch ist die Spieltheorie einmalig dazu qualifiziert, ebensolche Phänomene auf individuelle Entscheidungen zurückzuführen und zu erklären.

Die Tatsache, dass die überwiegende Mehrzahl der spieltheoretischen Anwendungen in den Sozialwissenschaften bei streng eigennützigen und engen Rationalitätsannahmen stehen bleiben und dann darauf aufbauend das Nash-Gleichgewicht verwenden, um Vorhersagen abzuleiten, die dann wiederum häufig als empirisch falsch verworfen werden, ist mehr Zeichen der mangelnden Modellierungsfantasie und des mangelnden Wissens um alternative Lösungskonzepte als ein Zeichen des Scheiterns der nichtkooperativen Spieltheorie. Schach, zum Beispiel, hat eine garantierte Gewinn- bzw. Unentschiedenstrategie. Das wissen wir seit von Neumann (1928) – nur keiner weiß, wie man sie spielt. Dass es sie gibt, bedeutet natürlich noch lange nicht, dass ein Wissenschaftler besonders schlau wäre, vorherzusagen, dass niemals jemand mehr eine Schachpartie verlieren wird.

Es ist an der Zeit, die Erkenntnisse aus der experimentellen, empirischen und verhaltensbasierten Spieltheorie zu verwenden, um realistische Rationalitätsannahmen zu treffen. Diese beinhalten sowohl soziale und distributive Präferenzen als auch begrenzte Rationalität und Lernverhalten. Die Hoffnung ist, dass auf der Basis solcher realistischeren Modelle erfolgreichere Vorhersagen möglich werden. Die dem Stereotyp eines Dr. Strangelove entsprechenden Rationalitätsannahmen, die von kritischen Wissenschaftlern aus der Verhaltensforschung immer wieder als Kern der nichtkooperativen Spieltheorie bezeichnet werden (um sie dann empirisch zu widerlegen), sind lediglich Modellkarikaturen und gehören entmufft.

Literatur

Aumann, R.J., 1959: Acceptable Points in General Cooperative n-Person Games. S. 287–324 in: A.W. Tucker, R.D. Luce & R.J. Aumann (Hrsg.), Contributions to the Theory of Games IV. Princeton: Princeton University Press.

Cournot, A., 1838: Recherches sur les Principes Mathématiques de la Théorie des Richesses. Paris: Hachette.

Dekel, E. & M. Siniscalchi, 2015: Epistemic Game Theory. S. 619–702 in: H.P. Young & S. Zamir (Hrsg.), Handbook of Game Theory with Economic Applications. Volume 4. Amsterdam: North Holland.

Harsanyi, J.C., 1967/68: Games with Incomplete Information Played by 'Bayesian' Players. Management Science 14: 159–182, 320–334, 486–502.

Myerson, R.B., 1991: Game Theory – Analysis of Conflict. Cambridge: Harvard University Press.

Nash, J.F., 1951: Non-Cooperative Games. Annals of Mathematics 54: 286–295.

Osborne, M.J. & A. Rubinstein, 1994: A Course in Game Theory. Cambridge: MIT Press.

Selten, R., 1965: Spieltheoretische Behandlung eines Oligopolmodells mit Nachfrageträgheit. Zeitschrift für die gesamte Staatswissenschaft 121: 301–324.

von Neumann, J., 1928: Zur Theorie der Gesellschaftsspiele. Mathematische Annalen 100: 295–320.

von Neumann, J. & O. Morgenstern, 1944: Theory of Games and Economic Behavior. New York: John Wiley and Sons.

Harald Wiese

II.3 Kooperative Spieltheorie

II.3.1 Kooperative Spiele und ihre Theorien

Wie die nichtkooperative Spieltheorie besteht die kooperative Spieltheorie aus zwei Bestandteilen, Beschreibung von Spielen und Anwendung geeigneter Lösungskonzepte. Für eine Spielermenge $N = \{1, 2, \dots, n\}$ aus n Spielern betrachtet man alle Teilmengen, auch Koalitionen genannt. Bei drei Spielern und der Spielermenge $N = \{1, 2, 3\}$ hat man somit die acht Koalitionen $\varnothing$ (die leere Menge), $\{1\}, \dots, \{1, 3\}$ und $\{1, 2, 3\}$. N wird auch „große Koalition" genannt. Die Spielbeschreibung ist nun die sogenannte Koalitionsfunktion. Eine Koalitionsfunktion v ordnet jeder Koalition $K \subseteq N$ (jeder Teilmenge von N) eine reelle Zahl zu. So soll also die Zahl $v(\{1, 3\})$ andeuten, welchen Wert die Koalition $\{1, 3\}$ „erwirtschaften" kann. All diese Werte zusammen charakterisieren (in recht eingeschränktem Sinne) eine ökonomische, soziale oder politische Situation.[1] Man setzt immer $v(\varnothing) = 0$ voraus. Dies ist der Fall des „transferierbaren Nutzens", auf den ich mich zunächst beschränken möchte. Der allgemeine Fall (nichttransferierbarer Nutzenwerte) ist Gegenstand von Abschnitt 6. Für eine vorgegebene Spielermenge N bezeichnet $\boldsymbol{V_N}$ die Menge der Koalitionsfunktionen auf dieser Spielermenge. Dagegen soll $\boldsymbol{V}$ die Menge der Koalitionsfunktionen auf Spielermengen mit beliebiger Anzahl von Spielern bezeichnen.

Unter Ökonomen ist die Koalitionsfunktion $v_{L,R}$ bekannt, die Komplementarität widerspiegelt und als Marktspiel aufgefasst werden kann. Jeder Spieler verfügt über genau einen Handschuh, einen linken oder einen rechten. Die Menge der Spieler mit einem linken Handschuh ist L; R stellt die Menge der Spieler mit einem rechten Handschuh dar. Man nimmt nun an, dass nur Handschuhpaare von Nutzen sind: Die Koalitionsfunktion ordnet jeder Koalition die Anzahl der Paare zu, die die Spieler dieser Koalition zusammenstellen können. Beispielsweise könnte man sich vorstellen, dass Paare auf dem Markt für einen Euro zu verkaufen sind. Diese Annahmen spiegeln sich in der Koalitionsfunktion

$$v_{L,R}(K) = \min(|K \cap L|, |K \cap R|)$$

wider.[2]

---

[1] Koalitionsfunktionen werden auch charakteristische Funktionen genannt.
[2] Hier stehen also L und R für Teilmengen von N mit $L \cap R = \varnothing$ und $L \cup R = N$. Zudem bedeutet $|K|$ die Anzahl der Elemente einer Menge K. Schließlich steht $\min(x, y)$ für die kleinere der beiden Zahlen x oder y.

https://doi.org/10.1515/9783110673616-006

Die Koalitionsfunktion selbst kann uns noch nicht die Frage beantworten, welche Auszahlung die einzelnen Spieler erhalten werden. Dazu benötigt man den zweiten Bestandteil der kooperativen Spieltheorie, der aus Lösungskonzepten besteht. Diese werden auf die Koalitionsfunktion angewandt und beschränken die Auszahlungen, die die Spieler zu erwarten haben. Lösungen können punktwertig oder mengenwertig sein. Bei einer punktwertigen Lösung resultiert aus einer Koalitionsfunktion genau ein Auszahlungsvektor $x = (x_1, x_2, \ldots, x_n)$. Bei einer mengenwertigen Lösung erhält man dagegen eine Menge von Auszahlungsvektoren (die sogar leer sein kann). Beim Handschuhspiel könnte man sich vorstellen, dass die Spieler aus L als Anbieter auf dem Markt für linke Handschuhe auftreten und die Spieler aus R als Nachfrager. Die Auszahlung für einen Besitzer eines linken Handschuhs kann man als Preis für linke Handschuhe interpretieren.

Idealerweise werden Lösungskonzepte in zweifacher Weise definiert. Zum einen kann man einen Algorithmus präsentieren, der die Auszahlungen der Spieler in Abhängigkeit von der eingesetzten Koalitionsfunktion generiert. Oder aber man gibt allgemeine Verteilungsregeln an, denen die Auszahlungen der Spieler zu genügen haben. Diese Regeln nennt man auch Axiome. Man könnte beispielsweise verlangen, dass jeder Spieler dieselbe Auszahlung erhält. Oder man fordert, dass ein Spieler, der keinen Einfluss auf den Wert von Koalitionen hat, die Auszahlung null erhält. Derartige Forderungen kann man normativ auffassen: Die Auszahlungen sollten in einer bestimmten Weise von der vorgegebenen Koalitionsfunktion abhängen. Oder man stellt sich auf den positiven Standpunkt und hält die Auszahlungen für interessante und diskussionswürdige Vorhersagen über die sich aus einer Koalitionsfunktion ergebenden Auszahlungen. Der Autor dieses Beitrags neigt der positiven Interpretation zu, ohne allerdings die normative abzulehnen.

Die zweifache Definition eines Lösungskonzeptes einerseits aufgrund eines Algorithmus und andererseits aufgrund einer Menge von Axiomen nennt man Axiomatisierung eines Algorithmus. Dies bedeutet zweierlei: Erstens erfüllt der angegebene Algorithmus alle Axiome. Zweitens muss jeder andere Algorithmus, der ebenfalls alle diese Axiome erfüllt, dieselben Auszahlungen generieren wie der angegebene Algorithmus. Diese idealtypische Vorgehensweise werden wir bei der Shapley-Lösung kennen lernen. Zusammenfassend begreifen wir kooperative Spieltheorie als axiomatische Theorie von Koalitionsfunktionen.

Die nächsten Abschnitte 2 bis 6 präsentieren die kooperative Spieltheorie, soweit dabei von Partitionen und Graphen kein Gebrauch gemacht wird. Es geht bis Abschnitt 5 einerseits um die zentralen Lösungskonzepte bei transferierbarem Nutzen: Pareto-Effizienz, Kern und Shapley-Lösung. Andererseits wird in Abschnitt 6 der Fall nichttransferierbaren Nutzens betrachtet. Für Soziologen sind

Spiele von besonderem Interesse, die nicht nur durch eine Koalitionsfunktion beschrieben sind, sondern zusätzlich spezielle Strukturen der Spielermenge vorgeben. Abschnitt 7 stellt Lösungen auf Partitionen und Abschnitt 8 die Myerson-Lösung auf Netzwerken vor. In Abschnitt 9 geht es darum, bestimmte Netzwerke „vorherzusagen". Schließlich stellt der letzte Abschnitt die nichtkooperative der kooperativen Spieltheorie gegenüber.

II.3.2 Pareto-Effizienz

Unter idealen Bedingungen, so mag man vermuten, führen Verhandlungen und andere soziale Prozesse zu einem effizienten Ergebnis: Solange alle Beteiligten sich besserstellen können, werden sie dies tun. Wenn sich kein Agent verbessern kann, ohne einen anderen zu verschlechtern, ist schließlich eine effiziente Situation erreicht. Diese heißt nach Vilfredo Pareto (1848–1923) auch Pareto-effizient oder Pareto-optimal. Pareto-effiziente Situationen müssen nicht von allen Beteiligten als „gut" empfunden werden. Insbesondere sind Verteilungs- und Gerechtigkeitsfragen davon unberührt.

Wie im vorangehenden Kapitel II.2 erläutert wird, existieren in der nichtkooperativen Spieltheorie Gleichgewichte, die nicht mit Pareto-effizienten Auszahlungen verbunden sind.[3] Dagegen ist Effizienz in der kooperativen Spieltheorie ein fast immer anzutreffendes Axiom. Es wird unter der Annahme definiert, dass sich die große Koalition bildet, dass also alle Spieler „zusammenarbeiten":

Definition 1. Für die Koalitionsfunktion v heißt der Auszahlungsvektor $x = (x_1, x_2, \ldots, x_n)$ *Pareto-optimal*, falls er
- $\sum_{i \in N} x_i \leq v(N)$ (Zulässigkeit) und
- $\sum_{i \in N} x_i \geq v(N)$ (Nichtblockade durch die große Koalition)

erfüllt.

Kurz gesagt bedeutet Pareto-Optimalität $\sum_{i \in N} x_i = v(N)$. Ist ein Auszahlungsvektor nicht zulässig, so wird an die Spieler zu viel (mehr als das von allen zusammen Produzierte) verteilt. Bei $\sum_{i \in N} x_i < v(N)$ wäre die zweite Bedingung verletzt und die Spieler würden „Geld auf dem Tisch liegen lassen". Sie könnten dann einem Spieler $v(N) - \sum_{i \in N} x_i > 0$ zukommen lassen, diesen also besser stellen,

---

3 Die Implikationen der Pareto-Effizienz in einer Vielzahl mikroökonomischer Modelle führen Casasjus & Wiese (2001) aus.

ohne einen anderen schlechter zu stellen. Da hier eine Nutzensumme (oder Geldsumme) verteilt wird, kann man alternativ auch alle Spieler besserstellen. In diesem Fall, so sagt man, kann die große Koalition x „blockieren" oder gegen x „Einspruch erheben".

Beim Handschuhspiel verlangt Pareto-Optimalität also lediglich $\sum_{i \in N} x_i = v_{L,R}(N)$. Offenbar lässt das Lösungskonzept der Pareto-Optimalität viele Lösungen zu und hilft uns daher nur sehr eingeschränkt bei der Vorhersage. Insbesondere ist Pareto-Effizienz mit allen reellen Preisen für linke Handschuhe verträglich; sie dürfen sogar negativ oder auch größer als 1 sein. Problematisch ist zudem, dass die Auszahlung, die ein beliebiger Besitzer eines linken Handschuhs erhalten könnte, nicht von der Anzahl der Besitzer rechter und linker Handschuhe abhängt. Somit wird die relative Knappheit der Güter nicht reflektiert.

II.3.3 Der Kern

Der Kern wurde für Koalitionsfunktionen zuerst von Gillies (1959) definiert, viel früher jedoch von Edgeworth (1881) im Rahmen einer Tauschökonomie eingeführt. Beim Kern wird die Idee der Nichtblockade von der großen Koalition auf alle beliebigen Koalitionen übertragen.

Definition 2. Der *Kern* einer Koalitionsfunktion v ist die Menge derjenigen Auszahlungsvektoren $x = (x_1, x_2, \ldots, x_n)$, die

- $\sum_{i \in N} x_i = v(N)$ (Pareto-Optimalität) und

- $\sum_{i \in K} x_i \geq v(K)$ für alle $K \subseteq N$ (Nichtblockade durch irgendeine Koalition)

erfüllen.

Der Kern ist also ein strengeres Lösungskonzept als die Pareto-Optimalität. Wenn ein Pareto-optimaler Auszahlungsvektor nicht zum Kern gehört, gibt es eine von N verschiedene Koalition K, die x blockieren kann. Das heißt, die Mitglieder aus K können das von ihnen Produzierte unter sich so aufteilen, dass sie alle sich besser stellen. Anders ausgedrückt kann eine Koalition „mit eigenen Mitteln" für ihre Spieler etwas Besseres als x bewirken.

Betrachten wir das Handschuhspiel im Falle von $L = \{1\}$ und $R = \{2, 3\}$. Aufgrund der Pareto-Effizienz kommen nur Auszahlungsvektoren $x = (x_1, x_2, x_3)$ in Betracht, die $x_1 + x_2 + x_3 = 1$ erfüllen. Der Wert jeder Ein-Spieler-Koalition beträgt null und daher gilt $x_i \geq 0$ für alle Spieler $i = 1, 2, 3$. Die Spieler 1 und 2 können ein Handschuhpaar zusammenstellen, also gilt $x_1 + x_2 \geq 1$. Für Spieler 3 bleibt dann nur $x_3 = 0$. Der Kern hat nur ein Element, den Auszahlungsvektor $(1, 0, 0)$. Man sieht, dass der Kern die relative Knappheit der linken Handschuhe sehr drastisch reflektiert. Tatsächlich würde jeder von 99 Besitzern linker Handschuhe die Auszahlung von 1 erhalten, wenn es 100 Besitzer rechter Handschuhe gibt.

Im vorangegangenen Beispiel besteht der Kern aus nur einem Auszahlungsvektor. Wenn man jedoch die gleiche Anzahl von linken und rechten Handschuhen annimmt, erhalten alle Besitzer linker Handschuhe die gleiche Auszahlung $x_l \in [0,1]$ und alle Besitzer rechter Handschuhe die gleiche Auszahlung $x_r \in [0,1]$. Darüber hinaus kann man nur $x_l + x_r = 1$ konstatieren.

Schließlich kann der Kern gleich der leeren Menge sein. Dies ist beispielsweise der Fall für $N = \{1,2\}$ und $v(\{1\}) + v(\{2\}) > v(\{1,2\})$. Beide Spieler verlangen mindestens den Wert ihrer Ein-Spieler-Koalition und damit zusammen mehr, als sie gemeinsam produzieren. Dieses Beispiel zeigt die Fragwürdigkeit der impliziten Annahme des Kerns, dass sich die große Koalition bildet.

Der Kern kann jedoch auch leer sein, obwohl die große Koalition aus Effizienzgründen gebildet werden sollte. Dazu betrachte man das sogenannte Maschler-Spiel:

$$v(K) = \begin{cases} 0, & |K| = 1 \\ 60, & |K| = 2 \\ 72, & |K| = 3 \end{cases}$$

Jede der Zweierkoalitionen verlangt eine Auszahlungssumme von mindestens 60. Diese drei Forderungen sind nicht vereinbar mit der Auszahlungssumme von 72 für alle drei Spieler zusammen (Pareto-Effizienz). In diesem Beispiel ist der leere Kern ein wichtiges theoretisches Ergebnis: Jeder Pareto-effiziente Auszahlungsvektor wird von mindestens einer Zweier-Koalition blockiert, eine instabile Situation.

Schließlich betrachten wir das sogenannte Apex-Spiel mit fünf Spielern. Spieler 1 ist der (mächtige) Apex-Spieler, der nur einen weiteren Spieler benötigt, um den Wert von 1 zu schaffen. Die vier schwachen Spieler zusammen sind jedoch auch in der Lage, 1 zu produzieren. Die Koalitionsfunktion a ist somit gegeben durch

$$a(K) = \begin{cases} 1, & 1 \in K \text{ und } |K| \geq 2 \\ 1, & K = \{2,3,4,5\} \\ 0, & \text{sonst} \end{cases}$$

Auch in diesem Spiel ist der Kern leer.

II.3.4 Die Shapley-Lösung: Algorithmus und Axiome

Während Pareto-Optimalität und Kern mengenwertige Lösungskonzepte darstellen, ist die Shapley-Lösung ein punktwertiges Lösungskonzept. Es wurde von Shapley (1953) veröffentlicht. In seinem Aufsatz werden bereits die zwei Möglichkeiten, die Shapley-Lösung zu beschreiben, eingeführt: Entweder gibt man Bedingungen (Axiome) an, die die Lösung erfüllen soll, oder aber man beschreibt ein Rechenverfahren (die Shapley-Formel).

Die Shapley-Formel folgt einer einfachen Grundidee. Jeder Spieler erhält den Durchschnitt seiner (i) „marginalen Beiträge", die sich bei allen (ii) „Reihenfolgen" der Spieler ergeben. Dabei ist die (i) marginale Beitrag eines Spielers die Wertsteigerung, die er hervorruft: Welchen Wert hat die Koalition mit und welchen ohne ihn? Sei also K eine Koalition, die einen Spieler i enthält. Der Beitrag von Spieler i zur Koalition K beträgt $v(K) - v(K \setminus \{i\})$. Wenn die Koalition K nur Spieler i enthält, ist der marginale Beitrag dieses Spielers der Wert seiner Ein-Spieler-Koalition: $v(\{i\}) - v(\varnothing) = v(\{i\})$.

Um den Begriff der (ii) Reihenfolge zu klären betrachten wir die Spielermenge $N = \{1, 2, 3\}$. Für diese ergeben sich sechs Reihenfolgen: $(1, 2, 3)$, $(1, 3, 2)$ usw. Die Menge dieser Reihenfolgen sei mit $\mathbf{R}$ bezeichnet. Bei der zweiten Reihenfolge $\rho = (1, 3, 2)$ tritt zunächst Spieler 1 auf, dann Spieler 3 und schließlich Spieler 2. Mit $K_i(\rho)$ sind bei der Reihenfolge ρ die Spieler bis einschließlich Spieler i gemeint, also $K_2(1, 2, 3) = \{1, 2\}$ und $K_2(1, 3, 2) = \{1, 2, 3\}$. Die Shapley-Auszahlung für Spieler i ist nun der Durchschnitt der marginalen Beiträge dieses Spielers über alle Reihenfolgen. Da es bei n Spielern $n! = 1 \cdot 2 \cdot \ldots \cdot n$ Reihenfolgen gibt, lautet die Formel für die Shapley-Auszahlung:

$$Sh_i(v) = \frac{1}{n!} \sum_{\rho \in \mathbf{R}} \left[v(K_i(\rho)) - v(K_i(\rho) \setminus \{i\}) \right].$$

Beim Handschuhspiel mit $L = \{1\}$ und $R = \{2, 3\}$ komplettiert der zweite Spieler genau ein Paar, wenn die Reihenfolge $(1, 2, 3)$ vorliegt. Nur dann ist der marginale Beitrag von Spieler 2 gleich 1 und bei den übrigen fünf Reihenfolgen gleich 0. Somit erhält dieser Spieler die Shapley-Auszahlung $Sh_2(v_{L,R}) = 1/6$. Die Shapley-Auszahlungen der übrigen Spieler lassen sich mit dem Shapley-Algorithmus ebenfalls bestimmen. Wenn man die Shapley-Auszahlungen für verschiedene Handschuhspiele betrachtet, sieht man, dass die relative Knappheit die Auszahlung in der erwarteten Weise, entsprechend den Knappheitsverhältnissen, beeinflusst.

Die Shapley-Lösung ist axiomatisiert. Es gibt also neben der Shapley-Formel eine Menge von Axiomen, die äquivalent zu dieser Formel sind. Dazu sei *Lö* ein Lösungskonzept auf V_N, das also jeder Koalitionsfunktion für n Spieler einen Auszahlungsvektor mit n Einträgen zuordnet. $L\ddot{o}_i(v)$ meint also die Auszahlung für Spieler i bei Anwendung dieses Lösungskonzeptes auf die Koalitionsfunktion $v \in V_N$.

Definition 3. Sei eine Koalitionsfunktion $v \in V$ so gegeben, dass für einen Spieler i alle marginalen Beiträge null sind, also $v(K) = v(K \setminus \{i\})$ für jede i enthaltene Koalition K gilt. Dann heißt Spieler i ein *Null-Spieler*.

Axiom 1. Sei eine Koalitionsfunktion $v \in V_N$ so gegeben, dass ein Spieler i ein Null-Spieler ist. Dann gilt $L\ddot{o}_i(v) = 0$.

Unproduktive Spieler sollen (normativ) oder werden (positiv) die Auszahlung null erhalten. Die sogenannten Solidaritäts-Lösungen (Nowak & Radzik 1994; Casajus & Huettner 2014) heben dieses Axiom auf und lassen auch unproduktiven Spielern eine Auszahlung zukommen.

Definition 4. Sei eine Koalitionsfunktion $v \in V$ so gegeben, dass für zwei Spieler i und j die marginalen Beiträge identisch sind, dass also $v(K \cup \{i\}) = v(K \cup \{j\})$ für jede Koalition K gilt, die weder i noch j enthält. Dann heißen die Spieler i und j *symmetrisch*.

Axiom 2. Sei eine Koalitionsfunktion $v \in V_N$ so gegeben, dass die Spieler i und j symmetrisch sind. Dann gilt $L\ddot{o}_i(v) = L\ddot{o}_j(v)$.

Symmetrische Spieler sollen also dieselbe Auszahlung erhalten.

Axiom 3. Seien zwei Koalitionsfunktionen v und w mit identischer Spielermenge N gegeben. Dann gilt für jeden Spieler $i \in N$ die Gleichung $L\ddot{o}_i(v) + L\ddot{o}_i(w) = L\ddot{o}_i(v + w)$.

Auf der linken Seite der Gleichung bestimmt man die Auszahlungen unter dem Lösungskonzept $L\ddot{o}$ für v und w getrennt und addiert sie anschließend. Alternativ könnte man die Koalitionswerte jeder Koalition addieren, also für die Koalition K den Wert $v(K) + w(K)$ annehmen. Auf die so gebildete Koalitionsfunktion kann man das Lösungskonzept $L\ddot{o}$ (rechte Seite der Gleichung) anwenden. Das Additivitätsaxiom besagt nun: in beiden Fällen ergibt sich die gleiche Auszahlung.

Das Shapley-Lösungskonzept ist Pareto-optimal (Abschnitt 2) und erfüllt zudem die obigen drei Axiome. Umgekehrt gilt: Wenn ein Lösungskonzept $L\ddot{o}$ diese vier Axiome erfüllt, so gilt $L\ddot{o} = Sh$.

Bei der Bestimmung der Shapley-Auszahlungen kann man den Algorithmus und die Axiome in beliebiger Reihenfolge anwenden. Oben hatten wir $Sh_2(v_{\{1\},\{2,3\}}) = 1/6$ bestimmt. Da die Spieler 2 und 3 symmetrisch sind, erhalten wir $Sh_3(v_{\{1\},\{2,3\}}) = 1/6$. Die Shapley-Auszahlung des verbleibenden Spielers 1 folgt nun aus der Pareto-Optimalität.

Beim Apex-Spiel a mit fünf Spielern ist der marginale Beitrag des Apex-Spielers bei genau den Reihenfolgen gleich 1, bei denen er an der zweiten bis vierten Stelle zu stehen kommt. Seine Shapley-Auszahlung beträgt also 3/5. Aus Symmetriegründen erhalten die Spieler 2 bis 5 die gleiche Auszahlung. Aufgrund der Pareto-Optimalität folgt schließlich der Shapley-Auszahlungsvektor $Sh(a) = \left(\frac{3}{5}, \frac{1}{10}, \frac{1}{10}, \frac{1}{10}, \frac{1}{10}\right)$.

II.3.5 Die Shapley-Lösung als Ergebnis balancierender Operationen

Es gibt eine Vielzahl weiterer Axiomensysteme für die Shapley-Lösung. So ist sie die einzige, die neben der Pareto-Optimalität die „Wo wärst Du ohne mich"-Gleichheit erfüllt, die Myerson (1980) in die Literatur eingeführt hat. Dazu betrachtet man die Veränderung in der Shapley-Auszahlung eines Spielers i aufgrund des „Rückzugs" eines anderen Spielers j. Der Rückzug von j reduziert die Spielermenge von N auf $N \setminus \{j\}$. Man berechnet für Spieler i die Differenz der ursprünglichen Shapley-Auszahlung und der Shapley-Auszahlung des um Spieler j reduzierten Spiels. Das „Wo wärst Du ohne mich"-Axiom besagt nun: Die Änderung, die Spieler i erfährt, wenn sich j zurückzieht, ist gleich groß wie die entsprechende Änderung bei Spieler j, wenn sich i zurückzieht. Dieses Axiom ist für die Menge aller Koalitionsfunktionen $\mathbf{V}$ definiert.

Myerson hat diese Eigenschaft mit dem normativen Begriff der Fairness bezeichnet. Aus einem eher positiven Verständnis heraus hat der Soziologe Emerson (1962) schon vor Myerson den dahinterliegenden Mechanismus erklärt. Er hat eine einfache und überzeugende Theory von Macht und Abhängigkeit präsentiert. Emerson argumentiert, dass die Beziehung zwischen Personen 1 und 2 unbalanciert ist, wenn die eine Person abhängiger von der anderen ist als umgekehrt. Dann werden „balancierende Operationen" einsetzen, die die Balance wiederherstellen. Zur Illustration stellt sich Emerson zwei Kinder vor. Sie haben unterschiedliche Präferenzen und spielen abwechselnd ihre jeweiligen Lieblingsspiele. In dieser Situation ist die Beziehung balanciert. Nun ergibt es sich, dass Kind 2 einen alternativen Spielkameraden 3 findet. Kind 2 ist nun weniger abhängig von Kind 1 als vorher. Die Beziehung zwischen den Kindern 1 und 2 ist unbalanciert geworden. In der Folge kann Kind 2 sein spezielles Lieblingsspiel gegenüber Kind 1 öfter durchsetzen als vorher. Unter diesen geänderten Bedingungen ist die Beziehung zwischen 1 und 2 wieder balanciert. Aus der Sicht von Emersons Theorie stellen die Shapley-Auszahlungen die balancierte Situation dar, in der die gegenseitige Abhängigkeit (definiert durch den Rückzug) symmetrisch ist.

Man kann auch das Handschuhspiel in Hinblick auf die symmetrische Macht untersuchen. Bei einem linken und vier rechten Handschuhen mag die Symmetrie erstaunen. Denn der Besitzer eines linken Handschuhs (Spieler 1) ist ja in einer Monopolsituation. Sind die Besitzer je eines rechten Handschuhs (Spieler 2 bis 5) nicht abhängiger von Spieler 1 als umgekehrt? Tatsächlich ist Spieler 1 nur wenig abhängig von einem der anderen Spieler. Zieht sich Spieler 2 zurück, so sinkt die Shapley-Auszahlung des ersten Spielers (der Preis seines linken Handschuhs) von 4/5 auf 3/4, also nur um 1/20.

Das „Wo wärst Du ohne mich"-Axiom verlangt nun, dass umgekehrt die Shapley-Auszahlung für Spieler 2 aufgrund des Rückzugs des ersten Spielers ebenfalls um 1/20 sinkt. Dies ist der Fall. Aufgrund des Null-Spieler-Axioms beträgt die Shapley-Auszahlung für Spieler 2 nach Rückzug des ersten Spielers 0. In Anwesenheit des ersten Spielers hat Spieler 2 die Chance von 1/4, den Handschuh zum Preis von 4/5 zu kaufen. Also hat dieser Spieler die erwartete Auszahlung von $\frac{1}{4}\left(1-\frac{4}{5}\right)=\frac{1}{20}$. Mit Emerson können wir sagen, dass der hohe Preis des linken Handschuhs zusammen mit der relativ geringen Wahrscheinlichkeit von 1/4 die balancierenden Operationen sind, die für Abhängigkeitssymmetrie sorgen.

Man könnte bezweifeln, dass das Emerson-Myerson-Axiom auch für den Fall negativer Sanktionen gelten kann. Wenn ein Räuber (Spieler 1) eine Pistole an meinen (Spieler 2) Kopf hält, so scheint die Situation ganz und gar nicht balanciert. Und was könnte hier Zurückziehen bedeuten? Rückzug muss im Rahmen des gegebenen Spiels analysiert werden. Bei einem Marktspiel kann ein Spieler entscheiden, nicht teilzunehmen. Im „Geld-oder-Leben"-Spiel besteht diese Möglichkeit nicht. Rückzug heißt hier lediglich, sich der Zusammenarbeit zu verweigern und als Auszahlung den Wert der jeweiligen Ein-Spieler-Koalition zu erhalten.

Im vorliegenden Fall scheint zunächst $v(\{1,2\})=0$ plausibel. Ich gebe dem Räuber einen Geldbetrag G, sodass sein Gewinn mein Verlust ist. Die Auszahlungen betragen dann $Sh_1(v)=G$ und $Sh_2(v)=-G$. Pareto-Optimalität ist somit erfüllt.

Nun zu den Werten der Ein-Spieler-Koalitionen. Was ich allein erreichen kann ($v(\{2\})$), hängt davon ab, was der Räuber unternimmt, wenn ich fliehe. Falls ich das Geld nicht freiwillig übergebe, verletzt er mich vielleicht. Dann gilt $v(\{2\})=-V$, wobei $V>0$ für den „Wert" meiner Verletzung steht. Für den Räuber ist dieser Zusammenbruch der großen Koalition ebenfalls unangenehm. Er wird noch mehr Grund haben, eine Strafverfolgung zu befürchten. Deshalb soll $v(\{1\})=-S<0$ angenommen sein.

Jetzt wenden wir das „Wo wärst Du ohne mich"-Axiom an. Zwar kennen wir bereits die Shapley-Auszahlungen, aber die Beute ist bisher unbestimmt. Das Axiom führt zur Gleichheit der „Wo wärst Du ohne mich"-Drohungen:

$$Sh_1(v) - v(\{1\}) = Sh_2(v) - v(\{2\}).$$

Man erhält also $G - (-S) = -G - (-V)$ und somit $\tilde{G} = \frac{V-S}{2}$. Der Geldbetrag, den der Räuber mir abpressen kann, ist also umso größer, je größer meine Angst vor Verletzung und je geringer seine Angst vor Bestrafung sind.

II.3.6 Nichttransferierbarer Nutzen und Nash-Lösung

Bei nichttransferierbaren Nutzenwerten verwenden wir als Symbol für die Koalitionsfunktion V (anstelle von v im Falle transferierbaren Nutzens). V ordnet nun jeder Koalition $K \subseteq N$ eine Menge von Auszahlungsvektoren für die in K enthaltenen Spieler zu. Formal ist also $V(K)$ eine Menge von Nutzenvektoren mit jeweils $|K|$ Einträgen. Dabei setzt man $V(\varnothing) = \varnothing$ voraus. Auch für Koalitionen mit nichttransferierbarem Nutzen lassen sich eine Vielzahl von Lösungskonzepten definieren. Beispielsweise kann der Lösungskonzept „Kern" auch hier definiert werden.

Eines der berühmtesten Lösungskonzepte für Koalitionsfunktionen ohne transferierbaren Nutzen ist die Nash-Lösung (oder Nash-Verhandlungslösung). Sie hat mit dem Begriff des Nash-Gleichgewichtes, das in die nichtkooperative Spieltheorie gehört, außer dem Bezug zu John Nash, nichts zu tun.[4] Eine Besonderheit der Nash-Lösung besteht darin, dass die Auszahlungen $V(K)$, die Koalitionen K mit $1 < |K| < n$ erzielen können, keine Rolle spielen. Es kommt nur darauf an, was die große Koalition und die Einerkoalitionen erreichen können. Wir betrachten zunächst den Zwei-Spieler-Fall mit symmetrischen Gewichten und verallgemeinern später.

Die maximale Auszahlung $d_i \in V(\{i\})$, die ein einzelner Spieler i erreichen kann, gibt denjenigen Nutzen an, den dieser Spieler bei Abbruch der Verhandlungen erzielt. Unter diesen Wert wird er sich nicht drücken lassen. Der Vektor dieser Mindestauszahlungen wird mit $d = (d_1, d_2)$ bezeichnet und heißt Drohpunkt. Die Menge der Auszahlungsvektoren für die große Koalition $V(N)$ bezeichnet man in der Literatur häufig mit U. Für die Nash-Verhandlungslösung

---

4 Die hier folgenden Ausführungen sind durch Thomson (1994) und Peters (1992) inspiriert. Nash (1953) selbst hat seine Theorie für zwei Personen expliziert. Die Verallgemeinerung auf n Personen ist jedoch nicht schwer.

ist dann anstelle der gesamten Koalitionsfunktion ohne transferierbaren Nutzen lediglich das Tupel (U, d) relevant. Wir setzen im Folgenden $d \in U$ und sogar die Existenz eines Nutzenvektors $u = (u_1, u_2) \in U$ mit $u_1 > d_1$ und $u_2 > d_2$ voraus. Auch durch Verhandlungen ist also der Drohpunkt realisierbar und es gibt sogar einen Nutzenvektor u, den beide Spieler gegenüber dem Drohpunkt vorziehen. Im Falle von zwei Spielern ergibt sich ein Verhandlungsproblem wie in Abbildung II.3.1. Bricht die Verhandlung zusammen, erhalten die Spieler d. Als Ergebnis erfolgreicher Verhandlungen werden sie einen anderen Punkt realisieren, auf der U-Grenze nordöstlich von d.

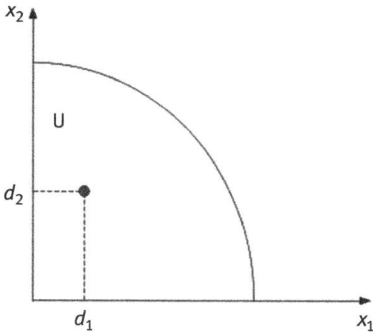

Abbildung II.3.1: Verhandlungsproblem für zwei Spieler.

Die symmetrische Nash-Verhandlungslösung lässt sich nun wiederum durch einen Algorithmus oder in Form einige Axiome definieren. Betrachten Sie für $(u_1, u_2) \in U$ das sogenannte Nash-Produkt

$$(u_1 - d_1)(u_2 - d_2).$$

Es beträgt null für $u_1 = d_1$ und ist negativ rechts unterhalb von d. Die symmetrische Nash-Verhandlungslösung $Na(U, d) = (Na_1(U, d), Na_2(U, d))$ ist derjenige Auszahlungsvektor, der das Nash-Produkt maximiert.[5] Abbildung II.3.2 illustriert.

---

5 Für die Existenz und die Eindeutigkeit dieses Maximums benötigt man einige Anforderungen, wie Konvexität und Abgeschlossenheit von U, die wir hier nicht vertiefen müssen.

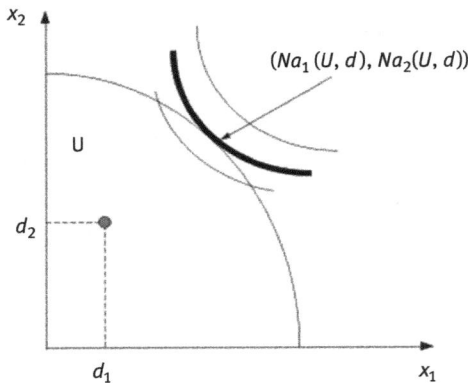

Abbildung II.3.2: Der Auszahlungsvektor, der das Nash-Produkt maximiert.

Nun zu den Axiomen dieses Algorithmus. Die symmetrische Nash-Verhandlungslösung ist das einzige Lösungskonzept $Lö$ auf der Menge aller Verhandlungsprobleme (U, d) bei vorgegebener Spielermenge $\{1, 2\}$, das die folgenden vier Axiome erfüllt:

Axiom 4. Das Lösungskonzept $Lö$ ist Pareto-optimal, d. h. für alle Zwei-Spieler-Verhandlungsprobleme (U, d) erfüllt der Auszahlungsvektor $(Lö_1((U, d)), Lö_2((U, d)))$ die zwei Bedingungen

- $(Lö_1(U, d), Lö_2(U, d)) \in U$ (Zulässigkeit) und
- $x_1 \geq Lö_1(U, d), x_2 \geq Lö_2(U, d), x \neq L(U, d)$ implizieren $(x_1, x_2) \notin U$ (Nichtblockade durch die große Koalition).

Axiom 5. Seien zwei Verhandlungsprobleme (U, d) und (U', d') symmetrisch zwischen den Spielern 1 und 2 in dem Sinne, dass die Nutzenwerte in den Verhandlungsmengen und den Drohpunkten vertauscht sind, so folgen $Lö_1(U', d') = Lö_2(U, d)$ und $Lö_2(U', d') = Lö_1(U, d)$.

Die Lösung darf also nicht von der Benennung der Spieler abhängen. Dieses Axiom gilt natürlich nicht für die später einzuführende asymmetrische Nash-Verhandlungslösung.

In Kapitel II.1 wurde ausgeführt, dass Entscheidungen zwischen Lotterien im Rahmen der von-Neumann-Morgenstern-Nutzentheorie nicht von affinen Transformationen der vNM-Nutzenfunktionen berührt werden. Dies motiviert das nächste Axiom:

Axiom 6. Unterwirft man für jeden Spieler $i = 1, 2$ dessen U-Komponente als auch d_i jeweils einer affinen Transformation, so sind auch die Auszahlungen unter dem Lösungskonzept $Lö$ der jeweiligen affinen Transformation zu unterwerfen.

Schließlich kommen wir zum vielleicht problematischsten Axiom, das von der Nash-Lösung erfüllt wird:

Axiom 7. Seien zwei Verhandlungsprobleme (U, d) und (U', d) mit $U' \subseteq U$ gegeben. Dann kann man aus $L\ddot{o}(U, d) \in U'$ auf $L\ddot{o}(U', d) = L\ddot{o}(U, d)$ schließen.

Falls sich bei einem Verhandlungsproblem eine bestimmte Verhandlungslösung ergibt, so sollte diese Verhandlungslösung also nach Möglichkeit auch dann weiter bestehen bleiben, wenn die Menge der erreichbaren Nutzenkombinationen kleiner wird. Betrachten wir dazu Abbildung II.3.3. Die Verhandlungsmenge U enthält die Menge U'. Der hervorgehobene Punkt ist die Lösung bei U und zugleich in U' enthalten. Die Auszahlungstupel, die sich über U' hinaus in U befinden, sind „irrelevant" und sollten daher die Lösung bei U' nicht beeinflussen, so die Aussage des Axioms. Ein intuitiver Einwand gegen das Axiom weist darauf hin, dass sich die Verhandlungsposition für Spieler 1 bei U' schlechter darstellt als bei U.

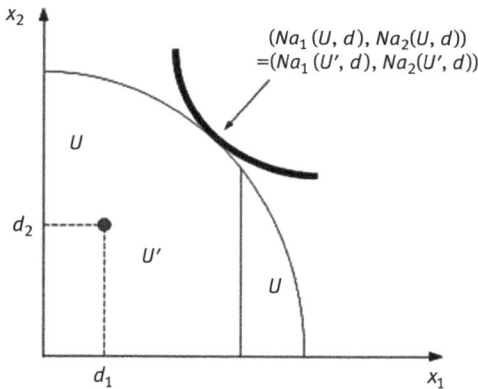

Abbildung II.3.3: Unabhängigkeit irrelevanter Alternativen.

Schließlich verallgemeinern wir einerseits die Verhandlungsprobleme, indem eine beliebige Anzahl von n Spielern vorausgesetzt wird. Ein Verhandlungsproblem (U, d) besteht dann aus einer Menge U von Auszahlungstupeln mit jeweils n Einträgen und d ist der Drohpunkt mit ebenfalls n Einträgen. Für diese Verhandlungsprobleme lässt sich die symmetrische Nash-Lösung wiederum durch Maximierung des Nash-Produktes (mit n anstelle von nur zwei Faktoren) definieren.

Für die asymmetrische Nash-Lösung ist ein Verhandlungsproblem durch ein Tripel (U, d, ω) definiert. Hierbei ist $\omega = (\omega_1, \ldots, \omega_n)$ ein Vektor von „Gewichten", die die „Verhandlungsmacht" der Spieler reflektieren. Wir nehmen an, dass die Gewichte nichtnegativ sind und dass mindestens eines positiv ist. Die Gewichte müssen sich nicht zu 1 ergänzen, man kann dies jedoch ohne Beschränkung der Allgemeinheit fordern. Die unterschiedliche Verhandlungsmacht kann auf verschiedene Faktoren zurückgehen. Kalai (1977) generiert die Asymmetrie zwischen zwei Spielern dadurch, dass einer der Spieler eine größere Familie repräsentiert als der andere. Der Verhandlungspartner mit der großen Familie hat dann ein größeres Gewicht. Vielleicht verhandelt er härter, weil sein Anteil durch viele Köpfe geteilt werden muss, oder er ist mächtiger, weil er eine größere Familie zur Unterstützung im Rücken hat. Bei Rubinstein (1982) stehen die Gewichte für die „Geduld" der Verhandler, falls es nicht sofort zu einem Vertragsabschluss kommt.

Die asymmetrische Nash-Lösung ist so definiert: Hat ein Spieler i das Gewicht null, so beträgt seine Nash-Auszahlung $Na_i(U, d, \omega) = d_i$. Spieler mit positiven Gewichten erhalten die Komponente desjenigen Auszahlungsvektors aus U, der jedem Spieler mindestens seine Drohauszahlung garantiert und darüber hinaus das Nash-Produkt

$$(u_1 - d_1)^{\omega_1}(u_2 - d_2)^{\omega_2} \cdot \ldots \cdot (u_n - d_n)^{\omega_n}$$

maximiert.

II.3.7 Lösungen auf Partitionen

Wir kehren nun zu transferierbaren Nutzenwerten zurück. Es gibt Varianten der Shapley-Lösung, bei denen die Spielermenge in bestimmter Weise strukturiert ist. In diesem Abschnitt widmen wir uns Lösungskonzepten auf einer Partition der Spieler, im nächsten geht es um Lösungskonzepte auf Netzwerken. Eine Partition meint eine Menge von Koalitionen so, dass jeder Spieler sich in genau einer dieser Koalitionen wiederfindet. Diese Koalitionen werden auch Komponenten der Partition genannt. Partitionen $\wp = \{S_1, S_2, \ldots, S_k\}$ von N sind also Mengen von Teilmengen S_j von N derart, dass (i) die Vereinigung all dieser Teilmengen gleich N ist und dass (ii) je zwei Teilmengen einen leeren Durchschnitt haben. Für $N = \{1, 2, 3, 4\}$ sind $\{\{1\}, \{2, 3, 4\}\}$ oder $\{\{1, 2\}, \{3\}, \{4\}\}$ Beispiele für Partitionen mit zwei bzw. drei Komponenten.

Zur Motivation betrachten wir das Handschuhspiel für $L = \{1\}$ und $R = \{2, 3\}$. Gegen die Shapley-Auszahlungen $(\frac{2}{3}, \frac{1}{6}, \frac{1}{6})$ könnte man einwenden, dass einer der Besitzer rechter Handschuhe (sagen wir Spieler 3) nicht zum Zuge kommt. Die miteinander handelnden Spieler bilden eine Komponente $\{1, 2\}$ und teilen den Wert des einen Handschuhs unter sich auf. Diese Sichtweise kann man als ex-post-Betrachtung ansehen. Als ex-ante-Lösung könnte man die Vorgehensweise von Shapley allerdings gut rechtfertigen: Die Spieler aus R losen aus, wer von ihnen den linken Handschuh kaufen darf. Die Shapley-Auszahlungen stellen dann die erwartete Auszahlung (vor der Zufallsentscheidung) dar.

In der Ex-post-Betrachtung arbeiten nur die Spieler innerhalb einer Komponente zusammen. Sie teilen den Wert ihrer Komponente untereinander auf. Dieses Axiom heißt Komponenten-Effizienz. Beispiele hierfür sind Marktteilnehmer, die in Austauschbeziehungen treten (wie die Handschuhbesitzer), oder auch Parteien, die eine Regierungskoalition bilden und die insgesamt verfügbaren Posten unter sich aufteilen, während die Opposition leer ausgeht. Die Aumann-Drèze-Lösung und die Außenoptions-Lösungen gehorchen dieser Komponenten-Effizienz.

Die von Aumann & Drèze (1974) vorgestellte Lösung ist nichts anderes als die Anwendung der Shapley-Lösung auf jede einzelne Komponente einer Partition. Innerhalb jeder Komponente sind die Werte der Koalitionen genau dieselben wie bei der ursprünglichen Koalitionsfunktion. Im oben diskutierten Handschuhspiel mit drei Spielern erhält man dann die Aumann-Drèze-Auszahlungen $AD\big(v_{\{1\},\{2,3\}}, \{\{1,2\},\{3\}\}\big) = \big(Sh_1\big(v_{\{1\},\{2\}}\big), Sh_2\big(v_{\{1\},\{2\}}\big), Sh_3\big(v_{\varnothing,\{3\}}\big)\big) = \big(\frac{1}{2}, \frac{1}{2}, 0\big)$.

Darüber hinaus gelten $AD\big(v_{\{1\},\{2,3\}}, \{\{1,2,3\}\}\big) = Sh\big(v_{\{1\},\{2,3\}}\big)$ und $AD\big(v_{\{1\}, \{2,3\}}, \{\{1\},\{2,3\}\}\big) = (0,0,0)$.

Die AD-Lösung ordnet also Spielern, die auf ihren Handschuhen „sitzen bleiben", die Auszahlung Null zu. Wenig intuitiv ist es jedoch, dass offenbar der Preis eines linken Handschuhs nicht vom Überangebot der rechten Handschuhe abhängt. Diesem Manko versuchen die sogenannten Außenoptions-Lösungen nach Wiese (2007) und Casajus (2009) (letzterer mit einer überzeugenden Axiomatisierung) abzuhelfen. Wie die AD-Lösung erfüllen sie Komponenten-Effizienz. In unserem Handschuhbeispiel $v_{\{1\},\{2,3\}}$ bringt bei der Partition $\{\{1,2\},\{3\}\}$ der überzählige rechte Handschuh dem dritten Spieler keine positive Auszahlung und die Spieler $1 \in L$ und $2 \in R$, die zusammen eine Komponente bilden, haben sich den Wert 1 zu teilen. Im Gegensatz zur AD-Lösung hängt diese Aufteilung jedoch von der Anzahl der sonstigen linken oder rechten Handschuhe ab. Die Außenoption, die Spieler 1 in Spieler 3 (außerhalb der Komponente) hat, führt zu einer höheren Auszahlung für Spieler 1 auf Kosten von Spieler 2.

Bei den bisherigen Interpretationen findet die Wertschaffung innerhalb der Komponenten statt. Alternativ kann man annehmen, dass die Spieler in Verhandlungen komponentenweise auftreten. Beispielsweise werfen Gewerkschaften die Dienste aller ihrer Mitglieder auf einmal in die Waagschale. Die Lösung nach Owen (1977) modelliert diese gemeinsamen Verhandlungen. Da trotz der komponentenweisen Verhandlung alle Spieler aus N gemeinsam produzieren, erfüllt diese Lösung Pareto-Optimalität. Die Auszahlungen sind dabei das Ergebnis eines zweistufigen Prozesses: Zunächst wird der Wert der großen Koalition unter den Komponenten aufgeteilt und anschließend weiter unter den Spielern jeder der Komponenten.

Algorithmisch lassen sich die Owen-Auszahlungen fast so wie die Shapley-Auszahlungen berechnen. Anstelle aller Reihenfolgen betrachtet man jedoch nur Reihenfolgen, die keine Komponente „zerreißen". Bei der Partition $\{\{1,2\},\{3\}\}$ hat man also anstelle von sechs Reihenfolgen nur vier: $(1,2,3)$, $(2,1,3)$, $(3,1,2)$, und $(3,2,1)$. Die Owen-Auszahlung ist der Durchschnitt der Summe der vier marginalen Beiträge. Bei der Koalitionsfunktion $v_{\{1\},\{2,3\}}$ ergibt sich der Auszahlungsvektor $Ow\big(v_{\{1\},\{2,3\}},\{\{1,2\},\{3\}\}\big)=(\frac{1}{2},\frac{1}{2},0)$, während die Koalitionsfunktion $v_{\{1,2\},\{3\}}$ die Owen-Auszahlungen $(\frac{1}{4},\frac{1}{4},\frac{1}{2})$ liefern. Die Owen-Lösung ist ebenfalls eine Verallgemeinerung der Shapley-Lösung, denn für jede Koalitionsfunktion v gilt $Ow(v,\{N\})=Ow(v,\{\{1\},\{2\},\dots,\{n\}\})=Sh(v)$.

Der Zusammenschluss zu Owen-Komponenten kann vorteilhaft für die Beteiligten sein, muss es aber nicht.

II.3.8 Lösungen auf Netzwerke

In diesem Abschnitt wird die Lösung nach Myerson (1977) eingeführt.[6] An die Stelle einer Partition im vorangehenden Abschnitt tritt nun ein Netzwerk. Es steht für Beziehungen, die zwischen je zwei Spielern bestehen können. Beispielsweise kennen sich die zwei Spieler und können daher in Kooperationsbeziehungen treten. Für drei Spieler sei das Netzwerk $\mathbb{G}=\{1-2,2-3\}=\{1-2-3\}$ gegeben. Spieler 2 ist also mit den beiden anderen Spielern verbunden. Die Spieler 1 und 3 sind nicht direkt verbunden, aber indirekt, vermittels Spieler 2. Der Algorithmus zur Bestimmung der Myerson-Auszahlungen besteht aus zwei Schritten. Zunächst wird die vorgegebene Koalitionsfunktion v durch das Netzwerk $\mathbb{G}$ modifiziert, so dass sich eine Netzwerk-Koalitionsfunktion $v^{\mathbb{G}}$ ergibt. Sodann wird auf diese neue Koalitionsfunktion die Shapley-Lösung angewandt. Insgesamt ergeben sich so die Myerson-Auszahlungen $My(v,\mathbb{G})$ in Abhängigkeit von der usrpünglichen Koalitionsfunktion und dem Netzwerk.

Auf der Basis einer Koalitionsfunktion v und eines Netzwerks $\mathbb{G}$ ist die Myerson-Koalitionsfunktion $v^{\mathbb{G}}$ auf folgende Weise definiert. Für eine Koalition $K\subseteq N$ bezeichne $K/\mathbb{G}$ diejenige Partition von K, deren Komponenten maximal sind unter der Einschränkung, dass all ihre Spieler direkt oder indirekt innerhalb von K miteinander verbunden sind. So erhält man für das Netzwerk $\mathbb{G}=\{1-2,2-3\}$

- einerseits $N/\mathbb{G} = \{N\}$ (denn indirekt sind auch die Spieler 1 und 3 durch Spieler $2 \in N$ verbunden),
- andererseits jedoch $\{1,3\}/\mathbb{G} = \{\{1\},\{3\}\}$ (innerhalb von $\{1,3\}$ sind die zwei Spieler unverbunden).

Allgemein ist $v^{\mathbb{G}}$ nun durch $v^{\mathbb{G}}(K) = \sum_{S \in K/\mathbb{G}} v(S)$ erklärt. Wir betrachten nun für drei Spieler die Koalitionsfunktion v mit

$$v(K) = \begin{cases} 0, & |K| = 1 \\ 24, & |K| = 2 \\ 24, & |K| = 3 \end{cases}.$$

Beim Netzwerk $\mathbb{G} = \{1-2, 2-3\}$ (von Bienenstock & Bonacich (1997: 57) als Drei-Personen-Kette bezeichnet) ergibt sich somit die Netzwerk-Koalitionsfunktion $v^{\mathbb{G}}$ mit den Koalitionswerten

$$v^{\mathbb{G}}(K) = \begin{cases} 24, & K = \{1,2\},\ K = \{2,3\} \\ 24, & K = \{1,2,3\} \\ 0, & \text{sonst} \end{cases}.$$

Die Shapley-Auszahlungen betragen $Sh(v^{\mathbb{G}}) = My(v,\mathbb{G}) = (4,16,4)$. Spieler 2 wird also für seine zentrale Position belohnt. Ohne ihn kann kein Wert geschaffen werden.

Die Myerson-Lösung erfüllt für Verbindungsabbruch Ähnliches wie die Shapley-Lösung für Rückzug. (i) Wird eine Verbindung zwischen zwei Spielern aus einem Netzwerk entfernt, so ändern sich die Myerson-Auszahlungen beider Spieler in gleicher Weise. (ii) Kappt ein Spieler i alle seine Verbindungen, so fügt er damit einem anderen Spieler j den gleichen Schaden (oder Nutzen) zu, wie umgekehrt i erleidet, wenn Spieler j alle seine direkten Verbindungen aus dem Netzwerk entfernt.

II.3.9 Endogenisierung von Netzwerken

Das durch

$$a(K) = \begin{cases} 1, & 1 \in K \text{ und } |K| \geq 2 \\ 1, & K = \{2,3,4,5\} \\ 0, & \text{sonst} \end{cases}$$

erklärte Apex-Spiel kann als Abstimmungsspiel interpretiert werden. Die große Partei 1 benötigt nur eine weitere kleine Partei zur Regierungsbildung. Die vier kleinen Parteien können ebenfalls die Regierung stellen. Die Bildung der großen Koalition, die beim (leeren!) Kern oder bei der Shapley-Lösung vorausgesetzt wird, ist wenig plausibel.

Aumann & Myerson (1988) haben im Rahmen eines extensiven Verbindungsspiels dargelegt, wie sich der Zusammenschluss der vier kleinen Parteien ergibt. Dazu werden in einer bestimmten Reihenfolge (die letztlich unwichtig ist) alle Paare von Spielern aufgefordert, eine Verbindung herzustellen oder dieses zu unterlassen. Die Verbindung kommt nur dann zustande, wenn beide Spieler dies wünschen. Eine bereits bestehende Verbindung kann jedoch nicht wieder aufgelöst werden. Die Reihenfolge wird dabei immer wiederholt, bis keine neuen Verbindungen zustande kommen. Dabei gilt: Wenn ein Spieler 2, der bereits mit Spieler 1 verbunden ist, sich auch mit Spieler 3 verbindet, kann Spieler 1 dies nicht verhindern. Dann sind die drei Spieler in einer Dreier-Komponente vollständig untereinander verbunden. Auf diese Weise ergeben sich Komponenten, deren Spieler vollständig verbunden sind.

Unter Verzicht auf ganz genaue Modellierung soll dieses Ergebnis hier nun begründet werden. Dazu seien zunächst relevante Myerson-Auszahlungen, die aus den oben beschriebenen Netzwerken resultieren und gleich den Aumann-Drèze-Auszahlungen für die sich ergebenden Partitionen sind, notiert:

Partition $\wp$	Auszahlung $AD(a, \wp)$
$\{\{1\}, \{2, 3, 4, 5\}\}$	$\left(0, \frac{1}{4}, \frac{1}{4}, \frac{1}{4}, \frac{1}{4}\right)$
$\{\{1, 2\}, \{3, 4, 5\}\}$	$\left(\frac{1}{2}, \frac{1}{2}, 0, 0, 0\right)$
$\{\{1, 2, 3\}, \{4, 5\}\}$	$\left(\frac{2}{3}, \frac{1}{6}, \frac{1}{6}, 0, 0\right)$
$\{\{1, 2, 3, 4\}, \{5\}\}$	$\left(\frac{3}{4}, \frac{1}{12}, \frac{1}{12}, \frac{1}{12}, 0\right)$
$\{\{1, 2, 3, 4, 5\}\}$	$\left(\frac{3}{5}, \frac{1}{10}, \frac{1}{10}, \frac{1}{10}, \frac{1}{10}\right)$

In der zweiten Zeile dieser Tabelle sind die Spieler 1 und 2 notwendig für die Erreichung des Wertes 1. Daher stellt sich Spieler 1 hier nicht besser als Spieler 2. Betrachtet man jedoch beispielsweise die Komponente $\{1, 2, 3\}$ (dritte Zeile), so hat hier Spieler 1 eine größere Wahrscheinlichkeit, den marginalen Beitrag von 1 zu erzeugen, nämlich in 2/3 aller Reihenfolgen dieser drei Spieler.

Interessant ist nun, dass sich Spieler 1 am besten stellt, wenn er genau drei kleinere Spieler um sich versammelt.

Aber die Komponente $\{1, 2, 3, 4\}$ wird sich bei Rückwärtsinduktion nicht ergeben, weil die drei kleinen Spieler Interesse daran haben, den vierten kleinen Spieler hinzuzunehmen $(1/10 > 1/12)$. Dies vorhersehend, hat kein Mitglied der
Komponente $\{1, 2, 3\}$ Interesse daran, einen weiteren kleinen Spieler aufzunehmen
$(2/3 > 3/5$ und $1/6 > 1/10)$. Wenn der mächtige Spieler beteiligt ist, wäre diese
Dreier-Komponente auch das Ergebnis bei Rückwärtsinduktion, weil der
mächtige Spieler nicht allein mit einem kleinen Spieler eine Gewinnkoalition
bilden möchte; einen zweiten hinzuzunehmen erhöht seine Auszahlung von
$1/2$ auf $2/3$. Wenn (!) der große Spieler bei der Gewinnkoalition dabei ist,
kommt es also zu den Auszahlungen $\left(\frac{2}{3}, \frac{1}{6}, \frac{1}{6}, 0, 0\right)$. Die kleinen Spieler können
sich jedoch besserstellen, indem sie jede Verbindung mit dem großen Spieler
ablehnen und untereinander Verbindungen aufbauen. Dann ergibt sich der
Auszahlungsvektor $\left(0, \frac{1}{4}, \frac{1}{4}, \frac{1}{4}, \frac{1}{4}\right)$.

II.3.10 Rückblick: Nichtkooperative versus kooperative Spieltheorie

Wie im vorangehenden Kapitel II.2 ausgeführt wurde, ist die nichtkooperative
Spieltheorie aktions- und strategieorientiert. Sie ist daher ein unentbehrlicher
Bestandteil eines Lehrbuchs zur Rational-Choice-Theorie. Dagegen werden die
Handlungen der Spieler in der kooperativen Spieltheorie nicht direkt modelliert. Anders als in der nichtkooperativen Spieltheorie haben Ziele und Maxi-
mierungskalküle hier keinen Platz. Indirekt können Handlungen allerdings
insofern eine Rolle spielen, als man sich hinter der Koalitionsfunktion einen sozialen Sachverhalt denkt und bei der Interpretation der Auszahlungen auf Aktionen der Spieler hinweist.

An die Stelle der Strategieorientierung der nichtkooperativen Spieltheorie tritt
die Auszahlungsorientierung der kooperativen Spieltheorie. Zur Abgrenzung von
kooperativer und nichtkooperativer Spieltheorie liest man häufig diesen Satz, bis-
weilen sogar mit „Definition" überschrieben: „Ein kooperatives Spiel ist ein Spiel,
bei dem die Spieler verbindliche Absprachen treffen können, im Gegensatz zum
nichtkooperativen Spiel, in dem sie dies nicht können." Dieser Satz ist wenig hilfreich. Denn Absprachen zu treffen ist eine Handlung, die – wie alle anderen Handlungen auch – in der kooperativen Spieltheorie nicht vorkommen kann. Lediglich
in der nichtkooperativen Spieltheorie könnte es die Handlung „Absprache treffen"
geben. Der Grund für den Ausschluss von Absprachen in der nichtkooperativen
Spieltheorie im obigen Zitat ist eher in den Anforderungen an die dort verwendeten Lösungskonzepte zu suchen. Das muss hier jedoch nicht ausgeführt werden.

Die obige Abgrenzung der kooperativen von der nichtkooperativen Spieltheorie ist auch insofern unglücklich, als sie suggeriert, es gäbe eine Spieltheorie, die sich dann in zwei Zweige aufgliedert. Der Autor hält es dagegen für besser, kooperative und nichtkooperative Spieltheorie nicht als Spezialfälle einer einzigen Spieltheorie anzusehen, sondern von zwei eigenständigen Spieltheorien auszugehen.

Trotz der betonten Unterschiede können sich die strategieorientierte Spieltheorie und die auszahlungsorientierte Spieltheorie gegenseitig befruchten. So fragt man in der strategieorientierten Spieltheorie danach, ob die Strategien zu Pareto-effizienten Auszahlungen führen. Umgekehrt stellt man in der auszahlungsorientierten Spieltheorie oft die Frage, ob es ein zur Koalitionsfunktion passendes strategieorientiertes Spiel gibt, das im Gleichgewicht zu denselben Auszahlungen führt wie ein bestimmtes Lösungskonzept der auszahlungsorientierten Spieltheorie. Diese Fragestellungen (insbesondere die zweite) sind Gegenstand des sogenannten Nash-Programms. Ein sehr schönes Beispiel liefert Rubinstein (1982).

Verwendet man das Wort Spieltheorie ohne weiteres Adjektiv, ist in aller Regel die strategieorientierte (nichtkooperative) Spieltheorie gemeint. Warum ist es eigentlich sinnvoll, sich neben dieser auch mit der auszahlungsorientierten Spieltheorie zu befassen? Schließlich kommen Auszahlungen auch in der strategieorientierten Spieltheorie vor. Insbesondere interessiert man sich für die Auszahlungen der einzelnen Spieler, wenn diese sich entsprechend einem (eventuell eindeutig bestimmten) Gleichgewicht verhalten. Umgekehrt werden Aktionen und Strategien in der auszahlungsorientierten Spieltheorie nicht modelliert oder gar ermittelt.

Warum sollte man also neben der nichtkooperativen auch die kooperative Spieltheorie zur Anwendung bringen? In der nichtkooperativen Spieltheorie ist sehr detailliert zu beschreiben, welche Aktionen den Spielern in genau welcher Reihenfolge offenstehen und was sie über vorangehende Aktionen wissen. Kooperative Spieltheorie kann dagegen Aussagen über Auszahlungen auch dann treffen, wenn diese Aspekte relativ ungeklärt sind. Allerdings, und auch das ist keinesfalls immer leicht, hat man in der kooperativen Spieltheorie die Werte aller Koalitionen zu bestimmen.

Kooperative und nichtkooperative Spieltheorie müssen schließlich keinesfalls alternativ zum Einsatz kommen. Oft sind gerade hybride Modelle interessant. So kann man nichtkooperative Spiele betrachten, bei denen die Auszahlungen den Lösungskonzepten auf Partitionen oder Netzwerken entnommen sind. Die Strategien der Spieler (z. B. die Wünsche bestimmten AD-Komponenten oder Owen-Komponenten anzugehören oder bestimmte Beziehungen zu anderen Spielern einzugehen) bestimmen dabei die sich ergebenden Partitionen oder Netzwerke. Die Wahl der Strategien lässt sich dabei aus den in der nichtkooperativen Spieltheorie behandelten Lösungskonzepten (teilweise) vorhersagen. Auf diese Weise haben Soziologen

Instrumente zur Hand, die zur theoretischen Bestimmung sozialer Strukturen geeignet sein können (siehe Abschnitt 9).

Literatur

Aumann, R. & J. Drèze, 1974: Cooperative Games with Coalition Structures. International Journal of Game Theory 3: 217–237.
Aumann, R.J. & R.B. Myerson, 1988: Endogenous Formation of Links Between Players and of Coalitions: An Application of the Shapley Value. S. 175–191 in: A.E. Roth (Hrsg.), The Shapley Value. Cambridge: Cambridge University Press.
Bienenstock, E.J. & P. Bonacich, 1997: Network Exchange as a Cooperative Game. Rationality and Society 9: 37–65.
Casajus, A., 2009: Outside Options, Component Efficiency, and Stability. Games and Economic Behavior 65: 49–61.
Casajus, A. & F. Huettner, 2014: On a Class of Solidarity Values. European Journal of Operational Research 236: 583–591.
Casasjus, A. & H. Wiese, 2001: Pareto-Optimalität. das wirtschaftsstudium 30: 1541–1547, 1559.
Edgeworth, F.Y., 1881: Mathematical Psychics: An Essay on the Application of Mathematics to the Moral Sciences. London: C. Kegan Paul & Co.
Emerson, R.M., 1962: Power-Dependence Relations. American Sociological Review 27: 31–41.
Gilles, R.P., 2010: The Cooperative Game Theory of Networks and Hierarchies. Berlin: Springer.
Gillies, D., 1959: Solutions to General Non-Zero-Sum Games. Annals of Mathematics 40: 47–87.
Kalai, E., 1977: Nonsymmetric Nash Solutions and Replications of 2-Person Bargaining. International Journal of Game Theory 6: 129–133.
Myerson, R.B., 1977: Graphs and Cooperation in Games. Mathematics of Operations Research 2: 225–229.
Myerson, R.B., 1980: Conference Structures and Fair Allocation Rules. International Journal of Game Theory 9: 169–182.
Nash, J., 1953: Two-Person Cooperative Games. Economica 21: 128–140.
Nowak, A. S. & T. Radzik, 1994: A Solidarity Value for n-Person Transferable Utility Games. International Journal of Game Theory 23: 43–48.
Owen, G., 1977: Values of Games with a Priori Unions. S. 76–88 in: R. Henn & O. Moeschlin (Hrsg.), Essays in Mathematical Economics & Game Theory. Berlin: Springer.
Peters, H.J.M., 1992: Axiomatic Bargaining Game Theory. Dordrecht: Kluwer Academic Publishers.
Rubinstein, A., 1982: Perfect Equilibrium in a Bargaining Model. Econometrica 50: 97–109.
Shapley, L.S., 1953: A Value for n-Person Games. S. 307–317 in: H.W. Kuhn & A.W. Tucker (Hrsg.), Contributions to the Theory of Games. Volume II. Princeton: Princeton University Press.
Slikker, M. & A. van den Nouweland, 2001: Social and Economic Networks in Cooperative Game Theory. Berlin: Springer.
Thomson, W., 1994: Cooperative Models of Bargaining. S. 1237–1284 in: R.J. Aumann & S. Hart (Hrsg.), Handbook of Game Theory with Economic Applications. Volume 2. Amsterdam: North-Holland.
Wiese, H., 2005: Kooperative Spieltheorie. München: Oldenbourg.
Wiese, H., 2007: Measuring the Power of Parties within Government Coalitions. International Game Theory Review 9: 307–322.

Sascha Grehl
II.4 Verhaltensökonomik und Begrenzte Rationalität

II.4.1 Einleitung

In diesem Kapitel beschäftigen wir uns mit der Verhaltensökonomik (*behavioral economics*) oder, etwas allgemeiner formuliert, mit den verhaltensorientierten Sozialwissenschaften (*behavioral social sciences*) sowie den Theorien der begrenzten Rationalität (*theories of bounded rationality*). Ihren Ursprung haben beide Ansätze in einer Unzufriedenheit ihrer Anhänger mit der klassischen Rational-Choice-Theorie (RCT) sowie deren verschiedenen Spielarten. Diese Unzufriedenheit liegt, auf den Punkt gebracht, darin begründet, dass die RCT von den Anhängern beider Ansätze hinsichtlich ihres deskriptiven, explanativen sowie prognostischen Gehalts als mangelhaft oder zumindest als verbesserungswürdig angesehen wird.

So wird beispielsweise kritisiert, dass den Akteuren übermenschliche kognitive Fähigkeiten unterstellt (Simon 1955) oder psychologische Grundlagen nicht ausreichend beachtet werden (Thaler 1980). Als Belege führen die Anhänger dieser Ansätze eine Vielzahl von Studien an, bei denen die Annahmen und Prognosen der RCT systematisch im Widerspruch zum beobachteten Verhalten realer Akteure (Menschen) stehen (vgl. Kapitel IV.1).

Obwohl sich beide Ansätze direkt oder indirekt mit der RCT und Alternativen dazu auseinandersetzen, unterscheiden sie sich grundlegend voneinander. Während sich die Theorien der begrenzten Rationalität vornehmlich mit der Konstruktion von alternativen Handlungstheorien beschäftigen, in denen die Akteure – dem Namen des Ansatzes folgend – als kognitiv eingeschränkte Entscheider (vgl. Simon 1957) modelliert werden, befasst sich die Verhaltensökonomik mit nahezu allen Aspekten des menschlichen Entscheidungsverhaltens.

Hinsichtlich dieser Aspekte können grob drei Forschungsschwerpunkte unterschieden werden: Erstens setzt sich die Verhaltensökonomik ebenso wie die Theorien der begrenzten Rationalität mit den realen Entscheidungsprozessen der Akteure auseinander und versucht, diese empirisch zu ergründen und theoretisch zu modellieren. Hierbei werden jedoch neben kognitiven Limitierungen auch Faktoren wie die Gewichtung von objektiven Wahrscheinlichkeiten (Kahneman & Tversky 1979) oder spezielle *Beliefs* der Akteure (Nagel 1995) berücksichtigt.

Zweitens jene Literatur, welche versucht, allgemeingültige Aussagen über die Präferenzen der Akteure zu treffen und diese mittels mathematischer Modelle abzubilden. Bekannte Beispiele hierfür sind Präferenzen für den Status

https://doi.org/10.1515/9783110673616-007

quo (Kahneman & Tversky 1979), soziale Präferenzen (Fehr & Schmidt 1999; Dufwenberg & Kirchsteiger 2004) sowie zeitinstabile Präferenzen (Laibson 1997). Darüber hinaus können hierzu auch jene Arbeiten gezählt werden, welche die Existenz solcher universellen Präferenzen mittels sozialer wie biologischer Faktoren zu erklären versuchen (vgl. Nowak & Sigmund 1998; Boyd et al. 2003).

Drittens gibt es eher explorative Arbeiten, die der Frage nachgehen, wie die menschlichen Entscheidungsprozesse durch anderweitige Faktoren beeinflusst werden, welche sich nicht (oder jedenfalls nicht in absehbarer Zukunft) in ein universales entscheidungstheoretisches Modell integrieren lassen. Beispiele sind etwa biologische Faktoren wie der Hormonspiegel (Apicella et al. 2008; Burnham 2007; Kosfeld et al. 2005; Caplin & Dean 2008) sowie das Geschlecht (Gneezy et al. 2003; Niederle & Vesterlund 2007; Chen et al. 2013) des Entscheiders oder situative Faktoren wie Priming (Vohs 2015; Cohn & Maréchal 2016), der Status der Akteure (Ball & Eckel 1998; Tutić & Grehl 2018) oder Zeitdruck (Reutskaja et al. 2011).

Das restliche Kapitel stellt einige dieser Forschungsschwerpunkte vor. Der folgende Abschnitt widmet sich zunächst den empirischen Befunden bezüglich der Gültigkeit der RCT und den (unterschiedlichen) theoretischen Implikationen, welche die Anhänger beider Ansätze daraus ziehen. Anschließend wenden wir uns alternativen Erklärungsmodellen für Entscheidungen unter Sicherheit und Unsicherheit sowie für strategische Entscheidungen zu. Abschließend betrachten wir jene Literatur, welche sich mit den Präferenzen der Akteure beschäftigt.[1]

II.4.2 Empirische Befunde und theoretische Implikationen

In diesem Abschnitt beschäftigen wir uns zunächst und in aller Kürze mit den empirischen Befunden der RCT, um anschließend die Implikationen, welche die Anhänger der Verhaltensökonomik sowie der Theorien der begrenzten Rationalität daraus ziehen, zu beleuchten. Die empirischen Ergebnisse hinsichtlich der Gültigkeit der RCT können dabei wie folgt zusammengefasst werden: Zwar existiert eine Vielzahl von Studien, die darauf hindeuten, dass reale Akteure im Allgemeinen den Annahmen gehorchen und sich ihre Prognosen bewähren (vgl. Binmore 2007). Allerdings gibt es ebenfalls genügend Beispiele, in der selbst gegen die grundlegendsten

---

1 Obgleich die Literatur, welche sich mit der Exploration von bisher unberücksichtigten Entscheidungsfaktoren beschäftigt, eine wichtige Inspirationsquelle für die theoretische Weiterentwicklung alternativer Handlungsmodelle ist, wird sie, aufgrund ihrer rein empirischen Ausrichtung, in diesem Kapitel keine weitere Rolle spielen.

Annahmen der RCT, wie etwa die Transitivitätsannahme (May 1954; Tversky 1969; Loomes et al. 1991) oder die Unabhängigkeitsannahmen der ordinalen (Huber et al. 1982) sowie der kardinalen Nutzentheorie (Allais 1979; Tversky & Kahneman 1981), verstoßen wird (vgl. Kapitel IV.1).

Während diese und andere Anomalien von den Anhängern der Verhaltens-ökonomik sowie der Theorien der begrenzten Rationalität zumeist als ein ernsthaftes Problem für die RCT angesehen werden, relativieren die Verfechter der klassischen RCT die Relevanz solcher Befunde. So betonen sie etwa, dass es sich bei diesen Anomalien nur um unsystematische Fehler einer vernachlässigbar kleinen Minderheit handelt, welche sich in der Summe schon gegenseitig nivellieren werden (Hernes 1992), oder diese Abweichungen verschwinden sollten, sofern die Entscheidungssituationen ausreichend einfach, die Akteure entsprechend erfahren und die Anreize hinlänglich hoch sind, um rationales, d. h. RCT-konformes, Verhalten zu motivieren (Binmore 1999).

In der Tat sollten diese Einwände bei der Beurteilung von Anomalien berücksichtigt werden, denn es gibt eine Reihe von Beispielen, in denen die Diskrepanzen zwischen Vorhersage und Beobachtung, gegeben der eben genannten Bedingungen, verschwinden können (vgl. List 2011; Binmore 2007). Allerdings lassen sich auf diese Weise nicht alle Anomalien auflösen. So existieren Studien, die zeigen, dass ein nicht vernachlässigbarer Teil der Probanden oder mitunter gar die Mehrheit solch RCT-deviantes Verhalten aufweist (May 1954; Tversky & Kahneman 1981) und weder Erfahrung (Nagel & Tang 1998; Capra et al. 1999) noch hohe (materielle) Anreize (Rapoport et al. 2003; Diekmann 2004), geschweige denn die Simplizität der Entscheidungssituation (Costa-Gomes & Crawford 2006; Chou et al. 2009), daran etwas zu ändern vermögen.

Bis heute ist die Debatte bezüglich der Tragweite solcher Befunde für die (uneingeschränkte) Gültigkeit der RCT nicht endgültig abgeschlossen (vgl. Levine 2012; Binmore 2007). Im Folgenden wollen wir diese Diskussion jedoch nicht weiter fortführen und die Idee (vorläufig) akzeptieren, dass die RCT nicht in jeder Situation eine adäquate Beschreibung der empirischen Wirklichkeit darstellt und dementsprechend alternative Modellierungen einen Mehrwert für die Sozialwissenschaften liefern können. Bevor wir jedoch auf einzelne Modellierungen näher eingehen, wollen wir uns zunächst den unterschiedlichen Zielen und Methoden zuwenden, welche mit diesen alternativen Modellen verfolgt werden.

Hinsichtlich der Ziele lassen sich zwei Teilforderungen innerhalb der Literatur unterscheiden: Erstens besteht die Forderung, den prognostischen Gehalt der Theorie unmittelbar zu erhöhen, welcher meist anhand des statistischen „fits" des alternativen Modells gegenüber dem RCT-Modell gemessen wird (vgl. McKelvey & Palfrey 1995). Zweitens gibt es die grundlegendere Forderung, den deskriptiven Gehalt der handlungstheoretischen Modelle zu erhöhen, indem vereinfachende Annahmen kritisch betrachtet und Modelle stärker an der Wirklichkeit orientiert werden (Simon 1957).

Dieser zweiten Forderung wird von den Vertretern der klassischen RCT gelegentlich mit dem sogenannten As-if-Argument von Milton Friedman (1953) begegnet, wonach der deskriptive Gehalt der Annahmen einer Theorie bei der Beurteilung ihrer Güte eher nachrangig sei. Dies wird damit begründet, dass die Annahmen eines Modells ultimativ immer vereinfachend und somit empirisch falsch seien. Da sich darüber hinaus die Frage, ab wann eine Theorie realistisch genug ist, nicht abschließend beantworten lässt, sollten Theorien deswegen vor allem danach bewertet werden, wie viele Hypothesen (Prognosen) sich aus ihnen ableiten lassen und wie viele sich davon als empirisch haltbar erweisen (vgl. auch Harsanyi 1977). Obwohl Friedman (1953) damit einen wichtigen Punkt verdeutlicht, kann diese Kritik jedoch insoweit als verfehlt gelten, als dass der deskriptive Gehalt der Annahmen von den meisten Anhängern der hier betrachteten Ansätze nicht als reiner Selbstzweck betrachtet wird, sondern als unumgängliche Voraussetzung für einen verbesserten prognostischen sowie insbesondere auch explanativen Gehalt der Theorie (vgl. Rabin 1998; Opp 1999).[2]

Während das erste Ziel des verbesserten prognostischen Gehalts von den Anhängern beider Ansätze mittel- oder unmittelbar geteilt wird, gibt es jedoch erhebliche Unterschiede, welche Bedeutung man dem zweiten Ziel zukommen lässt. Vereinfachend lässt sich sagen, dass die Anhänger der Theorien der begrenzten Rationalität diesem Punkt, bedingt durch den Fokus auf realistische Entscheidungsprozesse, einen höheren Stellenwert zukommen lassen als die Anhänger der Verhaltensökonomik.

Auch hinsichtlich der methodologischen Zugänge kann festgestellt werden, dass sich beide Ansätze voneinander unterscheiden. So bemerkt etwa Mallard (2016), dass die Basis der Verhaltensökonomik meist klassische RCT-Modelle bilden, welche durch psychologische Erkenntnisse bereichert und modifiziert werden, wohingegen die Theorien der begrenzten Rationalität, ausgehend von psychologischen Grundlagen und mittels ökonomischer Techniken, fundamental neue Modelle entwickeln. Dabei gilt zu beachten, dass die Grenze zwischen beiden Ansätzen nicht immer eindeutig bestimmbar ist, da selbst innerhalb ein und desselben Ansatzes unterschiedliche methodologische Zugänge zu finden sind.[3] Drei dieser Aspekte erscheinen dabei besonders lohnenswert, näher betrachtet zu werden.

---

2 Schließlich ist nach Hempel & Oppenheim (1948) die wahrheitsgemäße Beschreibung der Wirklichkeiten eine der empirischen Adäquatheitsbedingungen für eine korrekte Kausalerklärung.
3 Zu den unterschiedlichen Zielen und Definitionen der Theorien der begrenzten Rationalität siehe etwa Rubinstein (1998: Kapitel 11).

Die erste Unterscheidungslinie läuft entlang der Konzepte von substanzieller und prozeduraler Rationalität (Simon 1976). Während die substanzielle Rationalität kennzeichnet, dass der Entscheidungsprozess als quasi augenblicklich ablaufend aufgefasst und daher (wie in der RCT) durch eine Gleichung angegeben werden kann, zeichnet sich prozedurale Rationalität gerade dadurch aus, dass der Auswahlprozess in vielen Teilschritten erfolgt, welche einzeln und nacheinander ausgeführt werden. Demnach lassen sich Entscheidungsprozesse eher durch Ablaufdiagramme oder Algorithmen darstellen (z. B. Gigerenzer & Goldstein 1996).

Mit diesem Aspekt verwandt (jedoch nicht identisch) ist der Streit über das Festhalten an der Optimierungsannahme. So existiert eine Reihe von Modellen, in denen zwar die Akteure als kognitiv begrenzt angesehen werden, ihnen jedoch weiterhin eine Maximierung ihrer Präferenzrelation unterstellt wird (z. B. Aumann & Sorin 1989). Andere Autoren wie etwa Selten (2002) lehnen diese Annahme entschieden ab und kritisieren die paradoxe Situation, dass solche Modelle durch das Festhalten am Optimierungsansatz und der Aufnahme zusätzlicher Parameter, welche die kognitiven Beschränkungen der Akteure widerspiegeln sollen, ungleich komplexer für die Akteure zu lösen sind als die der klassischen RCT. Demnach kann der mangelnde Realismus der RCT nicht einfach dadurch überwunden werden, dass die klassische Idee der Optimierung unter Randbedingungen durch eine weitere Nebenbedingung, nämlich die der kognitiven Beschränkungen der handelnden Akteure, erweitert wird.

Ein dritter methodologischer und äußert wichtiger Punkt betrifft den (axiomatischen) Formalisierungsgrad der Modelle und damit indirekt das Vorhandensein einer präzisen Messtheorie (vgl. Tutić 2015). Während die RCT mit WARP (vgl. Kapitel II.1) über ein präzises Kriterium verfügt, welches ermöglicht, die beobachteten Handlungen eines Akteurs in RCT-konformes und -nonkonformes Verhalten zu kategorisieren, können nicht alle alternativen Modellierungen von sich behaupten, diese formale Rigidität aufrechterhalten zu haben. Damit einher geht der Fakt, dass solche Modelle Gefahr laufen in einem strengen Sinne mehr oder weniger nicht falsifizierbar zu sein (vgl. Binmore & Shaked 2010).

Während die Anhänger der Verhaltensökonomik, wie schon erwähnt, die Modelle der RCT meist nur modifizieren und/oder durch zusätzliche Annahmen bereichern wollen, halten sie demzufolge überwiegend an der substanziellen Rationalität sowie dem Optimierungsgedanken fest. Dahingegen lehnt der Großteil der Anhänger der begrenzten Rationalität diese beiden Punkte ab. Was den

Formalismus betrifft, so kann festgestellt werden, dass sich in beiden Ansätzen Vertreter sowohl der einen als auch der anderen Position finden.[4]

Im Folgenden wollen wir uns nun konkreten Modellen zuwenden. Dabei sei an dieser Stelle darauf hingewiesen, dass hier nicht der triumphale Siegeszug der Verhaltensökonomik sowie der Theorien der begrenzten Rationalität gegenüber der RCT nachgezeichnet werden soll. Stattdessen soll dieses Kapitel dazu anregen, sich mit den vorgestellten Modellierungen kritisch auseinanderzusetzen. Der geneigte Leser ist dazu angehalten, über die Stärken und Schwächen der einzelnen Modelle nachzudenken und insbesondere die Beziehungen der Modelle untereinander und zur realen Welt zu beleuchten. Ziel ist demnach, mittels der Auseinandersetzung mit diesen Modellen – ganz im Sinne Robert Aumanns (1985) – zu einem tieferen Verständnis über die Wirklichkeit zu gelangen.

II.4.3 Alternative Modelle bei Entscheidungen unter Sicherheit

In diesem Abschnitt behandeln wir Entscheidungen unter Sicherheit. Ein konkretes Entscheidungsproblem D sei eine nicht leere Teilmenge der Menge aller Alternativen (Konsequenzen) $X = \{x_1, x_2, \ldots, x_i, \ldots\}$ oder anders ausgedrückt $D \in P(X) = 2^X \setminus \{\varnothing\}$. Wie aus Kapitel II.1 bekannt, nimmt man in der klassischen Entscheidungstheorie an, dass die Akteure eine vollständige und transitive Präferenzrelation $\gtrsim$ auf X besitzen, welche eine Entscheidungsfunktion $C^{\gtrsim} : P(X) \to X$ dergestalt induziert, dass der Akteur für alle $D \in P(X)$ ein $\gtrsim$-optimales $C(D)$ wählt.

Eine weitere Annahme, welche das Handeln der Akteure charakterisiert, ist die Invarianzannahme. Diese besagt, dass das beobachtete Verhalten $C(D)$ einzig und allein von den Präferenzen $\succsim$ sowie den Opportunitäten D abhängen sollte. Andere Aspekte, etwa die Art und Weise wie D präsentiert wird, sollten sich demnach nicht auf $C(D)$ auswirken. Diese Annahme ist so grundlegend für die Entscheidungstheorie, dass sie oftmals bei der Charakterisierung gar nicht explizit genannt und vielmehr implizit als gegeben vorausgesetzt wird (Tversky & Kahneman 1986; Arrow 1982).

---

4 Beispiele für eher formale sowie informale Modelle finden sich etwa bei Gilboa & Schmeidler (1989) sowie Kahneman & Tversky (1979) als Vertreter der Verhaltensökonomik und bei Rubinstein (1998) sowie Gigerenzer & Selten (2002) als Vertreter der Theorien der begrenzten Rationalität.

Sowohl für die Invarianzannahme (Tversky & Kahneman 1981; Huber et al. 1982; Liberman et al. 2004) als auch für die Transitivitätsannahme (Tversky 1969; Bar-Hillel & Margalit 1988; Loomes et al. 1991), welche beide sehr zentrale Annahmen der Entscheidungstheorie sind, existiert eine Vielzahl von empirischen Belegen, bei denen reale Akteure gegen diese verstoßen. Im Folgenden sollen drei Modelle vorgestellt werden, welche diese Anomalien zu erklären versuchen.

Satisficing

Wir beginnen unsere Betrachtung mit der von Herbert Simon (1955) vorgeschlagenen Satisficing-Prozedur, welche wohl eine der bekanntesten alternativen Entscheidungsprozeduren zum tradierten RC-Ansatz ist. Die Satisficing-Prozedur verdeutlicht sehr gut die Grundgedanken der Theorien der begrenzten Rationalität, indem den Akteuren sowohl bei der Wahrnehmung der Alternativen als auch bei deren Bewertung enge kognitive Grenzen gesetzt werden. Demnach sind Akteure beim Entscheiden gar nicht in der Lage, alle ihre Alternativen D gleichzeitig zu erfassen, sondern können diese nur nacheinander in einer gewissen Reihenfolge wahrnehmen. Darüber hinaus besitzen die Akteure keine komplette Präferenzordnung über alle möglichen Konsequenzen, sondern unterteilen die Alternativen in wenige Kategorien: zum Beispiel in ausreichend sowie nicht ausreichend befriedigende Alternativen.

Etwas präziser und in Anlehnung an Rubinstein (1998) lässt sich die Satisficing-Prozedur wie folgt definieren: Jeder Akteur ist durch ein Paar (O, S) charakterisiert, für welches gilt, dass $O \subset X \times X$ eine lineare Ordnung auf X und S eine Teilmenge von X ist. O beschreibt hierbei die Vorstellung, dass die Alternativen von dem Akteur in einer bestimmten Reihenfolge wahrgenommen werden. S beschreibt die Teilmenge all jener Handlungskonsequenzen, die für den Akteur ausreichend befriedigend sind. In einem Entscheidungsproblem D wählt der Akteur nun entweder das erste Element aus D (gegeben der Reihenfolge O), welches ebenfalls in der Menge der befriedigenden Alternativen S liegt, oder, falls es keine solche befriedigende Alternative gibt ($D \cap S = \emptyset$), das letzte Element des Entscheidungsproblems D. Der Akteur muss also zu keinem Zeitpunkt das ganze Entscheidungsproblem D bewerten, sondern nacheinander immer nur eine einzige Alternative. Lehnt er diese ab, wird ihm solange die nächste Alternative präsentiert bis ihm die aktuell präsentierte Alternative ausreichend befriedigend erscheint oder er die letzte Alternative erreicht und diese wählt.

Es kann gezeigt werden (vgl. Rubinstein 1998: 11), dass es ein Paar (O, S) gibt, so dass für alle $D \in P(X)$ die empirisch beobachtete Entscheidungsfunktion

$C(D)$ gerade der theoretisch induzierten Entscheidungsfunktion $C^{(O,S)}(D)$ entspricht, sofern $C(\cdot)$ die Eigenschaft der Unabhängigkeit irrelevanter Alternativen (IIA-O – vgl. Kapitel II.1) erfüllt. Mit anderen Worten: Wir können das Verhalten eines Akteurs, dessen beobachtetes Verhalten IIA-O genügt, ebenso gut mit der Satisficing-Prozedur erklären wie mit der tradierten RCT.

Man beachte, dass dies nur gilt, wenn sowohl O als auch S die ganze Zeit konstant gehalten werden. Während es aus methodologischer Sicht nahe liegt, S ähnlich wie Präferenzen als stabil zu betrachten (vgl. Kapitel I.2), muss dies jedoch keineswegs für O gelten. Wird O variiert, ist leicht zu sehen, dass die beobachtete Entscheidungsfunktion $C(\cdot)$ die Eigenschaften der Invarianz verletzen kann, etwa weil das erste Element in O einmal die befriedigende Alternative x_1 und einmal die befriedigende Alternative x_2 ist. Dies muss jedoch keine Schwäche sein, da die Satisficing-Prozedur somit prinzipiell in der Lage ist, eine bestimmte Art von Verstößen gegen die Invarianzannahme zu erklären, nämlich jene, die aufgrund der Anordnung entstehen und in denen zuerst wahrgenommene Alternativen bevorzugt werden (vgl. Anderson 1973; Mantonakis et al. 2009).

Es bleibt anzumerken, dass es Simon (1955) bei der Konstruktion dieser Satisficing-Prozedur weniger darum ging, diese Prozedur als eine vollwertige Alternative gegenüber der klassischen RCT zu etablieren, als viel mehr zu verdeutlichen, dass der Konstruktion von alternativen Modellen, welche nur mit einer sehr eingeschränkten Rationalität der Akteure arbeiten, prinzipiell nichts im Wege steht und diese Modelle darüber hinaus zu empirisch gehaltvollen Hypothesen führen können.

Neben Reihenfolgeeffekten gibt es eine Fülle von weiteren empirischen Beobachtungen, in denen gezeigt wurde, dass die Art und Weise wie ein Entscheidungsproblem präsentiert wird, das Entscheidungsverhalten der Akteure maßgeblich beeinflussen kann (vgl. Tversky & Kahneman 1981). Solche Effekte werden allgemein unter dem Begriff *Framing* zusammengefasst (vgl. Kapitel IV.1; Kapitel IV.2).

Lexikographische Halbordnung

Eine der fundamentalen Annahmen der RCT ist, dass Akteure auf den zur Auswahl stehenden Handlungsalternativen eine einzige Präferenzrelation besitzen, welche sie gegeben der Restriktionen zu maximieren versuchen. Durch die Forderung nach Transitivität dieser Präferenzrelation ist ausgeschlossen, dass es bei multiplen Entscheidungen zwischen verschiedenen (binären) Entscheidungsproblemen zu zyklischen Entscheidungsmustern der Art kommt, dass zunächst x gegenüber y, dann y gegenüber z und schließlich z gegenüber x präferiert wird. Jedoch gibt es eine Vielzahl von Studien (Loomes et al. 1991; Rubinstein 2013), in denen die Wahl der Akteure in einem beträchtlichen Maße solche intransitiven Zyklen aufzeigen.

In diesem Zusammenhang fiel Tversky (1969) auf, dass diese intransitiven Zyklen kein reines Produkt des Zufalls waren, sondern es systematische Bedingungen gibt, welche das Auftreten von Verletzungen der Transitivitätsannahme wahrscheinlicher machen. So traten diese Zyklen vor allem dann auf, wenn die Alternativen (etwa Wohnungen) sich nach verschiedenen Kriterien (wie Preis, Größe und Lage) bewerten lassen und keine der Alternativen eine andere Pareto-dominierte (also in allen Kriterien mindestens gleich gut und in einer sogar besser war). Anscheinend hatten die Probanden Probleme, die unterschiedlichen Kriterien auf eine einzige Dimension (die von der RCT postulierte Präferenzordnung $\geq$) zu reduzieren und waren daher außer Stande die unterschiedlichen Konsequenzen kohärent zu ordnen.

Zur Erklärung dieser Beobachtung verwendet Tversky (1969) lexikographische Halbordnungen (*lexicographic semiorders*). Die Grundidee dieses Ansatzes lässt sich wie folgt beschreiben: Akteure bewerten verschiedene Alternativen lexikographisch, d. h. anhand mehrerer Kriterien, welche in einer strengen Rangfolge stehen, die sich aus der Wichtigkeit der einzelnen Kriterien für den Entscheider ergibt. Ist im Falle einer Wohnungswahl die Rangfolge der Kriterien etwa Preis, Größe und Lage, so werden zunächst all diejenigen Alternativen als ungeeignet verworfen, welche teurer als die günstigste Wohnung sind. Sind nach Anwendung des ersten Kriteriums noch zwei oder mehr Alternativen übrig, so wird das nächste Kriterium (in diesem Fall die Größe) zum Vergleich der verbliebenen Wohnungen herangezogen und gegebenenfalls werden weitere Alternativen verworfen. Dabei wird so lange fortgefahren bis entweder nur noch eine Alternative übrig ist oder das letzte Kriterium erreicht wurde. Die Elimination ungeeigneter Alternativen erfolgt also sequentiell über mehrere Runden, wobei spätere Kriterien nur dann zum Vergleich der übrig gebliebenen Alternativen herangezogen werden, wenn vorherige Kriterien keine eindeutige Lösung liefern konnten.[5]

Die Verwendung von lexikographischen Präferenzen allein kann jedoch noch keine zyklischen Entscheidungen erklären. Darüber hinaus führt diese Art

---

5 Tversky (1972) selbst schlägt in einem anderen Aufsatz eine weitere Modellierung vor, welche ohne strenge Reihenfolge der Kriterien auskommt: So könnte stattdessen jedes Kriterium über eine Gewichtung verfügen, welche die Wahrscheinlichkeit bestimmt, dass es in jeder Runde des Auswahlprozesses zum Vergleich der Alternativen herangezogen wird. Dies führt allerdings dazu, dass $C(D)$ aufgrund der Zufälligkeit der Reihenfolge der Kriterien selbst für ein fixes D variieren kann.

von Präferenzen zu einer realweltlich unplausiblen Implikation: Bezogen auf das Beispiel der Wohnungswahl würde ein Akteur etwa eine Wohnung mit 50 m^2 und schlechter Lage einer Wohnung mit 250 m^2 und guter Lage immer vorziehen, solange sie nur einen Cent günstiger ist. Daher erweitert Tversky (1969) dieses Modell um das Konzept der Halbordnungen (Luce 1956). Vereinfachend besagt die Verwendung einer Halbordnung, dass Akteure bei der Bewertung unterschiedlicher Alternativen nicht beliebig genau diskriminieren wollen oder können. Alternativen können also nur dann als unterschiedlich (d. h. als besser oder schlechter) wahrgenommen werden, wenn der Unterschied zwischen den Alternativen oberhalb einer gewissen Wahrnehmungsschwelle liegt.

Obwohl Tversky diese Idee schon Ende der 1960er Jahre formulierte, gelang die axiomatische Charakterisierung dieser Entscheidungsfunktion (analog zur klassischen Charakterisierung der RCT-Entscheidungsfunktion) erst etwa 50 Jahre später Manzini & Mariotti (2012). Die Autoren konnten zeigen, dass eine Entscheidungsfunktion, sofern sie die Eigenschaft der Reduzierbarkeit erfüllt, was als eine schwächere Version von IIA-O verstanden werden kann (Manzini & Mariotti 2012: 11f.), als Entscheidung mit lexikographischen Halbordnungen aufgefasst werden kann.

Mit diesem Modell können nun auch der Transitivitätsannahme widersprechende Beobachtungen erklärt werden. Darüber hinaus führen die Autoren auch eine Methode an, wie die lexikographische Halbordnung bei gegebenen beobachteten Entscheidungen rekonstruiert werden kann. Dabei gilt zu beachten, dass nicht jedes beliebige Verhalten erklärt werden kann, sondern nur solches, das die Eigenschaft der Reduzierbarkeit erfüllt.

II.4.4 Alternative Modelle bei Entscheidungen unter Unsicherheit

In diesem Abschnitt behandeln wir Entscheidungen unter Unsicherheit. Der Einfachheit halber werden nur monetäre Konsequenzen betrachtet. Zusätzlich werden bei der Darstellung von Lotterien jene Kombinationen weggelassen, welche entweder unmöglich eintreten können ($p_j = 0$) oder die neutrale Konsequenz ($x_0 = 0$) enthalten. Demnach gilt: $\left(x_1, \frac{3}{10} ; x_2, 0; 0, \frac{7}{10} \right) = \left(x_1, \frac{3}{10} \right)$.

Eines der bekanntesten Probleme der klassischen Erwartungsnutzentheorie stellt das Allais-Paradox dar (Allais 1979). In einer vereinfachten Variante werden Probanden zunächst vor die Wahl zwischen den zwei Lotterien $L_1 = \left(4000, \frac{4}{5} \right)$ und $L_2 = (3000, 1)$ und anschießend vor die Wahl zwischen $L_3 = \left(4000, \frac{1}{5} \right)$ und $L_4 = \left(3000, \frac{1}{4} \right)$ gestellt, wobei die Konsequenzen Geldbeträge darstellen.

Offenbart eine Person die Präferenz $L_1 \prec L_2$, so muss aufgrund des Unabhängigkeitsaxioms (vgl. Kapitel II.1) für diese Person ebenfalls $L_3 \prec L_4$ gelten. Nach Kahneman & Tversky (1979), von denen auch das präsentierte Beispiel stammt, wählten jedoch über die Hälfte ihrer Probanden sowohl $L_1 \prec L_2$ als auch $L_3 \succ L_4$ und verletzten somit direkt das Unabhängigkeitsaxiom.

Im Folgenden sollen zwei unterschiedliche Modelle vorgestellt werden, welche ohne Unabhängigkeitsaxiom auskommen und daher Erklärungen für das Allais-Paradox liefern können.

Prospect-Theorie

Wir beginnen unsere Betrachtung mit der Prospect-Theorie von Kahneman & Tversky (1979), dem ersten von einem relativ breiten Publikum beachteten und rezipierten Modell, welches die klassische Erwartungsnutzentheorie auf Grundlage von psychologischen Erkenntnissen zu modifizieren versuchte (Wakker 2010: 5).[6]

Kahneman & Tversky (1979) postulieren in ihrer Arbeit, dass der Entscheidungsprozess sich in zwei Phasen gliedert und vor der eigentlichen Handlungswahl ein Prozess stattfindet, den sie *Editing* nennen. Bei diesem führen die Akteure eine Vielzahl von unterschiedlichen Operationen mit dem Ziel, die Entscheidungsmenge vor der eigentlichen Bewertung der Alternativen einzuschränken und zu vereinfachen, aus (Kahneman & Tversky 1979: 274 f.). Exemplarisch sollen an dieser Stelle zwei Operationen beschrieben werden. *Coding* ist die wichtigste und zentralste Operation der Prospect-Theorie. Ihr liegt der Gedanke zugrunde, dass Akteure Handlungskonsequenzen immer als Veränderungen gegenüber einem Referenzpunkt x_0 bewerten. Als Referenzpunkt dient hierbei meist der Status quo (d. h. die Situation vor der Entscheidung), dieser kann allerdings durch äußere Umstände (wie etwa Framing) beeinflusst werden. Positive Veränderungen gegenüber dem Referenzpunkt werden als *Gains*, negative Veränderungen als *Losses* bezeichnet. Eine weitere Operation ist *Segregation*, welche besagt, dass Lotterien, die ausschließlich aus *Gains* oder ausschließlich aus *Losses* bestehen (diese Art von Lotterien werden von den Autoren als irregulär bezeichnet), in eine sichere Konsequenz und in eine unsichere Lotterie aufgeteilt werden. Die Lotterie $\left(100, \frac{1}{2}; 300, \frac{1}{2}\right)$ lässt sich damit in den sicheren *Gain* von 100 und die Lotterie $\left(0, \frac{1}{2}; 200, \frac{1}{2}\right)$ teilen.

---

6 Hier wird ausschließlich die frühe Version von Kahneman & Tversky aus dem Jahr 1979 behandelt. Einige Autoren (vgl. Wakker 2010) bezeichnen so auch die später weiterentwickelte Version dieser Theorie, welche jedoch von Tversky & Kahneman (1992) selbst Kumulative Prospect-Theorie (*cumulative prospect theory*) genannt wird.

Im Anschluss an das *Editing* werden die nun verbliebenen und möglicherweise durch den *Editing*-Prozess veränderten Lotterien evaluiert. Dabei wird jede Konsequenz x_j durch eine Wertefunktion v und jede Wahrscheinlichkeit p_j durch eine Gewichtungsfunktion π transformiert. Anschließend wird eine Art Erwartungsnutzenwert, welchen die Autoren *Value* nennen, für jede Alternative berechnet und jene gewählt, welche den maximalen *Value V* besitzt.

Die Wertefunktion $v : X \to \mathbb{R}$ ordnet jeder Konsequenz (unter Berücksichtigung des Referenzpunktes x_0) eine reelle Zahl zu, so dass $\forall x, y \in X : x \geq y \Leftrightarrow v(x) \geq v(y)$ sowie $v(x_0) = 0$ gilt. Daraus folgt, dass *Gains* einen positiven und *Losses* einen negativen Wert für $v(\cdot)$ aufweisen müssen. Darüber hinaus weist v noch ein paar qualitative Beschränkungen auf. So führen positive ebenso wie negative Veränderungen nahe des Referenzpunktes zu einer stärkeren Veränderung von v als weiter entfernt vom Referenzpunkt. Den Akteuren wird also unterstellt, dass sie auf Veränderungen nahe des Referenzpunktes sensitiver reagieren. Technisch gesprochen ist die Wertefunktion v strikt konkav im Fall von *Gains*, im Fall von *Losses* jedoch strikt konvex. Des Weiteren gilt, dass die Wertefunktion steiler für Verluste als für Gewinne ist (*loss aversion*) oder, anders ausgedrückt, ein Verlust schwerer wiegt als ein Gewinn in gleicher Höhe (siehe Abbildung II.4.1 (a)).

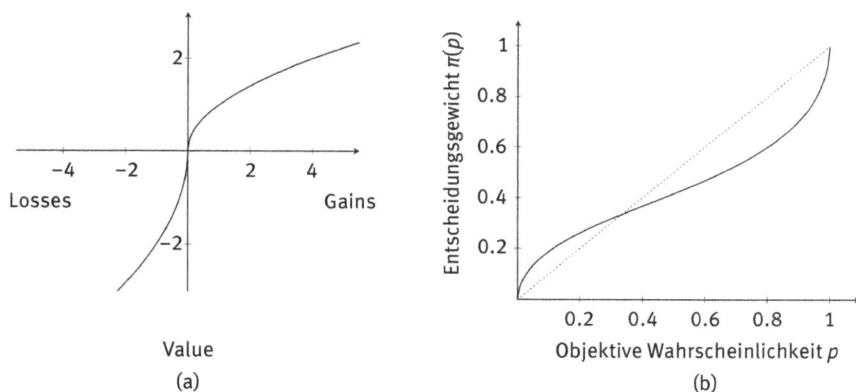

Abbildung II.4.1: (a) Hypothetische Wertefunktion v und (b) hypothetische Gewichtungsfunktion π.

Anders als in der klassischen Erwartungsnutzentheorie üblich, werden die Risikopräferenzen der Akteure nicht allein via $v(\cdot)$ (bzw. $u(\cdot)$ in der RCT) modelliert, sondern zusätzlich über eine Gewichtungsfunktion π. Die Gewichtungsfunktion $\pi : p \to \mathbb{R}^+$ transformiert die Wahrscheinlichkeiten in sogenannte Entscheidungsge-

wichte (*decision weights*), welche nach Kahneman & Tversky (1979: 280) ausdrück-
lich keine Wahrscheinlichkeiten darstellen und sich daher nicht zwangsläufig
zu 1 aufsummieren müssen. Es gilt jedoch, dass π monoton wachsend in p ist
und $\pi(0) = 0$ sowie $\pi(1) = 1$ erfüllt. Kahneman & Tversky (1979) postulieren
nun folgende systematische Verzerrung der objektiven Wahrscheinlichkeiten
durch die Akteure: Während kleine Wahrscheinlichkeiten übergewichtet werden
(*possibility effect*), erhalten große Wahrscheinlichkeiten zu wenig Gewicht (*cer-
tainty effect*).[7] Dabei sind Über- und Untergewichtung an den Extrempunkten
nahe 0 und 1 am stärksten (siehe Abbildung II.4.1 (b)). Demnach sollten Akteure
eher bereit sein, für eine Veränderung der Wahrscheinlichkeit, eine Million Euro
zu gewinnen, von 0 auf 0,1 bzw. von 0,9 auf 1 zu bezahlen, als für eine Veränderung von 0,1 auf 0,2 bzw. von 0,8 auf 0,9.

Der *Value* einer Lotterie $(x_1, p_1; x_2, p_2)$ berechnet sich nun wie folgt: ist die
Lotterie regulär ($p_1 + p_2 < 1$ oder $x_1 \geq 0 \geq x_2$ oder $x_1 \leq 0 \leq x_2$):

$$V(x_1, p_1; x_2, p_2) = \pi(p_1)v(x_1) + \pi(p_2)v(x_2)$$

und für den Fall, dass sie irregulär ist ($p_1 + p_2 = 1$ und entweder $x_1 > x_2 > 0$ oder
$x_1 < x_2 < 0$):

$$V(x_1, p_1; x_2, p_2) = v(x_2) + \pi(p_1)[v(x_1) - v(x_2)]$$

Ein Akteur präferiert strikt L_a gegenüber L_b dann und nur dann, wenn gilt
$V(L_a) > V(L_b)$. Dass für die Berechnung des *Values* zwei Gleichungen angegeben werden, liegt in der *Segregation*-Operation begründet, wonach Akteure irre-
guläre Lotterien in risikolose und risikobehaftete Komponenten unterteilen.
Beide Gleichungen wären äquivalent, wenn das *expectation principle* ($\pi(p) = p$
für alle $p \in [0,1]$) gelten würde. Da dies jedoch nach Kahneman & Tversky (1979)
keineswegs der Fall sein muss, können diese Gleichungen zu unterschiedlichen
Ergebnissen führen.

Verwenden wir nun die Prospect-Theorie, um das Allais-Paradox aufzulösen. Angenommen wir beobachten $L_1 \prec L_2$ sowie $L_3 \succ L_4$, so folgt daraus
$\pi(0,8)v(4000) < \pi(1)v(3000)$ und $\pi(0,2)v(4000) > \pi(0,25)v(3000)$. Durch Um-
stellung beider Ungleichungen erhält man $\frac{\pi(0,8)}{\pi(1)} < \frac{v(3000)}{v(4000)}$ und $\frac{\pi(0,2)}{\pi(0,25)} > \frac{v(3000)}{v(4000)}$ und
damit $\frac{\pi(0,8)}{\pi(1)} = \pi(0,8) < \frac{\pi(0,2)}{\pi(0,25)}$. Diese Ungleichung ist wahr, da laut Prospect-Theorie
einerseits gilt, dass große Wahrscheinlichkeiten untergewichtet werden (d. h.
$\pi(0,8) < 0,8$) und andererseits, dass kleine Wahrscheinlichkeiten umso stärker

---

7 Aus der Monotonie von π folgt, dass es ein p geben muss, an dem aus der Übergewichtung
der Wahrscheinlichkeiten eine Untergewichtung werden muss. In einer späteren Arbeit geben
Tversky & Kahneman (1992) diesen Punkt für die meisten Menschen mit etwa $\frac{1}{3}$ an.

übergewichtet werden, desto kleiner sie sind und demnach $0,8 < \frac{\pi(0,2)}{\pi(0,25)}$ gelten muss.

Mithilfe dieser Theorie können neben dem Allais-Paradox noch weitere, für die klassische RCT problematische Beobachtungen (vgl. Kapitel IV.1) wie der Besitztumseffekt (*endownment effect*) oder der Versunkene-Kosten-Effekt (*sunk cost effect*) erklärt werden (Thaler 1980). Darüber hinaus ist es problemlos möglich zu erklären, warum ein und dieselbe Person einerseits Versicherungen abschließt (da sie risikoavers im *Loss*-Bereich ist) und andererseits Lotterielose kauft (da sie risikofreudig im *Gain*-Bereich ist).

Allerdings weist auch die Prospect-Theorie, wie den Autoren schon selbst bewusst war (Kahneman & Tversky 1979: 288 f.), eine Reihe von Schwächen auf. So kann dieses Modell nur für relativ einfache Lotterien mit wenigen Konsequenzen und mit objektiv bekannten Wahrscheinlichkeiten (Entscheidungen unter Risiko) angewandt werden. Darüber hinaus wurde kritisiert, dass der *Editing*-Prozess quasi atheoretisch dem eigentlichen Entscheidungsmodell vorangestellt und nicht in das eigentliche Entscheidungsmodell integriert wurde (Wakker 2010: 5 ff.). Auf diesen *Editing*-Prozess kann jedoch in der Prospect-Theorie nicht verzichtet werden, da sonst nicht ausgeschlossen ist, dass es zu Verletzungen wünschenswerter Eigenschaften wie der Berücksichtigung von stochastischer Dominanz kommen kann (Wakker 2010: 193 ff.).

Als Ausblick sei noch auf zwei interessante Weiterentwicklungen der Idee der Wahrscheinlichkeitsgewichtung verwiesen. Diese stammen von Quiggin (1982), für Entscheidungen unter Risiko, und Schmeidler (1989), für Entscheidungen unter Ungewissheit, und sind unter dem Namen Rang-Abhängige-Erwartungsnutzentheorie (*rank-dependent expected utility*) in die Literatur eingegangen. Die radikale Idee dieser Ansätze ist, dass für zwei Wahrscheinlichkeiten $p_i = p_j$ nicht zwangsläufig auch $\pi(p_i) = \pi(p_j)$ gelten müsse, da $\pi(p_i)$ nicht nur allein von p_i abhängt, sondern von der gesamten Wahrscheinlichkeitsverteilung der Lotterie sowie von x_i und der relativen Platzierung dieser Konsequenz im Vergleich zu allen anderen Konsequenzen der Lotterie. Diese Modelle erlauben es, auf die Unabhängigkeitsannahme (und auf die *Editing*-Operationen) zu verzichten, ohne dabei weder die wünschenswerten Eigenschaften der Transitivität noch der Dominanz zu verletzen. Aufbauend auf diesen Arbeiten entwickelten Tversky & Kahneman (1992) ihre Kumulative Prospect-Theorie, eine Weiterentwicklung der hier präsentierten Version der Prospect-Theorie.

Ähnlichkeitsrelationen (similarity relations)

Eine andere Erklärung für das Allais-Paradox liefert Rubinstein (1988), welcher die mit dem Konzept der Halbordnung verwandte Idee der Ähnlichkeitsrelation verwendet. Er definiert eine Ähnlichkeitsrelation als eine binäre Relation $\sim_A$ auf einer Menge $A = [0,1]$, die sowohl symmetrisch als auch stetig ist und die drei weitere Eigenschaften erfüllt, welche Rubinstein (1988: 148) Betweenness, Nicht-Degeneriertheit sowie Reaktionsfähigkeit nennt. $a_1 \sim_A a_2$ drückt hierbei den Umstand aus, dass die beiden Element $a_1, a_2 \in A$ sich ausreichend ähnlich sind. Diese Ähnlichkeitsrelation kann sowohl auf die Wahrscheinlichkeit p als auch auf die Nutzenfunktion u angewandt werden. Betrachten wir dazu degenerierte Lotterien, bei denen mit Wahrscheinlichkeit p die Auszahlung x und mit der Gegenwahrscheinlichkeit $1-p$ die Auszahlung 0 (der Status quo) realisiert wird.

Akteure die nun vor der Wahl zwischen den Lotterien $L_1 = (x_1, p_1)$ und $L_2 = (x_2, p_2)$ stehen, durchlaufen einen dreistufigen Entscheidungsprozess: (a) Zunächst überprüfen die Entscheider auf Dominanz: Gilt sowohl $u(x_1) > u(x_2)$ als auch $p_1 > p_2$ (L_1 verspricht demnach die nützlichere und wahrscheinlichere Konsequenz), so wird L_1 präferiert. (b) Führt die erste Stufe nicht schon zu einer Entscheidung, so werden die Alternativen auf Ähnlichkeit zwischen $u(x_1)$ und $u(x_2)$ sowie zwischen p_1 und p_2 hin überprüft. Findet der Akteur eine ausreichende Ähnlichkeit in genau einer dieser Dimensionen, so trifft er seine Entscheidung anhand jener Dimension, in der sich die Lotterien nicht ähneln. Formal: Wenn $p_1 \sim_p p_2$, $u(x_1) \not\sim_u u(x_2)$ und $u(x_1) > u(x_2)$, dann $L_1 \succ L_2$ oder wenn $u(x_1) \sim_u u(x_2)$, $p_1 \not\sim_p p_2$, und $p_1 > p_2$, dann $L_1 \succ L_2$. (c) Falls die beiden ersten Stufen nicht zu einer Entscheidung geführt haben, so trifft er seine Entscheidung anhand eines anderen Kriteriums.

Eine mögliche Interpretation dieses Modells wäre, dass Akteure zunächst in Schritt (a) und (b) versuchen, eine Entscheidung auf Basis einer möglichst einfachen Daumenregel zu treffen und dabei gewisse Unschärfen in Kauf nehmen. Erst wenn dies zu keiner eindeutigen Entscheidung führt, wird in Schritt (c) eine (kostenintensive) rationale Abwägung gemäß RCT durchgeführt. Demnach wäre ein Akteur durch das Tripel $(\gtrsim, \sim_p, \sim_x)$ definiert.

Bezogen auf das Allais-Paradox könnte somit die Entscheidung $L_1 \prec L_2$ als eine rationale Abwägung unter Schritt (c) der oben angeführten Prozedur betrachtet werden, da weder Schritt (a) noch Schritt (b) zu einer Entscheidung führen, wenn angenommen wird, dass $1 \not\sim_p 0,8$ und $u(3000) \not\sim_u u(4000)$ gilt. Nehmen wir darüber hinaus $0,2 \sim_p 0,25$ an, so wird L_3 gegenüber L_4 aufgrund von Stufe (b) bevorzugt.

II.4.5 Alternative Modelle der Spieltheorie

Dieser Abschnitt beschäftigt sich mit alternativen Modellierungen zur klassischen Spieltheorie. Dazu sollen im Folgenden drei alternative Modellierungen vorgestellt werden.

Quantal-Response-Gleichgewicht

Wir beginnen unsere Betrachtung mit dem Quantal-Response-Gleichgewicht (*quantal response equilibrium*, QRE) von McKelvey & Palfrey (1995). Das QRE bewahrt die der klassischen Spieltheorie zugrundeliegende Struktur, bereichert den Entscheidungsprozess jedoch um einen stochastischen Aspekt, indem angenommen wird, dass die Akteure zufällige Fehler ε bei der Wahrnehmung der Erwartungsnutzen ihrer Strategien machen. Ein Akteur i wählt demnach nicht mehr zwangsläufig jene Strategie, welche seinen Erwartungsnutzen maximiert (seine beste Antwort), sondern jene, welche den scheinbar höchsten (d. h. durch ε verzerrten) Erwartungsnutzen hat. Somit entspricht das Verhalten der Akteure im QRE keiner Besten-Antwort- sondern einer Scheinbar-Besten-Antwort-Funktion (*quantal response function*). Analog zum Nash-Gleichgewicht bildet sich ein QRE, wenn die Akteure ihre Strategien so wählen, dass kein Akteur ein Interesse hat, von seiner scheinbar besten Antwort einseitig abzuweichen.

Je nachdem, wie die Fehlerterme genau spezifiziert werden, ergeben sich unterschiedliche Gleichgewichte. In einer der gängigsten Spezifikationen, dem Logit-QRE (LQRE), werden die Fehlerterme mittels einer Extremwertverteilung modelliert ($\varepsilon \overset{iid}{\sim} E(\mu, \lambda)$), für die gilt, dass der Erwartungswert μ der Fehler gerade 0 ist (McKelvey & Palfrey 1995: 11 ff.). Die Wahrscheinlichkeit p_{is}^*, dass ein Akteur i eine seiner reinen Strategien $s \in S_i$ wählen wird, beträgt im LQRE genau

$$p_{is}^* = \frac{e^{\lambda Eu_i\left(s, p_{-i}^*\right)}}{\sum_{s' \in S_i} e^{\lambda Eu_i\left(s', p_{-i}^*\right)}}.$$

p_{-i}^* bezeichnet hierbei die gleichgewichtigen Wahrscheinlichkeitsverteilungen aller anderen Akteure auf ihren Strategien. Der Streuungsparameter λ der Extremwertverteilung kann hierbei als eine Art Rationalitätsmaß aufgefasst werden. Bei $\lambda = 0$ wären die Akteure maximal irrational, da die unendlich großen Wahrnehmungsfehler dazu führen würden, dass die (endlichen) Unterschiede zwischen den Erwartungsnutzen unterschiedlicher Strategien unbedeutend werden würden und somit alle Strategien mit gleicher Wahrscheinlichkeit gewählt werden sollten.

Nimmt der Wert von λ zu, so werden auch die Wahrnehmungsfehler kleiner und die wahren Erwartungsnutzen werden umso wichtiger. Dabei gilt, dass eine Abweichung von der besten Antwort umso unwahrscheinlicher ist, je kostspieliger diese sind. Gilt im Extremfall $\lambda = \infty$, so werden die Fehler unendlich klein und die Akteure verhalten sich rational, d. h. entsprechend den Vorhersagen der klassischen RCT. McKelvey & Palfrey (1995) lassen explizit die Möglichkeit offen, dass λ nicht fix ist, sondern mit wachsender Erfahrung der Akteure zunehmen kann und somit Lernen wie auch eine Annäherung an das Nash-Gleichgewicht möglich sind.

Diese Modellierung kann eindeutig zur Verhaltensökonomik gezählt werden kann, da sie vor allem darauf abzielt, den prognostischen Gehalt des Modells zu steigern, ohne jedoch die tatsächlichen Entscheidungsprozesse der Akteure zu berücksichtigen. So hat die Tatsache, dass das LQRE wohl der am häufigsten verwendete Vertreter des QRE ist, weniger damit zu tun, dass realen Akteuren exakt in dieser Form Wahrnehmungsfehler unterlaufen, als vielmehr mit der Tatsache, dass das LQRE sowohl anwendungstechnisch wie auch statistisch einige Vorteile bietet, etwa seine relativ einfache Berechnung mittels des Maximum-Likelihood-Schätzers.

Theorien der kognitiven Hierarchien

Während in der Entscheidungstheorie der normative Gehalt der RCT selbst von den Anhängern der Verhaltensökonomik nicht in Frage gestellt wird (vgl. Thaler 1980), gilt dies nicht für die Spieltheorie. So kann die RCT nur Antworten darauf liefern, wie sich ein völlig rationaler Akteur verhalten sollte, gegeben der Annahme der *Common Knowledge of Rationality* (CKR), dass alle Akteure vollkommen rational sind und dies unter allen Beteiligten *Common Knowledge* ist; nicht aber auf die Frage, wie ein Akteur sich verhalten sollte, wenn er CKR anzweifelt (vgl. Goeree & Holt 2001; Diekmann 2009). Dabei kann die CKR-Annahme auf vielfältige Weise verletzt sein, etwa indem tatsächlich einige Akteure irrational sind oder indem alle Akteure rational sind, dies aber nicht Common Knowledge ist (vgl. Kapitel II.2).[8]

Wie aber sollte sich nun ein Akteur verhalten, der an der CKR-Annahme zweifelt? Die Antwort darauf erscheint zunächst simpel: Ein rationaler Akteur sollte einfach eine beste Antwort wählen gegeben seinem Belief über das antizipierte Verhalten der anderen Akteure. Leider macht die RCT keinerlei Vorhersagen, wie

---

8 Z. B. weil ein Akteur davon ausgeht, dass die anderen nicht wissen, dass er rational ist, oder dass sie nicht wissen, dass er weiß, dass sie rational sind.

sich solche Akteure verhalten sollten (vgl. Aumann 1995). Diesem Aspekt widmen sich die Theorien der kognitiven Hierarchien (*cognitive hierarchy theories*), von denen der Level-k-Ansatz (Nagel 1995; Camerer et al. 2004) sicher einer der bekanntesten Vertreter ist und mit dem wir uns im Folgenden exemplarisch beschäftigen wollen.

Formal unterstellt das Modell, dass jedem Akteur ein eindeutiger Typ zugewiesen werden kann, welcher einen bestimmten Grad (*level*) an Rationalität bzw. eine Erwartung an die Rationalität der anderen darstellt (Nagel 1995). Den Ausgangspunkt bildet dabei der Level-0-Typ, welcher sich völlig unstrategisch (*naiv*) verhält, und somit, je nach Situation und konkreter Auslegung des Modells, entweder all seine Strategien mit gleicher Wahrscheinlichkeit wählt oder einer bestimmten fokalen Strategie s_f folgt. Der Level-1-Typ nimmt nun an, dass alle anderen Akteure Level-0-Typen sind und wird dementsprechend eine beste Antwort auf das antizipierte Verhalten der Level-0-Typen wählen. Level-2-Typen wählen wiederum eine beste Antwort gegeben ihrem Belief über eine Verteilung von Level-0- und Level-1-Typen. Allgemein gilt, dass ein Level-k-Typ ($k > 1$) eine beste Antwort wählt, gegeben seinem Belief, dass die Typen aller anderen Akteure maximal Level ($k-1$) sind und sich entsprechend eines bestimmten Wahrscheinlichkeitsmaßes verteilen.[9]

Zu beachten ist, dass Level-0-Typen in diesem Modell die einzig wirklich irrational handelnden Akteure sind und Akteure mit einem höheren Level durchaus rational im Sinne der RCT entscheiden können, jedoch über einen bestimmten Belief verfügen, welcher sich durch den Level-k-Ansatz beschreiben lässt. Somit ist nicht ausgeschlossen, dass sogar alle Akteure rational sind, diese Tatsache jedoch schlichtweg nicht *Common Knowledge* ist.

Der Level-k-Ansatz eignet sich besonders, um zeitliche Entwicklungen und Lernprozesse in bestimmten Spielen zu modellieren (vgl. Ho et al. 1998). Dies ist dann möglich, wenn alle Akteure prinzipiell rational, d. h. vom Typ $k \geq 1$ sind, und das Spiel wiederholt durchgeführt wird, wobei die Akteure über die Handlungen der anderen nach jeder Wiederholung informiert werden. In so einem Spiel sollten die niedrigsten Level-k-Typen durch wiederholte Interaktion zwangsläufig mitbekommen, dass ihre Erwartungen bezüglich der Level der anderen zu niedrig angesetzt sind. In der Folge sollte das durchschnittliche Level k schrittweise zunehmen und nach ausreichend Wiederholungen in einem Nash-Gleichgewicht enden.

---

9 Es existieren unterschiedliche Vorstellungen, wie diese Verteilungen zu modellieren sind. Ein Extremfall ist etwa, dass jeder Level-k-Typ glaubt, dass alle anderen Akteure gerade vom Level-($k-1$)-Typ sind. Es wurden aber auch andere Verteilungen wie etwa die β-Verteilung (Bosch-Domènech et al. 2010) oder die Poisson-Verteilung (Camerer et al. 2004) diskutiert.

Eine beliebte Anwendung des Level-k-Ansatzes ist der Beauty Contest (vgl. Kapitel IV.1). In Studien zeigt sich, dass Probanden im einmalig gespielten Beauty Contest so gut wie nie das Nash-Gleichgewicht wählen (Nagel 1995), selbst dann nicht, wenn sie einen ökonomischen Hintergrund haben (Bosch-Domènech et al. 2002). Zudem werden die grundsätzlichen Ideen des Level-k-Ansatzes bestätigt: Jene Strategien, welche mit den Level-1- bis Level-4-Typen identifiziert werden können, werden überzufällig häufiger gewählt und im wiederholten Spiel gibt es eine Annäherung an das Nash-Gleichgewicht, welche dem Muster des Level-k-Ansatzes entspricht (Ho et al. 1998).

Schwachpunkt des Level-k-Ansatzes (und der Theorien der kognitiven Hierarchien allgemein) ist jedoch, dass die Vorhersagen, insbesondere für das einmalige Spiel, fundamental von der Definition der Level-0-Strategie sowie der angenommenen Verteilungsfunktion der Level-k-Typen abhängen.

Prozedural-Rationales-Gleichgewicht

Das Prozedural-Rationale-Gleichgewicht (*procedural rational equilibrium*, PRE) ist ein Ansatz, welcher von Osborne & Rubinstein (1998) stammt. Im Gegensatz zur RCT werden an die Akteure bei diesem Modell vergleichbar geringe epistemische Anforderungen gestellt. So muss jeder Akteur nur seine reinen Strategien kennen, nicht aber Kenntnisse über die Strategien der anderen Akteure sowie deren Nutzenfunktionen haben.

Grundidee des PRE ist, dass zunächst alle Akteure jede ihrer Handlungsmöglichkeiten durch (tatsächliches oder imaginäres) Ausprobieren ein- oder mehrmalig testen. Dieser Vorgang wird als *Sampling* bezeichnet. Durch das Sampling lernen die Akteure mit jeder Handlung einen (durchschnittlichen) Nutzen zu assoziieren.[10] Im Gleichgewicht wählt jeder Akteur jede Handlung gerade mit jener Wahrscheinlichkeit, mit welcher sich diese Handlung beim Sampling als (durchschnittlich) beste Handlung herausgestellt hat gegeben der Tatsache, dass alle anderen Akteure beim Sampling ebenfalls diese Gleichgewichtsstrategie gewählt haben.

Je nachdem, wie oft die Akteure jede ihrer Strategien sampeln, können sich unterschiedliche Gleichgewichte einstellen, welche als $S(k)$-Gleichgewichte bezeichnet werden. k steht hierbei für die Anzahl der Sampling-Durchläufe. Ähnlich

---

10 Osborne & Rubinstein (1998) motivieren diese Idee mit dem täglichen Pendeln von Zuhause zur Arbeit per Auto. Der Nutzen (Reisezeit) einer bestimmten Strecke hängt entscheidend von den Strategien der anderen Akteure ab, über die wohl kaum ein Akteur allumfassend informiert sein sollte.

wie beim QRE kann der Parameter k als Rationalitätsparameter interpretiert werden: Im Fall von $k = 1$ testen die Akteure ihre Alternativen genau einmal und ihre wahrgenommenen Nutzenwerte sind dementsprechend anfällig für zufällige Schwankungen. Mit jedem zusätzlichen Sampledurchlauf nähern sich die wahrgenommenen Nutzenwerte den wahren Nutzenwert an. Für den Fall, dass $k \to \infty$ gilt, sind die wahrgenommenen und die wahren Nutzenwerte sogar identisch (Osborne & Rubinstein 1998: 844).

Das PRE ist eine spannende Alternative insbesondere in jenen Situationen, in denen man plausibel annehmen kann, dass ein Akteur nur wenige Aspekte des Spiels überschauen kann. Ein besonderer Vorteil des $S(1)$-Gleichgewichts (aber nicht der $S(k \geq 2)$-Gleichgewichte ist, dass es zudem erlaubt, mit gemischten Strategien zu arbeiten, ohne dabei jedoch die Annahmen der kardinalen Nutzentheorie, wie etwa UIA oder Stetigkeit, zu fordern. Stattdessen sind schon ordinale Präferenzordnungen völlig ausreichend.

Eine konkrete Anwendung des $S(1)$-Gleichgewichts stammt von Tutić (2014), welcher es im Freiwilligendilemma einsetzt. In diesem muss mindestens einer von n Akteuren die Kosten K tragen (kooperieren), um für alle den Nutzen U zu erzeugen. Falls niemand bereit ist, diese Kosten zu tragen (d. h. alle defektieren), erhält jeder die Auszahlung 0. Das gemischte Nash-Gleichgewicht in dieser Situation besagt, dass die individuelle Wahrscheinlichkeit zu kooperieren im Gleichgewicht $p_C^* = 1 - \left(\frac{K}{U}\right)^{1/(n-1)}$ beträgt, und demnach mit steigender Anzahl an Akteuren n gegen 0 konvergiert (Diekmann 1985). Die aggregierte Wahrscheinlichkeit, dass mindestens ein Akteur kooperiert und somit das öffentliche Gut (in Form des Nutzens U) hergestellt wird, beträgt in diesem Fall $P_C^* = 1 - \left(1 - p_C^*\right)^n$ und nimmt ebenfalls mit steigendem n ab, konvergiert allerdings gegen $\frac{U-K}{U}$.

Wendet man nun das $S(1)$-Gleichgewicht auf das Freiwilligendilemma an, so kooperiert ein Akteur mit jener Wahrscheinlichkeit, mit der beim Sampling „kooperieren" einen höheren Nutzen als „defektieren" erbracht hat. Da Kooperation sicher den Nutzen $U - K$ liefert, ist diese Strategie genau dann und nur dann besser, wenn beim Sampling der Strategie „defektieren" alle anderen Akteure ebenfalls „defektieren" gewählt haben. Die Wahrscheinlichkeit, dass dies eintritt und somit ein Akteur kooperiert, entspricht im $S(1)$-Gleichgewicht gerade $p_C^+ = 1 - \left(1 - p_C^+\right)^{n-1}$. Leider kann dieser Ausdruck nicht nach p_C^+ aufgelöst werden. Tutić (2014) zeigt jedoch mithilfe der komparativen Statik, dass für jedes Freiwilligendilemma eine solche Wahrscheinlichkeit p_C^+ existiert und diese bei steigendem n ebenfalls sinkt und gegen 0 konvergiert. Im Gegensatz zum Nash-Gleichgewicht steigt die aggregierte Wahrscheinlichkeit P_C^+, dass mindestens ein Akteur im $S(1)$-Gleichgewicht kooperiert, jedoch mit steigendem n an und konvergiert gegen 1.

Tatsächlich weisen empirische Befunde aus Laborexperimenten darauf hin, dass die Wahrscheinlichkeit, dass mindestens ein Akteur hilft, entsprechend der $S(1)$-Gleichgewichtsvorhersage (und entgegen RCT) mit steigendem n wächst (vgl. Goeree et al. 2017). Gleichzeitig impliziert das $S(1)$-Gleichgewicht, dass eine Variation von K und U im Freiwilligendilemma keinerlei Verhaltensänderungen zur Folge hätte, solange die ordinale Ordnung aufrechterhalten bleibt. Im Hinblick auf das asymmetrische Freiwilligendilemma (Diekmann 1993) hat dies den Vorteil, dass es die kontraintuitive und empirisch nicht bestätigte Vorsage der RCT, dass jene Akteure mit den höchsten Kosten am ehesten (häufigsten) helfen, nicht impliziert. Jedoch folgt daraus ebenfalls nicht der empirisch belegte Fakt, dass gerade Akteure mit niedrigeren Kosten eher helfen (vgl. Weesie & Franzen 1998; Lee & Brudney 2009).

II.4.6 Modellierungen von Präferenzen

In diesem Abschnitt wenden wir uns jenem Forschungsfeld zu, welches die RCT durch zusätzliche Annahmen über die Präferenzen der Akteure zu bereichern versucht, ohne jedoch die handlungstheoretischen Grundlagen der RCT als solche in Frage zu stellen. Das Ziel dieser Forschung ist es, ein möglichst allgemeingültiges Modell menschlicher Präferenzen zu entwickeln, welches sowohl die empirischen Abweichungen von der klassischen RCT erklären kann, als auch dazu verwendet werden kann, möglichst gute Prognosen zu liefern.

Wie schon aus Kapitel II.1 bekannt, gibt die RCT zwar Konsistenzkriterien an, wonach einmal offenbarte Präferenzen sich widerspruchsfrei in wechselnden Entscheidungssituationen widerspiegeln müssen (etwa WARP). Darüber hinaus macht die RCT jedoch keinerlei Vorgaben, was die Akteure initial präferieren sollten (*De gustibus non est disputandum*).[11]

Eine strenge Auslegung dieser Offenheit bezüglich der Präferenzen der Akteure hätte daher zur Folge, dass die Prognosekraft über bisher wenig bis gar nicht beobachtete Akteure eher gering ausfällt. Vor diesem Hintergrund erscheint es mitunter zweckdienlich, zusätzliche Annahmen über die Präferenzen der involvierten

---

11 Aus methodologischer Sicht fordert die RCT zudem, dass Präferenzen eine gewisse Stabilität aufweisen, d. h. sich nicht von einem Moment auf den anderen ändern. Ansonsten wäre jede Verhaltensänderung kurzerhand durch (angebliche) Präferenzänderungen rationalisierbar, wodurch wiederum die Erklärungskraft der RCT leiden würde (vgl. Stigler & Becker 1977).

Akteure zu treffen. Dabei findet jedoch ein Trade-off bezüglich der Präzision der Prognosen und der Menge der Akteure, über die man sinnvollerweise diese Prognosen abgeben kann, statt. So kann zwar jede zusätzliche Annahme potenziell dazu führen, dass die Menge der Vorhersagen eingeschränkt und die Prognose damit präziser wird. Gleichzeitig sorgt diese Annahme jedoch dafür, dass sich die Menge der Akteure, auf welche diese zusätzliche sowie alle bisherigen Annahmen zutreffen, potenziell verringert.

Die Verwendung solch zusätzlicher Präferenzannahmen ist dabei nicht allein auf die Verhaltensökonomik beschränkt, sondern findet sich auch in der klassischen RCT. So stellt die Monotonie-Annahme (*monotonicity assumption*), welche besagt, dass ein quantitatives Mehr von einem Gut nicht weniger präferiert werden kann, eine zentrale Annahme der Haushaltstheorie und der Gleichgewichtstheorie dar. Eine weitere, besonders in der ökonomischen Anwendung häufig anzutreffende Annahme ist jene, dass Akteure hinsichtlich ihrer Präferenzen dem homo oeconomicus entsprechen und demnach bestrebt sind, einzig ihren eigenen materiellen Vorteil zu maximieren.

In der verhaltensökonomischen Literatur findet sich eine Vielzahl von Modellen, welche auf ganz unterschiedlichen Präferenzannahmen beruhen. Zu den bekanntesten Annahmen gehören dabei etwa jene, dass Akteure eine Präferenz für den Status quo haben (siehe II.4.4: Prospect-Theorie), myopische oder zeitinkonsistente Präferenzen besitzen oder über soziale Präferenzen verfügen. Im Rahmen dieses Kapitels wollen wir uns jedoch nur mit den sozialen Präferenzen beschäftigen.[12] Die Grundlage sozialer Präferenzen ist die Idee, dass Akteure bei der Wahl ihrer Handlungen nicht nur die eigenen, materiellen Vorteile verfolgen, sondern auch die Konsequenzen für andere im Blick haben und dabei Aspekte wie Fairness- oder Reziprozitätsnormen berücksichtigen.

Soziale Präferenzen haben jedoch einen entscheidenden Nachteil gegenüber den zuvor erwähnten Präferenzannahmen der klassischen RCT. Während die Monotonie- oder die homo oeconomicus-Annahme alleinig auf materielle Faktoren abstellen, welche meist relativ gut objektiv beobachtbar sind, lässt sich eine faire Handlung oder eine gerechte Entscheidung keineswegs objektiv beobachten. Die objektiven, materiellen Entscheidungssituationen müssen also zunächst in sogenannte psychologische Entscheidungssituationen überführt werden, bevor sie mit den Mitteln der klassischen RCT analysiert werden können (vgl. Geanakoplos et al. 1989; Rabin 1993). Damit geht einher, dass unterschiedliche psychologische Modelle zu unterschiedlichen Bewertungen der einzelnen Konsequenzen und folglich zu unterschiedlichen Vorhersagen führen können.

---

12 Für eine knappe Übersicht zu den intertemporalen Präferenzen siehe Chabris et al. (2007).

Im Folgenden soll anhand des wohl bekanntesten Modells sozialer Präferenzen diese Vorgehensweise der Umwandlung in eine psychologische Entscheidungssituation exemplarisch veranschaulicht werden. Dazu betrachten wir das Modell der Ungleichheitsaversion von Fehr & Schmidt (1999). Die Grundidee der beiden Autoren ist, dass jeder Akteur i durch zwei Parameter (α_i, β_i) charakterisiert ist, welche eine mehr oder weniger stark ausgeprägte Präferenz für egalitäre Aufteilungen implizieren. Betrachten wir dazu ein 2-Personen-Ultimatumspiel. In diesem Spiel schlägt Akteur 1 eine Aufteilung (x_1, x_2) eines Geldbetrags $m \in$ mit $m = x_1 + x_2$ und $x_1, x_2 \geq 0$ vor, welche Akteur 2 entweder annehmen oder ablehnen kann. Nimmt Akteur 2 an, erhalten die Akteure 1 und 2 die Auszahlung x_1 respektive x_2. Lehnt er ab, so erhalten beide die Auszahlung 0. Ein Akteur $i \in \{1, 2\}$ misst einer Aufteilung nach Fehr & Schmidt (1999) nun folgenden Nutzen zu:

$$u_i(x_i, x_j) = x_i - \alpha_i \cdot max\{x_j - x_i, 0\} - \beta_i \cdot max\{x_i - x_j, 0\}.$$

Der Nutzen des Akteurs i setzt sich also aus drei Termen zusammen. Der erste Term bildet den monetären Anteil, den Akteur i selbst bekommt, ab. Der zweite Term, welcher nur dann relevant wird, wenn j mehr als i bekommt, wird durch den Parameter α_i moderiert und repräsentiert gewissermaßen den Neid, den i gegenüber ungleichen Aufteilungen zu seinen Ungunsten empfindet. Der dritte Term, welcher die Scham von i bei ungleichen Aufteilungen zu seinen Gunsten repräsentiert, wird durch den Parameter β_i moderiert. Bezüglich der beiden Parameter treffen Fehr & Schmidt (1999) zum einen die Annahme, dass alle Akteure mehr durch Ungleichheit zu ihrem Nachteil als zu ihren Gunsten leiden $(\alpha_i \geq \beta_i)$ und zum anderen, dass keine antisozialen Personen existieren $(\beta_i \geq 0)$. Man beachte, dass reiner materieller Egoismus in diesem Modell ein möglicher Spezialfall $(\alpha_i = \beta_i = 0)$ ist, jedoch keineswegs die Regel sein muss.

Zur praktischen Anwendung dieses Konzeptes schlagen Fehr & Schmidt (2003: 222) vor, zunächst die Verteilung von α und β in der Population anhand geeigneter Spiele zu kalibrieren. Hat man diese Verteilung ausreichend gut bestimmt, können im Anschluss weitere Spiele in psychologische Spiele überführt werden. Anschließend können mittels klassischer Gleichgewichtskonzepte Prognosen zu diesen Spielen getroffen werden.[13]

Wie generell in der RCT üblich, fließen in die Fairnessbewertungen der Akteure im Modell von Fehr & Schmidt (1999; vgl. auch Bolton & Ockenfels 2000) nur die finalen Konsequenzen ein. Demnach lassen diese Modelle, nach Ansicht einiger Autoren (z. B. Falk et al. 2008), einen gewichtigen Aspekt der Fairnessbewertung

---

[13] Für eine detaillierte und kritische Auseinandersetzung mit diesem Ansatz siehe Binmore & Shaked (2010).

unbeachtet: Intentionen. Modelle, welche die Intentionen der Akteure mit einfließen lassen (Rabin 1993; Dufwenberg & Kirchsteiger 2004; Falk & Fischbacher
2006), betrachten nicht nur die reinen Endkonsequenzen, sondern auch deren Ent-
stehungsprozess. Konsequenzen werden in diesem Zusammenhang insbesondere
anhand des Vergleichs mit theoretisch erreichbaren, aber nicht realisierten Konsequenzen bewertet.

Eine Frage, welche quasi natürlich aus dem Postulat der Existenz von allge-
meingültigen sozialen Präferenzen folgt, ist, wie die Existenz solcher Präferenzen
selbst erklärt werden kann. Oder anders formuliert: Warum sollten Akteure überhaupt soziale Präferenzen ausbilden? Ist es nicht vorteilhafter für das Individuum,
seine (materiellen) Interessen ohne Rücksicht auf andere zu verfolgen? Bei der Beantwortung dieser Frage kommt die Verhaltensökonomik zwangsläufig in Kontakt
mit der evolutionären Spieltheorie (Weibull 1997) sowie der evolutionären Biologie,
welche die Entwicklung sozialer Präferenzen über Gruppen- und Verwandtenselek-
tion (*group & kin selection*) zu erklären versuchen. Arbeiten aus diesem Bereich zeigen, dass die Ausbildung sozialer Präferenzen innerhalb einer Population durchaus
evolutionär stabil sein kann (Fehr & Gächter 2002; Nowak & Sigmund 1998).

II.4.7 Schluss

Wie sich im Verlauf dieses Kapitels gezeigt hat, verstoßen reale Akteure systematisch gegen die unterschiedlichsten Annahmen der klassischen RCT (vgl. Kapitel IV.1). Dabei drängt sich die Frage auf, welche dieser Annahmen für die
Weiterentwicklung einer alternativen Handlungstheorie von besonderer Relevanz sind. Darüber hinaus besteht das Problem, dass für jede Verletzung einer
solchen Annahme mehrere Modelle existieren, welche diese Verletzung zu erklären vermögen. Demnach stellt sich zusätzlich die Frage, welches Modell die
relevanten Verletzungen am zufriedenstellendsten erklärt. Diese Fragen muss
die empirische Forschung in Zukunft näher beleuchten. Im Zuge der bisherigen
Forschung hat sich jedoch bisher kein einzelnes Handlungsmodell herauskris-
tallisiert, welches alle Aspekte des menschlichen Entscheidungsverhaltens umfassend und befriedigend abbilden kann. Da sich das aller Voraussicht nach
auch in absehbarer Zeit nicht ändern wird, erscheint es sinnvoll daran zu for-
schen, welche Modelle sich unter bestimmten situativen Voraussetzungen am
ehesten bewähren, anstatt nach dem einen besten Modell zu suchen. Das Ziel
sollte demnach sein, anhand der betrachteten Entscheidungssituation präzise

Bedingungen benennen zu können, welche in dieser Situation erfüllt bzw. nicht erfüllt sind, und auf Grundlage dessen ein bestimmtes Handlungsmodell zur Vorhersage oder Erklärung heranzuziehen.[14]

Literatur

Allais, M., 1979: The Foundations of a Positive Theory of Choice Involving Risk and a Criticism of the Postulates and Axioms of the American School (1952). S. 27–145 in: M. Allais & O. Hagen (Hrsg.), Expected Utility Hypotheses and the Allais Paradox. Contemporary Discussions of the Decisions under Uncertainty with Allais' Rejoinder. Dordrecht: Springer.

Anderson, N.H., 1973: Serial Position Curves in Impression Formation. Journal of Experimental Psychology 97: 8–12.

Apicella, C.L., A. Dreber, B. Campbell, P.B. Gray, M. Hoffman & A.C. Little, 2008: Testosterone and Financial Risk Preferences. Evolution and Human Behavior 29: 384–390.

Arrow, K.J., 1982: Risk Perception in Psychology and Economics. Economic Inquiry 20: 1–9.

Aumann, R.J., 1985: What is Game Theory Trying to Accomplish? S. 5–44 in: K.J. Arrow & S. Honkapohja (Hrsg.), Frontiers of Economics. Papers Presented at a Symposium Honoring Hilma Gabriella Jahnsson. Oxford: Basil Blackwell.

Aumann, R.J., 1995: Backward Induction and Common Knowledge of Rationality. Games and Economic Behavior 8: 6–19.

Aumann, R.J. & S. Sorin, 1989: Cooperation and Bounded Recall. Games and Economic Behavior 1: 5–39.

Ball, S. & C.C. Eckel, 1998: The Economic Value of Status. The Journal of Socio-Economics 27: 495–514.

Bar-Hillel, M. & A. Margalit, 1988: How Vicious are Cycles of Intransitive Choice? Theory and Decision 24: 119–145.

Binmore, K., 1999: Why Experiment in Economics? The Economic Journal 109: 16–24.

Binmore, K.G., 2007: Does Game Theory Work? The Bargaining Challenge. Cambridge: MIT Press.

Binmore, K.G. & A. Shaked, 2010: Experimental Economics: Where Next? On the Methodology of Experimental Economics. Journal of Economic Behavior and Organization 73: 87–100.

Bolton, G.E. & A. Ockenfels, 2000: ERC: A Theory of Equity, Reciprocity, and Competition. American Economic Review 90: 166–193.

Bosch-Domènech, A., J.G. Montalvo, R. Nagel & A. Satorra, 2002: One, Two, (Three), Infinity, . . . : Newspaper and Lab Beauty-Contest Experiments. American Economic Review 92: 1687–1701.

Bosch-Domènech, A., J.G. Montalvo, R. Nagel & A. Satorra, 2010: A Finite Mixture Analysis of Beauty-Contest Data Using Generalized Beta Distributions. Experimental Economics 13: 461–475.

---

14 Vergleichbar etwa mit Binmore (2007), welcher konkrete Bedingungen angibt, die erfüllt sein müssen, damit die klassische Spieltheorie sinnvolle Vorhersagen liefert.

Boyd, R., H. Gintis, S. Bowles & P.J. Richerson, 2003: The Evolution of Altruistic Punishment. Proceedings of the National Academy of Sciences 100: 3531–3535.

Burnham, T.C., 2007: High-Testosterone Men Reject Low Ultimatum Game Offers. Proceedings of the Royal Society B 274: https://doi.org/10.1098/rspb.2007.0546.

Camerer, C.F., T.-H. Ho & J.-K. Chong, 2004: A Cognitive Hierarchy Model of Games. Quarterly Journal of Economics 119: 861–898.

Caplin, A. & M. Dean, 2008: Dopamine, Reward Prediction Error, and Economics. Quarterly Journal of Economics 123: 663–701.

Capra, C.M., J.K. Goeree, R. Gomez & C.A. Holt, 1999: Anomalous Behavior in a Traveler's Dilemma? American Economic Review 89: 678–690.

Chabris, C.F., D.I. Laibson & J.P. Schuldt, 2007: Intertemporal Choice. S. 3254–3260 in: S. Durlauf & L.E. Blume (Hrsg.), The New Palgrave Dictionary of Economics. London: Palgrave Macmillan.

Chen, Y., P. Katuščák & E. Ozdenoren, 2013: Why Can't a Woman Bid More Like a Man? Games and Economic Behavior 77: 181–213.

Chou, E., M. McConnell, R. Nagel & C.R. Plott, 2009: The Control of Game Form Recognition in Experiments: Understanding Dominant Strategy Failures in a Simple Two Person "Guessing" Game. Experimental Economics 12: 159–179.

Cohn, A. & M.A. Maréchal, 2016: Priming in Economics. Current Opinion in Psychology 12: 17–21.

Costa-Gomes, M.A. & V.P. Crawford, 2006: Cognition and Behavior in Two-Person Guessing Games: An Experimental Study. American Economic Review 96: 1737–1768.

Diekmann, A., 1985: Volunteer's Dilemma. Journal of Conflict Resolution 29: 605–610.

Diekmann, A., 1993: Cooperation in an Asymmetric Volunteer's Dilemma Game. Theory and Experimental Evidence. International Journal of Game Theory 22: 75–85.

Diekmann, A., 2004: The Power of Reciprocity: Fairness, Reciprocity, and Stakes in Variants of the Dictator Game. Journal of Conflict Resolution 48: 487–505.

Diekmann, A., 2009: Rational Choice, Evolution and the Beauty Contest. S. 195–206 in: M. Cherkaoui & P. Hamilton (Hrsg.), Raymond Boudon: A Life in Sociology. Essays in Honour of Raymond Boudon. Oxford: The Bardwell Press.

Dufwenberg, M. & G. Kirchsteiger, 2004: A Theory of Sequential Reciprocity. Games and Economic Behavior 47: 268–298.

Falk, A., E. Fehr & U. Fischbacher, 2008: Testing Theories of Fairness – Intentions Matter. Games and Economic Behavior 62: 287–303.

Falk, A. & U. Fischbacher, 2006: A Theory of Reciprocity. Games and Economic Behavior 54: 293–315.

Fehr, E. & S. Gächter, 2002: Altruistic Punishment in Humans. Nature 415: 137–140.

Fehr, E. & K.M. Schmidt, 1999: A Theory of Fairness, Competition and Cooperation. Quarterly Journal of Economics 114: 817–868.

Fehr, E. & K.M. Schmidt, 2003: Theories of Fairness and Reciprocity: Evidence and Economic Applications. S. 208–257 in: S. Dewatripont & L. Hansen (Hrsg.), Advances in Economic Theory: Eighth World Congress. Volume I. Cambridge: Cambridge University Press.

Friedman, M., 1953: The Methodology of Positive Economics. S. 3–43 in: M. Friedman, Essays in Positive Economics. Chicago: University of Chicago Press.

Geanakoplos, J., D. Pearce & E. Stacchetti, 1989: Psychological Games and Sequential Rationality. Games and Economic Behavior 1: 60–79.

Gigerenzer, G. & D.G. Goldstein, 1996: Reasoning the Fast and Frugal Way: Models of Bounded Rationality. Psychological Review 103: 650–669.

Gigerenzer, G. & R. Selten, 2002: Rethinking Rationality. S. 1–12 in: G. Gigerenzer & R. Selten (Hrsg.), Bounded Rationality: The Adaptive Toolbox. Cambridge: MIT Press.

Gilboa, I. & D. Schmeidler, 1989: Maxmin Expected Utility With Non-Unique Prior. Journal of Mathematical Economics 18: 141–153.

Gneezy, U., M. Niederle & A. Rustichini, 2003: Performance in Competitive Environments: Gender Differences. Quarterly Journal of Economics 118: 1049–1074.

Goeree, J.K. & C.A. Holt, 2001: Ten Little Treasures of Game Theory and Ten Intuitive Contradictions. American Economic Review 91: 1402–1422.

Goeree, J.K., C.A. Holt & A.M. Smith, 2017: An Experimental Examination of the Volunteer's Dilemma. Games and Economic Behavior 102: 303–315.

Harsanyi, J.C., 1977: Rational Behavior and Bargaining Equilibrium in Games and Social Situations. Cambridge: Cambridge University Press.

Hempel, C.G. & P. Oppenheim, 1948: Studies in the Logic of Explanation. Philosophy of Science 15: 135–175.

Hernes, G., 1992: We are Smarter Than We Think: A Rejoinder to Smelser. Rationality and Society 4: 421–436.

Ho, T.-H., C.F. Camerer & K. Weigelt, 1998: Iterated Dominance and Iterated Best Response in Experimental "p-Beauty Contests". American Economic Review 88: 947–969.

Huber, J., J.W. Payne & C. Puto, 1982: Adding Asymmetrically Dominated Alternatives: Violations of Regularity and the Similarity Hypothesis. Journal of Consumer Research 9: 90–98.

Kahneman, D. & A. Tversky, 1979: Prospect Theory: An Analysis of Decision under Risk. Econometrica 47: 263–292.

Kosfeld, M., M. Heinrichs, P.J. Zak, U. Fischbacher & E. Fehr, 2005: Oxytocin Increases Trust in Humans. Nature 435: 673.

Laibson, D., 1997: Golden Eggs and Hyperbolic Discounting. Quarterly Journal of Economics 112: 443–478.

Lee, Y. & J.L. Brudney, 2009: Rational Volunteering: A Benefit-Cost Approach. International Journal of Sociology and Social Policy 29: 512–530.

Levine, D.K., 2012: Is Behavioral Economics Doomed? The Ordinary Versus the Extraordinary. Cambridge: Open Book Publishers.

Liberman, V., S.M. Samuels & L. Ross, 2004: The Name of the Game. Predictive Power of Reputations versus Situational Labels in Determining Prisoner's Dilemma Game Moves. Personality and Social Psychology Bulletin 30: 1175–1185.

List, J.A., 2011: Does Market Experience Eliminate Market Anomalies? The Case of Exogenous Market Experience. American Economic Review 101: 313–317.

Loomes, G., C. Starmer & R. Sugden, 1991: Observing Violations of Transitivity by Experimental Methods. Econometrica 59: 425–439.

Luce, R.D., 1956: Semiorders and a Theory of Utility Discrimination. Econometrica 24: 178–191.

Mallard, G., 2016: Bounded Rationality and Behavioural Economics. London: Routledge.

Mantonakis, A., P. Rodero, I. Lesschaeve & R. Hastie, 2009: Order in Choice: Effects of Serial Position on Preferences. Psychological Science 20: 1309–1312.

Manzini, P. & M. Mariotti, 2012: Choice by Lexicographic Semiorders. Theoretical Economics 7: 1–23.

May, K.O., 1954: Intransitivity, Utility, and the Aggregation of Preference Patterns. Econometrica 22: 1–13.

McKelvey, R.D. & T.R. Palfrey, 1995: Quantal Response Equilibria for Normal Form Games. Games and Economic Behavior 10: 6–38.

Nagel, R., 1995: Unraveling in Guessing Games: An Experimental Study. American Economic Review 85: 1313–1326.

Nagel, R. & F.F. Tang, 1998: Experimental Results on the Centipede Game in Normal Form: An Investigation on Learning. Journal of Mathematical Psychology 42: 356–384.

Niederle, M. & L. Vesterlund, 2007: Do Women Shy Away from Competition? Do Men Compete too Much? Quarterly Journal of Economics 122: 1067–1101.

Nowak, M.A. & K. Sigmund, 1998: Evolution of Indirect Reciprocity by Image Scoring. Nature 393: 573.

Opp, K.-D., 1999: Contending Conceptions of the Theory of Rational Action. Journal of Theoretical Politics 11: 171–202.

Osborne, M.J. & A. Rubinstein, 1998: Games with Procedurally Rational Players. American Economic Review 88: 834–847.

Quiggin, J., 1982: A Theory of Anticipated Utility. Journal of Economic Behavior and Organization 3: 323–343.

Rabin, M., 1993: Incorporating Fairness into Game Theory and Economics. American Economic Review 83: 1281–1302.

Rabin, M., 1998: Psychology and Economics. Journal of Economic Literature 36: 11–46.

Rapoport, A., W.E. Stein, J.E. Parco & T.E. Nicholas, 2003: Equilibrium Play and Adaptive Learning in a Three-Person Centipede Game. Games and Economic Behavior 43: 239–265.

Reutskaja, E., R. Nagel, C.F. Camerer & A. Rangel, 2011: Search Dynamics in Consumer Choice Under Time Pressure: An Eye-Tracking Study. American Economic Review 101: 900–926.

Rubinstein, A., 1988: Similarity and Decision-Making Under Risk. (Is There a Utility Theory Resolution to the Allais Paradox?). Journal of Economic Theory 46: 145–153.

Rubinstein, A., 1998: Modeling Bounded Rationality. Cambridge: MIT Press.

Rubinstein, A., 2013: Response Time and Decision Making: An Experimental Study. Judgment and Decision Making 8: 540–551.

Schmeidler, D., 1989: Subjective Probability and Expected Utility without Additivity. Econometrica 57: 571.

Selten, R., 2002: What is Bounded Rationality? S. 13–36 in: G. Gigerenzer & R. Selten (Hrsg.), Bounded Rationality: The Adaptive Toolbox. Cambridge: MIT Press.

Simon, H.A., 1955: A Behavioral Model of Rational Choice. Quarterly Journal of Economics 69: 99–118.

Simon, H.A., 1957: Models of Man. New York: Wiley.

Simon, H.A., 1976: From Substantive to Procedural Rationality. S. 65–86 in: T.J. Kastelein, S.K. Kuipers, W.A. Nijenhuis & G.R. Wagenaar (Hrsg.), 25 Years of Economic Theory. Retrospect and Prospect. Boston: Springer.

Stigler, G.J. & G.S. Becker, 1977: De Gustibus Non Est Disputandum. American Economic Review 67: 76–90.

Thaler, R.H., 1980: Toward a Positive Theory of Consumer Choice. Journal of Economic Behavior and Organization 1: 39–60.

Tutić, A., 2014: Procedurally Rational Volunteers. Journal of Mathematical Sociology 38: 219–232.

Tutić, A., 2015: Warum denn eigentlich nicht? Zur Axiomatisierung soziologischer Handlungstheorie. Zeitschrift für Soziologie 44: 83–98.

Tutić, A. & S. Grehl, 2018: Status Characteristics and the Provision of Public Goods: Experimental Evidence. Sociological Science 5: 1–20.

Tversky, A., 1969: Intransitivity of Preferences. Psychological Review 76: 31–48.

Tversky, A., 1972: Elimination by Aspects: A Theory of Choice. Psychological Review 79: 281–299.

Tversky, A. & D. Kahneman, 1981: The Framing of Decisions and the Psychology of Choice. Science 211: 453–458.

Tversky, A. & D. Kahneman, 1986: Rational Choice and the Framing of Decisions. Journal of Business 59: 251–278.

Tversky, A. & D. Kahneman, 1992: Advances in Prospect Theory: Cumulative Representation of Uncertainty. Journal of Risk and Uncertainty 5: 297–323.

Vohs, K.D., 2015: Money Priming Can Change People's Thoughts, Feelings, Motivations, and Behaviors: An Update on 10 Years of Experiments. Journal of Experimental Psychology: General 144: e86–e93.

Wakker, P.P., 2010: Prospect Theory. For Risk and Ambiguity. Cambridge: Cambridge University Press.

Weesie, J. & A. Franzen, 1998: Cost Sharing in a Volunteer's Dilemma. Journal of Conflict Resolution 42: 600–618.

Weibull, J.W., 1997: Evolutionary Game Theory: MIT Press.

III Zentrale Anwendungsfelder und empirische Evidenzen

Wojtek Przepiorka

III.1 Soziale Dilemmas

III.1.1 Einleitung

Ein soziales Dilemma ist, wie der Name andeutet, eine Situation, in der mehrere Akteure aufgrund ihrer Interdependenz vor einem Entscheidungskonflikt stehen. Soziale Dilemmas sind somit von ethischen Dilemmas zu unterscheiden. Letztere umfassen Entscheidungssituationen, in denen ein einzelner Akteur im Konflikt mit sich selbst steht, weil keine der gebotenen Entscheidungsoptionen mit seinen Werten vereinbar ist. Obwohl es einen klaren Zusammenhang zwischen sozialen und ethischen Dilemmas gibt (siehe dazu z. B. Green 2013), werden wir uns im Folgenden auf die Besprechung sozialer Dilemmas beschränken.

Es gibt zahlreiche Definitionen sozialer Dilemmas (Dawes 1980; Diekmann & Przepiorka 2016; Kollock 1998; Raub et al. 2015; van Lange et al. 2013). In diesem Kapitel arbeiten wir mit der Definition aus dem deutschsprachigen Wikipedia Eintrag zum Begriff (Wikipedia Beitragende 2018): „Soziale Dilemmata liegen vor, wenn die bestmögliche Verfolgung der individuellen Interessen der beteiligten Akteure diese in einen Zustand führt, der sie schlechter stellt als Lösungen, in denen auf die beste Handlung zur Maximierung der individuellen Interessen verzichtet wird". Diese Definition bringt den dem sozialen Dilemma inhärenten Konflikt zwischen individueller und kollektiver Rationalität zum Ausdruck (Rapoport 1974), ohne sich dabei auf bestimmte Lösungskonzepte festzulegen.

In diesem Kapitel behandeln wir soziale Dilemmas aus spieltheoretischer Sicht, da sich damit präzise beschreiben lässt, wie die bestmögliche Verfolgung individueller Interessen, die beteiligten Akteure schlechter stellt als andere Handlungsalternativen. Dabei wird die Anwendung der Spieltheorie im Vordergrund stehen und weniger die mathematische Herleitung spieltheoretischer Modelle. Nicht-technische Einführungen in die Spieltheorie bieten Diekmann (2013) und Riechmann (2014) (siehe auch Osborne 2009). Eine spieltheoretische Besprechung sozialer Dilemmas findet sich auch in Raub et al. (2015).

Des Weiteren beschränkt sich unsere Besprechung sozialer Dilemmas auf drei Anwendungsgebiete: Kooperation, Koordination und Konflikt. Die spieltheoretische Modellierung sozialer Dilemmas erlaubt uns, Interaktionssituationen zu beschreiben, denen Kooperationsprobleme, Koordinationsprobleme und Interessenkonflikte anhaften. Da solche Probleme sozialer Interaktion in zahlreichen Lebenslagen auftreten, erlaubt uns die spieltheoretische Modellierung sozialer Dilemmas real auftretende und soziologisch relevante Phänomene zu beschreiben und zu erklären.

https://doi.org/10.1515/9783110673616-008

An einigen Stellen wird dem aufmerksamen Leser auffallen, dass es konzeptionelle Lücken zwischen den spieltheoretischen Modellen und den zur Illustration herangezogenen Beispielen gibt. Das heißt aber nicht, dass die Spieltheorie ungeeignet wäre, real auftretende soziale Dilemmas präzise zu Beschreiben. Dieses Kapitel hat zum Ziel, das Interesse des Lesers an der spieltheoretischen Modellierung sozialer Interkation zu wecken. Eine umfassende spieltheoretische Betrachtung sozialer Dilemmas ist in diesem Kapitel nicht möglich. Es empfiehlt sich deshalb ergänzend die Kapitel II.2, III.3 und III.4 in diesem Buch und die weiterführende Literatur in Betracht zu ziehen.

III.1.2 Kooperation

Das bekannteste Beispiel eines Kooperationsdilemmas ist das Gefangenendilemma (GD). In Abbildung III.1.1a ist das 2-Personen-GD in sogenannter Normalform als Spiel dargestellt. Im GD entscheiden beide Akteure gleichzeitig und unabhängig voneinander, ob sie kooperieren (*C*) oder defektieren (*D*). Jeder der vier Entscheidungskombinationen wird ein Auszahlungspaar zugeordnet, wobei die Größe vor dem Komma die Auszahlung von Akteur 1 bezeichnet und die Größe nach dem Komma diejenige von Akteur 2. Das GD ist durch die Rangordnung dieser Auszahlungen definiert. Ein GD ist vorhanden, wenn gilt: $T > R > P > S$. Es ist folglich immer besser *D* zu wählen, denn falls der andere Akteur auch *D* wählt, erhält man *P* (was mehr ist als *S*) und wenn der andere *C* wählt, erhält man *T* (was mehr ist als *R*). Folgen nun beide Akteure dieser Logik und wählen *D*, erhalten sie *P*. Beidseitige Defektion ist auch das Nash-Gleichgewicht im GD, denn ein Nash-Gleichgewicht besteht, wenn kein Akteur ein Interesse hat, einseitig von seiner gewählten Strategie abzuweichen.

Das GD bringt die Eigenschaften eines sozialen Dilemmas klar zum Ausdruck. Durch die bestmögliche Verfolgung der individuellen Interessen (also die Wahl von *D* durch beide Akteure) werden beide Akteure in einen Zustand geführt (beide erhalten *P*), in dem sie schlechter gestellt sind, als im Zustand, den sie durch beidseitige Wahl von *C* erreicht hätten (beide erhalten $R > P$). Bei Kooperationsdilemmas kann man sagen, dass der Pareto-effiziente Zustand, in dem keiner der Akteure bessergestellt werden kann ohne einen anderen Akteur schlechter zu stellen, nicht dem Zustand im Nash-Gleichgewicht entspricht.

Das GD wird oft herangezogen, um sogenannte Allmendeprobleme (Ostrom 1990) oder das Trittbrettfahrerproblem bei öffentlichen Gütern (vgl. Kapitel III.2) zu beschreiben. Bei einem Allmendeproblem geht es um eine knappe Ressource, von deren Gebrauch niemand ausgeschlossen werden kann. Wenn aber

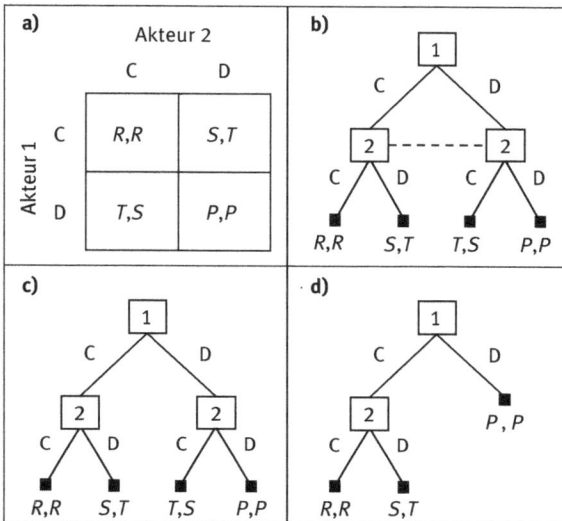

Abbildung III.1.1: Gefangenen- und Vertrauensdilemma.

alle Akteure (meistens mehr als zwei) die Ressource nach Belieben nutzen, wird sich die Ressource erschöpfen oder die Kosten ihres Gebrauchs den Nutzen übersteigen. Überfischung der Weltmeere, verstopfte Straßen in Stadtgebieten, schlechte Luft oder ein zu hoher Lärmpegel im Ruheabteil eines Zuges sind Beispiele auftretender Allmendeprobleme. Zwar kann man versuchen, mittels Fangquoten, Fahrverboten und Hinweisen auf geltende Verhaltensnormen Allmendeprobleme zu lösen, solche Lösungsansätze schaffen aber nicht selten soziale Dilemmas zweiter Ordnung (Heckathorn 1989; Voss 2001; Yamagishi 1986). Das heißt, um das Kooperationsdilemma erster Ordnung zu lösen, muss erst ein soziales Dilemma zweiter Ordnung überwunden werden.

In einem funktionierenden Rechtsstaat können Fahrverbote durch die Polizei, also eine zentrale Instanz, durchgesetzt werden, und die Kosten dafür tragen die Steuerzahler. Die Durchsetzung der Einhaltung von Fangquoten erfordert aber die Kooperation von mindestens zwei Staaten oder Regionen, die nicht unbedingt durch eine gemeinsame Gesetzgebung miteinander verbunden sind. Die Entstehung supranationaler Institutionen wie der Europäischen Union oder der Vereinten Nationen hat wesentlich zur Lösung sozialer Dilemmas zweiter Ordnung auf internationaler Ebene beigetragen. Der in den letzten Jahren unter Druck geratene Multilateralismus (z. B. Ausstieg der USA aus dem Pariser Klimaabkommen, der Austritt Großbritanniens aus der EU) mindert aber die Hoffnung auf eine gerechte

Lösung globaler Probleme wie den Klimawandel oder die Besteuerung internationaler Konzerne.

Die eben genannten Beispiele zeigen, dass Kooperationsdilemmas (und andere soziale Dilemmas) sich nicht auf 2-Personen-Interaktionen zwischen Individuen beschränken. Ein Kooperationsdilemma kann erst in großen Gruppen schwierig zu überwinden sein, weil die große Anzahl der Akteure Kommunikation und eine Einigung auf eine Lösung erschwert. GD-ähnlichen sozialen Dilemmas begegnet man trotzdem häufig in Dyaden, also in Interaktionen zwischen zwei Akteuren. Das wohl prominenteste Beispiel ist das Vertrauensdilemma (VD) (Dasgupta 1988; Kreps 1990; Voss 1998), das sich aus dem GD einfach herleiten lässt (Diekmann & Wyder 2002).

Abbildung III.1.1b zeigt das GD in Extensivform, also als Entscheidungsbaum. Die Spiellogik bleibt dieselbe. Beide Akteure entscheiden sich gleichzeitig und unabhängig voneinander, ob sie C oder D wählen. Die Tatsache, dass beide Akteure nicht wissen, was der jeweils andere Akteur wählt, wird durch die gestrichelte Linie gekennzeichnet. Die gestrichelte Linie verbindet die Entscheidungsknoten von Akteur 2 miteinander und bedeutet, dass Akteur 2 nicht weiß, wie sich Akteur 1 entschieden hat (Akteur 2 weiß nicht, an welchem der beiden Entscheidungsknoten er ist), wenn er seine Entscheidung trifft. Lässt man die gestrichelte Linie wie in Abbildung III.1.1c weg, wird aus dem simultanen GD ein sequentielles GD. Im sequentiellen GD wählt Akteur 1 zuerst und Akteur 2 erfährt, wie sich Akteur 1 entschieden hat, bevor Akteur 2 seine Wahl trifft. Das sequentielle GD hat aber nach wie vor die Eigenschaften eines sozialen Dilemmas. Das kann man sich einfach vor Augen führen, indem man das Spiel von unten, also durch Rückwärtsinduktion, analysiert. Akteur 2 wird sich immer für D entscheiden, da D ihm die höhere Auszahlung bringt, unabhängig davon, was Akteur 1 macht. Da Akteur 1 das Spiel so gut kennt wie wir, wird Akteur 1 die Wahl von Akteur 2 antizipieren und sich seinerseits für D entscheiden. Denn auch für Akteur 1 ist es das Beste, D zu wählen, wenn klar ist, dass Akteur 2 D wählen wird. Aus dem sequentiellen GD lässt sich nun das VD ableiten, indem man die Handlungsoption von Akteur 2 für den Fall eliminiert, dass Akteur 1 D wählt (Abbildung III.1.1d). Wenn Akteur 1 D wählt, ist die Interaktion beendet und beide Akteure erhalten P.

Das VD wird oft zur Modellierung des im sequentiellen Tausch innewohnenden Vertrauensproblems herangezogen (Güth & Ockenfels 2003; Voss 1998). Akteur 1 und Akteur 2 besitzen etwas, was der jeweils andere mehr wertschätzt (z. B. Geld und Ware). Durch einen Tausch wären beide bessergestellt, da sie das erhalten würden, was sie in dem Moment mehr begehren. Allerdings ist der Tausch sequentiell und Akteur 1 muss bei Akteur 2 in Vorleistung treten (z. B. ihm das Geld zuerst überweisen). Darauf kann sich Akteur 2 entscheiden, ob er die Vorleistung von Akteur 1 honoriert oder nicht. Das heißt, Akteur 2 entscheidet, ob er Akteur 1 die versprochene Gegenleistung erbringt (die Ware aushändigt) oder nicht (die Ware und das Geld behält).

Wie beim sequentiellen GD lässt sich das Nash-Gleichgewicht durch Rückwärtsinduktion herleiten. Akteur 2 hat einen Anreiz, das von Akteur 1 erhaltene Geld zu behalten, ohne ihm die versprochene Ware auszuhändigen ($T > R$). Da Akteur 1 die Wahl von Akteur 2 antizipiert, wird er sich seinerseits für D entscheiden ($P > S$). Der Tausch kommt nicht zustande, wodurch beiden Akteuren der Tauschgewinn ($R - P$) entgeht. Wie kann es aber sein, dass täglich zigtausend Menschen miteinander Handel treiben? Insbesondere auf anonymen Online-Märkten ist das Zustandekommen von Tauschgeschäften erklärungsbedürftig. Grundsätzlich gibt es drei Mechanismen, die zur Lösung von Vertrauensdilemmas auf Märkten beitragen: soziale, rechtliche und organisationale (Diekmann & Przepiorka 2017).

Sozialer und wirtschaftlicher Tausch sind oft im Beziehungsgeflecht der am Tausch beteiligten Akteure eingebettet (Granovetter 1992). Die soziale Einbettung der Akteure kann aufgrund unterschiedlicher Mechanismen das im sequentiellen Tausch innewohnende Vertrauensdilemma abschwächen (Buskens & Raub 2013; Voss 1998). Zum Beispiel kann die soziale Einbettung der Akteure zur Folge haben, dass sie sich mit hoher Wahrscheinlichkeit in einer ähnlichen Tauschsituation wiederbegegnen. In dem Fall haben die Akteure (und insbesondere der Vertrauensnehmer) einen Anreiz, sich kooperativ zu verhalten, um die Gewinne aus zukünftigen Tauschinteraktionen nicht zu verspielen. Ist der sogenannte Schatten der Zukunft (Axelrod 2009) groß und die Wahrscheinlichkeit, dass der Vertrauensgeber nach einer schlechten Erfahrung dem Vertrauensnehmer in Zukunft vertraut, klein, dann ist es im Eigeninteresse des Vertrauensnehmers, sich kooperativ zu verhalten und das ihm gegebene Vertrauen zu honorieren (Hardin 2002).

Die soziale Einbettung der Akteure schwächt das Vertrauensdilemma aber auch dadurch, dass Dritte durch eigene Beobachtung oder Mund-zu-Mund-Kommunikation vom Ausgang einer Interaktion erfahren und einem unkooperativen Vertrauensnehmer und den ihm nahestehenden Personen in Zukunft ihr Vertrauen verweigern können (Sosis 2005; Voss 1998). Die latente Drohung, dass unkooperatives Verhalten eine negative Sanktion zur Folge haben kann, schafft einen Anreiz für kooperatives Verhalten (Diekmann & Przepiorka 2015; Fehr & Gächter 2002; Voss & Vieth 2015). Die „Community"-Lösung des Vertrauensdilemmas, die beispielsweise in Religionsgemeinschaften wie den Amischen eine wichtige Rolle spielt (Diekmann 2008), stößt allerdings an ihre Grenzen, wenn sozialer und wirtschaftlicher Tausch über weite geographische Distanzen und zwischen Akteuren stattfindet, die sich nicht wiederbegegnen. Innerhalb nationalstaatlicher Grenzen und einer entsprechenden Rechtsprechung können sozialer und wirtschaftlicher

Tausch durch einklagbare Verträge abgesichert und das Vertrauensdilemma damit abgeschwächt werden. Die Einbettung der Akteure in formale Institutionen verschiebt das Vertrauensdilemma teilweise aus der Dyade in die Beziehung zwischen Bürger und Staat. Das heißt, Akteure müssen weniger Vertrauen einander gegenüber aufbringen, um in beiden Seiten zum Nutzen gereichende Tauschhandlungen einzutreten, solange sie den staatlichen Institutionen vertrauen können, ihre Rechte, wenn nötig, durchzusetzen. Allerdings wird das zwischen Akteuren bestehende Vertrauensdilemma nie ganz durch staatliche Institutionen aufgehoben werden können; Verträge können nicht jede Eventualität abdecken und ihr Einklagen vor Gericht ist mit zum Teil hohen Kosten verbunden.

Ist die soziale und institutionelle Einbettung der an einem Tausch interessierten Akteure nicht gegeben, können organisationale Mechanismen zur Abschwächung des Vertrauensdilemmas beitragen. Das Potential organisationaler Mechanismen hat sich mit der Ausbreitung des Internets in den letzten 25 Jahren stark vergrößert. Insbesondere elektronische Reputationssysteme haben dazu beigetragen, dass grenzüberschreitender Tausch zwischen anonymen Akteuren in einem nie dagewesenen Ausmaß möglich wurde (Diekmann & Przepiorka 2017). Der Reputationsmechanismus beruht darauf, dass Akteure sich kooperativ verhalten müssen, um eine gute Reputation aufzubauen und aufrechtzuerhalten. Eine gute Reputation verspricht höhere Tauschgewinne, die aber erst in der Zukunft anfallen. Akteure, die lediglich an der kurzfristigen Ausbeutung ihrer Tauschpartner interessiert sind, werden deshalb die Kosten scheuen, die mit dem Aufbau einer guten Reputation einhergehen (Przepiorka 2013; Shapiro 1983). Der Erfolg illegaler Online-Märkte im „Dark Net" zeigt exemplarisch, dass organisationale Mechanismen wie elektronische Reputationssysteme Kooperationsdilemmas auch ohne die soziale und institutionelle Einbettung der interagierenden Akteure lösen können (Przepiorka et al. 2017).

Die Aufhebung der Anreize zur allseitigen Defektion durch soziale, rechtliche und organisationale Mechanismen ist aber nicht immer ausreichend, um ein soziales Dilemma zu lösen. Es bleiben oft Koordinationsprobleme, die ihrerseits soziale Dilemmas darstellen. Beispielsweise können zwei Länder ein Abkommen schließen, dass Handelsschranken aufhebt und beiden Ländern zu mehr Wohlstand verhilft. Es gibt aber unzählige Möglichkeiten, ein solches Abkommen zu definieren, und was in den Augen der Politiker eines Landes als kooperativ gilt, kann von Politikern des anderen Landes als Defektion wahrgenommen werden. Die zwei Länder müssen also zuerst ein Koordinationsdilemma lösen und sich darauf einigen, was als kooperativ gelten soll (McAdams 2009; siehe auch Garrett & Weingast 1993). Wie wir im nächsten Abschnitt sehen werden, sind viele Lebensbereiche von Koordinationsdilemmas geprägt.

III.1.3 Koordination

Im Gegensatz zu Kooperationsdilemmas sind bei Koordinationsdilemmas die individuellen Interessen der Akteure vollständig oder teilweise gleichgerichtet (wir werden auf die Unterscheidung zwischen vollständig und teilweise gleichgerichteten Interessen weiter unten zurückkommen). Das soziale Dilemma besteht nun darin, dass es mehr als eine Möglichkeit gibt, seine individuellen Interessen bestmöglich zu verfolgen. Da wir nach wie vor annehmen, dass keine für die Interaktion relevante Kommunikation zwischen den Akteuren stattfindet, kann es ihnen misslingen, ihre Handlungen bewusst aufeinander abzustimmen, was sie zuweilen in einen schlechteren Zustand führt. Das lässt sich anhand des Koordinationsdilemmas in Abbildung III.1.2a veranschaulichen.

a)

		Akteur 2	
		a	b
Akteur 1	a	1,1	0,0
	b	0,0	1,1

b)

		Akteur 2	
		a	b
Akteur 1	a	2,2	0,*c*
	b	*c*,0	1,1

c)

		Akteur 3: a		Akteur 3: b	
		Akteur 2		Akteur 2	
		a	b	a	b
Akteur 1	a	2,2,2	0,1,0	0,0,1	0,1,1
	b	1,0,0	1,1,0	1,0,1	1,1,1

Abbildung III.1.2: Koordinationsdilemmas.

Abbildung III.1.2a zeigt ein reines Koordinationsspiel, bei dem sich zwei Akteure für eine Handlung *a* oder *b* entscheiden. Wenn beide sich für die gleiche Handlung entscheiden (beide Wählen *a* oder beide wählen *b*), erhalten sie die gleiche, positive Auszahlung. Wenn sich beide Akteure für unterschiedliche Handlungen entscheiden (Akteur 1 wählt *a* und Akteur 2 wählt *b* oder umgekehrt), gehen beide leer aus. Anders als bei einem Kooperationsdilemma wie dem GD, sind hier die Zustände, in denen beide Akteure ihre individuellen Auszahlungen maximieren, auch Nash-Gleichgewichte. Außerdem sind in diesem Fall die individuellen Interessen der beiden Akteure vollständig gleichgerichtet. Es ist also nicht der Fall, dass ein Akteur das eine und der andere Akteur das andere Gleichgewicht bevorzugen würde. Da die zwei Akteure ihre Entscheidungen aber gleichzeitig und unabhängig voneinander treffen, gibt es keinen Anhaltspunkt, der ihnen helfen könnte, ihre Handlungen auf einander abzustimmen, um auf eines der Nash-Gleichgewichte zu kommen.

Ein Anhaltspunkt würde sich ergeben, wenn für beide Akteure, eines der beiden Nash-Gleichgewichte eine höhere Auszahlung erbringen würde (Schelling 1960). Abbildung III.1.2b zeigt ein solches Koordinationsdilemma, wenn man $c = 0$ setzt. Dieses Koordinationsdilemma hat ebenfalls zwei Nash-Gleichgewichte, eines davon ist aber Pareto-effizienter, weil es für beide Akteure eine höhere Auszahlung erbringt. In diesem Fall ist das soziale Dilemma deutlich abgeschwächt aber nicht aufgehoben; es gibt weiterhin ein zweites Nash-Gleichgewicht, in dem beide Akteur b wählen. Eine kleine Änderung der Auszahlungsmatrix veranschaulicht, wieso das Pareto-ineffiziente Nash-Gleichgewicht nicht außer Acht gelassen werden darf.

Sobald man $c = 1$ setzt, erhöht sich die Anziehungskraft des Pareto-ineffizienten Nash-Gleichgewichts, weil jetzt die Wahl von b, unabhängig davon, was andere tun, eine sichere Auszahlung von 1 ergibt, während die Wahl von a eine Auszahlung von 2 oder 0 ergeben kann. Dieser Aspekt erfordert aber, dass man annimmt, dass Akteuren bei der Wahl ihrer bevorzugten Handlung manchmal Fehler unterlaufen (Selten 1975), sie also b wählen, obwohl sie hätten a wählen wollen und/oder einige Akteure risikoavers sind, auf Nummer sicher gehen wollen und deshalb b wählen.

Viele Situationen, die als GD beschrieben werden (also als Interaktion zwischen zwei Gefangenen, die unabhängig voneinander entscheiden, ob sie schweigen oder auspacken), wären eigentlich treffender als das Koordinationsdilemma in Abbildung III.1.2b mit $c = 1$ formuliert (McAdams 2009). Dieses Koordinationsdilemma wird auch Zusicherungsdilemma (ZD) genannt, da beide Akteure vom jeweils anderen gerne eine Zusicherung hätten, dass a gewählt wird, es aber keine Sicherheit geben kann, dass ein solches Versprechen eingehalten wird. Wir wollen diesen Aspekt anhand des folgenden Beispiels erläutern und dabei aufzeigen, wie ein soziales Dilemma, an dem drei Akteure beteiligt sind, dargestellt werden kann.

Drei Chefs konkurrierender Firmen haben illegale Preisabsprachen getroffen, die die Konsumentenrente aushöhlen und werden dessen vom Staatsanwalt beschuldigt. Der Staatsanwalt hat aber keine Beweise für das Bestehen eines Kartells und ist deshalb darauf angewiesen, dass mindestens einer der Akteure auspackt. Die drei Akteure werden vorgeladen und finden sich in der in Abbildung III.1.2c formalisierten Situation wieder. Man beachte, dass Abbildung III.1.2c nicht etwa zwei unterschiedliche Interaktionen, sondern die Auszahlungsmatrix des 3-Personen-Spiels darstellt. Da nun drei Akteure jeweils dieselben zwei Entscheidungsoptionen haben (schweigen oder auspacken), ergeben sich $2^3 = 8$ Entscheidungskombinationen, denen je ein Auszahlungstriplett zugeordnet wird. Im Gegensatz zum 2-Personen-Fall, enthält jede Zelle der Auszahlungsmatrix drei Größen. Die erste Größe bezeichnet die Auszahlung von Akteur 1, die zweite Größe diejenige von Akteur 2 und die dritte Größe die Auszahlung von Akteur 3.

Alle drei entscheiden sich gleichzeitig und unabhängig voneinander, ob sie *a* (schweigen) oder *b* (auspacken) wählen. Wenn ein Akteur auspackt (*a* wählt), erhält er eine Auszahlung von 1 (z. B. eine geringere Strafe), unabhängig davon, wie die anderen sich entscheiden. Wenn ein Akteur schweigt (*a* wählt), hängt seine Auszahlung davon ab, was die anderen beiden tun. Wenn mindestens einer der anderen Akteure auspackt, geht Akteur 1 leer aus (Akteur 1 erhält die Maximalstrafe). Wenn beide schweigen, ist seine Auszahlung (sowie die Auszahlung der anderen Akteure) 2 (das Kartell bleibt ungesühnt). Das ist ein Koordinationsdilemma, weil im Gegensatz zum GD „auspacken" keine dominante Strategie ist (es ist also nicht in jedem Fall besser auszupacken) und es mehrere, nämlich zwei, Nash-Gleichgewichte gibt. Das Dilemma besteht, weil auch wenn die drei Firmenchefs sich vorher absprechen und darauf einigen könnten zu schweigen, dadurch keine Garantie entsteht, dass doch nicht einer kalte Füße bekommt und auspackt, vielleicht sogar aus Angst die Maximalstrafe zu erhalten, wenn einer der anderen auspackt.

Das ZD ist ein Kollektivgutspiel, bei dem das „Nichtstun" aller beteiligten Akteure erforderlich ist, damit das Kollektivgut erstellt wird. Im ZD kann ein einziger Abweichler (der *a* wählt) das Kollektivgut zerstören, erleidet dabei aber einen geringeren Verlust als die anderen Akteure. Beim sogenannten Freiwilligendilemma (FD) braucht es hingegen nur einen Freiwilligen, der das Kollektivgut für alle beteiligten Akteure herstellt (Diekmann 1985). Das FD, das wir als nächstes besprechen, ist sozusagen punktsymmetrisch zum ZD.

Das FD ist ein Kollektivgutspiel, bei dem der Einsatz nur eines Akteurs erforderlich ist, um das Kollektivgut für alle beteiligten Akteure herzustellen. Das FD begegnet uns in vielen Lebenslagen: Wer macht den Abwasch nach einem gemeinsamen Abendessen in der Wohngemeinschaft? Wer steht auf, um den weinenden Säugling zu beruhigen? Wer schreitet ein, wenn ein Bewohner im Wohnblock die Nachtruhe stört? Wer übernimmt die Leitung eines neuen Projekts am Arbeitsplatz? Wer verzichtet auf Alkohol, um nach der Party alle sicher nach Hause zu fahren? Abbildung III.1.3a zeigt das 3-Personen-FD in Normalform.

a)

Akteur 3: v

Akteur 1 \ Akteur 2	v	¬v
v	1,1,1	1,2,1
¬v	2,1,1	2,2,1

Akteur 3: ¬v

Akteur 1 \ Akteur 2	v	¬v
v	1,1,2	1,2,2
¬v	2,1,2	0,0,0

b)

Anzahl anderer Akteure die v wählen

Akteur *i*	0	1	…	n–1
v	*U–K*	*U–K*	*U–K*	*U–K*
¬v	0	*U*	*U*	*U*

Abbildung III.1.3: Freiwilligendilemma.

Im in Abbildung III.1.3a dargestellten FD entscheiden sich drei Akteure gleichzeitig und unabhängig voneinander, ob sie den Einsatz für die Gruppe erbringen und das Kollektivgut erstellen (*v* wählen) oder nicht ($\neg v$ wählen). Wählt beispielsweise Akteur 1 *v*, erhält er eine Auszahlung von 1, unabhängig davon, was die anderen beiden tun. Wählt Akteur 1 $\neg v$, dann hängt seine Auszahlung davon ab, was die anderen beiden tun. Wählt mindestens einer der anderen Akteur *v*, dann erhält Akteur 1 eine Auszahlung von 2. Wählen aber alle Akteure $\neg v$, gehen alle leer aus, da in diesem Fall das Kollektivgut nicht erstellt wird. Man beachte schließlich, dass im Gegensatz zu anderen Kollektivgutspielen (vgl. Kapitel III.2), der Einsatz von mehr als einem Akteur die Auszahlung der anderen Akteure nicht vergrößert. Im FD ist es also unnötig, dass mehr als ein Akteur *v* wählt.

Allgemeiner (und vielleicht sogar intuitiver) lässt sich das *n*-Personen-FD wie in Abbildung III.1.3b darstellen. Da wir annehmen, dass das FD symmetrisch ist, d. h. die Position eines Akteurs für seine Auszahlung keine Rolle spielt, lässt sich das FD aus der Perspektive eines beliebigen Akteurs *i* betrachten. Wie im 3-Personen-Fall muss sich ein Akteur *i* zwischen *v* und $\neg v$ entscheiden. Wenn Akteur *i v* wählt, entstehen ihm Kosten *K* für die Herstellung des Kollektivguts, das für jeden beteiligten Akteur eine Auszahlung von U ergibt. In diesem Fall erhält jeder Akteur die Auszahlung U, unabhängig davon, ob er v oder $\neg v$ gewählt hat. Wenn Akteur i aber $\neg v$ wählt, dann hängt seine Auszahlung davon ab, wie viele andere Akteure v wählen. Wenn keiner der anderen Akteure v wählt, wird das Kollektivgut nicht erstellt und alle gehen leer aus. Wenn mindestens einer der anderen Akteure v wählt, erhält Akteur i die Auszahlung U ohne die Kosten K für die Herstellung des Kollektivguts zu tragen.

Anders als beim ZD, bei dem die Anzahl der Nash-Gleichgewichte unabhängig von der Anzahl der Akteure zwei ist, entspricht die Anzahl der Nash-Gleichgewichte im FD der Anzahl beteiligter Akteure. In einem Nash-Gleichgewicht im FD wählt genau ein Akteur v und die anderen $n-1$ Akteure wählen $\neg v$. Das FD ist eine Mischform aus einem Kooperations- und einem Koordinationsdilemma. Es ist ein Kooperationsdilemma, weil ein Akteur Kosten auf sich nehmen muss, um das Kollektivgut herzustellen. Aber anders als beim GD, übersteigt der Nutzen aus dem Kollektivgut die Kosten des Einsatzes ($U - K > 0$). Es ist ein Koordinationsdilemma, weil die Akteure keinen Anhaltspunkt haben, der es ihnen erlauben würde, sich auf eines der n Pareto-optimalen Nash-Gleichgewichte zu einigen. Wer soll derjenige sein, der den Einsatz zur Erstellung des Kollektivguts auf sich nimmt?

In einer Situation, in der sich eine Gruppe von Akteuren einem FD gegenübersieht (z. B. die Bewohner eines Wohnblocks, die sich alle von der lauten Musik eines Bewohners in ihrer Nachtruhe gestört fühlen und mit einem Anruf bei der Polizei das Kollektivgut „Stille" herstellen könnten), kann es zu einer Diffusion von Verantwortung kommen (Darley & Latané 1968). Wenn alle Akteure erwarten, dass einer der anderen den Einsatz erbringt (z. B. den Anruf bei der Polizei tätigt) und das Kollektivgut erstellt, wird das Kollektivgut erst nach einer kostspieligen Verzögerung oder gar nicht hergestellt.

Wie weiter oben bereits angesprochen, lassen sich Koordinationsdilemmas entschärfen, indem man den Akteuren die Auswahl der vorhandenen Nash-Gleichgewichte (also die stillschweigende Einigung) durch asymmetrische Auszahlungen vereinfacht (Harsanyi & Selten 1988). Um bestehende Kartelle zu zerschlagen und der Bildung neuer Kartelle vorzubeugen, wird in manchen Ländern Kartellmitgliedern, die das Kartell als erste preisgeben, Straffreiheit oder eine wesentliche Strafminderung zugesichert (Bigoni et al. 2015). Die Verantwortungsdiffusion im FD kann dadurch vermieden werden, indem einem Akteur geringere Kosten oder ein höherer Nutzen für die Erstellung des Kollektivguts zugeschrieben werden (Olson 1965; Przepiorka & Diekmann 2018). Im asymmetrischen FD mit einem „starken" Akteur ist das Nash-Gleichgewicht, in dem der starke Akteur das Kollektivgut alleine erstellt, auch das Pareto-optimale Nash-Gleichgewicht (Diekmann 1993).

In den allermeisten Fällen sind soziale Dilemmas durch Asymmetrien in den Auszahlungen der Akteure geprägt. Im Wohnblock hat der Nachbar des Bewohners, der die Nachtruhe stört, unter sonst gleichbleibenden Bedingungen sowohl die geringsten Kosten als auch den größten Nutzen, die Polizei zu verständigen oder selber einzuschreiten (Przepiorka & Berger 2016). Symmetrische Koordinationsdilemmas finden aber auch eine Lösung, wenn sie wiederholt von denselben Akteuren angetroffen werden. In wiederholten Interaktionen entsteht die Möglichkeit, sich in der Erzeugung des Kollektivguts abzuwechseln (Lau & Mui 2012; Diekmann & Przepiorka 2016). In der Gruppe Freunde, die jedes Wochenende in die Stadt fährt, um zu feiern, können sich die Fahrer abwechseln. Allerdings wird es schwierig, wenn nur einer den Führerschein hat (das soziale Dilemma also sehr asymmetrisch ist). Wenn sich die Gruppe jedes Mal stillschweigend darauf verständigt, dass das Mitglied mit den geringsten Kosten oder dem größten Nutzen das Kollektivgut erstellt, kann es zum Konflikt kommen, da sich über die Zeit die Auszahlungen der Akteure ungleich verteilen.

Koordinationsdilemmas, bei denen die individuellen Interessen der Akteure nur teilweise gleichgerichtet sind, eignen sich gut, um Konflikte zu modellieren. Im nächsten Abschnitt besprechen wir soziale Dilemmas, die entstehen, wenn mehrere Nash-Gleichgewichte zu Asymmetrien in den Auszahlungen der Akteure führen und deshalb Verteilungskonflikte entstehen können.

III.1.4 Konflikt

Das in Abbildung III.1.4a dargestellte Spiel wird „Kampf der Geschlechter" genannt. Es bringt den Konflikt zweier Akteure zum Ausdruck, die gemeinsam Zeit verbringen möchten, sich aber uneinig sind, wie die gemeinsame Zeit zu gestalten wäre. Dies soll am folgenden Beispiel veranschaulicht werden. Akteur 1 mag Kino mehr als Theater während Akteur 2 die umgekehrte Präferenzordnung hat. Aber unabhängig von ihren Präferenzen mögen es beide lieber, gemeinsam Zeit zu verbringen als alleine. Beide Akteure entscheiden sich nun gleichzeitig und unabhängig voneinander, ob sie h (Kino) oder z (Theater) wählen. Das Spiel hat zwei Pareto-optimale Nash-Gleichgewichte: eines, in dem die Akteure gemeinsam ins Kino gehen (h wählen), und eines, in dem sie gemeinsam ins Theater gehen (z wählen). Folgen aber beide ihren individuellen Präferenzen und wählen Kino (Akteur 1) bzw. Theater (Akteur 2), werden sich beide die jeweiligen Vorstellungen ohne den anderen anschauen, was beiden am wenigsten Freude bereitet. Damit der Abend kein Misserfolg wird, muss einer der Akteure auf die Maximierung seiner individuellen Interessen verzichten. Wie beim FD stellt sich die Frage, wer das „Opfer“ bringen soll, denn üben sich beide in Zurückhaltung und wählen jeweils, was der andere lieber mag, gelingt der Abend auch nicht. Die Bereitschaft zu verzichten kann in Kombination mit Kommunikation zur Lösung des Dilemmas führen. Wenn aber keiner der beiden bereit ist freiwillig zu verzichten, kann ein Münzwurf, dessen Ausgang beide einwilligen zu respektieren, helfen, das Dilemma zu lösen. Einfacher lässt sich das Dilemma lösen, wenn sich dieselben zwei Akteure häufiger begegnen. Bei wiederholten Begegnungen können sich beide im Verzichten abwechseln und zuerst ins Kino und beim nächsten Mal ins Theater gehen. Diese Lösung hat zur Folge, dass mit der Zeit beide im Schnitt den gleichen Nutzen erzielen.

Viele Konfliktsituationen sind aber von einer noch stärkeren Diskrepanz der individuellen Interessen der beteiligten Akteure geprägt. Abbildung III.1.4b zeigt das sogenannte Feiglingsdilemma (FGD) in Normalform (Rapoport & Chammah 1966).

a)

Akteur 1 \ Akteur 2	h	z
h	2,1	0,0
z	0,0	1,2

b)

Akteur 1 \ Akteur 2	h	z
h	−.5,−.5	4,0
z	0,4	2,2

c)

Akteur 1 \ Akteur 2	h	z
h	$.5w - c$ / $.5w - c$	w / 0
z	0 / w	$.5w$ / $.5w$

d)

Akteur 1 \ Akteur 2	h	z
h	$w - c$ / $-c$	w / 0
z	0 / w	$.5w$ / $.5w$

Abbildung III.1.4: Konfliktdilemmas.

Im FGD entscheiden sich zwei Akteure gleichzeitig und unabhängig voneinander, ob sie *h* oder *z* wählen. Wenn beide *h* wählen, verlieren beide, was mit der negativen Auszahlung von -0.5 ausgedrückt ist. Wählt ein Akteur *h* und der andere z, erhält ersterer 4 und letzterer geht leer aus. Würden schließlich beide z wählen, würden beide 2 erhalten. Obwohl der Zustand, der eintritt, wenn beide z wählen, Pareto-optimal ist (kein Akteur kann besser gestellt werden, ohne einen anderen schlechter zu stellen), ist die Wahl von z durch beide Akteure kein Nash-Gleichgewicht. Beide Akteure haben individuell einen Anreiz, von ihrer Strategie abzuweichen und h zu wählen. Das FGD hat also zwei Nash-Gleichgewichte; eines, in dem Akteur 1 h wählt und Akteur 2 z wählt, und eines, in dem Akteur 1 z wählt und Akteur 2 h wählt. Folgen nun aber beide Akteure ihren individuellen Anreizen und wählen h, finden sie sich im schlechtesten Zustand wieder. Darin liegt auch der Unterschied zum GD. Im GD stellt sich der schlechteste Zustand nur für den Akteur ein, der kooperiert, während der andere defektiert. Im FGD (und im FD) führt allseitige „Defektion" in den schlechtesten Zustand.

Das Feiglingsdilemma wird so genannt, weil es oft mit dem Beispiel zweier Rivalen, die in ihren Autos aufeinander zurasen, illustriert wird. Weicht keiner der beiden rechtzeitig aus (beide wählen h), kommt es zum Unglück und beide verlieren. Weicht einer aus (wählt z) und der andere fährt weiter (wählt h), ist ersterer der „Feigling" und letzterer der Sieger dieses Wettkampfs. Weichen beide aus, gibt es zwar keinen Sieger, aber auch keinen Feigling und keine Toten oder Schwerverletzten. Das FGD wurde auch herangezogen, um die Kubakrise zu analysieren (Poundstone 1992). In der Kubakrise befanden sich die USA und die Sowjetunion 1962 kurz vor einem Atomkrieg, zu dem es lediglich nicht kam, weil der damalige Kremlchef Chruschtschow einlenkte und die Umkehr der nach Kuba entsandten Schiffe mit Mittelstreckenraketen befahl. Die Interaktion war aber sequentiell, weil der amerikanische Präsident Kennedy zuvor in der Türkei stationierte, amerikanische Mittelstreckenraketen aktivieren ließ, wodurch sich die Sowjets bedroht fühlten.

Bei Konflikten geht es oft um die Aufteilung einer knappen aber begehrten Ressource. Dabei kann es sich um ein Päckchen Zigaretten, die Aufmerksamkeit einer Person, Marktanteile oder reich an Bodenschätzen versehene Territorien handeln. Streiten sich zwei Akteure um eine Ressource, kann ihre Interaktion im in Abbildung III.1.4c dargestellten Spiel beschrieben werden. Beide Akteure können sich entscheiden, ob sie in einen kostspieligen „Kampf" um die Ressource eintreten (h wählen) oder nicht (z wählen). Nur wenn beide h wählen, kommt es zur Auseinandersetzung, bei der mit einer Wahrscheinlichkeit von 0.5 einer die Ressource (w) gewinnt, der andere leer ausgeht und beide die Kosten der Auseinandersetzung (c) zu tragen haben. Wählt ein Akteur die Konfrontation (h) während der andere ausweicht (z wählt), gewinnt ersterer kampflos die gesamte Ressource, letzterer geht leer aus und keiner der beiden erleidet Verluste, die ein Kampf verursacht hätte. Schließlich besteht noch die Möglichkeit, dass beide sich darauf einigen, die Ressource friedlich zur Hälfte aufzuteilen (z wählen) und sich damit die Kosten eines Kampfes zu sparen.

Wenn man $w = 4$ und $c = 2.5$ setzt, erhält man dieselbe Auszahlungsmatrix wie in Abbildung III.1.4b. Es handelt sich bei dem Spiel also um ein FGD. Das heißt auch, dass das friedliche Teilen der Ressource zwar Pareto-optimal aber kein Nash-Gleichgewicht ist. Da beide Akteure nicht wissen, wie ein Kampf ausgehen würde (beide haben eine Chance von 50 %, die Auseinandersetzung für sich zu entscheiden), haben beide einen Anreiz h zu wählen. Folgen nun beide ihren individuellen Anreizen, wird zwar einer der Akteure einen Gewinn ($w - c$) erzielen und der schwächere einen Verlust ($-c$) erleiden, doch in der Erwartung $0.5(w - c) - 0.5c = 0.5w - c$ führt beidseitige Wahl von h nach wie vor zum schlechtesten Zustand für beide Akteure ($0.5w - c < 0$). Die Annahme, dass bei beidseitiger Wahl von h einer der beiden Akteure mit 50 % Wahrscheinlichkeit als Sieger der Auseinandersetzung hervorgeht, leitet sich daraus ab, dass angenommen wird, dass einer der Akteure stärker ist als der andere, dies mit gleicher Wahrscheinlichkeit auf die Akteure zutreffen kann und Stärke den Ausgang der Auseinandersetzung bestimmt. So gesehen ist das in Abbildung III.1.4c dargestellte Spiel eines mit unvollständiger Information (siehe z. B. Rasmusen 2007). Wir sollen abschließend auf dieses wichtige Thema eingehen.

Bisher haben wir angenommen, dass alle beteiligten Akteure über die Präferenzordnung aller beteiligten Akteure Bescheid wissen. Im Fall des in Abbildung III.1.4c dargestellten Spiels wird aber implizit angenommen, dass die Akteure nicht wissen, wie stark sie sind und wie stark ihr Gegner ist, es aber Unterschiede in der Stärke der Akteure gibt, die für den Ausgang der Interaktion bestimmend sind. Wäre die Interaktion eine mit vollständiger Information, würde sie dem in Abbildung III.1.4d dargestellten Spiel entsprechen. In diesem Spiel ist Akteur 1 der stärkere Akteur, Akteur 2 der schwächere Akteur und darüber besteht gemeinsames Wissen. Dass Akteur 1 der stärkere ist, ist daran zu erkennen, dass Akteur 1 $w - c$ und Akteur 2 $-c$ erhalten würde, falls beide h wählten. Dieses Spiel hat ein Pareto-effizientes Nash-Gleichgewicht, in dem Akteur 1 h wählt und Akteur 2 z. Mit anderen Worten, im Nash-Gleichgewicht sucht der Stärkere die Auseinandersetzung, der Schwächere weicht aus, die für beide kostspielige Auseinandersetzung bleibt aus und die Interaktion endet mit einer ungleichen Verteilung der begehrten Ressource (der starke Akteur bekommt alles, der schwache Akteur bekommt nichts).

Eine wichtige Einsicht aus dieser Betrachtung ist, dass ressourcenverzehrende Auseinandersetzungen unter anderem dadurch entstehen können, dass Akteure nicht über ihre eigenen Stärken und die Stärken ihrer Gegner Bescheid wissen. Die aus dieser Unwissenheit resultierenden Auseinandersetzungen fördern die nötige Information dann aber zu Tage. Es entstehen Hierarchien, die zwar den stärkeren

Akteuren einen Vorteil verschaffen und damit die latente Ungleichheit zementie-
ren, die aber dazu beitragen, dass weitere kostspielige Auseinandersetzungen
ausbleiben (Przepiorka et al. 2020). Gambetta (2009) beschreibt eine auf Konflikt
beruhende Bildung informeller Hierarchien unter Gefängnisinsassen. Der Autor
erklärt damit, wieso es in Hochsicherheitsgefängnissen, in denen sich die Insassen nicht frei bewegen können, eher zu Auseinandersetzungen kommt als in weniger stark bewachten Gefängnissen. Natürlich liegt eine Erklärung auf der
Hand: Hochsicherheitsgefängnisse beherbergen aggressivere Insassen. Gambet-
tas Analyse und das oben beschriebene Konfliktdilemma weisen aber auf eine
alternative Erklärung hin: Der Informationsfluss ist in Hochsicherheitsgefängnisse eingeschränkt und Konflikte müssen ausgetragen werden, um die fehlende
Information zu generieren.

III.1.5 Zusammenfassung

Soziale Dilemmas sind Situationen, in denen mehrere Akteure aufgrund ihrer Interdependenz vor einem Entscheidungskonflikt stehen. Verfolgt jeder seine individuellen Interessen, kann das Ergebnis ein Zustand sein, der alle schlechter stellt
als nötig. Soziale Dilemmas treten in vielen Lebenslagen auf: in Interaktionen zwischen Familienmitgliedern, Nachbarn, Arbeitsgruppen, Firmen und Ländern. Sie
beschreiben real auftretende und soziologisch relevante Phänomene und sind
damit ein wesentlicher Baustein soziologischer Theoriebildung (siehe z. B. Coleman 1990).

   Die Spieltheorie ist ein geeignetes Werkzeug soziale Dilemmas präzise zu
beschreiben. Geht man von einem real existierenden sozialen Dilemma aus,
zwingt einen die spieltheoretische Beschreibung der Situation, sich über die involvierten Akteure, ihre Präferenzen, Entscheidungsalternativen sowie die Folgen der möglichen Entscheidungskombinationen Gedanken zu machen. Ein
solches Vorgehen ist zwar langwierig und erfordert eine gewisse Präzision,
kann aber kontraintuitive Zusammenhänge ans Tageslicht fördern und Fehl-
schlüsse verhindern (Watts 2014). Für die empirisch-analytische Soziologie vielleicht am wichtigsten ist, dass sich aus spieltheoretischen Modellen sozialer
Dilemmas Hypothesen ableiten lassen, die dann empirisch überprüft werden
können. Spieltheoretische Modelle liefern in dieser Hinsicht auch Hinweise auf
das erforderliche Forschungsdesign und Aspekte der Messung der in den Hypothesen erwähnten Variablen (Camerer 2003).

   Das Ziel dieses Kapitels war es, das Interesse des Lesers an der spieltheoretischen Modellierung sozialer Interkation zu wecken. Wir haben gezeigt, wie sich

mit Hilfe der Spieltheorie Interaktionssituationen beschreiben lassen, denen Kooperationsprobleme, Koordinationsprobleme und Interessenkonflikte innewohnen. Wir haben auch diskutiert, wie soziale, rechtliche und organisationale Mechanismen dazu beitragen können, real auftretende soziale Dilemmas abzuschwächen oder aufzulösen. Wichtige Elemente der spieltheoretischen Modellierung sozialer Dilemmas wie wiederholte Spiele, Spiele mit unvollständiger Information und Signalspiele, konnten wir in der Kürze dieses Kapitels nur unzureichend oder gar nicht besprechen. Dem Leser wird deshalb empfohlen, auch die Kapitel II.2, III.3 und III.4 in diesem Buch und die weiterführende Literatur in Betracht zu ziehen.

Literatur

Axelrod, R., 2009: Die Evolution der Kooperation. München: Oldenbourg.

Bigoni, M., S.-O. Fridolfsson, C. Le Coq & G. Spagnolo, 2015: Trust, Leniency, and Deterrence. Journal of Law, Economics, and Organization 31: 663–689.

Buskens, V. & W. Raub, 2013: Rational Choice Research on Social Dilemmas: Embeddedness Effects on Trust. S. 113–150 in: R. Wittek, T.A.B. Snijders & V. Nee (Hrsg.), The Handbook of Rational Choice Social Research. Stanford: Stanford University Press.

Camerer, C.F., 2003: Behavioral Game Theory. Princeton: Princeton University Press.

Coleman, J.S., 1990: Foundations of Social Theory. Cambridge: Belknap Press of Harvard University Press.

Darley, J.M. & B. Latané, 1968: Bystander Intervention in Emergencies: Diffusion of Responsibility. Journal of Personality and Social Psychology 8: 377–383.

Dasgupta, P., 1988: Trust as a Commodity. S. 49–72 in: D. Gambetta (Hrsg.), Trust: Making and Breaking Cooperative Relations. Oxford: Basil Blackwell.

Dawes, R.M., 1980: Social Dilemmas. Annual Review of Psychology 31: 169–193.

Diekmann, A., 1985: Volunteer's Dilemma. Journal of Conflict Resolution 29: 605–610.

Diekmann, A., 1993: Cooperation in an Asymmetric Volunteer's Dilemma Game: Theory and Experimental Evidence. International Journal of Game Theory 22: 75–85.

Diekmann, A., 2008: Dimensionen des Sozialkapitals. S. 47–65 in: A. Franzen & M. Freitag (Hrsg.), Sozialkapital. Grundlagen und Anwendungen. Sonderheft 47 der Kölner Zeitschrift für Soziologie und Sozialpsychologie. Wiesbaden: VS Verlag für Sozialwissenschaften.

Diekmann, A., 2013: Spieltheorie. Reinbek bei Hamburg: Rowohlt Taschenbuch.

Diekmann, A. & W. Przepiorka, 2015: Punitive Preferences, Monetary Incentives and Tacit Coordination in the Punishment of Defectors Promote Cooperation in Humans. Scientific Reports 5: 10321.10.1038/srep10321.

Diekmann, A. & W. Przepiorka, 2016: "Take One for the Team!" Individual Heterogeneity and the Emergence of Latent Norms in a Volunteer's Dilemma. Social Forces 93: 1309–1333.

Diekmann, A. & W. Przepiorka, 2017: Reputation auf Märkten. S. 241–255 in: A. Maurer (Hrsg.), Handbuch der Wirtschaftssoziologie. Wiesbaden: Springer VS.

Diekmann, A. & D. Wyder, 2002: Vertrauen und Reputationseffekte bei Internet-Auktionen. Kölner Zeitschrift für Soziologie und Sozialpsychologie 54: 674–693.

Fehr, E. & S. Gächter, 2002: Altruistic Punishment in Humans. Nature 415: 137–140.

Gambetta, D., 2009: Codes of the Underworld: How Criminals Communicate.
Princeton: Princeton University Press.

Garrett, G. & B.R. Weingast, 1993: Ideas, Interests, and Institutions: Constructing the
European Community's Internal Market. S. 173–206 in: J. Goldstein & R.O. Keohane
(Hrsg.), Ideas and Foreign Policy: Beliefs, Institutions, and Political Change.
Ithaca: Cornell University Press.

Granovetter, M.S., 1992: Problems of Explanation in Economic Sociology. S. 25–56
in: N. Nohria & R.G. Eccles (Hrsg.), Networks and Organizations: Structure, Form,
and Action. Boston: Harvard Business School Press.

Greene, J., 2013: Moral Tribes: Emotion, Reason and the Gap between Us and Them.
New York: Penguin Books.

Güth, W. & A. Ockenfels, 2003: The Coevolution of Trust and Institutions in Anonymous and
Non-Anonymous Communities. S. 157–174 in: M.J. Holler, H. Kliemt, D. Schmidtchen
& M. Streit (Hrsg.), Jahrbuch für neue politische Ökonomie. Tübingen: Mohr Siebeck.

Hardin, R., 2002: Trust and Trustworthiness. New York: Russell Sage Foundation.

Harsanyi, J.C. & R. Selten, 1988: A General Theory of Equilibrium Selection in Games.
Cambridge: MIT Press.

Heckathorn, D.D., 1989: Collective Action and the Second-Order Free-Rider Problem.
Rationality and Society 1: 78–100.

Kollock, P., 1998: Social Dilemmas: The Anatomy of Cooperation. Annual Review of Sociology
24: 183–214.

Kreps, D., 1990: Corporate Culture and Economic Theory. S. 90–143 in: J.E. Alt & K.A. Shepsle
(Hrsg.), Perspectives on Positive Political Economy. Cambridge: Cambridge University
Press.

Lau, S.-H.P. & V.-L. Mui, 2012: Using Turn Taking to Achieve Intertemporal Cooperation and
Symmetry in Infinitely Repeated 2 × 2 Games. Theory and Decision 72: 167–188.

McAdams, R.H., 2009: Beyond the Prisoner's Dilemma: Coordination, Game Theory, and Law.
Southern California Law Review 82: 209–258.

Olson, M., 1965: The Logic of Collective Action: Public Goods and the Theory of Groups.
Cambridge: Harvard University Press.

Osborne, M.J., 2009: An Introduction to Game Theory. Oxford: Oxford University Press.

Ostrom, E., 1990: Governing the Commons: The Evolution of Institutions for Collective Action.
Cambridge: Cambridge University Press.

Poundstone, W., 1992: Prisoner's Dilemma. New York: Anchor Books.

Przepiorka, W., 2013: Buyers Pay for and Sellers Invest in a Good Reputation: More Evidence
from eBay. Journal of Socio-Economics 42: 31–42.

Przepiorka, W. & J. Berger, 2016: The Sanctioning Dilemma: A Quasi-Experiment on Social
Norm Enforcement in the Train. European Sociological Review 32: 439–451.

Przepiorka, W. & A. Diekmann, 2018: Heterogeneous Groups Overcome the Diffusion of
Responsibility Problem in Social Norm Enforcement. PLoS ONE 13: e0208129.

Przepiorka, W., L. Norbutas & R. Corten, 2017: Order without Law: Reputation Promotes
Cooperation in a Cryptomarket for Illegal Drugs. European Sociological Review
33: 752–764.

Przepiorka, W., C. Rutten, V. Buskens & A. Szekely, 2020: How Dominance Hierarchies Emerge
from Conflict: A Game Theoretic Model and Experimental Evidence. Social Science
Research 86: 102393. 10.1016/j.ssresearch.2019.102393.

Rapoport, A., 1974: Prisoner's Dilemma – Recollections and Observations. S. 17–34 in: A. Rapoport (Hrsg.), Game Theory as a Theory of Conflict Resolution. Dordrecht: Reidel.

Rapoport, A. & A.M. Chammah, 1966: The Game of Chicken. American Behavioral Scientist 10: 10–28.

Rasmusen, E., 2007: Games and Information: An Introduction to Game Theory. Malden: Blackwell Publishing.

Raub, W., V. Buskens & R. Corten, 2015: Social Dilemmas and Cooperation. S. 597–626 in: N. Braun & N.J. Saam (Hrsg.), Handbuch Modellbildung und Simulation in den Sozialwissenschaften. Wiesbaden: Springer VS.

Riechmann, T., 2014: Spieltheorie. München: Vahlen.

Schelling, T.C., 1960: The Strategy of Conflict. Cambridge: Harvard University Press.

Selten, R., 1975: Reexamination of the Perfectness Concept for Equilibrium Points in Extensive Games. International Journal of Game Theory 4: 25–55.

Shapiro, C., 1983: Premiums for High Quality Products as Return to Reputation. Quarterly Journal of Economics 98: 659–680.

Sosis, R., 2005: Does Religion Promote Trust? The Role of Signaling, Reputation, and Punishment. Interdisciplinary Journal of Research on Religion 1: 1–30.

van Lange, P. A.M., J. Joireman, C.D. Parks & E. van Dijk, 2013: The Psychology of Social Dilemmas: A Review. Organizational Behavior and Human Decision Processes 120: 125–41.

Voss, T., 1998: Vertrauen in modernen Gesellschaften. Eine spieltheoretische Analyse. S. 91–129 in: R. Metze, K. Mühler & K.-D. Opp (Hrsg.), Der Transformationsprozess. Analysen und Befunde aus dem Leipziger Institut für Soziologie. Leipzig: Leipziger Universitätsverlag.

Voss, T., 2001: Game-Theoretical Perspectives on the Emergence of Social Norms. S. 105–136 in: M. Hechter & K.-D. Opp (Hrsg.), Social Norms. New York: Russell Sage Foundation.

Voss, T. & M. Vieth, 2015: Kooperationsnormen und vergeltende Sanktionen: Experimentelle Untersuchungen. S. 174–194 in: M. Keuschnigg & T. Wolbring (Hrsg.), Experimente in den Sozialwissenschaften: Sonderband 22 Soziale Welt. Baden-Baden: Nomos.

Watts, D.J., 2014: Common Sense and Sociological Explanations. American Journal of Sociology 120: 313–351.

Wikipedia Beitragende, 2018: Soziales Dilemma. Wikipedia. Die freie Enzyklopädie: https://de.wikipedia.org/wiki/Soziales_Dilemma (abgerufen am 08.10.2019).

Yamagishi, T., 1986: The Provision of a Sanctioning System as a Public Good. Journal of Personality and Social Psychology 51: 110–116.

Johanna Gereke und Heiko Rauhut

III.2 Öffentliche Güter und kollektives Handeln

III.2.1 Ursprung und Definition

Mancur Olson (1965) ist einer der ersten und prominentesten Wissenschaftler, welcher das Problem kollektiven Handelns dargestellt hat. Er hat ein grundlegendes Paradox kollektiven Handelns aufgezeigt: „Außer wenn die Zahl der Individuen in einer Gruppe ziemlich klein ist [. . .] werden rationale, im Eigeninteresse handelnde Individuen tatsächlich nicht so handeln, dass ihr gemeinsames Gruppeninteresse verwirklicht wird" (Olson 2004: 2). Das Problem bei der Herstellung kollektiver Güter liegt darin, dass der Aufwand für individuelle Beiträge häufig den Nutzen übersteigt, den jeder einzelne aus dem kollektiven Ertrag zurückerhält. „Im günstigsten Fall wird es dem einzelnen gelingen, die Sache in geringem (oft nicht wahrnehmbaren Maße) zu fördern. In jedem Fall wird er nur einen winzigen Anteil an dem Gewinn haben, der durch sein Handeln bewirkt wurde" (Olson 1985: 21).

Folglich versteht man unter einem (reinen) Kollektivgut solche Güter, deren Konsum über zwei Eigenschaften verfügt: (a) *Versagen des Ausschlussprinzips*: Dies heißt ein zusätzlicher Nutzer kann vom Konsum nicht ausgeschlossen werden, egal ob er für den Konsum zahlt oder nicht. (b) *Nicht-Rivalität*: Der Nutzen eines Konsumenten ist nicht durch einen zusätzlichen Konsumenten beeinflusst. Beispiele für Kollektivgutprobleme, die alltäglich bekannt und für eine große Anzahl von Personen relevant ist, sind individuelle Beiträge zum Schutz natürlicher Ressourcen wie der Vermeidung von Überfischung (Hardin 1968) oder der Abholzung der Wälder (Ostrom 1990), Beiträge zum Klima- und Umweltschutz (Diekmann & Preisendörfer 2003), oder auch die Bereitschaft, Steuern zu zahlen oder sich bei politischen Wahlen zu beteiligen (Green & Shapiro 1996: 47).

Die oben beschriebene Spannung zwischen individueller und kollektiver Rationalität lässt sich anhand Olsons Theorie zu öffentlichen Gütern und kollektivem Handeln in spieltheoretischer Notation folgendermaßen darstellen (vgl. Kapitel II.2). Hier übernehmen wir die mathematische Notierung des sogenannten voluntary contribution mechanism (VCM) (Isaac et al. 1984), die

Anmerkung: Wir danken Pauline Kleinschlömer, Joshua Hellyer und Tuğba Subaşıoğlu für die hilfreiche Unterstützung beim Korrekturlesen und Formatieren dieses Beitrags.

https://doi.org/10.1515/9783110673616-009

oftmals in der experimentellen Wirtschaftsforschung verwendet wird, um Olsons Argument zu präzisieren (Diekmann 2009: 120; Weimann 2019: 427).

Sei z_i die monetäre Anfangsausstattung (endowment) jedes Gruppenmitglieds i zu Beginn des Öffentliche-Güter-Spiels (ÖGS) und b_i der individuelle Beitrag von i zur Produktion des öffentlichen Gutes. Nun sei α der Ertrag (payoff), den jeder Spieler in der Gruppe erhält, wenn eine Geldeinheit (monetary unit) in die Herstellung des Kollektivgutes bzw. des kollektiven Fonds investiert wird. Der Grenzertrag des Teils von z_i (marginal return on the share of z_i), der nicht in das öffentliche Gut investiert ist, sei auf 1 normiert. α ist somit der sogenannte MPCR (marginal per capita return) bzw. das Verhältnis von Ertrag und Kosten einer Investition in das Kollektivgut, sprich was der Spieler in der Gruppe erhält nach der Investition in den kollektiven Fond. Sei N die Anzahl der Spieler in der Gruppe, dann ist der Ertrag π_i des Spielers i ($i = 1, 2, 3, \ldots, N$) definiert als

$$\pi_i : (z_i - b_i) + \alpha \sum_{j=1}^{N} b_j. \tag{1}$$

Damit ein typisches Kollektivgut-Problem entsteht, müssen gelten:

$$\alpha < 1, N\alpha > 1 \text{ und damit } \alpha > \frac{1}{N}. \tag{2}$$

Da $\alpha < 1$ gilt, ist es individuell rational, nicht ins öffentliche Gut zu investieren, da in diesem Fall die Auszahlung 1 ist und jeder Beitrag ins kollektive Gut den individuellen Ertrag reduzieren würde. Da jedoch $N\alpha > 1$ gilt, ist es aus der Perspektive der Gruppe kollektiv rational, wenn alle Gruppenmitglieder ihre gesamte Ausstattung (endowment) in das öffentliche Gut investieren. Dies würde zu einer Auszahlung von $N\alpha z_i > z_i$ führen. Trotz, dass alle von der Gruppenlogik aus betrachtet verlieren, ist die individuell dominante Strategie unter rational egoistischen Spielern, im Kollektivgut-Dilemma $b_j = 0$ zu wählen; sprich keiner trägt etwas bei. Die Diskrepanz und das Dilemma zwischen individuell-rationalem Nash-Gleichgewicht und kollektiver Rationalität bzw. Pareto-Optimum (vgl. Kapitel II.3) wechselseitiger Kooperation in der Herstellung öffentlicher Güter lässt sich in dieser strukturierten Form leicht erkennen und dient dadurch auch der empirischen Überprüfung des Modells mittels Verhaltensexperimenten in Soziologie, Politikwissenschaft, Ökonomie, Biologie, Anthropologie, empirischer Rechtswissenschaft und angrenzenden Wissenschaften.

III.2.2 Experimentelle Kollektivgut-Studien

Um Kollektivgut-Dilemmata empirisch zu untersuchen und herauszufinden, wie man sie lösen kann, wurde das Öffentliche-Güter-Spiel (Public Good Game) zum „Arbeitspferd" der experimentellen Spieltheorie und der empirischen Sozialwissenschaften. Das ÖGS erlaubt es, im Gegensatz zu einem Mehr-Personen-Gefangenendilemma (vgl. Kapitel III.1), das nur die binäre Entscheidung zwischen Kooperation und Defektion misst, auch das Ausmaß der Kooperation zu untersuchen. Die Teilnehmer im Experiment werden zu Anfang mit Geld ausgestattet, welches sie entweder benutzen können, um ein öffentliches Gut mitzufinanzieren, oder aber behalten können. Daraus entsteht die oben aufgezeigte Dynamik, dass das Kollektivgut jedem Teilnehmer nützt, während das Geld, was man behält, nur dem einzelnen Teilnehmer nützt. Da der *individuelle* Grenznutzen aus dem Kollektivgut niedriger als die privaten Grenzkosten der Bereitstellung ist, jedoch der *soziale* Grenznutzen höher als die privaten Grenzkosten ist, besteht die effizienteste Lösung darin, dass alle Teilnehmer ihr gesamtes Geld zur Finanzierung des öffentlichen Gutes beitragen.

Ledyard (1995) hat eine Zusammenfassung der frühen experimentellen Studien zu Mechanismen für Kollektivgutbeiträge vorgelegt. Es zeigt sich insbesondere, dass in einmaligen Interaktionen die Beitragsbereitschaft zu öffentlichen Gütern deutlich höher ist als durch das spieltheoretische Modell für rationale Egoisten vorhergesagt wird; nämlich, dass sich gar keiner auch nur geringfügig beteiligt. Die empirische Beitragsbereitschaft in einmaligen Interaktionen liegt durchschnittlich bei 40 bis 60 %, wobei diese individuell stark variiert zwischen 0 und 100 % (siehe auch die Zusammenfassung in Chaudhuri 2011).

Eine wichtige Fragestellung ist in den frühen Arbeiten, wie von Marwell & Ames (1979) und darauffolgend von Isaac & Walker (1988), die Hypothese der Gruppengröße genauer zu untersuchen. Die Autoren haben die Gruppengröße unabhängig von dem *marginal per capita return* (MPCR) bzw. dem Verhältnis von Ertrag und Kosten einer Investition in das Kollektivgut untersucht. Diese Analysen untersuchen Olsons Argument genauer, ob größere Gruppen *per se* weniger in der Lage sind, kollektive Güter herzustellen, oder ob es daran liegt, dass in größeren Gruppen der individuelle zurückerhaltene Ertrag in größerem Ausmaß die individuell getragenen Kosten übersteigt. Zum Beispiel, wenn es um Umweltschutz oder politischen Wahlen geht, sind die Gruppen meist sehr groß (z. B. globale, nationale bzw. regionale Bevölkerungen) aber der MPCR relativ niedrig. Auf der anderen Seite gibt es auch Beispiele, wo die Gruppen kleiner sind aber der MPCR hoch: Lerngruppen, die sich auf eine Klausur vorbereiten – möglicherweise auch lediglich in einer one-shot Situation (sprich die Lerngruppe geht nach der Klausur wieder auseinander) – sind ein Beispiel für diese Konstellation von Gruppengröße und MPCR. Diese Studien zeigen, dass die Gruppengröße alleine kaum einen Einfluss hat, sich bei kollektiven Gütern zu beteiligen, sondern dass der *MPCR* eine entscheidende Einflussgröße ist, welcher eben in der Realität bei großen Gruppen meist geringer ist (siehe auch die Meta-Analyse von Zelmer (2003) und Weimann et al. (2018) für einen direkten Test wie MPCR und Gruppengröße interagieren).

Es hat sich jedoch bereits in den frühen Studien gezeigt, dass Kollektivgutbeiträge über die Zeit hinweg abnehmen. Anders ausgedrückt sinkt die Bereitschaft, das öffentliche Gut mitzufinanzieren, mit zunehmender Wiederholung der Interaktion. Besonders eklatant ist dies in der letzten Runde, was auch als Endspieleffekt bezeichnet wird. Wenn alle wissen, dass es das letzte Mal ist, auf den gleichen Interaktionspartner zu treffen, kann man den Anderen durch kooperatives Verhalten nicht mehr dazu bewegen, dies in zukünftigen Interaktionen mit Kooperation zu erwidern. Dementsprechend gibt es für rationale Egoisten keinen Grund, in der letzten Runde zu kooperieren. Wenn man diese Logik jedoch weiterdenkt, ist dies auch für die vorletzte Runde der Fall. Denn wenn man weiß, dass der Andere in der letzten Runde nicht mehr kooperieren wird, wird man als rationaler Egoist, der glaubt, es ausschließlich mit anderen rationalen Egoisten zu tun zu haben, bereits in der vorletzten Runde defektieren. Diese Logik lässt sich entsprechend auch auf die vorvorletzte Runde und so weiter bis hin zur ersten Runde anwenden. Durch diese sogenannte Rückwärtsinduktion („backward induction") lässt sich allgemein ableiten, dass in endlich oft wiederholten Spielen rationale Egoisten von der ersten Runde an defektieren (wenn sie davon ausgehen, dass alle anderen Beteiligten auch rationale Egoisten sind). Diese Überlegung zeigt einen möglichen Mechanismus, weshalb die Beitragsbereitschaft abnimmt, wenn die Interaktionen weniger häufig wiederholt werden. Die sinkende Beitragsbereitschaft ist zudem besonders stark ausgeprägt, wenn die Spiele über mehrere Runden hinweg mit wechselnden Interaktionspartnern durchgeführt werden (Ledyard 1995). In diesem Fall und ganz generell in wiederholten Spielen, in denen die Interaktionspartner wechseln und jede Runde zufällig ein neuer Partner zugelost wird, spricht man von Stranger-Matching. Hingegen man bei Spielen mit gleichbleibenden Interaktionspartnern von einem Partner-Matching spricht (Camerer & Fehr 2004).

Im Durchschnitt fällt die Investition in das Kollektivgut bei Experimenten mit den üblichen 10 Runden dann auf etwa 10 % des kollektiv-optimalen Niveaus. In endlich oft wiederholten ÖGS – sprich wenn die Anzahl der Runden vorher an die Teilnehmer kommuniziert wird – ergibt sich typischerweise zusätzlich zum Rückgang der Kooperation mit dem Fortschreiten der Rundenzahl ein Endspiel-Effekt. Das bedeutet, dass es in den letzten Runden einen starken Kooperationsverfall gibt (Braun & Gautschi 2011: 262–263). In anderen Worten, das Trittbrettfahrertum ist besonders ausgeprägt, wenn das öffentliche Gut nur einmalig bereitgestellt werden muss. Das ist ein sehr robustes Resultat, was auch in neueren Studien immer wieder repliziert wurde (siehe z. B. Chaudhuri 2011 für einen Literaturüberblick).

Daraufhin hat die empirische Forschung genauer herausgearbeitet, weshalb man typischerweise einen Zerfall von Kooperation über die Zeit hinweg beobachtet. Eine entscheidende Beobachtung ist, dass es verschiedene Spieler-Typen gibt, die sich in ihren sozialen Präferenzen und/oder in ihren Einschätzungen (beliefs) über das Verhalten anderer Gruppenmitglieder unterscheiden (vgl. Kapitel II.4). Eine wichtige Erkenntnis ist, dass egoistisches Verhalten und *bedingte/konditionale* Kooperation einiger weniger Spieler zum Scheitern der Kooperation in der gesamten Gruppe führen kann.

III.2.3 Konditionale Kooperation

Fischbacher et al. (2001) haben als eine der Ersten einen systematischen Test des Mechanismus der konditionalen Kooperation vorgelegt. Die Gruppenmitglieder mussten im ÖGS angeben, wie viel sie zu einem kollektiven Gut beitragen würden, wenn der Gruppendurchschnitt gar nichts betragen würde, ein wenig, einiges oder wenn sich alle vollständig beteiligen würden. Eine präzise Umsetzung erfolgte mittels der sogenannten Strategiemethode.[1] Es wurde ein Kollektivgutspiel mit einem marginal per capita return von 0,4 mit vier Teilnehmern gespielt, bei dem jeder zwischen 0 und 20 Punkte beitragen konnte. Die Teilnehmer haben dann angegeben, wie viel sie jeweils beitragen würden, wenn das durchschnittliche Beitragsniveau der Gruppe 0,1, . . ., 20 betragen würde. Etwa die Hälfte der Teilnehmer haben sich als konditionale Kooperationspartner verhalten, d. h. sie haben sich beteiligt, wenn sich andere auch am kollektiven Gut beteiligten und haben sich nicht beteiligt, wenn sich die meisten anderen auch nicht beteiligt haben. Der interessante Punkt ist, dass sich die meisten der konditionalen Kooperationstypen etwas weniger beteiligen als der Gruppendurchschnitt (Fischbacher et al. 2001: 400).

Dieser „self-serving bias" (selbstwertdienliche Beurteilung) in Form von imperfekter konditionaler Kooperation liefert einen Mechanismus, weshalb man typischerweise einen Zerfall von Kooperation über die Zeit hinweg beobachtet. Wenn anfangs das durchschnittliche Beitragsniveau etwa 50 % beträgt, dies

---

[1] Siehe zur Strategiemethode den Originalbeitrag von Selten (1967) oder den Überblicksbeitrag mit einer soziologischen Anwendung in Rauhut & Winter (2010).

den Beteiligten kommuniziert wird und sich viele Akteure etwas weniger beteiligen möchten als der Durchschnitt, wird das Beitragsniveau in der nächsten Runde etwas niedriger liegen. Dieser Prozess setzt sich fort und führt über die Zeit hinweg zu einem Zerfall von Kooperation. Fischbacher & Gächter (2010) konnten in einem Kollektivgutspiel über die Zeit zeigen, dass imperfekte konditionale Kooperation tatsächlich zu einem Zerfall von Kooperation führt. Zudem konnte in Studien in Russland (Herrmann & Thöni 2009) und auf drei Kontinenten (Kocher et al. 2008) gezeigt werden, dass konditionale Kooperation weltweit ein verbreiteter Spielertyp ist. In einer aktuellen Metaanalyse von Thöni & Volk (2018) mit über 7000 Personen wurde bestätigt, dass (imperfekte) konditionale Kooperation sogar der häufigste Spielertyp in Kollektivgutspielen ist.

III.2.4 Sanktionsmöglichkeiten: Altruistische Strafen

Die Entdeckung von konditionalen Kooperationspartnern hat nicht nur dazu geführt, den Zerfall von Kooperation besser zu verstehen, sondern auch zum Verständnis davon beigetragen, wie Kooperation ansteigen kann und Gruppen über die Zeit stabile und hohe Niveaus von Kollektivgutbeiträgen erreichen können. Es hat sich insbesondere gezeigt, dass Spieler mit einer konditionalen Kooperationsbereitschaft bereit sind, Kosten auf sich zu nehmen, um Trittbrettfahrer zu bestrafen. Dieser Mechanismus altruistischer Strafen kann zu vollständiger Kooperation führen, selbst wenn die Gruppe sowohl aus konditionalen Kooperationspartnern als auch aus egoistischen Trittbrettfahrern besteht.

Hierbei muss man sich klar machen, dass die Möglichkeit, Ressourcen aufzuwenden, um andere Mitspieler für ihr (nicht-kooperatives) Verhalten zu bestrafen, nichts an der Prognose vollständiger Defektion ändert, wenn man von rationalen Egoisten ausgeht, die überzeugt sind, es ausschließlich mit anderen rationalen Egoisten zu tun zu haben. Aufgrund dessen, dass es um „altruistische" Strafen geht, also um solche, die sowohl den Strafenden als auch den Bestraften etwas kosten (wenn auch den Strafenden meist weniger als den Bestraften), entsteht ein Kollektivgutproblem höherer Ordnung (Heckathorn 1989): Wer ist bereit, für die Kosten aufzukommen und nicht-kooperative Akteure zu strafen? Man spricht auch davon, dass die Sanktionsdrohung nicht „teilspielperfekt" ist, wenn dafür Kosten aufgewendet werden müssen (siehe für eine formalere und extensivere Darstellung des Arguments z. B. Diekmann & Voss 2008). Nicht teilspielperfekt bedeutet in diesem Fall, dass eine Drohung, nicht-kooperatives Verhalten zu bestrafen, nicht glaubwürdig ist. Denn wenn die Entscheidungen erst einmal gefallen sind, sich nicht an dem Kollektivgut zu beteiligen, ist die Sanktionsstufe (in one-shot Spielen) die letzte Interaktion. Damit kann der Andere nicht mehr zu zukünftig kooperativem Verhalten „erzogen" werden, von dem wiederum der Bestrafer in zukünftigen Interaktionen profitieren würde. Dementsprechend lohnt sich die Bestrafung nicht.[2] In endlich oft wiederholten Spielen besteht die gleiche Logik, wie bereits weiter oben ausgeführt. Wenn bekannt ist, wann die Interaktion beendet ist, kann das Spiel mit Rückwärtsinduktion gelöst werden und man gelangt zu der Schlussfolgerung, dass sich Kooperation und die Bestrafung nicht-kooperativen Verhaltens bereits in der ersten Interaktion nicht lohnt.

In einem entsprechenden Kollektivgutspiel mit zehn Runden mit und zehn Runden ohne die Möglichkeit altruistischer Strafen[3] zeigen Fehr & Gächter (2000) jedoch, wie die Option, Mitspieler unter Kosten bestrafen zu können, zu einer massiven Steigerung der Beiträge führt. Dieser Effekt tritt interessanterweise ein, obwohl der Sanktionsmechanismus die Gleichgewichtsstrategie unter der Annahme rationalem Egoismus nicht verändert und obwohl die Beitragsbereitschaft ohne Sanktionen deutlich abnimmt (was wiederum im Sinne der Gleichgewichtsstrategie unter Rational-Choice-Annahmen ist).

Das Kollektivgutexperiment mit Sanktionen wurde folgendermaßen aufgebaut. Die Spieler wurden nach der Investition über die Entscheidungen der Mitspieler in der vorherigen Runde informiert und konnten dann entscheiden, ob sie einen Mitspieler für dessen Verhalten monetär bestrafen möchten, indem sie einen (entsprechend kleineren) Teil aus ihrem Guthaben für die Strafen zur Verfügung stellen. Man spricht von altruistischer bzw. selbstschädigender Bestrafung, da die Sanktionierung eines Mitspielers Geldeinheiten kostet, wobei dem sanktionierten Mitspieler häufig eine drei Mal so hohe Summe von seinem Guthaben abgezogen wird. Das Spiel wurde in Vierergruppen und getrennt sowohl in Partner- als auch in Stranger-Matchings durchgeführt (und später in absolute-stranger-matchings von Fehr & Gächter (2002) mit jeweils 6 Runden repliziert). Die Studie konnte zeigen, dass die Versuchspersonen im Gegensatz zur ökonomischen Standardtheorie von der altruistischen Sanktionsmöglichkeit Gebrauch machen und altruistische Strafen über die Zeit hinweg Kooperation

---

2 Akteure können in realweltlichen Situationen natürlich verärgert sein und aufgrund von Emotionen wie Zorn trotzdem bereit sein, zu bestrafen. Oder sie versuchen, Strafen als Signal für ihre Reputation als „Hardliner" einzusetzen, um in zukünftigen Interaktionen mit Dritten Kooperation zu erzielen. Für entsprechende Beispiele und eine Typologie siehe auch Berger & Rauhut (2015).
3 Es wurde darauf geachtet, dass die Reihenfolge des Treatments mit bzw. ohne Sanktionsmöglichkeiten rotiert, so dass potenzielle Reihenfolgeeffekte ausgeschlossen werden konnten.

stabilisieren können bzw. das Kooperationsniveau erhöhen können, das sonst ohne die Möglichkeit altruistischer Strafen zerfällt.

Die Strafen wurden in etwa in einem Verhältnis von eins zu drei gewählt; im extremsten Fall konnten 10 Strafpunkte investiert werden und dem Bestraften wurden 30 Punkte abgezogen. Trittbrettfahrer, die weniger als der Durchschnitt beigetragen hatten, wurden am härtesten bestraft. Durch das Verhältnis von eins zu drei konnten ausgebeutete konditionale Kooperationspartner die Ungleichheit zwischen ihren Auszahlungen und den höheren Auszahlungen der Trittbrettfahrer reduzieren, was unter der Annahme von Ungleichheitsaversion ein rationales (prosoziales) Verhalten sein kann (Fehr & Schmidt 1999). Unter der Erwartung von Strafen bei geringen Beiträgen kann es auf diese Weise sogar auch für Egoisten rational werden, sich an Kooperation zu beteiligen, da sie ansonsten Strafen befürchten müssen, die sie am Schluss schlechterstellen als eine (ausreichend hohe) Kooperationsstrategie. Auf diese Weise kann sich also Kooperation in heterogenen Gruppen durchsetzen; in diesem Fall in Gruppen, die sich aus (vielen) rationalen Egoisten und (wenigen) konditionalen Kooperationspartnern zusammensetzt.

Nikiforakis & Normann (2008) haben gezeigt, dass die Effektivität der Strafen für die Entstehung von Kooperation entscheidend ist. Nur wenn die Strafen des Bestraften drei- oder viermal so hoch sind wie die aufzuwendenden Kosten des Bestrafers, kann sich Kooperation entfalten. Sind die Strafen weniger effizient, also nur doppelt so hoch oder genauso hoch, führen sie in den meisten Gruppen nicht zu Kooperation.

Eine sehr interessante Folgestudie zur Entstehung sozialer Ordnung wurde von Gürerk et al. (2006) vorgelegt. Hier konnten sich Akteure entscheiden, ob sie sich lieber in einer Gruppe mit oder ohne Strafen aufhalten möchten. Interessanterweise haben sich anfangs die meisten dafür entschieden, in einer „Gesellschaft" ohne Strafen zu „leben". Jedoch war dort das Kooperationsniveau gering und Kollektivgutbeiträge wurden zusehends geringer. Über die Zeit haben die Akteure gelernt, dass kollektive Güter ohne Strafen kaum hergestellt werden und die meisten haben daraufhin in ein System mit Strafen gewechselt, in dem sich dann fast vollständige Kooperation entwickeln konnte. Neue Ergebnisse zeigen, dass diese Präferenz für eine „Gesellschaft" mit Strafen nicht nur in Deutschland und Westeuropa zu finden ist, sondern auch in der Türkei, obwohl Beiträge zu öffentlichen Gütern dort anfangs niedriger ausfallen (Gürdal et al. 2019). Diese Studien zeigen, dass Sanktionsmöglichkeiten und altruistische Reziprozität für das Entstehen und Aufrechterhalten von Kooperation in Gruppen wichtig sind.

III.2.5 Antisoziale Bestrafung

Neben den positiven Effekten von Strafen kann es jedoch auch negative Effekte geben. Nikiforakis (2008) zeigt, dass sich Akteure in aufeinanderfolgenden Strafkaskaden erheblichen Schaden zufügen können und hierdurch Kooperation zerfallen kann.

Herrmann et al. (2008) zeigen in einer weltweiten Studie noch stärkere Evidenz für solche anti-sozialen Verhaltensweisen. Genauer gesagt zeigen Hermann et al. (2009), dass man häufiger nicht nur „altruistische" Strafer findet, die Trittbrettfahrer bestrafen, sondern auch solche Strafer, die Mitspieler bestrafen, die ein überdurchschnittlich hohes Kooperationsniveau zeigen. Die Autoren haben das Kollektivgutspiel mit und ohne Strafen von Fehr & Gächter (2000) in verschiedenen Experimentallabors in 16 verschiedenen Ländern durchgeführt. Die Studie zeigt auf, dass es eine beträchtliche Heterogenität gibt, welches Verhalten in welchen Ländern typischerweise bestraft wird. Während sich in westlichen Industrienationen das „gewohnte" Muster zeigt, dass Trittbrettfahrer bestraft werden, zeigt sich in anderen Ländern, dass kooperatives Verhalten bestraft wird. Diese „anti-sozialen" Strafen zeigen sich insbesondere in Ländern mit geringem Sozialkapital (gemessen durch Steuerhinterziehungen, Betrug bei Sozialleistungen oder Schwarzfahren) und in Ländern mit einer schwach ausgeprägten Rechtskultur, wo Institutionen zur Regelung von Konflikten unter Fremden nur schwach verankert sind.

Wenn man anstelle von altruistischen Strafen Akteure einsetzt, die für die Bestrafung von Trittbrettfahrern Belohnungen erhalten, lassen sich auch paradoxe Effekte von der Wirkung von Strafen zeigen. In diesen sogenannten Kontrollspielen zeigt es sich, dass höhere Strafen zu weniger Kontrollen führen können (siehe Rauhut 2009, 2015).

III.2.6 Kommunikation

Während die orthodoxe Rational-Choice-Theorie davon ausgeht, dass Kommunikation in den meisten Fällen lediglich „cheap-talk" ist,[4] zeigen empirische Studien, dass Kommunikation ein starker Mechanismus für die Entstehung von Kooperation ist und Beiträge im Kollektivgutspiel erhöht (Ledyard 1995;

---

4 Als „cheap talk" (leeres Gerede) werden in der Spieltheorie mündlich zugesagte Handlungen verstanden, die ohne direkte Folgen bleiben bzw. keine direkten Kosten verursachen oder verifizierbar sind.

Balliet 2010). Masclet et al. (2003) finden, dass schon nicht-monetäre Sanktionen im Sinne von ausgedrückten Missbilligungen von Trittbrettfahrerverhalten Kooperation herstellen können. Bochet et al. (2006) zeigen, dass direkte Kommunikation mit dem Gegenüber vor dem Start des Experiments und Kommunikation in chat-rooms während des Experiments kooperationsfördernd ist. Experimente, die Kommunikation mit Möglichkeiten zur Bestrafung verbunden haben, zeigen, dass die Kommunikation der Schlüsselfaktor für die Herstellung von öffentlichen Gütern ist (Andrighetto et al. 2013; Andrighetto et al. 2016). Im Vergleich zu der bereits breit abgesicherten empirischen Evidenz zu der zentralen Rolle von Sanktionsmöglichkeiten im ÖGS gibt es jedoch bisher noch relativ wenig Forschung darüber, wie Kommunikation kollektives Handeln und Kooperation in Kollektivgut Dilemmata beeinflusst.

III.2.7 Ausblick

Neuere Studien haben zusätzliche, soziologisch und politologisch interessante Mechanismen aufgedeckt (siehe auch den Übersichtsartikel Gereke & Gërxhani 2019).

Tutić & Grehl (2018) haben anhand von mehreren Laborexperimenten untersucht, wie sich Statusunterschiede und Statusmerkmale auf die Erwartungen sowie die Leistungsergebnisse bei der Bereitstellung öffentlicher Güter auswirken. Es zeigt sich, dass Akteure mit höherem Status eine größere Bereitschaft zur Bereitstellung öffentlicher Güter haben als Akteure mit niedrigerem Status. Darüber hinaus finden die Autoren Hinweise darauf, dass sich Statusunterschiede bei Problemen des kollektiven Handelns positiv auf den Gruppenerfolg auswirken können (vgl. Simpson et al. 2012).

Gereke et al. (2020) haben in einem ÖGS mit einer repräsentativen Stichprobe von Italienern untersucht, inwiefern die ethnische Gruppenkomposition einen Effekt auf die Bereitstellung öffentlicher Güter in einem relativ neuen Einwanderungsland hat. Es zeigt sich, dass Teilnehmer ohne Migrationshintergrund (Italiener) in homogenen Gruppen ähnliche Beiträge zum Kollektivgut leisten wie in heterogenen Gruppen, in denen 2 von 6 Spielern einen sichtbaren Migrationshintergrund haben. Jedoch führt eine heterogene Gruppenzusammensetzung in diesem Kontext insgesamt zu einer geringen Produktion des Kollektivguts. Da jedoch Armut mit einer geringeren Kooperationsbereitschaft einhergeht und die Teilnehmer mit Migrationshintergrund in der Studie ein wesentlich geringeres Realeinkommen hatten, lässt sich nicht abschließend sagen, ob der geringere Gruppenerfolg ein Resultat der ethnischen Zusammensetzung oder der sozio-ökonomischen Unterschiede ist.

Zukünftige Forschung sollte hier anknüpfen, um besser verstehen zu können, wie soziostrukturelle Unterschiede in Gesellschaften kollektives Handeln beeinflusst. Beispielsweise zeigen Zhang et al. (2019) in Feldexperimenten, dass Kooperation zwischen In- und Ausländern besonders niedrig ist, wenn „Inländer" mit Migranten aus statusniedrigen Gruppen interagieren. Ebenso anhand eines Feldexperiments zeigen Winter & Zhang (2018), dass Statusunterschiede zwischen ethnischen Minderheiten und „Inländern" in der deutschen Gesellschaft das Sanktionieren von Normverstöße im öffentlichen Raum beeinflusst. Die Wissenschaftler finden, dass „Inländer" häufiger Normverstöße bestrafen, während ethnische Minderheiten mit größerer Wahrscheinlichkeit sanktioniert werden.

Zwei weitere Themenfelder, die in der experimentellen Forschung zu öffentlichen Gütern und kollektiven Handeln in den letzten Jahren mehr Beachtung erhalten haben, sind zum einem die Rolle von Einschätzungen und Überzeugungen (*beliefs*) der Akteure (siehe z. B. Schaub et al. 2020; Rauhut 2013) und zum anderen die Signalwirkung von Führungskräften als Vorbilder (Drouvelis & Nonsenzo 2013; Drouvelis et al. 2017; Gächter et al. 2012; Jack & Recalde 2015; Kocher et al. 2015). Gächter & Renner (2018) weisen darauf hin, dass das menschliche Verhalten in Bereichen wie Wohltätigkeit, Steuerhinterziehung und Korruption oftmals von Führungskräften, wie CEOs und Politikern beeinflusst wird. Andererseits spielen Überzeugungen über das Verhalten anderer eine große Rolle. In einem wiederholten ÖGS mit und ohne „Führungsperson" stellen die Autoren fest, dass die Führungsperson die anfänglichen Überzeugungen und Beiträge der Gruppenteilnehmer stark prägt. Jedoch zeigt sich auch, dass in späteren Runden des ÖGS mehr Wert auf das bereits gezeigte Verhalten der anderen Gruppenteilnehmer als auf das aktuelle Verhalten der Führungsperson gelegt wird. Diese Dynamik schafft laut Gächter & Renner (2018) eine Pfadabhängigkeit, die Führungspersonen kaum korrigieren können. Neben den positiven Wirkungen von Führungspersonen, in dem sie stark auf das Kollektivgutverhalten ihrer Gruppe Einfluss nehmen können, zeigen jedoch die Experimente von Büchel et al. (2019), dass stark einflussreiche Führungspersonen die Meinungen ihrer Gruppe zu wenig berücksichtigen, was wiederum zu schlechteren Gruppenresultaten führen kann.

Ein vielversprechendes Gebiet für zukünftige Forschung ist die Analyse der Beitragsbereitschaft im Feld und in größeren Studien. Es gibt bislang nur wenige Studien, welche Kollektivgutspiele oder verwandte Spiele in Feldstudien oder in größeren Umfragen eingesetzt haben. Hierunter zählen Fehr et al. (2002), Falk et al. (2018), Cettolin & Suetens (2019), Gereke et al. (2018) und Work in Progress von Rauhut et al. (2020) im Bereich der Arbeitsmarktforschung sowie Rauhut et al. (2020b) im Bereich der Wissenschaftsforschung. Da sich in Vergleichsstudien mit „typischen" Studienteilnehmern in Experimenten (Studenten an Universitäten in Europa und Nordamerika) und diverseren Teilnehmern (mit Hinblick auf sozio-ökonomischer Status aber auch Lebenserfahrung geprägt durch unterschiedliche politische Regime bzw. Kulturen) wichtige Unterschiede gezeigt haben (Bortolotti et al. 2015; Henrich et al. 2010), ist es an der Zeit zu erforschen, wie sich die Bereitstellung von öffentlichen Gütern und kollektives Handeln auch in diesen Bevölkerungsgruppen und generell in komplexen, heterogenen Gesellschaften effizient erreichen lassen.

Literatur

Andrighetto, G., J. Brandts, R. Conte, J. Sabater-Mir, H. Solaz, Á. Székely & D. Villatoro, 2016: Counter-Punishment, Communication, and Cooperation among Partners. Frontiers in Behavioral Neuroscience 10:10.3389/fnbeh.2016.00053.

Andrighetto, G., J. Brandts, R. Conte, J. Sabater-Mir, H. Solaz & D. Villatoro, 2013: Punish and Voice: Punishment Enhances Cooperation when Combined with Norm-Signalling. PLoS ONE 8: e64941.

Balliet, D., 2010: Communication and Cooperation in Social Dilemmas: A Meta-Analytic Review. Journal of Conflict Resolution 54: 39–57.

Berger, R. & H. Rauhut, 2015: Reziprozität und Reputation. S. 715–742 in: N. Braun & N.J. Saam (Hrsg.), Handbuch Modellbildung und Simulation in den Sozialwissenschaften. Wiesbaden: Springer VS.

Bochet, O., T. Page & L. Putterman, 2006: Communication and Punishment in Voluntary Contribution Experiments. Journal of Economic Behavior & Organization 60: 11–26.

Bortolotti, S., M. Casari & F. Pancotto, 2015: Norms of Punishment: Experiments with Students and the General Population. Economic Inquiry 53: 1207–1223.

Braun, N. & T. Gautschi, 2011: Rational-Choice-Theorie. Weinheim: Juventa.

Büchel, B., S. Klößner, M. Lochmüller & H. Rauhut, 2019: The Strength of Weak Leaders – An Experiment on Social Influence and Social Learning in Teams. Experimental Economics: 10.1007/s10683-019-09614-1.

Camerer, C., 2003: Behavioral Game Theory. Experiments on Strategic Interaction. Princeton: Princeton University Press.

Camerer, C. F. & E. Fehr, 2004: Measuring Social Norms and Preferences Using Experimental Games: A Guide for Social Scientists. S. 55–95 in: J. Henrich, R. Boyd, S. Bowles, C. Camerer, E. Fehr & H. Gintis (Hrsg.), Foundations of Human Sociality. Economic Experiments and Ethnographic Evidence from Fifteen Small-Scale Societies. Oxford: Oxford University Press.

Cettolin, E. & S. Suetens, 2019: Return on Trust is Lower for Immigrants. The Economic Journal 129: 1992–2009.

Chaudhuri, A., 2011: Sustaining Cooperation in Laboratory Public Goods Experiments: A Selective Survey of the Literature. Experimental Economics 14: 47–83.

Diekmann, A., 2009: Spieltheorie. Einführung, Beispiele, Experimente. 4. Aufl., Reinbek: Rowohlt.

Diekmann, A. & P. Preisendörfer, 2003: Green and Greenback: The Behavioral Effects of Environmental Attitudes in Low-Cost and High-Cost Situations. Rationality and Society 15: 441–472.

Diekmann, A. & T. Voss, 2008: Soziale Normen und Reziprozität. Die Bedeutung sozialer Motive für die Rational-Choice Erklärung sozialer Normen. S. 83–100 in: A. Diekmann, K. Eichner, P. Schmidt & T. Voss, (Hrsg.), Rational Choice: Theoretische Analysen und empirische Resultate. Festschrift für Karl-Dieter Opp zum 70. Geburtstag. Wiesbaden: VS Verlag für Sozialwissenschaften.

Drouvelis, M. & D. Nosenzo, 2013: Group Identity and Leading-by-Example. Journal of Economic Psychology 39: 414–425.

Drouvelis, M., D. Nosenzo & M. Sefton, 2017: Team Incentives and Leadership. Journal of Economic Psychology 62: 173–185.

Falk, A., A. Becker, T. Dohmen, B. Enke, D. Huffman & U. Sunde, 2018: Global Evidence on Economic Preferences. The Quarterly Journal of Economics 133: 1645–1692.

Fehr, E., U. Fischbacher, B. von Rosenbladt, J. Schupp & G.G. Wagner, 2002: A Nation-Wide Laboratory: Examining Trust and Trustworthiness by Integrating Behavioral Experiments into Representative Surveys. Journal of Contextual Economics – Schmollers Jahrbuch 122: 519–542.

Fehr, E. & S. Gächter, 2000: Cooperation and Punishment in Public Goods Experiments. American Economic Review 90.4: 980–994.

Fehr, E. & S. Gächter, 2002: Altruistic Punishment in Humans. Nature 415: 137–140.

Fehr, E. & K.M. Schmidt, 1999: A Theory of Fairness, Competition, and Cooperation. The Quarterly Journal of Economics 114: 817–868.

Fischbacher, U. & S. Gächter, 2010: Social Preferences, Beliefs, and the Dynamics of Free Riding in Public Goods Experiments. American Economic Review 100: 541–556.

Fischbacher, U., S. Gächter & E. Fehr, 2001: Are People Conditionally Cooperative? Evidence from a Public Goods Experiment. Economics Letters 71: 397–404.

Gächter, S., D. Nosenzo, E. Renner & M. Sefton, 2012: Who Makes a Good Leader? Cooperativeness, Optimism, and Leading-By-Example. Economic Inquiry 50: 953–967.

Gächter, S. & E. Renner, 2018: Leaders as Role Models and 'Belief Managers' in Social Dilemmas. Journal of Economic Behavior & Organization 154: 321–334.

Gereke, J. & K. Gërxhani, 2019: Experimental Economics and Experimental Sociology. Oxford Research Encyclopedia of Economics and Finance: 10.1093/acrefore/9780190625979.013.462.

Gereke, J., M. Schaub & D. Baldassarri, 2018: Ethnic Diversity, Poverty and Social Trust in Germany: Evidence from a Behavioral Measure of Trust. PloS ONE 13: e0199834.

Gereke, J., M. Schaub & D. Baldassarri, 2020: Cooperation and the Provision of Public Goods in Diverse Societies. Work in Progress.

Green, D.P. & I. Shapiro, 1996: Pathologies of Rational Choice Theory: A Critique of Applications in Political Science. New Haven: Yale University Press.

Gürdal, M., Ö. Gürerk & M. Yahşi, 2019: Culture and Prevalence of Sanctioning Institutions. Working Paper.

Gürerk, Ö., B. Irlenbusch & B. Rockenbach, 2006: The Competitive Advantage of Sanctioning Institutions. Science 312: 108–111.

Hardin, G., 1968: The Tragedy of the Commons. Science 162: 1243–1248.

Heckathorn, D.D., 1989: Collective Action and the Second-Order Free-Rider Problem. Rationality and Society 1: 78–100.

Henrich, J., S.J. Heine & A. Norenzayan, 2010: Most People Are Not WEIRD. Nature 466: 29.
Herrmann, B. & C. Thöni, 2009: Measuring Conditional Cooperation: A Replication Study in Russia. Experimental Economics 12: 87–92.
Herrmann, B., C. Thöni & S. Gächter, 2008: Antisocial Punishment Across Societies. Science 319: 1362–1367.
Isaac, R.M. & J.M. Walker, 1988: Group Size Effects in Public Goods Provision: The Voluntary Contributions Mechanism. The Quarterly Journal of Economics 103: 179–199.
Isaac, R.M., J.M. Walker & S.H. Thomas, 1984: Divergent Evidence on Free Riding: An Experimental Examination of Possible Explanations. Public Choice 43: 113–149.
Jack, B.K. & M.P. Recalde, 2015: Leadership and the Voluntary Provision of Public Goods: Field Evidence from Bolivia. Journal of Public Economics 122: 80–93.
Kocher, M.G., T. Cherry, S. Kroll, R.J. Netzer & M. Sutter, 2008: Conditional Cooperation on Three Continents. Economics Letters 101: 175–178.
Kocher, M.G., P. Martinsson, D. Matzat & C. Wollbrant, 2015: The Role of Beliefs, Trust, and Risk in Contributions to a Public Good. Journal of Economic Psychology 51: 236–244.
Ledyard, J.O., 1995: Public Goods: A Survey of Experimental Research. S. 111–194 in: J.H. Kagel & A.E. Roth (Hrsg.), Handbook of Experimental Economics. Princeton: Princeton University Press.
Marwell, G. & R.E. Ames, 1979: Experiments on the Provision of Public Goods. I. Resources, Interest, Group Size, and the Free-Rider Problem. American Journal of Sociology 84: 1335–1360.
Masclet, D., C. Noussair, S. Tucker & M.-C. Villeval, 2003: Monetary and Nonmonetary Punishment in the Voluntary Contributions Mechanism. American Economic Review 93: 366–380.
Nikiforakis, N., 2008: Punishment and Counter-Punishment in Public Good Games: Can We Still Govern Ourselves? Journal of Public Economics 92: 91–112.
Nikiforakis, N. & H.-T. Normann, 2008: A Comparative Statics Analysis of Punishment in Public-Good Experiments. Experimental Economics 11: 358–369.
Olson, M., 1965: The Logic of Collective Action: Public Goods and the Theory of Groups. Cambridge: Harvard University Press.
Olson, M., 1985: Aufstieg und Niedergang von Nationen. Ökonomisches Wachstum, Stagflation und soziale Starrheit. Tübingen: Mohr Siebeck.
Olson, M., 2004: Die Logik des kollektiven Handelns. Kollektivgüter und die Theorie der Gruppen. Tübingen: Mohr Siebeck.
Ostrom, E., 1990: Governing the Commons: The Evolution of Institutions for Collective Action. Cambridge: Cambridge University Press.
Raub, W., V. Buskens & R. Corten, 2015: Social Dilemmas and Cooperation. S. 597–626 in: N. Braun & N.J. Saam (Hrsg.), Handbuch Modellbildung und Simulation in den Sozialwissenschaften. Wiesbaden: Springer VS.
Rauhut, H., 2009: Higher Punishment, Less Control?: Experimental Evidence On the Inspection Game. Rationality and Society 21: 359–392.
Rauhut, H., 2013: Beliefs about Lying and Spreading of Dishonesty: Undetected Lies and Their Constructive and Destructive Social Dynamics in Dice Experiments. PLoS ONE 8: e77878.
Rauhut, H., 2015: Stronger Inspection Incentives, Less Crime? Further Experimental Evidence on Inspection Games. Rationality and Society 27: 414–454.
Rauhut, H., 2018: Spieltheoretische Modelle und Experimente zur Erklärung von Kriminalität. Monatsschrift für Kriminologie und Strafrechtsreform 101: 272–296.

Rauhut, H. & F. Winter, 2010: A Sociological Perspective on Measuring Social Norms by Means of Strategy Method Experiments. Social Science Research 39: 1181–1194.

Rauhut, H., F. Winter & J. Gereke, 2020: Unemployment and Trust: The Trust Game in the PASS Survey. Work in Progress.

Rauhut, H., D. Johann, J. Jerke, J. Rathmann & A. Velicu, 2020: The Zurich Survey of Academics: Methods, Design, and Data. Zurich Open Repository and Archive.

Schaub, M., Gereke, J., & D. Baldassarri, 2020: Does poverty undermine cooperation in multiethnic settings? Evidence from a cooperative investment experiment. Journal of Experimental Political Science 7(1): 27–40.

Selten, R., 1967: Die Strategiemethode zur Erforschung des eingeschränkt rationalen Verhaltens im Rahmen eines Oligopolexperimentes. S. 136–168 in: H. Sauermann (Hrsg.), Beiträge zur experimentellen Wirtschaftsforschung. Tübingen: Mohr Siebeck.

Simpson, B., R. Willer & C.L. Ridgeway, 2012: Status Hierarchies and the Organization of Collective Action. Sociological Theory 30: 149–166.

Thöni, C. & S. Volk, 2018: Conditional Cooperation: Review and Refinement. Economics Letters 171: 37–40.

Tutić, A. & S. Grehl, 2018: Status Characteristics and the Provision of Public Goods: Experimental Evidence. Sociological Science 5: 1–20.

Weimann, J., 2019: Mikroökonomie heute: ihre Bedeutung im Konzert der Methoden. List Forum für Wirtschafts- und Finanzpolitik 44: 407–432.

Weimann, J., J. Brosig-Koch, T. Heinrich, H. Hennig-Schmidt & C. Keser, 2018: The Logic of Collective Action Revisited. CESifo Working Paper Series 6962.

Winter, F. & N. Zhang, 2018: Social Norm Enforcement in Ethnically Diverse Communities. Proceedings of the National Academy of Sciences 115: 2722–2727.

Zelmer, J., 2003: Linear Public Goods Experiments: A Meta-Analysis. Experimental Economics 6: 299–310.

Zhang, N., A. Aidenberger, H. Rauhut & F. Winter, 2019: Prosocial Behaviour in Interethnic Encounters: Evidence from a Field Experiment with High-and Low-Status Immigrants. European Sociological Review 35: 582–597.

Vincenz Frey
III.3 Vertrauen in sozialen Netzwerken

III.3.1 Einleitung

Stellen Sie sich vor, Sie interagieren in einem sozialwissenschaftlichen Experiment über ein Computernetzwerk mit Teilnehmer B. Sie erhalten 20 Punkte und die Möglichkeit, diese an B zu übertragen. Die Punkte werden am Ende des Experimentes in Bargeld ausbezahlt. Falls Sie die Punkte an B übertragen, werden diese verdreifacht, so dass B 60 Punkte erhält. B hat dann die Wahl, alles für sich zu behalten oder Ihnen 30 Punkte zurück zu geben. Wenn B mit Ihnen teilt, gehen beide mit mehr Geld nach Hause, als wenn Sie die 20 Punkte für sich behalten hätten. Wenn B Ihnen aber nichts zurückgibt, geht B mit noch mehr Geld nach Hause und Sie stehen mit leeren Händen da. Übertragen Sie die Punkte an B?

Ähnliche Vertrauensprobleme finden sich in vielerlei sozialen Tauschsituationen. Nehmen wir an Ego helfe Alter – z. B. durch das Korrekturlesen eines Textes – in der Hoffnung, dass Alter die Hilfe später erwidert. Wenn Alter die erhaltene Hilfe später erwidert, schneiden beide besser ab, als wenn sie einander nicht geholfen hätten. Aber kann Ego darauf vertrauen, dass Alter die Hilfe erwidern wird?

Auch wirtschaftlicher Tausch ist oft von Vertrauensproblemen gekennzeichnet, insbesondere wenn eine Partei über mehr Wissen verfügt als die andere Partei (d. h. im Falle „asymmetrischer Information"; siehe z. B. Akerlof 1970). Käufer sind oft unzureichend informiert hinsichtlich der Qualität eines Gutes, wie etwa beim Kauf eines Gebrauchtwagens. Der Käufer und der Verkäufer könnten beide von einem fairen Handel profitieren. Der Verkäufer kann allerdings einen extra Gewinn einstreichen, wenn er allfällige Mängel verschweigt und einen überhöhten Preis verlangt. Vertrauensprobleme gibt es auch beim Kauf von Dienstleistungen, wie z. B. wenn ein Kunde befürchtet, dass ein Maler versuchen könnte, eine versprochene Leistung verspätet oder nicht mit gebotener Sorgfalt zu erbringen.

In diesem Kapitel richten wir unsere Aufmerksamkeit auf Vertrauensprobleme zwischen einem Vertrauensgeber und einem Vertrauensnehmer, die aufgrund von Anreizen für den Vertrauensnehmer, Vertrauen zu missbrauchen, bestehen.[1] In

---

1 Die soziologische Literatur kennt verschiedene Vertrauensbegriffe; siehe Misztal (1996) für einen Überblick.

https://doi.org/10.1515/9783110673616-010

Anlehnung an Coleman (1990: Kapitel 5) heben wir drei Merkmale von Vertrauenssituationen hervor:

- Vertrauen zu schenken ist eine freiwillige Handlung des Vertrauensgebers
  und ermöglicht es dem Vertrauensnehmer, Vertrauen zu honorieren oder
  zu missbrauchen. Falls kein Vertrauen gegeben wird, hat der Vertrauensnehmer diese Handlungsalternativen nicht.
- Verglichen zur Situation ohne Vertrauen ist der Vertrauensgeber besser
  dran, wenn Vertrauen gegeben und honoriert wird, aber schlechter dran,
  wenn Vertrauen missbraucht wird. Der Vertrauensnehmer profitiert in jedem
  Fall von gegebenem Vertrauen und ist des Weiteren besser dran, wenn er
  Vertrauen missbraucht, als wenn er Vertrauen honoriert.
- Es besteht keine Möglichkeit verbindliche Regelungen einzugehen, welche
  den Vertrauensnehmer zum Honorieren von Vertrauen verpflichten.

Hinsichtlich des letzten Punkts ist anzumerken, dass in wirtschaftlichem Tausch
oft die Möglichkeit besteht, Verträge einzugehen, welche gewisse Verletzungen
von Pflichten einklagbar machen. Das Einklagen von Vertragsverletzungen ist allerdings kostspielig und mühselig, so dass ein Vertrauensgeber auch nach einem
erfolgreichen Gang vor Gericht bedauern mag, je auf den Handel eingegangen zu
sein. Verträge decken auch nie alle Eventualitäten ab und sind in diesem Sinne
immer unvollständig, wie bereits Durkheim in seiner Analyse der arbeitsteiligen
Gesellschaft betonte ([1893] 1973: Buch I Kapitel 7; siehe auch Weber [1921] 1976:
409). Folglich argumentierte bereits Durkheim, dass sozialer und wirtschaftlicher
Tausch Vertrauen voraussetzen.

Vertrauenssituationen stellen *soziale Dilemmata* dar (vgl. Kapitel III.1; Rapoport 1974). Es ist intuitiv klar, dass rationale, eigennützige Akteure im eingangs
geschilderten sozialwissenschaftlichen Experiment schlecht abschneiden würden.
A wird nichts an B übertragen, da A erwarten kann, dass B nichts zurückgeben
würde. Ein „fairer Tausch" wäre allerdings Pareto-besser als kein Tausch – beide
Akteure wären besser dran, wenn A die Punkte an B überträgt und B die Hälfte
zurückgibt – aber individuelle Rationalität steht dem im Wege (vgl. Kapitel II.3).

Soziale Dilemmata sind eng verknüpft mit dem *Problem sozialer Ordnung*
(vgl. Kapitel I.1; Raub & Voss 1986). Hobbes ([1651] 1991: Kapitel 13) beschrieb
den (hypothetischen) Naturzustand des Menschen als einen Krieg aller gegen
alle, in dem Menschen durch das Verfolgen ihrer individuellen Interessen sich
gegenseitig das Leben schwer machen und es verunmöglichen, dass das Poten-
zial von Arbeitsteilung und Zusammenarbeit ausgeschöpft wird. Das Problem
sozialer Ordnung verweist auf die Notwendigkeit von soziologischen Erklärungen
für geregeltes, friedliches Zusammenleben, d. h. Erklärungen für die Überwin-
dung des Naturzustandes. Parsons (1937) betrachtete das Faktum, dass Menschen

weitgehend friedlich zusammenleben, als „the most fundamental empirical diffi-
culty of utilitarian thought" (Parsons 1937: 91). Er formulierte somit die Herausforderung an die Rational-Choice-Theorie, Bedingungen zu spezifizieren, unter
denen rationale Akteure den Naturzustand überwinden. In einem klassischen
Beitrag zur Rational-Choice-Forschung formulierte Coleman (1964: 166 – 167)
diese Herausforderung noch deutlicher:

> Hobbes took as problematic what most contemporary sociologists take as given: that a
> society can exist at all, despite the fact that individuals are born into it wholly self-concer-
> ned, and in fact remain largely self-concerned throughout their existence. Instead, socio-
> logists have characteristically taken as their starting point a social system in which norms
> exist, and individuals are largely governed by those norms. Such a strategy views norms
> as the governors of social behavior, and thus neatly bypasses the difficult problem that
> Hobbes posed [. . .] I will proceed in precisely the opposite fashion [. . .] I will make an
> opposite error, but one which may prove more fruitful [. . .] I will start with an image of
> man as wholly free: unsocialized, entirely self-interested, not constrained by norms of a
> system, but only rationally calculating to further his own self interest.[2]

In diesem Kapitel betrachten wir, wie soziologische Rational-Choice-Forschung
durch die Betrachtung der Effekte *sozialer Einbettung* der von Parsons formulierten Herausforderung erfolgreich begegnet. Wir nutzen einfache spieltheoretische
Modelle um zu zeigen, dass fairer Tausch zwischen Akteuren, die rational ihr
Selbstinteresse verfolgen, möglich ist, wenn die Interaktionen in einem sozialen
Kontext eingebettet sind. Dabei unterscheiden wir zwischen *dyadischer Einbettung* und *Netzwerkeinbettung* (Buskens & Raub 2002).

Tausch in Vertrauenssituation findet oft in Langzeitbeziehungen statt, in
denen zwei Akteure wiederholt miteinander interagieren. In diesem Fall wird
von dyadischer Einbettung gesprochen (wobei eine dyadische Beziehung als
kleinste Form oder kleinster Baustein eines sozialen Netzwerkes gesehen werden kann). Gemäß Kollock (1994) ist beispielsweise der Markt für rohen Gummi
in Südostasien von stabilen Tauschbeziehungen zwischen spezifischen Käufern

---

2 Es ist anzumerken, dass der von Coleman verfolgte Ansatz und der Rational-Choice-Ansatz im
Allgemeinen nicht auf der Annahme rein *egoistischer* Akteure beruhen. Wie Axelrod (2009: 6)
schrieb: Die Annahme des Selbstinteresses ist „viel weniger restriktiv, als sie auf den ersten Blick
erscheint. Wenn eine Schwester sich um das Wohlergehen ihres Bruders sorgt, so kann man im
Hinblick auf ihr Eigeninteresse annehmen, dass es (unter anderem) diese Sorge um das Wohlergehen ihres Bruders enthält. Dadurch wird aber nicht notwendig jeder potentielle Konflikt zwischen
Bruder und Schwester beseitigt. In gleicher Weise mag ein Staat zwar teilweise die Interessen be-
freundeter Staaten berücksichtigen, aber diese Rücksicht bedeutet selbst für befreundete Länder
nicht, dass sie immer zum wechselseitigen Vorteil [handeln] können. Die Annahme des Selbstinteresses ist daher tatsächlich nur eine Annahme, wonach Rücksichtnahme auf andere das Problem, wann man mit ihnen kooperieren soll und wann nicht, keineswegs vollständig löst."

und Verkäufern geprägt. In diesen Langzeitbeziehungen – so argumentiert Kollock (1994) – können Händler das Vertrauensproblem bewältigen, welches dadurch entsteht, dass Käufer die Qualität von rohem Gummi kaum beurteilen können. DiMaggio & Louch (1998) zeigen, dass auch Privatkonsumenten in Vertrauenssituationen erstaunlich oft mit Bekannten oder Verkäufern Handel treiben, mit denen sie bereits früher Geschäfte getätigt haben. Wir zeigen in diesem Kapitel anhand eines einfachen spieltheoretischen Modells, dass das Geben und Honorieren von Vertrauen zwischen rationalen Akteuren möglich ist, wenn die gleichen zwei Akteure wiederholt miteinander interagieren. Dieses Modell zeigt, dass in wiederholten Interaktionen Vertrauen möglich sein kann, da der Vertrauensnehmer berücksichtigen muss, dass ein Vertrauensmissbrauch dazu führen kann, dass ihm in folgenden Interaktionen nicht mehr vertraut wird.

Wir erweitern dieses Modell, um zu zeigen, dass Vertrauen und Vertrauenswürdigkeit zusätzlich erleichtert wird, wenn dyadische Langzeitbeziehungen Teil eines größeren sozialen Netzwerkes sind, in dem Vertrauensgeber Informationen über das Verhalten von Vertrauensnehmern austauschen. Solch eine Netzwerkeinbettung ist beispielsweise gegeben, wenn Konsumenten von Freunden von Freunden kaufen (DiMaggio & Louch 1998) oder Online-Plattformen wie eBay über ein Reputationssystem verfügen, auf welchem potentielle Käufer Bewertungen früherer Käufer einsehen und allenfalls selbst eine Bewertung hinterlassen können (Diekmann et al. 2014; Przepiorka et al. 2017; Snijders & Matzat 2019). Diese Erweiterung des Modells zur Untersuchung der Effekte von Netzwerkeinbettung auf Vertrauen baut auf dem Modell von Raub et al. (2012) auf. Das Kapitel schliesst mit einer kurzen Besprechung empirischer Studien und einigen abschließenden Bemerkungen.

III.3.2 Das Vertrauensspiel

Das einfachste spieltheoretische Modell für Vertrauenssituationen ist das *Vertrauensspiel*, dargestellt in Abbildung III.3.1 (Dasgupta 1988; Kreps 1990; die baumartige Darstellung des Spiels in Abbildung III.3.1 wird als „Spiel in extensiver Form" bezeichnet – vgl. Kapitel II.2).[3] Das Vertrauensspiel hat zwei Spieler: einen Vertrauensgeber (nummeriert als 1) und einen Vertrauensnehmer (nummeriert als 2). Der Vertrauensgeber ist zuerst am Zug und entscheidet sich, Vertrauen zu geben oder nicht. Falls kein Vertrauen gegeben wird, endet die Interaktion und die Spieler erhalten die Auszahlungen P_1 (Vertrauensgeber) und

---

3 Siehe Buskens et al. (2018) für eine Besprechung weiterer spieltheoretischer Modelle für Vertrauenssituationen.

P_2 (Vertrauensnehmer). Wird Vertrauen gegeben, kommt der Vertrauensnehmer zum Zug und entscheidet, Vertrauen zu honorieren oder zu missbrauchen. Im Falle von honoriertem Vertrauen sind die Auszahlungen $R_1 > P_1$ und $R_2 > P_2$. Vertrauensmissbrauch führt zur Auszahlung $S_1 < P_1$ für den Vertrauensgeber und $T_2 > R_2$ für den Vertrauensnehmer. Die Beispielwerte für die Auszahlungen in Abbildung III.3.1 entsprechen der eingangs geschilderten Laborsituation.

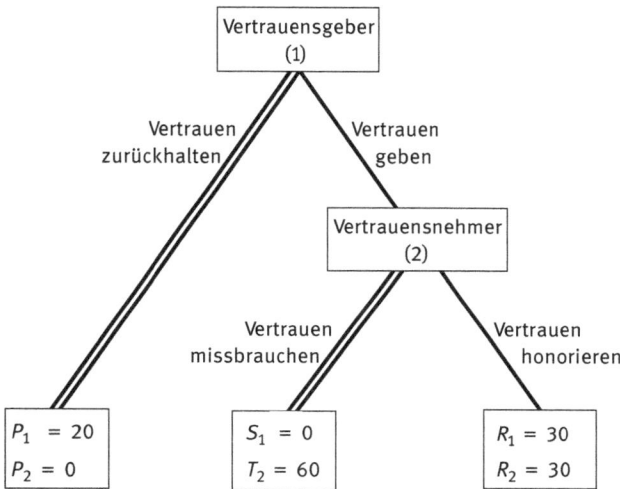

Abbildung III.3.1: Das Vertrauensspiel mit Beispielwerten für die Auszahlungen $(S_1 < P_1 < R_1;\ P_2 < R_2 < T_2)$.

In der spieltheoretischen Analyse des Vertrauensspiels wird unterstellt, dass der in Abbildung III.3.1 wiedergegebene Spielbaum „common knowledge" ist, d. h. jeder Spieler kennt den Spielbaum, jeder Spieler weiß, dass alle den Spielbaum kennen, und jeder Spieler weiß, dass alle wissen, dass alle den Spielbaum kennen . . . Es wird auch angenommen, dass das Spiel nicht-kooperativ gespielt wird, im Sinne, dass die Akteure keine bindenden Vereinbarungen treffen können, entsprechend des dritten in Abschnitt 1 hervorgehobenen Merkmals von Vertrauenssituationen. Die Auszahlungen am Ende des Spiels stellen „Nutzeneinheiten" dar, und es wird unterstellt, dass die Akteure rational sind im Sinne, dass sie ihren Nutzen zu maximieren trachten, gegeben ihrer Erwartungen bezüglich des Verhaltens anderer Akteure. Dabei wird angenommen, dass die Akteure davon ausgehen, dass andere Akteure ebenfalls rational sind (vgl. Kapitel II.1; Kapitel II.2).

Die Gleichgewichtsanalyse des Vertrauensspiels ermöglicht eine Präzisierung der Intuition, dass es zwischen rationalen Akteuren nicht zu Vertrauen kommt. Zur Analyse von Spielen in extensiver Form arbeitet man vom Ende des Spielbaums „nach oben". Wir betrachten also zuerst die Situation des Vertrauensnehmers. Da $T_2 > R_2$, würde er Vertrauen missbrauchen. Der Vertrauensgeber antizipiert dies und schenkt kein Vertrauen, da $P_1 > S_1$. In spieltheoretischer Terminologie lässt sich also sagen, dass es ein eindeutiges teilspielperfektes Gleichgewicht gibt: Der Vertrauensgeber schenkt kein Vertrauen und der Vertrauensnehmer plant Vertrauen zu missbrauchen. Für jede Situation, die im Spiel entstehen kann, maximiert die Strategie eines jeden Akteurs seine Auszahlung, gegeben der Strategie des anderen Akteurs. Dieses Gleichgewicht ist in Abbildung III.3.1 durch doppelte Linien angedeutet.

III.3.3 Vertrauen in wiederholten Interaktionen

In Langzeitbeziehungen können rationale Akteure das ineffiziente Ergebnis, zu dem sie im einmalig gespielten Spiel verurteilt sind, überwinden. In Langzeitbeziehungen kann das Geben und Honorieren von Vertrauen das Resultat individuell rationalen Verhaltens sein, wobei die Akteure die Langzeitfolgen ihrer Handlungen berücksichtigen. Der Vertrauensgeber kann das Geben von Vertrauen vom vergangenen Verhalten des Vertrauensnehmers abhängig machen. Hat der Vertrauensnehmer noch nie Vertrauen missbraucht, so kann er dies mit dem Geben von Vertrauen belohnen. Umgekehrt kann er einen vergangenen Vertrauensmissbrauch bestrafen, indem er kein Vertrauen gibt. Wenn der Vertrauensgeber eine solche „bedingte Strategie" anwendet, muss der Vertrauensnehmer abwägen, ob der kurzfristige Gewinn, den er durch einen Vertrauensmissbrauch erzielen kann ($T_2 - R_2$), den Verlust aufwiegt, der ihm durch Vertrauensentzug in künftigen Interaktionen entsteht ($P_2 - R_2$). Wiederholte Vertrauensspiele können daher Gleichgewichte aufweisen, in denen Vertrauen gegeben und honoriert wird. Vertrauen und Vertrauenswürdigkeit sind dabei Resultate individuell rationalen Handelns und „erleuchteten Selbstinteresses", im Sinne, dass die Akteure die Langzeitfolgen ihrer Handlungen berücksichtigen.[4]

---

4 Coleman (1964: 180) charakterisiert „enlightened self-interest" in einer Diskussion von Sozialisation in einer Weise, die sich von der gängigen Idee der Internalisierung von Werten unterscheidet. Sozialisation ermögliche es einem Akteur „to see the long-term consequences to oneself of particular strategies of action, thus becoming more completely a rational, calculating man."

Um dies zu konkretisieren, betrachten wir ein unbestimmt oft wiederholtes Vertrauensspiel (siehe z. B. Friedman 1986 zur Theorie unbestimmt oft (oder unendlich oft) wiederholter Spiele). Dieselben zwei Akteure interagieren in Runden $t = 1$, 2, 3, ... wiederholt in dem in Abbildung III.3.1 wiedergegebenen Vertrauensspiel. Nach jedem Vertrauensspiel folgt eine weitere Runde $t + 1$ mit Wahrscheinlichkeit w ($0 < w < 1$). Mit der Gegenwahrscheinlichkeit $1 - w$ endet das Spiel nach jeder Runde.[5] Die erwarteten Auszahlungen der beiden Akteure entsprechen der Summe ihrer exponentiell diskontierten Auszahlungen in den Runden $t = 1$, 2, 3, ... Falls Vertrauen in allen Runden gegeben und honoriert wird, sind die erwarteten Auszahlungen $U_i = R_i + wR_i + w^2R_i + \ldots + w^{t-1}R_i + \ldots = \frac{R_i}{1-w}, i = 1$, 2. Die erwarteten Auszahlung sind $U_i = \frac{P_i}{1-w}, i = 1$, 2, wenn nie Vertrauen gegeben wird.[6]

Wir unterstellen nun, dass der Vertrauensgeber die sogenannte Trigger-Strategie spielt: Er gibt in jeder Runde Vertrauen, solange in keiner vorangegangenen Runde Vertrauen missbraucht wurde. Sobald einmal Vertrauen missbraucht wurde, gibt er nie wieder Vertrauen. Gegeben dieser Strategie des Vertrauensgebers hat der Vertrauensnehmer lediglich zwei Möglichkeiten: Er kann (1) Vertrauen in allen Runden honorieren oder (2) Vertrauen bis Runde $t - 1$ honorieren und dann in einer einzigen Runde t missbrauchen. Um zu sehen, wozu sich ein rationaler Vertrauensnehmer entscheidet, müssen wir wissen, welche Alternative ihm eine höhere Auszahlung einbringt. Die erwarteten Auszahlungen für den Vertrauensnehmer sind:

$$R_2 + wR_2 + w^2R_2 + \ldots + w^{t-1}R_2 + w^tR_2 + w^{t+1}R_2 + \ldots \tag{1}$$

$$R_2 + wR_2 + w^2R_2 + \ldots + w^{t-1}T_2 + w^tP_2 + w^{t+1}P_2 + \ldots \tag{2}$$

Die Auszahlungen vor dem Vertrauensmissbrauch in Runde t sind in beiden Spielverläufen identisch. Daher können wir der Einfachheit halber annehmen, dass der Vertrauensnehmer, falls er je Vertrauen missbraucht, dies in der aller-

---

5 Es mag hilfreich sein, sich zur Veranschaulichung die Runden t als Tage vorzustellen, an denen ein Käufer Güter eines Verkäufers kauft unter Bedingungen asymmetrischer Information. An jedem Tag entscheidet der Käufer, ob er einen Kauf tätigt oder nicht. Falls der Käufer kauft, entscheidet der Verkäufer, ob er ein Produkt der versprochenen Qualität oder ein minderwertiges Produkt liefert. Nach jedem Tag endet die Handelsbeziehung mit Wahrscheinlichkeit $1 - w$, z. B. da der Verkäufer aufgrund eines exogenen Ereignisses die Tätigkeit aufgibt.
6 Die Diskontierung der Auszahlungen „korrigiert" für die Wahrscheinlichkeit, dass eine bestimmte zukünftige Runde erreicht wird. Würden Spieler auch sichere Auszahlungen in der Zukunft weniger Wert beimessen als Auszahlungen in der Gegenwart, so wäre in der Berechnung der (totalen) Auszahlungen w mit ($w \times x$) zu ersetzen, wobei x den relativen Wert einer um eine Runde verspäteten Auszahlung wiedergibt.

ersten Runde tut. Es folgt, dass der Vertrauensnehmer seine Auszahlung maximiert, indem er Vertrauen immer honoriert, falls

$$R_2 + wR_2 + w^2R_2 + \ldots \geq T_2 + wP_2 + w^2P_2 + \ldots$$

$$\Leftrightarrow \frac{R_2}{1-w} \geq T_2 + \frac{wP_2}{1-w}$$

$$\Leftrightarrow w \geq \frac{T_2 - R_2}{T_2 - P_2}.$$

Wenn der Vertrauensgeber die Trigger-Strategie spielt und $w \geq \frac{T_2-R_2}{T_2-P_2}$, ist es für den Vertrauensnehmer folglich rational, niemals Vertrauen zu missbrauchen. Es ist des Weiteren einfach ersichtlich, dass, wenn Vertrauen immer honoriert wird, der Vertrauensgeber durch keine Strategie eine höhere Auszahlung erzielt als durch die Trigger-Strategie (da diese impliziert, dass er in jeder Runde Vertrauen gibt). Die Strategien der beiden Akteure formen ein Gleichgewicht.

Resultat 1. Ein unbestimmt oft wiederholtes Vertrauensspiel hat ein Gleichgewicht, in dem Vertrauen in allen Runden gegeben und honoriert wird, falls $w \geq \frac{T_2-R_2}{T_2-P_2}$.

Resultat 1 spiegelt das bekannte Resultat wider (z. B. Kreps 1990), dass das Geben und Honorieren von Vertrauen in wiederholten Interaktionen rationales, spieltheoretisches Gleichgewichtsverhalten darstellen kann. Die Anreize, Vertrauen zu missbrauchen, $\frac{T_2-R_2}{T_2-P_2}$, müssen dabei kompensiert werden durch eine genügend hohe Fortsetzungswahrscheinlichkeit w, einen genügend großen „shadow of the future" (Axelrod 1984). Die Bedingung in Resultat 1 ist umso weniger restriktiv – und in diesem Sinne ist Vertrauen und Vertrauenswürdigkeit wahrscheinlicher –, je kleiner der kurzfristige Anreiz, Vertrauen zu missbrauchen $(T_2 - R_2)$, je größer der Verlust für den Vertrauensgeber, wenn kein Vertrauen gegeben wird $(T_2 - P_2)$ und je größer die Fortsetzungswahrscheinlichkeit w. Es ist auch ersichtlich, dass die Bedingung für Vertrauen und Vertrauenswürdigkeit ausschließlich von den Auszahlungen für den Vertrauensnehmer abhängt, und keineswegs von den Auszahlungen für den Vertrauensgeber. Wir kommen später hierauf zurück.

Es ist anzumerken, dass nicht angenommen werden muss, dass der Vertrauensgeber die Trigger-Strategie spielt. Gleichgewichte, in denen Vertrauen gegeben und honoriert wird, setzen voraus, dass der Vertrauensgeber eine bedingte Strategie spielt, diese kann Vertrauensmissbrauch aber auch weniger hart bestrafen (vgl. z. B. Buskens & Raub 2013). Z. B. mag ein Vertrauensgeber bereit sein, nach Ablauf einer „genügend langen Strafe" wieder Vertrauen zu geben. Die Trigger-Strategie impliziert allerdings die größtmögliche Strafe für einen Vertrauensmissbrauch. Wenn die Trigger-Strategie den Vertrauensnehmer nicht dazu motivieren kann, Vertrauen zu honorieren, kann dies auch keine andere Strategie. Daher ist die Existenz eines Gleichgewichtes, in dem der Vertrauensgeber die Trigger-Strategie spielt und Vertrauen honoriert wird, eine notwendige Voraussetzung für die Existenz eines Gleichgewichtes, in dem Vertrauen zumindest in einigen Interaktionen gegeben und honoriert wird und in dem Vertrauensmissbrauch weniger extrem bestraft wird.

Es gilt ferner anzumerken, dass es immer auch ein Gleichgewicht ist, dass der Vertrauensgeber nie Vertrauen gibt, währenddessen der Vertrauensnehmer Vertrauen immer missbrauchen würde. Wenn aber ein Gleichgewicht existiert, in dem Vertrauen kontinuierlich gegeben und honoriert wird, so erzielen sowohl der Vertrauensgeber als auch der Vertrauensnehmer in diesem „Vertrauensgleichgewicht" eine höhere Auszahlung. Daher erscheint es plausibel, dass, wenn ein Vertrauensgleichgewicht existiert, dieses auch gespielt wird.

III.3.4 Vertrauen in sozialen Netzwerken

Vertrauen wird auch erleichtert durch die Einbettung von Akteuren in soziale Netzwerke, in denen Information über vergangenes Verhalten ausgetauscht wird. Wenn der Vertrauensnehmer mit mehreren Vertrauensnehmern interagiert und letztere Informationen über das Verhalten des Vertrauensnehmers austauschen, so hat der Vertrauensnehmer einen stärkeren Anreiz, sich fair zu verhalten. Er muss in Rechnung stellen, dass ein einziger Vertrauensmissbrauch mehrere Vertrauensgeber dazu bewegen kann, ihm nicht mehr zu vertrauen.

Netzwerkeinbettung kann dyadische Einbettung substituieren sowie komplementieren. Das heißt, Netzwerkeinbettung kann Vertrauen in der Abwesenheit dyadischer Einbettung ermöglichen oder Vertrauen weiter erleichtern, wenn dyadische Einbettung gegeben ist. Wir betrachten hier den letzteren Fall und erweitern dazu das besprochene Modell.

Nehmen wir an, der Vertrauensnehmer interagiere in jeder Runde $t = 1$, 2, 3, ... mit $N \geq 2$ Vertrauensgebern in dem in Abbildung III.3.1 wiedergegeben Vertrauensspiel. Die N Vertrauensspiele pro Runde werden sequentiell gespielt, eins nach dem anderen, wobei die Reihenfolge, in welcher die Vertrauensgeber zum Zuge kommen, über die Runden variieren mag. Unmittelbar nach jedem Vertrauensspiel werden alle $N + 1$ Akteure über die Züge, die gemacht wurden, informiert. Nach jeder Runde endet das Spiel mit Wahrscheinlichkeit $1 - w$.

Das Konzept der Trigger-Strategie kann auch in solch einem Szenario mit Informationsaustausch zwischen Vertrauensgebern angewandt werden (vgl.

Raub & Weesie 1990; Bolton et al. 2004). Die Trigger-Strategie schreibt dann vor, dass ein Vertrauensgeber in jeder Runde Vertrauen gibt, solange er keine Information über einen vorangehenden Vertrauensmissbrauch hat. Sobald er Information über einen Vertrauensmissbrauch hat, gibt er nie wieder Vertrauen. Wenn alle N Vertrauensgeber diese Strategie anwenden, kann der Vertrauensnehmer entweder (1) Vertrauen in allen Interaktionen in allen Runden honorieren oder (2) vorerst Vertrauen honorieren und dann das Vertrauen eines einzigen Vertrauensgebers j in einer einzigen Runde t missbrauchen. Um zu sehen, welche dieser Alternativen für den Vertrauensnehmer zu einer höheren Auszahlung führt, unterstellen wir wiederum ohne Verlust an Allgemeingültigkeit, dass falls es zu einem Vertrauensmissbrauch kommt, dies in der ersten Runde geschieht. Es folgt, dass ein nutzenmaximierender Vertrauensnehmer davon absehen wird, jemals Vertrauen zu missbrauchen, falls

$$NR_2 + \frac{wNR_2}{(1-w)} \geq (j^* - 1)R_2 + T_2 + (N_j - j^*)P_2 + \frac{wNP_2}{(1-w)}.$$

Die rechte Seite dieser Gleichung ist maximiert für $j = N$, d. h. ein Vertrauensmissbrauch in der letzten Interaktion einer Runde ist am lukrativsten. Wir können daher annehmen, dass $j = N$, und somit reduziert sich die Bedingung für Vertrauenswürdigkeit zu:

$$NR_2 + \frac{wNR_2}{1-w} \geq (N-1)R_2 + T_2 + \frac{wNP_2}{1-w}$$

$$\Leftrightarrow w \geq \frac{T_2 - R_2}{T_2 - P_2 + (N-1)(R_2 - P_2)}.$$

Wiederum ist einfach ersichtlich, dass die N Vertrauensgeber keinen Anreiz haben, von der Trigger-Strategie abzuweichen, wenn der Vertrauensnehmer Vertrauen allzeit honoriert.

Resultat 2. Ein unbestimmt oft wiederholtes Vertrauensspiel mit einem Vertrauensnehmer und N Vertrauensgebern, die miteinander Informationen über das Verhalten des Vertrauensnehmers austauschen, hat ein Gleichgewicht, in dem Vertrauen in allen Interaktionen in allen Runden gegeben und honoriert wird, falls $w \geq \frac{T_2 - R_2}{T_2 - P_2 + (N-1)(R_2 - P_2)}$.

Die Bedingung in Resultat 2 gleicht derjenigen in Resultat 1 und setzt wiederum voraus, dass der Anreiz, Vertrauen zu missbrauchen, klein genug ist in Relation zur Fortsetzungswahrscheinlichkeit w. Auch gelten die gleichen Resultate bezüglich der komparativen Statik. Es besteht allerdings auch ein wichtiger Unterschied: Die Bedingung in Resultat 2 ist weniger restriktiv, weil der Anreiz,

Vertrauen zu missbrauchen, kleiner ist, wenn ein Vertrauensmissbrauch nicht nur durch einen, sondern durch N Vertrauensnehmer bestraft werden kann. Das heißt $\frac{T_2 - R_2}{T_2 - P_2 + (N-1)(R_2 - P_2)} < \frac{T_2 - R_2}{T_2 - P_2}$. Es ist folglich möglich, dass es zwischen rationalen Akteuren zu Vertrauen und Vertrauenswürdigkeit kommt, wenn Netzwerkeinbettung gegeben ist, nicht aber, wenn die Vertrauensgeber keine Informationen über den Vertrauensnehmer austauschen können.

III.3.5 Vertrauen und soziale Einbettung im Labor

Die besprochenen spieltheoretischen Analysen implizieren, dass Vertrauen und Vertrauenswürdigkeit in isolierten Interaktionen wenig wahrscheinlich ist, in wiederholten Interaktionen wahrscheinlicher ist, und noch wahrscheinlicher wird, wenn dyadische Beziehungen des Weiteren in ein Netzwerk zum Austausch von Information eingebettet sind. Keine experimentelle Studie untersuchte die Effekte sozialer Einbettung unter Bedingungen, die mit den theoretischen Modellen, die wir hier betrachtet haben, eins zu eins übereinstimmen. Mehrere Studien implementierten allerdings sehr ähnliche Szenarien und deren Resultate liefern deutliche Evidenz für die erwarteten Effekte von sozialer Einbettung auf Vertrauen und Vertrauenswürdigkeit (z. B. Buskens et al. 2010; Bolton et al. 2004; Bohnet & Huck 2004; Buskens et al. 2018).

In experimentellen Studien haben Forscher die Kontrolle über die Variation theoretisch relevanter unabhängiger Variablen und der kausale Zusammenhang zwischen experimentellen Manipulationen und Ergebnissen ist meistens deutlich. Andererseits ist kritisch zu betrachten, dass die Probanden meistens Studierende sind und oft mit äußerst künstlichen und abstrakten Situationen konfrontiert werden. Es wäre falsch, nicht-experimentelle Forschung aufgrund unklarer Kausalzusammenhänge kategorisch zu verwerfen; aber es wäre genauso falsch, Experimenten aufgrund zweifelhafter externer Validität ihre Daseinsberechtigung abzusprechen. Unterschiedliche Forschungsmethoden haben unterschiedliche Stärken und Schwächen und sollten komplementär eingesetzt werden. In diesem Sinne verweisen wir auf Buskens & Raub (2013) für einen Überblick der Resultate surveybasierter Studien zu den Effekten sozialer Einbettung auf Vertrauen und auf Uzzi (1996) und Wechsberg (1966) für Beispiele qualitativer Studien.

Wir beschränken uns hier auf die kurze Besprechung eines einzigen Experiments. Huck et al. (2010) präsentieren ein Experiment, in dem Gruppen von vier Vertrauensgebern und vier Vertrauensnehmern über 30 Runden interagierten. In jeder Runde werden Vertrauensgeber und Vertrauensnehmer zufällig gepaart, um ein Vertrauensspiel zu spielen. Die experimentelle Bedingung NO implementiert one-shot Interaktionen zwischen Fremden: die Vertrauensgeber können die Vertrauensnehmer über die Runden hinweg nicht identifizieren. In DEGENERATE haben die Vertrauensnehmer Labels, was es den Vertrauensgebern ermöglicht, ihre Erfahrungen spezifischen Vertrauensnehmern zuzuschreiben – wie in dyadischen Langzeitbeziehungen. In FULL wissen die Vertrauensgeber über alle vergangenen Züge aller Vertrauensnehmer Bescheid – wie in der Gegenwart eines Netzwerks oder Reputationssystems, das vollständigen Informationsaustausch zwischen den Vertrauensgebern gewährleistet.

Die Häufigkeit, mit der Vertrauen gegeben und honoriert wurde, stieg von NO über DEGENERATE zu FULL (wobei nicht alle Unterschiede zwischen den Bedingungen statistisch signifikant sind). Der Anteil an Vertrauensspielen, in denen Vertrauen gegeben sowie honoriert wurde, war lediglich 5 % im Falle isolierter Interaktionen zwischen Fremden (NO), 19 % mit dyadischer Einbettung (DEGENERATE) und 29 %, wenn dazu noch vollständiger Informationsaustausch zwischen den Vertrauensgebern stattfand (FULL). Diese Befunde replizieren die Resultate eines früheren Experimentes mit einem sehr ähnlichen Design (Bolton et al. 2004) und sie bestätigen, dass soziale Einbettung Vertrauen erleichtert und es Akteuren ermöglicht, das soziale Dilemma, welches Vertrauenssituationen innewohnt, zu überwinden.

III.3.6 Abschließende Bemerkungen

Wir betrachteten Rational-Choice-Forschung zu den Effekten sozialer Einbettung auf Vertrauen und Vertrauenswürdigkeit. Spieltheoretische Analysen legen nahe, dass Vertrauen in isolierten Interaktionen unwahrscheinlich ist und durch die Einbettung von Interaktionen in Langzeitbeziehungen sowie in soziale Netzwerke für den Austausch von Informationen befördert wird. Empirische Studien bestätigen diese Hypothesen weitestgehend (für eine detaillierte Besprechung der empirischen Literatur siehe Buskens et al. 2018). Somit haben wir gesehen, wie soziologische Forschung in der Rational-Choice-Tradition der durch Parsons (1937) formulierten Herausforderung erfolgreich begegnet (vgl. Kapitel I.1). Die Betrachtung der Effekte sozialer Einbettung in spieltheoretischen Analysen erlaubt es, Bedingungen zu spezifizieren, unter denen es wahrscheinlich ist, dass rationale, eigennützige Akteure soziale Dilemmata überwinden, die vielerlei Tauschsituationen innewohnen. Vertrauen in einmalig gespielten Vertrauensspielen zwischen anonymen Probanden ist eher selten (Johnson & Mislin 2011) und somit erwies es sich als fruchtbar, von der Annahme rationaler, eigennütziger Akteure auszugehen, und das Problem sozialer Ordnung nicht durch die Annahme normgeleiteter Akteure zu umschiffen. Die Bedeutung sozialer Einbettung (im Sinne wiederholter Interaktion) für die Erklärung sozialer Ordnung hat Thomas Voss wohl als erster Soziologe bereits 1982 hervorgehoben. Im Folgenden verweisen wir auf drei Erweiterungen des hier Besprochenen.

Der Schatten der Vergangenheit

Im besprochenen theoretischen Modell ermöglicht soziale Einbettung Vertrauen ausschließlich aufgrund der abschreckenden Wirkung von Sanktionen: Ein Vertrauensnehmer verhält sich fair, um zu vermeiden, dass ihm in späteren Interaktionen kein Vertrauen mehr gegeben wird. Dies ist die Wirkung des „Schattens der Zukunft" (Axelrod 1984). In sozial eingebetteten Interaktionen kann aber auch der „Schatten der Vergangenheit" Vertrauen ermöglichen (Buskens & Raub 2002).

Das besprochene theoretische Modell unterstellt, dass kein Zweifel daran besteht, ob der Vertrauensnehmer von einem Vertrauensmissbrauch profitieren könnte, im Sinne, dass $T_2 > R_2$. In Vertrauensspielen mit unvollständiger Information wird diese Annahme gelockert und es wird stattdessen angenommen, dass zwei „Typen" von Vertrauensnehmern bestehen: solche, die von einem Vertrauensmissbrauch kurzfristig profitieren können ($T_2 > R_2$), und solche, die keinerlei Anreiz zu unfairem Verhalten haben – z. B. weil sie nach einem Vertrauensmissbrauch an Schuldgefühlen G leiden würden, die so groß sind so, dass $T_2 - G < R_2$ (siehe Camerer & Weigelt 1988). Es wird angenommen, dass der Vertrauensnehmer weiß, welchem dieser Typen er angehört. Die Vertrauensgeber kennen aber lediglich die Wahrscheinlichkeit der zwei Typen. In solch einem Szenario können Vertrauensgeber versuchen, aus Informationen über vergangenes Verhalten des Vertrauensnehmers abzuleiten, mit was für einem Vertrauensnehmer sie es zu tun haben. Falls der Vertrauensnehmer sich in der Vergangenheit nichts zuschulden kommen ließ, kann dies darauf hindeuten, dass er keinerlei Anreiz zu unfairem Verhalten hat. Information über vergangenes Verhalten erlaubt es Vertrauensgebern also, einen Vertrauensnehmer besser einzuschätzen. Daher kann soziale Einbettung Vertrauen ermöglichen, selbst wenn Vertrauensmissbrauch nicht (hinreichend) durch die abschreckende Wirkung von Sanktionen abgewendet werden kann.

Wie der Schatten der Zukunft und der Schatten der Vergangenheit gemeinsam Vertrauen befördern, lässt sich in sogenannten „endlich wiederholten Spiel mit unvollständiger Information" spieltheoretisch modellieren (z. B. Buskens 2003). Ein solches Spiel hat eine im Voraus bestimmte und allgemein bekannte Anzahl Runden (wie etwa im Experiment von Huck et al. (2010) mit Spielen von 30 Runden). Die Analyse wiederholter Vertrauensspiele mit unvollständiger Information ist wesentlich komplexer als die in diesem Beitrag besprochenen Modelle, impliziert aber ähnliche theoretische Vorhersagen. Aus solchen Modellen lassen sich allerdings auch zusätzliche Hypothesen ableiten, z. B. Hypothesen bezüglich der Rolle der Auszahlungen R_1, P_1 und S_1 für Vertrauensgeber (siehe Buskens & Raub 2013 für einen Überblick).

Investitionen in soziale Einbettung

Wir haben gesehen, dass soziale Einbettung Vertrauen ermöglichen kann. Sowohl Vertrauensgeber als auch Vertrauensnehmer können deshalb von sozialer Einbettung profitieren. In diesem Sinne stellt soziale Einbettung „soziales Kapital" dar (Coleman 1988) und verweist auf Beziehungen zwischen Akteuren, die es Akteuren ermöglichen Ziele zu erreichen, die sie ohne diese Beziehungen nicht erreichen könnten. Im Rahmen der Rational-Choice-Theorie wird allgemein erwartet, dass, wenn gewisse Institutionen oder Netzwerke Akteuren dienlich sind, Akteure versuchen, solche Institutionen oder Netzwerke zu erschaffen (Flap 2004; Lin 2002: Kapitel 8). Da soziale Einbettung Vertrauen befördert, haben Akteure also Anreize zu Investitionen in Langzeitbeziehungen, soziale Netzwerke und in andere Institutionen, die den Austausch von Informationen über vergangenes Verhalten ermöglichen.

Bis anhin untersuchten nur wenige Studien endogene Investitionen in soziale Einbettung im Zusammenhang mit Vertrauenssituationen. Dass Vertrauensprobleme die Bildung stabiler Tauschbeziehungen befördern, zeigten die Experimente von Kollock (1994) und Yamagischi (1998; siehe auch Cook et al. 2004), allerdings ohne dabei explizite Vorhersagen spieltheoretischer Modelle zu testen. Raub et al. (2019) besprechen ein spieltheoretisches Modell, das zeigt, dass Akteure zu Aufwendungen bereit sein können, um wiederholt mit demselben Partner zu interagieren, anstatt jede Runde einem anderen Partner gegenüber zu stehen. Verwandte Modelle zu Netzwerkeinbettung zeigen, dass Akteure auch zu kostspieligen Investitionen bereit sein können, um Informationsaustausch zwischen Vertrauensnehmern zu ermöglichen (Raub et al. 2013; Frey et al. 2015; Frey 2017; für ein sehr zugängliches Modell siehe Raub et al. 2014). Es mag erstaunen, dass diese Modelle nahelegen, dass auch ein Vertrauensnehmer gewillt sein mag, in Netzwerkeinbettung zu investieren, obwohl er dann schärfer für einen Vertrauensmissbrauch bestraft werden kann. Genau dieses erhöhte Sanktionspotential allerdings kann Vertrauensgeber dazu bewegen, überhaupt erst Vertrauen zu geben, und daher kann soziale

Einbettung auch für einen Vertrauensnehmer vorteilhaft sein. In einer experimentellen Studie bestätigen Frey et al. (2019), dass Vertrauensprobleme in der Tat sowohl Vertrauensgeber als auch Vertrauensnehmer dazu veranlassen, Kosten auf sich zu nehmen, um Informationsaustausch zwischen Vertrauensgebern zu ermöglichen. Eine noch junge Literatur zeigt also, dass soziale Strukturen nicht nur Konsequenzen für Verhalten in Vertrauenssituationen haben, sondern dass die Existenz von Vertrauensproblemen auch zur Entstehung gewisser sozialer Strukturen führen kann.

Soziale Einbettung und Effizienz in sozialen Dilemmata

Die Resultate, die wir hier besprochen haben, sind Spezialfälle allgemeinerer Resultate zu wiederholten Spielen. In der Spieltheorie ist bekannt, dass verschiedenste Handlungsprofile, die im einmalig gespielten Spiel kein Gleichgewicht darstellen, Teil eines Gleichgewichts sein können, wenn das Spiel wiederholt wird (z. B. Friedman 1986: 88–89). Dieses Resultat wird auch „Folk Theorem" genannt (vgl. Kapitel I.2). Die Betrachtung der Effekte sozialer Einbettung hilft daher nicht nur zu verstehen, wie und wann es zu Vertrauen und Vertrauenswürdigkeit kommt, sondern trägt auch allgemeiner zum Verständnis sozialer Ordnung und Kooperation bei. Beispielsweise ist im Gefangenendilemma gegenseitige Defektion das einzige Gleichgewicht des einmalig gespielten Spiels, wohingegen gegenseitige Kooperation spieltheoretisches Gleichgewichtsverhalten darstellen kann, wenn die Akteure wiederholt miteinander interagieren oder in ein Netzwerk eingebettet sind, in dem Information über vergangenes Verhalten ausgetauscht wird (Taylor 1986: Kapitel 3; Raub & Weesie 1990).

Literatur

Akerlof, G.A., 1970: The Market for "Lemons": Quality Uncertainty and the Market Mechanism. The Quarterly Journal of Economics 84: 488–500.

Axelrod, R., 1984: The Evolution of Cooperation. New York: Basic Books.

Axelrod, R., 2009: Die Evolution der Kooperation. Aus dem Amerikanischen übersetzt und mit einem Nachwort von Werner Raub und Thomas Voss. München: Oldenbourg.

Bohnet, I. & S. Huck, 2004: Repetition and Reputation: Implications for Trust and Trustworthiness when Institutions Change. American Economic Review 94: 362–366.

Bolton, G.E., E. Katok & A. Ockenfels, 2004: How Effective Are Electronic Reputation Mechanisms? An Experimental Investigation. Management Science 50: 1587–1602.

Buskens, V., 2003: Trust in Triads: Effect of Exit, Control, and Learning. Games and Economic Behavior 42: 235–252.

Buskens, V., V. Frey & W. Raub, 2018: Trust Games: Game-Theoretic Approaches to Embedded Trust. S. 305–331 in: E.M. Uslaner (Hrsg.), Oxford Handbook of Social and Political Trust. Oxford: Oxford University Press.

Buskens, V. & W. Raub, 2002: Embedded Trust: Control and Learning. Advances in Group Processes 19: 167–202.

Buskens, V. & W. Raub, 2013: Rational Choice Research on Social Dilemmas: Embeddedness Effects on Trust. S. 113–150 in: R. Wittek, T.A.B. Snijders & V. Nee (Hrsg.), Handbook of Rational Choice Social Research. Stanford: Stanford University Press.

Buskens, V., W. Raub & J. van der Veer, 2010: Trust in Triads: An Experimental Study. Social Networks 32: 301–312.

Camerer, C.F. & K. Weigelt, 1988: Experimental Tests of a Sequential Equilibrium Reputation Model. Econometrica 56: 1–36.

Coleman, J.S., 1964: Collective Decisions. Sociological Inquiry 34: 166–181.

Coleman, J.S., 1988: Social Capital in the Creation of Human Capital. American Journal of Sociology 94: S95–S120.

Coleman, J.S., 1990: Foundations of Social Theory. Cambridge: Belknap Press of Harvard University Press.

Cook, K.S., E. Rice & A. Gerbasi, 2004: The Emergence of Trust Networks Under Uncertainty: The Case of Transitional Economies – Insights From Social Psychological Research. S. 193–212 in: J. Kornai, B. Rothstein & S. Rose-Ackerman (Hrsg.), Creating Social Trust in Post-Socialist Transition. New York: Palgrave Macmillan.

Dasgupta, P., 1988: Trust as a Commodity. S. 49–72 in: D. Gambetta (Hrsg.), Trust: Making and Breaking Cooperative Relations. Oxford: Blackwell.

Diekmann, A., B. Jann, W. Przepiorka & S. Wehrli, 2014: Reputation Formation and the Evolution of Cooperation in Anonymous Online Markets. American Sociological Review 79: 65–85.

DiMaggio, P. & H. Louch, 1998: Socially Embedded Consumer Transactions: For What Kinds of Purchases Do People Most Often Use Networks? American Sociological Review 63: 619–637.

Durkheim, E., [1893] 1973: De la Division du Travail Social. 9. Aufl., Paris: Presses Universitaires de France.

Flap, H., 2004: Creation and Returns of Social Capital. S. 3–23 in: H. Flap & B. Völker (Hrsg.), Creation and Returns of Social Capital. London: Routledge.

Frey, V., 2017: Boosting Trust by Facilitating Communication: A Model of Trustee Investments in Information Sharing. Rationality and Society 29: 471–503.

Frey, V., V. Buskens & R. Corten, 2019: Investments in and Returns on Network Embeddedness: An Experiment with Trust Games. Social Networks 56: 81–92.

Frey, V., V. Buskens & W. Raub, 2015: Embedding Trust: A Game-Theoretic Model for Investments in and Returns on Network Embeddedness. Journal of Mathematical Sociology 39: 39–72.

Friedman, J.W., 1986: Game Theory with Applications to Economics. New York: Oxford University Press.

Hobbes, T., [1651] 1991: Leviathan. Cambridge: Cambridge University Press.

Huck, S., G.K. Lünser & J.R. Tyran, 2010: Consumer Networks and Firm Reputation: A First Experimental Investigation. Economics Letters 108: 242–244.

Johnson, N.D. & A.A. Mislin, 2011: Trust Games: A Meta-Analysis. Journal of Economic Psychology 32: 865–889.

Kollock, P., 1994: The Emergence of Exchange Structures: An Experimental Study of Uncertainty, Commitment, and Trust. American Journal of Sociology 100: 313–345.

Kollock, P., 1998: Social Dilemmas: The Anatomy of Cooperation. Annual Review of Sociology 24: 183–214.

Kreps, D.M., 1990: Corporate Culture and Economic Theory. S. 90–143 in: J.E. Alt & K.A. Shepsle (Hrsg.), Perspectives on Positive Political Economy. Cambridge: Cambridge University Press.

Lin, N., 2002: Social Capital: A Theory of Social Structure and Action. Cambridge: Cambridge University Press.

Misztal, B.A., 1996: Trust in Modern Societies. Oxford: Blackwell.

Parsons, T., 1937: The Structure of Social Action. New York: Free Press.

Przepiorka, W., L. Norbutas & R. Corten, 2017: Order Without Law: Reputation Promotes Cooperation in a Cryptomarket for Illegal Drugs. European Sociological Review 33: 752–764.

Rapoport, A., 1974: Prisoner's Dilemma – Recollections and Observations. S. 18–34 in: A. Rapoport (Hrsg.), Game Theory as a Theory of Conflict Resolution. Dordrecht: Reidel.

Raub, W., V. Buskens & V. Frey, 2012: Vertrouwen als Opbrengst van Investeringen in Sociaal Kapitaal: Een Eenvoudig Theoretisch Model. S. 17–44 in: V. Buskens & I. Maas (Hrsg.), Samenwerking in Sociale Dilemma's: Voorbeelden van Nederlands Onderzoek. Amsterdam: Amsterdam University Press.

Raub, W., V. Buskens & V. Frey, 2013: The Rationality of Social Structure: Cooperation in Social Dilemmas Through Investments in and Returns on Social Capital. Social Networks 35: 720–732.

Raub, W., V. Buskens & V. Frey, 2019: Strategic Tie Formation for Long-Term Exchange Relations. Rationality and Society 31: 490–510.

Raub, W., V. Frey & V. Buskens, 2014: Strategic Network Formation, Games on Networks, and Trust. Analyse und Kritik 36: 135–152.

Raub, W. & T. Voss, 1986: Die Sozialstruktur der Kooperation rationaler Egoisten. Zeitschrift für Soziologie 15: 309–323.

Raub, W. & J. Weesie, 1990: Reputation and Efficiency in Social Interactions: An Example of Network Effects. American Journal of Sociology 96: 626–654.

Snijders, C. & U. Matzat, 2019: Online Reputation Systems. S. 479–495 in: F. Giardini & R. Wittek (Hrsg.), The Oxford Handbook of Gossip and Reputation. Oxford: Oxford University Press.

Taylor, M., 1987: The Possibility of Cooperation. Cambridge: Cambridge University Press.

Uzzi, B., 1996: The Sources and Consequences of Embeddedness for the Economic Performance of Organizations: The Network Effect. American Sociological Review 61: 674–98.

Voss, T., 1982: Rational Actors and Social Institutions: The Case of the Organic Emergence of Norms. S. 76–100 in: W. Raub (Hrsg.), Theoretical Models and Empirical Analyses. Contributions to the Explanation of Individual Actions and Collective Phenomena. Utrecht: Explanatory Sociology Publishers.

Weber, M., [1921] 1976: Wirtschaft und Gesellschaft. 5. Aufl., Tübingen: Mohr.

Wechsberg, J., 1966: The Merchant Bankers. New York: Bedminster Press.

Yamagishi, T., K.S. Cook & M. Watabe, 1998: Uncertainty, Trust, and Commitment Formation in the United States and Japan. American Journal of Sociology 104: 165–194.

Karl-Dieter Opp

III.4 Normen und Institutionen: Entstehung, Wandel und Wirkungen. Eine Anwendung der Theorie rationalen Handelns

III.4.1 Einführung

Unser Handeln wird durch eine Vielzahl von Normen beeinflusst. Diese legen fest, was mehr oder weniger der Fall sein soll. Beispiele sind Tischsitten, Verkehrsregeln und Verbote, körperliche Gewalt anzuwenden. Oft werden bestimmte Sachverhalte durch ein ganzes System von Normen geregelt. Hier spricht man von „Institutionen". Ein Beispiel ist die Institution des Privateigentums. Hier werden Verfügungsrechte über Güter geregelt.

In der umfangreichen Literatur über Normen, die Gegenstand aller Sozialwissenschaften sind, werden drei Fragen behandelt. Zunächst geht es um die *Beschreibung* von Normen. So findet man detaillierte Beschreibungen über die Änderung der Normen über gutes Benehmen im Zeitablauf (z. B. Krumrey 1984). Ein zweiter Themenbereich ist die *Erklärung* von Normen. Diese bezieht sich auf die Entstehung und den Wandel von Normen. Eine dritte Frage betrifft die *Wirkungen* von Normen. Hier wird davon ausgegangen, dass Normen existieren.

Im Folgenden stehen die Erklärung und die Wirkungen von Normen im Mittelpunkt. Dabei wird eine weite Version der Rational-Choice-Theorie (RCT) angewendet. Zunächst befassen wir uns jedoch mit der Bedeutung des Normbegriffs, mit der Messung von Normen und mit einigen Eigenschaften von Normen, die für die Erklärung der Entstehung und Wirkungen von Normen von Bedeutung sind.

III.4.2 Was versteht man unter Normen und Institutionen?

„Normen" und „Institutionen" gehören zu den Begriffen, die in unterschiedlicher und oft unklarer Weise verwendet werden (vgl. z. B. die Diskussionen bei Crawford & Ostrom 1995; Gibbs 1965; Opp 1983: 1–20, 2015; Rommetveit 1954). Meist enthalten Definitionen die folgenden fünf Definitionsmerkmale oder eine Kombination dieser Merkmale.

https://doi.org/10.1515/9783110673616-011

(1) *Sollensdefinition*: Normen sind Aussagen darüber, was mehr oder weniger der Fall sein soll. „Man soll nicht schwarzfahren" ist ein Beispiel. (2) *Erwartungsdefinition*: Normen liegen vor, wenn Dritte erwarten, man solle in bestimmter Weise handeln. So könnten Freunde erwarten, man solle nicht schwarzfahren. (3) *Akzeptanzdefinition*: Eine Norm liegt vor, wenn Personen eine Norm (im Sinne der Sollensdefinition) mehr oder weniger akzeptieren. Wenn z. B. jemand meint, man solle nicht schwarzfahren, liegt eine Norm vor. Eine starke Akzeptierung wird auch als „Internalisierung" bezeichnet. (4) *Verhaltensdefinition*: Normen werden oft als Verhaltensregelmäßigkeiten definiert, d. h. eine Norm liegt vor, wenn mehrere Personen ein bestimmtes Verhalten ausführen. (5) *Sanktionsdefinition*: Eine Norm liegt vor, wenn ein Verhalten von Dritten positiv oder negativ sanktioniert wird.

Diese Definitionsmerkmale werden oft *kombiniert*. So liegt definitionsgemäß eine Norm vor, wenn ein Verhalten regelmäßig ausgeführt wird (Definition 4) und häufig Abweichungen bestraft werden (Definition 5).

Definitionen unterscheiden sich weiter darin, ob sie sich auf Handeln oder interne Sachverhalte beziehen wie z. B. die Norm, man soll an Gott glauben.

Welche Definition ist vorzuziehen? Da eine Definition nicht wahr oder falsch, sondern nur mehr oder weniger zweckmäßig ist, sollte man erwarten, dass diejenigen, die Definitionen vorschlagen, Argumente vorbringen, warum ihre Definition als zweckmäßig angesehen wird. Solche detaillierten Diskussionen findet man fast nie. Da wir in diesem Beitrag an Erklärung interessiert sind, muss eine Definition *theoretisch fruchtbar* sein.

Dies ist erstens dann der Fall, wenn eine Definition *einfach* ist, d. h. aus einem einzigen Definitionsmerkmal besteht. Wenn z. B. Normen als Normakzeptierung *und* Sanktionierung bei Abweichung definiert sind, dann können nur solche Phänomene erklärt werden, die beide Eigenschaften gemeinsam aufweisen. Die Menge der Phänomene, die erklärt werden können, ist größer, wenn eine Definition *nur aus einem Merkmal* besteht (siehe im Einzelnen Opp 2015: 6–7). Will man die Wirkungen von Normen erklären, ist eine Definition mit nur einem Definitionsmerkmal in einer größeren Menge von Situationen anwendbar als eine komplexe Normdefinition. Einfache Definitionen erlauben also relativ informative Theorien.

Man könnte argumentieren, dass bei einer einfachen Definition viele Sachverhalte, die in Normdefinitionen enthalten sind, nicht behandelt werden können. Dies ist jedoch unzutreffend. Wenn man eine einfache Definition verwendet, dann können alle anderen Sachverhalte, auf die sich andere Definitionen beziehen, als zusätzliche Variablen verwendet werden. Wenn z. B. die Akzeptanzdefinition verwendet wird, kann untersucht werden, inwieweit eine hohe Akzeptierung mit normativen Erwartungen oder Sanktionen verbunden ist (vgl. im Einzelnen Opp 2015: 6–7).

Eine einfache Definition ist weiter theoretisch fruchtbar, wenn sie *Bestandteil einer gültigen und informativen Theorie* ist. Bei einer vorliegenden Theorie lässt sich dies prüfen, indem man die Hypothesen einer Theorie mit unterschiedlichen Normdefinitionen testet. Dies ist aber bisher nicht geschehen. Liegt eine noch nicht überprüfte Theorie vor, sollten Plausibilitätsüberlegungen darüber entscheiden, welche Definition vorläufig – bis zu einem Test – Bestandteil der Theorie ist.

Wenn akzeptiert wird, dass eine einfache Normdefinition sinnvoll ist, fragt es sich, welche dies sein soll. Diese Frage kann beim gegenwärtigen Stand der Forschung nicht beantwortet werden. *Wir verwenden im Folgenden die Akzeptanzdefinition.* Diese findet man auch meist in der Literatur, zumindest als ein Bestandteil von Normdefinitionen. *Institutionen* werden als Mengen von Normen.

Die Akzeptanzdefinition wird einzelnen Akteuren zugeschrieben. Normen werden auch als Makroeigenschaften, d. h. als Eigenschaften eines sozialen Systems definiert (Coleman 1990: 241). Solche Makroeigenschaften werden aufgrund der Verteilungen auf der Individualebene aggregiert. Die Aussage, dass in einer Gruppe eine Nichtraucher-Norm gilt, bedeutet, dass diese Norm von den Mitgliedern (oder den meisten Mitgliedern) akzeptiert wird.

III.4.3 Zur Messung von Normen

Welche sozialwissenschaftlichen Methoden zur Messung von Normen anwendbar sind, hängt von deren Definition ab. Beziehen sich Normen auf psychische Phänomene wie z. B. die Akzeptanzdefinition, sind Verhaltensbeobachtungen nicht sinnvoll. Zur Messung psychischer Phänomene erscheinen Befragungen besonders geeignet (vgl. z. B. Labovitz & Hagedorn 1973). Dabei ist insbesondere darauf zu achten, dass die *Konditionalität* einer Norm (siehe hierzu den nächsten Abschnitt) ermittelt wird. Die Bedingungen, unter denen Normen gelten, lassen sich besonders gut durch den *faktoriellen Survey* messen (vgl. allgemein Auspurg & Hinz 2015; Rost 2018; zur Messung von Normen siehe Beck & Opp 2001; Jasso & Opp 1997; Diefenbach & Opp 2007; Opp 2002; Petzold & Eifler 2020). Die Idee ist, dass man Befragten bestimmte Situationsbeschreibungen, genannt „Vignetten", präsentiert. Diese sind Kombinationen bestimmter Merkmale, d. h. von Werten von Variablen. Für jede Situation werden Befragte gebeten anzugeben, inwieweit bestimmte Normen erfüllt sind. Eine Situation könnte eine Party sein, auf der mehr oder weniger viele Personen rauchen und auf der die Gastgeber dies mehr oder weniger billigen. Befragte könnten gebeten werden anzugeben, inwieweit es in diesen Situationen jeweils erlaubt ist zu rauchen. Es wird also ermittelt, unter welchen Bedingungen eine Nichtraucher-Norm gilt (vgl. im Einzelnen Opp 2002).

III.4.4 Einige Eigenschaften von Normen

In diesem Abschnitt sollen einige Eigenschaften von Normen beschrieben werden. Diese sollten durch Theorien über die Entstehung von Normen erklärt werden. Weiter sollten ihre Wirkungen erklärt werden.

Die meisten oder vielleicht sogar alle Normen sind *konditional*, d. h. sie gelten nur unter bestimmten Bedingungen. So existiert eine konditionale Kooperationsnorm: Man muss nur kooperieren, wenn andere Mitglieder einer Gruppe kooperieren (Fehr & Fischbacher 2004). Der Norm „man soll nicht lügen" wird vermutlich jeder zustimmen, aber bei näherer Überlegung ist die Norm konditional: „Notlügen", d. h. Lügen unter bestimmten Bedingungen, sind erlaubt.

Ein weiteres Charakteristikum von Normen ist ihre *Variabilität*. So unterscheiden sich Tischsitten, Trinkgelder, Normen über Kommunikation (etwa über Händeschütteln) oder Bekleidungsregeln je nach Gruppe innerhalb eines Landes und je nach Land. Weiter variieren Normen im Zeitablauf.

Der *Informationsgehalt* von Normen ist unterschiedlich. Normen legen zuweilen spezifische Verhaltensweisen fest, meist aber bestimmte Verhaltensbereiche, die erlaubt oder verboten sind. Dies gilt für Geschwindigkeitsbegrenzungen.

Normen variieren nach ihrer *Präzision*. Bei der Norm „man soll rücksichtsvoll sein" oder bei normativen Leerformeln im deutschen Grundgesetz („Die Würde des Menschen ist unantastbar") ist nicht klar, auf welche Handlungen genau sich die Norm bezieht.

Manche Normen sind nur zweckmäßig wie z. B. Rechtsfahren oder Linksfahren im Straßenverkehr. Welche Norm existiert, ist weitgehend willkürlich. Man spricht hier von *Konventionen*. Dies ist anders bei Normen wie z. B. das Tötungsverbot. Normabweichendes Handeln ist hier oft mit internen Sanktionen verbunden wie ein schlechtes Gewissen oder Scham. Coleman nennt solche Normen „essential" (1990: 249). Man kann also unterschiedliche Grade der Akzeptierung unterscheiden, die mit unterschiedlichen internen Kosten bei Abweichung oder Nutzen bei Konformität verbunden sind.

III.4.5 Faktorenerklärungen und die Anwendung der Rational-Choice-Theorie

Bei *Faktorenerklärungen* werden einzelne Variablen erwähnt, die ursächlich für das Auftreten eines Phänomens sein sollen. So wird die weit verbreitete Nicht-raucher-Norm dadurch erklärt, dass Rauchen gesundheitsschädlich ist. Das zentrale Problem solcher Erklärungen ist, dass kein Argument dafür angeführt wird, warum die erwähnten Faktoren und nicht andere Faktoren ursächlich sein sollen. Warum sollen Gesundheitsschäden für die Nichtraucher-Norm von Bedeutung sein?

Anstelle von Faktorenerklärungen ist die Anwendung sozialwissenschaftlicher *Theorien* vorzuziehen. Diese sind generelle Bedingungsaussagen – generell in dem Sinne, dass sie nicht auf bestimmte Zeiten und Orte bezogen sind. Diese Bedingungen zeigen *generell* auf, welche Faktoren zu welchen Wirkungen führen. Die Theorien können dann in *konkreten Situationen* zur Erklärung angewendet werden, wenn die Bedingungen empirisch ermittelt werden. Nehmen wir z. B. an, eine Theorie laute: „Wenn Personen oft mit kostspieligen Handlungen Dritter konfrontiert sind, haben sie ein Interesse an einer Norm, die diese Handlungen verbietet." Entsprechend wird man erwarten, dass Personen, die oft mit Rauchern konfrontiert werden und für die diese Situationen kostspielig sind, ein Interesse an einer Nichtraucher-Norm haben.

Wenn man die Anwendung von Theorien befürwortet, fragt es sich als nächstes, welche der vorliegenden Theorien sozialen Handelns in diesem Zusammenhang angewendet werden sollte. Will man die Entstehung und Wirkungen *aller* Normen erklären, bietet sich die Anwendung einer generellen Theorie an. Die RCT ist eine solche Theorie (vgl. einführend Opp 2018a; Kirchgässner [1991] 2013 – beide Schriften enthalten weitere Literaturhinweise; vgl. Kapitel II.1; Kapitel IV.3). Die grundlegende Idee der hier verwendeten Variante der RCT – die weite Version – ist, dass menschliches Handeln abhängt von den Zielen (d. h. Präferenzen) und den wahrgenommenen Möglichkeiten der Zielerreichung. Es wird diejenige Handlung gewählt, die einer Person in der jeweiligen Situation den höchsten Gesamt-Vorteil (d. h. Gesamtnutzen) bringt.

Die hier verwendete weite Version berücksichtigt alle menschlichen Ziele (z. B. altruistische Ziele oder das Ziel, Normen zu befolgen) und geht von wahrgenommenen Restriktionen und subjektiver Nutzenmaximierung aus. Eine Variante dieser Theorie ist die Wert-Erwartungstheorie (WET – vgl. zusammenfassend Esser 1999: 247–293; Opp 1983: 29–49). Diese stimmt mit einer weiten Version der RCT überein: Alle Arten von Präferenzen bzw. Zielen können einbezogen werden; es wird von wahrgenommenen Restriktionen (d. h. subjektiven Wahrscheinlichkeiten) und subjektiver Nutzenmaximierung ausgegangen (zu den Argumenten für eine solche Version vgl. Opp 1999).

In der WET wird zunächst davon ausgegangen, dass Personen bestimmte Handlungsalternativen wahrnehmen. So könnte eine Person P überlegen, ob sie eine andere Person O, die in ihrer Gegenwart raucht, negativ sanktionieren soll oder nicht. Der subjektive Gesamtnutzen jeder Handlungsalternative heißt SEU („subjective expected utility"). Für jede wahrgenommene Handlungsalternative schreiben wir eine Gleichung (siehe die beiden Gleichungen unten). Nehmen wir an, es gebe je Handlungsalternative zwei wahrgenommene Handlungskonsequenzen: O hört auf zu rauchen oder O wehrt sich: er verbittet sich die Einmischung von P. Jede der Handlungskonsequenzen hat für P eine subjektive Wahrscheinlichkeit des Auftretens und einen Nutzen. Die Addition der Produkte aus Nutzen und Wahrscheinlichkeit je Handlungskonsequenz ergibt den SEU-Wert. Die Subskripte k und n sind eine Abkürzung der jeweiligen Handlungskonsequenzen. Bei den subjektiven Wahrscheinlichkeiten p bezieht sich das erste Subskript auf die Handlungsalternative, d. h. der Wert von p hängt von der Handlungsalternative ab.

$$SEU_{(Sanktionierung)} = p_{sk} \cdot U_{k\ (keine\ Belästigung)} - p_{sn} \cdot U_{n\ (negative\ Sanktionierung)}$$

$$SEU_{(keine\ Sanktionierung)} = p_{kk} \cdot U_{k\ (keine\ Belästigung)} - p_{kn} \cdot U_{n\ (negative\ Sanktionierung)}$$

Empirisch können p und U bestimmte Werte annehmen. Wenn z. B. P den O sanktioniert, dann könnte es aus der Sicht von P sehr wahrscheinlich sein, dass O aufhört zu rauchen. Die Nutzen U sind unabhängig von der Handlungsalternative. Angenommen, der Wert von U_k ist relativ hoch (P sei allergisch gegen Rauch) und P glaube, dass O mit Sicherheit aufhört zu rauchen, wenn er sanktioniert wird (p_{sk} habe den höchstmöglichen Wert 1). Weiter rechne P nicht mit negativer Sanktionierung von O (p_{sn} habe den Wert null). Schließlich glaube P nicht, dass O ohne Sanktionierung das Rauchen beendet (p_{kk} habe einen Wert von null). In dieser Situation ist der SEU-Wert für Sanktionierung höher als für Nicht-Sanktionierung.

Bisher wurde nur der SEU-Wert *definiert*. Die Wert-Erwartungs*theorie* behauptet, dass die Handlung mit dem höchsten SEU-Wert ausgeführt wird. Im Beispiel wird P also den O sanktionieren.

In unserem Beispiel hat P überlegt, ob er sanktionieren soll oder nicht. Die WET sowie die RCT allgemein geht nicht von bewusstem oder überlegtem Handeln aus. Handeln kann auch ohne Überlegung ausgeführt werden, wenn bestimmte Situationsstimuli Anreize und damit Handeln direkt aktivieren. So könnten Nichtraucher „spontan" Raucher sanktionieren. Auf die Bedingungen, die zu überlegtem oder zu spontanem Handeln führen, kann hier nicht eingegangen werden (vgl. z. B. Opp 2017).

Die WET enthält dieselben Variablen wie die beschriebene generelle RCT: die U-Werte sind Präferenzen, und die p-Werte beziehen sich auf die wahrgenommenen Restriktionen bzw. Handlungsmöglichkeiten. Die WET modelliert die Beziehungen zwischen den unabhängigen und abhängigen Variablen genauer als die generelle Formulierung der RCT.

Eine Variante der RCT ist die *Spieltheorie* (vgl. generell Diekmann 2009; Kapitel II.2), die ebenfalls zur Erklärung von Normen geeignet ist und auch bereits hierzu angewendet wurde (vgl. z. B. Mahoney & Sanchirico 2001; Przepiorka & Diekmann 2013; Ullmann-Margalit 1977; Voss 2001; Young 1998, 2015).

Wir wenden die RCT an, da sie sich relativ gut bestätigt hat und gegenwärtig in den Sozialwissenschaften die am häufigsten angewendete generelle Handlungstheorie ist. Unter anderem wurde sie auch zur Erklärung der Entstehung und Wirkungen von Normen und Institutionen angewendet.

III.4.6 Die Entstehung und der Wandel von Normen

In diesem Abschnitt wird zunächst eine grundlegende Hypothese über die Normentstehung behandelt. Sodann werden verschiedene Prozesse, d. h. Mechanismen, der Normentstehung diskutiert, die von dieser Annahme ausgehen.

Die Instrumentalitätshypothese (IH) und funktionalistische Erklärungen

Erklärungen sozialer Normen[1] gehen von einer Annahme aus, die *Instrumentalitätshypothese* (IH) genannt wird (Hechter & Opp 2001b: 396–398; Opp 1983: 29–31; Opp 2001). Das heißt Normen entstehen, wenn sie geeignet (d. h. instrumentell) sind, einen Beitrag zur Realisierung der Ziele von Akteuren zu leisten. Ziele sind eine zentrale Variable der RCT. Danach sind nicht nur Ziele, sondern auch Restriktionen von Bedeutung. Die IH kann entsprechend so verstanden

---

1 Vgl. z. B. das Sonderheft „Changing Social Norms" der Zeitschrift „Social Research" von 2018, Band 85, Heft 1; Chung & Rimal (2016); Esser (2000); Hechter & Opp (2001a); Opp (1983: 21–40); Xenitidou & Edmonds (2014). Vgl. auch die Schriften zum neuen Institutionalismus wie Richter & Furubotn (2012).

werden, dass die Entstehung von Normen mit deren Nutzen und Kosten zusammenhängt. Die Entstehung von Normen müsste also mit der RCT erklärt werden können. Geht man hiervon aus, ist die nächste Aufgabe, im Detail theoretische Hypothesen für Prozesse zu formulieren, die zur Normentstehung beitragen.

Es ist wichtig, die IH von einer *funktionalistischen Hypothese* zu unterscheiden. Diese erklärt Normen durch deren Wirkungen.[2] So behaupten Hypothesen, dass Normen entstehen, weil sie „effizient" sind oder das Überleben einer Gruppe ermöglichen bzw. fördern (vgl. zur Kritik Hardin 1980; Opp 1983: 30–31). Mit anderen Worten: Die Entstehung von Normen, die noch nicht existieren, wird durch deren Wirkung erklärt, die sie haben würden, falls sie existieren. Eine solche Vorgehensweise ist eher Magie als irgendeine Form von Wissenschaft.

Die IH geht dagegen so vor, dass bestimmte *subjektiv erwartete* Wirkungen, die für die Zielerreichung von Akteuren bedeutsam sind, die Entstehung von Normen beeinflussen. Es wird also nicht angenommen, dass nicht existierende Normen Wirkungen haben und dass diese Wirkungen deren Entstehung beeinflussen.

Externalitäten und die Entstehung von Normen

James S. Coleman (1990: Kapitel 10, Kapitel 11) hat eine der am meisten diskutierten Theorien über die Entstehung sozialer Normen vorgeschlagen.[3] Es wird erklärt, unter welchen Bedingungen in einer Gruppe ein Konsensus über die Akzeptierung eine Norm (im Sinne der Sollensdefinition) entsteht und unter welchen Bedingungen die Einhaltung von Normen sanktioniert wird (1990: 243). Erklärt wird also eine Makroeigenschaft.

Zuerst erklärt Coleman die *Nachfrage* nach einer Norm. Eine Bedingung sind Externalitäten, d. h. Handlungen von Akteuren, die Nutzen oder Kosten für andere Akteure verursachen (vgl. Kapitel III.1). Der Kürze halber behandeln wir nur negative Externalitäten, d. h. Handlungen Dritter, die für Personen kostspielig sind. Diese dürften am häufigsten Bedingungen für die Normentstehung sein. Wenn Externalitäten nicht in Form eines Austausches wie auf einem Markt eliminiert werden können, dann besteht ein Interesse an der Entstehung einer

---

2 Vgl. zur Kritik funktionalistischer Hypothesen generell Hempel (1965: Kapitel 11) oder Nagel (1956).

3 Vgl. Braun & Voss (2014: 82–89), Elster (2003), Frank (1992), Horne (2009), Lüdemann (2000), Opp (2015, 2018b), Piskorski & Gorbatâi (2017) und Voss (2001, 2017). Die folgende Darstellung basiert auf Opp (2018b).

Norm, die die Externalitäten reduziert oder eliminiert. Das heißt es besteht ein „regulatory interest" (Heckathorn 1990: 375).

Die bloße Existenz negativer Externalitäten reicht für die Normentstehung nicht aus. Im zweiten Erklärungsschritt wird die *Realisierung*, wie Coleman schreibt, d. h. die Entstehung einer Norm erklärt. Coleman wendet dabei die Theorie kollektiven Handelns an (Olson 1965). Diese erklärt, unter welchen Bedingungen Personen einen Beitrag zur Herstellung eines Kollektivgutes leisten. Ein „Kollektivgut" liegt definitionsgemäß vor, wenn ein Gut (d. h. alles, was positiven oder negativen Nutzen stiftet) von mehreren Akteuren gleichzeitig genutzt werden kann – auch von solchen Akteuren, die zu seiner Herstellung nichts beigetragen haben (vgl. Kapitel III.2). Diese werden „Trittbrettfahrer" genannt: Sie konsumieren das, was andere hergestellt haben. Eine saubere Umwelt kommt z. B. allen zugute, auch denjenigen, die zu ihrer Entstehung nichts beigetragen haben oder sie sogar verschmutzen. Auch Normen sind Kollektivgüter: Sie gelten für alle Mitglieder einer Gruppe.

Normen sind eine besondere Art von Kollektivgütern. Im Beispiel ist die saubere Umwelt das vorrangige Ziel der Akteure. Hier spricht man von *Kollektivgütern erster Ordnung*. Da eine Norm der Herstellung der Kollektivgüter erster Ordnung dient, handelt es sich um *Kollektivgüter zweiter Ordnung*. Eine Umweltnorm dient der Herstellung einer sauberen Umwelt.

Bei der Herstellung von Kollektivgütern besteht generell ein Anreiz zu warten, bis Andere das Kollektivgut hergestellt haben, da ja jeder von der Herstellung durch Andere profitiert. Darüber hinaus besteht in größeren Gruppen wie in Gesellschaften das Problem, dass der Einfluss einzelner Akteure auf die Herstellung eines Kollektivgutes sehr gering ist. Wenn z. B. eine einzelne Person die Umwelt nicht mehr verschmutzt, dann hat dies fast keinen Einfluss auf das Ausmaß der Umweltverschmutzung insgesamt.

Es gibt eine weitere Möglichkeit, einen Beitrag zur Herstellung eines Kollektivgutes zu leisten: Man könnte Personen, die keinen Beitrag leisten, d. h. die defektieren, negativ *sanktionieren*. Coleman nimmt an, dass auf solche Weise Normen, einen Beitrag zu leisten, entstehen.

Eine zentrale These Colemans lautet, dass die Sanktionierung von Trittbrettfahrern und damit die Herstellung des Kollektivgutes erster Ordnung wahrscheinlicher ist, wenn es *soziale Beziehungen* zwischen den von einer Externalität Betroffenen gibt (1990: 269–270). In solchen sozialen Netzwerken ist Kommunikation weniger kostspielig als wenn keine Beziehungen bestehen. Damit kann auch die Sanktionierung leichter koordiniert werden. In einem sozialen Netzwerk interagieren auch Personen in verschiedenen Rollen. So mögen Personen gleichzeitig Mitglieder in verschiedenen Freizeitgruppen sein. Ein Trittbrettfahrer kann in jeder dieser Gruppen sanktioniert werden. Dies erhöht die

Kosten der Defektion. Weiter dürften diejenigen, die sanktionieren, in ihrer Gruppe sozialen Status gewinnen.

Colemans Theorie weist eine Reihe von Problemen auf (siehe im Einzelnen Opp 2018b). So müssten die Bedingungen für eine Sanktionierung genauer herausgearbeitet werden (vgl. z. B. Kroher & Wolbring 2015; Keuschnigg & Wolbring 2015). Eine negative Sanktionierung von Trittbrettfahrern wird z. B. unwahrscheinlich sein, wenn das sanktionierte Handeln sehr kostspielig ist. So wird man kaum Personen negativ sanktionieren, die sich nicht an einer Untergrundorganisation gegen ein autoritäres Regime beteiligen.

Coleman will die Sanktionierung *und Akzeptierung* von Normen erklären. Faktisch erklärt er jedoch nur Sanktionierung. Unter welchen Bedingungen Sanktionierung zu Normen führt, wird nicht im Einzelnen herausgearbeitet. Akzeptierung könnte durch die Einstellungstheorie von M. Fishbein & I. Ajzen (2010) erklärt werden. Eine Norm ist, in der Terminologie dieser Theorie, ein Einstellungsobjekt. Eine „Akzeptierung" könnte bedeuten, dass eine positive Einstellung zu der Norm besteht. Dies ist gemäß der Theorie dann der Fall, wenn die Norm mit relativ vielen positiv bewerteten Eigenschaften in Zusammenhang gebracht wird.

Wichtig für Herstellung von Kollektivgütern dürften weiter bereits vorliegende internalisierte Bestrafungsnormen sein. Diese fordern die direkte Bestrafung von Personen, die keinen Beitrag zu einem Kollektivgut leisten, aber auch die Bestrafung von Personen, die Dritte nicht bestrafen („Metanormen" im Sinne von Axelrod 1986: 1100–1102). Eine Kombination dieser beiden Arten der Bestrafung ist für die Herstellung von Kollektivgütern besonders wirksam (Axelrod 1986).

Die genannte und weitere Kritik ergibt sich durch die Anwendung der RCT. Danach spezifiziert Colemans Theorie wichtige Arten von Anreizen für die Entstehung sozialer Normen. Die Kritik bedeutet, dass in bestimmten Situationen weitere Anreize einbezogen werden müssen. Dies werden auch die folgenden Überlegungen zeigen.

Die Entstehung von Normen als unbeabsichtigte Konsequenzen individuellen Handelns

Coleman nimmt an, dass Normen „purposively generated" sind (1990: 242). Das heißt man verhandelt und kommt zu einer Übereinkunft, oder eine zentrale Instanz setzt eine Norm. Normen können sich aber auch spontan, d. h. ungeplant, entwickeln. Dies haben bereits klassische Autoren wie Carl Menger, Adam Smith und F. A. Hayek gezeigt (vgl. Hamowy 1987; Horwitz 2001). Ein Beispiel für eine solche spontane Ordnung (d. h. ein System von Normen) ist die Sprache. Sie enthält eine Vielzahl von Regeln des „richtigen" Sprechens oder Schreibens (Keller 1994). Die Entstehung des Geldes, d. h. des „richtigen" Zahlungsmittels, ist ein weiteres Beispiel für eine spontane Ordnung (Menger 1892).

Ein Beispiel für die spontane Entstehung einer Norm ist die Nichtraucher-Norm (Beck & Opp 2001; Opp 2002; Coleman 1990: 249). Wir nehmen an, dass bei einer Interaktion von Rauchern und Nichtrauchern für die Nichtraucher eine negative Externalität entsteht. Ein Nichtraucher wird vielleicht ein Interesse an einer generellen Nichtraucher-Norm haben, aber es gibt keine kostengünstige Möglichkeit für einen einzelnen Nichtraucher, eine solche Norm zu etablieren. Die kostengünstigste Reaktion ist, die Interaktion abzubrechen, z. B. sich nicht neben einen Raucher zu setzen oder den Platz zu wechseln. Wenn dies nicht möglich ist (z. B. in einem überfüllten Restaurant), wird eine negative Sanktion in Betracht gezogen. Je stärker die Externalität ist, und je weniger man kostspielige Gegenreaktionen des Rauchers bei Sanktionierung erwartet, desto eher wird der Nichtraucher negativ sanktionieren. Dabei werden auch normative Forderungen geäußert: Hierzu gehört, dass man Personen keinen Gesundheitsrisiken aussetzen soll. Wichtig ist, dass in solchen Interaktionen ein Nichtraucher nicht beabsichtigt, eine generelle Nichtraucher-Norm zu schaffen. Das Ziel besteht darin, nicht länger negativen externen Effekten ausgesetzt zu sein.

Eine Austauschlösung wird normalerweise nicht in Betracht gezogen. Kein Nichtraucher wird einem Raucher einen bestimmten Geldbetrag anbieten, damit dieser aufhört zu rauchen.

Wenn Rauchen negative Externalitäten verursacht, werden Raucher relativ häufig negativen Sanktionen und auch normativen Forderungen ausgesetzt sein, in Gegenwart von Nichtrauchern nicht zu rauchen. Dies ist ein Beispiel für inkrementelle Sanktionierung („incremental sanctioning" – Coleman 1990: 278–282). Das heißt die einzelnen Sanktionierungen werden insgesamt relativ kostspielig für den Raucher. Die häufige Konfrontierung mit normativen Forderungen, nicht in Gegenwart von Nichtrauchern zu rauchen, wird langfristig zur Akzeptierung einer Nichtraucher-Norm führen (siehe im Einzelnen Opp 2018b: 181–186).

Ein ähnlicher Prozess kann in vielen Alltagssituationen beobachtet werden. Beispiele sind Externalitäten wie lautes Sprechen in Zugabteilen oder Bibliotheken (Przepiorka & Berger 2016). Gemeinsam ist diesen Prozessen, dass ein privates Interesse daran besteht, nicht einer negativen Externalität ausgesetzt zu sein. Das Interesse ist also nicht, eine generelle Norm zu schaffen. Die Kosten hierfür wären prohibitiv. Eine Verhandlungslösung bei jeder Interaktion (ein Nichtraucher bietet einem Raucher Geld, damit er das Rauchen einstellt) ist zu kostspielig. Die Normentstehung ist also das Nebenprodukt eines privaten Interesses, eine negative Externalität zu reduzieren.

Diese Art der Erklärung wird, in Anlehnung an Adam Smith, Unsichtbare-Hand-Erklärung („invisible hand explanation") genannt (Keller 1994; Ullmann-Margalit 1978; Vanberg 1984). Das heißt Makrophänomene wie die Änderung einer Sprache entstehen wie durch eine unsichtbare Hand durch das Handeln der Individuen, ohne dass das Ergebnis wie z. B. die Entstehung einer Norm beabsichtigt ist.

Die Setzung von Normen durch eine zentrale Instanz

Viele Normen wie z. B. Gesetze oder Anordnungen werden von einem kollektiven Akteur erlassen, z. B. von einem Clubvorstand, einer Behörde, einer Regierung oder einem Parlament. Die Erklärung der Setzung von Normen mittels der RCT ist vor allem Gegenstand der ökonomischen Theorie der Politik (z. B. Mueller 2003). Auch hier gibt es – wie bei der spontanen Normentstehung – unterschiedliche Prozesse. Dabei geht die RCT davon aus, dass die Setzung von Normen, wie jedes Handeln, durch Anreize bedingt ist. So ist die Entscheidung des Vorstands eines Tennisclubs, dass Mitglieder höhere Beiträge zahlen sollen, durch Ziele des Vorstands (z. B. einen ausgeglichenen Haushalt zu erreichen) und durch bestimmte Restriktionen (z. B. die bestehende Vereinssatzung) bedingt. Das Ziel einer Regierung könnte die Wiederwahl oder eine hohe Wertschätzung durch die Bevölkerung sein. Entsprechend werden solche Normen (Gesetze, Verordnungen) danach ausgewählt, inwieweit sie zur Erreichung dieser Ziele beitragen. Zu den Restriktionen gehören die vorliegenden Abstimmungsregeln (z. B. Buchanan & Tullock 1965). Aus Raumgründen wollen wir es mit diesen Überlegungen bewenden lassen. Wichtig in diesem Zusammenhang ist, dass die RCT angewendet werden kann, um verschiedene Prozesse der Setzung von Normen zu modellieren.

Gemischte Prozesse: Der wechselseitige Einfluss von spontaner und geplanter Normentstehung

Oft entstehen Normen zunächst spontan. Sodann werden Regeln gesetzt, die diese Normen explizit formulieren und Nichtbefolgung negativ sanktionieren. Dies gilt etwa für die Sprache, eine spontane Ordnung par excellence. Im Jahre 1996 wurden in Deutschland Vorschriften für richtiges Schreiben erlassen. Es gibt aber auch spontan entstandene Regeln wie z. B. Tischsitten, für die es keine staatlichen Regeln gibt. Darüber hinaus existieren Regelungen wie z. B.

die Einführung der Sommer- und Winterzeit, die nicht spontan entstanden sind. Gesetzte Normen beeinflussen darüber hinaus auch die Akzeptierung von Normen. Zur Erklärung solch unterschiedlicher Prozesse kann die RCT angewendet werden und wurde auch angewendet (vgl. im Einzelnen Opp 2018c).

Weitere Mechanismen

Coleman nimmt an, dass negative Externalitäten nicht die einzigen Bedingungen für die Normentstehung sind (1990: 257–259). Die beiden folgenden Beispiele illustrieren dies.

Oft besteht ein Ziel zunächst in der *Herstellung positiver Externalitäten*. Unternehmer der Modebranche wollen sicherlich mit neuen Kreationen nicht negative Externalitäten eliminieren, sondern Bekleidungsprodukte schaffen, die von möglichst vielen Kunden positiv bewertet und gekauft werden. Wenn dies gelingt, entwickeln sich unter bestimmten Bedingungen Bekleidungssitten. „Man" trägt etwa bei einer Opernpremiere keine kurzen Hosen. Weiter schaffen Gruppen Normen mit dem Ziel, sich von anderen Gruppen zu unterscheiden. Hierzu gehören bestimmte Kleidung oder körperlicher Merkmale wie Piercing oder ein Irokesenschnitt. Bei diesen Prozessen werden positive Externalitäten geschaffen: Akteure schaffen Nutzen für Dritte und erhalten dabei auch selbst Belohnungen. Unter bestimmten Bedingungen entstehen Normen.

Ein anderer Prozess der Normentstehung beginnt mit einer *Verhaltensregelmäßigkeit, die sich zu einer Norm entwickelt*, d. h. „what is is always becoming what ought to be" (Homans 1974: 98; vgl. auch Opp 1982, 2004). Wenn z. B. ein Weg über ein Privatgrundstück längere Zeit genutzt wird, dann „darf" dieser auch weiter genutzt werden. Es entwickelt sich sogar ein Gewohnheitsrecht (z. B. ein Wegerecht).

Diese Beispiele illustrieren, wie bereits angedeutet, dass es eine Vielzahl von unterschiedlichen Prozessen der Normentstehung gibt, zu deren detaillierter Modellierung die RCT angewendet werden kann.

Normensysteme: Wie sich Normen gegenseitig beeinflussen

Viele Normen existieren nicht isoliert, sondern sind miteinander verbunden. Dies zeigt sich, wenn Akteure, die eine Norm vertreten, diese rechtfertigen. So wird die Nichtraucher-Norm mit der generellen Norm gerechtfertigt, dass man Personen keinen Schaden zufügen soll. Hier dürfte eine *logische* Beziehung zwischen der speziellen Nichtraucher-Norm und der allgemeinen Norm (die auch als „Wert" bezeichnet wird) bestehen. Oft liegen aber eher psychologische Beziehungen vor, in denen Normen durch andere Normen *gerechtfertigt* werden. So sind viele Normen des Grundgesetzes so vage, dass spezielle Normen nicht logisch abgeleitet werden können. Es gibt ein eigenständiges Gremium – das Bundesverfassungsgericht –, das die „Vereinbarkeit" konkreter Normen mit den Werten des Grundgesetzes bestimmt.

Solche Beziehungen zwischen Normen sind für deren Erklärung von Bedeutung. Wenn eine Norm N_1 eine andere Norm N_2 rechtfertigt oder wenn N_2 aus N_1 abgeleitet werden kann, dann ist eine Abweichung von N_2 kostspielig: Die „Unvereinbarkeit" ruft psychische Spannungen (d. h. kognitive Dissonanz) hervor. Wenn N_1 besonders stark internalisiert ist, dann sind die Kosten der Abweichung von N_2 und damit die Kosten des Wandels dieser Norm relativ hoch.

Sind Normen effizient?

Bevor man diese Frage beantwortet, muss der unklare Begriff „Effizienz" geklärt werden. „Effizienz" wird oft definiert als das Vorliegen eines Pareto-Optimums (auch Pareto-Effizienz genannt). Danach ist eine Norm effizient, wenn es nicht möglich ist, jemanden besser zu stellen, ohne dass jemand anders schlechter gestellt wird. Effizienz in diesem Sinne gilt nicht für disjunkte („disjoint" – Coleman 1990: 247) Normen. Das heißt diejenigen, für die eine Norm gelten soll, also die Zielgruppe, ist nicht identisch mit den Nutznießern der Norm. Bei der Nichtraucher-Norm sind die Raucher die Zielgruppe und (vor allem) die Nichtraucher die Nutznießer. Raucher müssen ihr Verhalten einschränken und stehen sich durch die Einführung der Nichtraucher-Norm schlechter als vorher, während die Nichtraucher zu den Nutznießern gehören. Solche disjunkten Normen sind also nach der genannten Definition nicht effizient.

Am ehesten sind *Konventionen* (z. B. Lewis 1969; Young 1998) wie Verkehrsregeln effizient. Dies sind Normen, die zweckmäßig für die Koordination von Verhalten sind. Nehmen wir an, es ist nicht geregelt, ob rechts oder links gefahren werden soll. Nun wird eine Regel eingeführt – sei es Rechts- oder Linksfahren. In der neuen Situation dürften sich alle besser stehen.

Meistens gibt es aber bei der Einführung von Normen Verlierer. Dies gilt etwa bei Normen zum Umweltschutz, die für manche Personen oder Firmen relativ kostspielig sind. Die Existenz von ineffizienten Normen wird ausführlich in der Literatur über „imperfect institutions" behandelt (vgl. z. B. Acemoglu & Robinson 2012; Eggertsson 2005; Elster 1989, 1991: 121–126; North 1990; Posner 1996; Mahoney & Sanchirico 2001). Danach scheint es, dass effiziente Normen eher die Ausnahme sind.

„Effizienz" heißt auch, dass Normen „socially desirable" (Mahoney & Sanchirico 2001: 2028) sind. Das heißt sie stiften zumindest für einige Akteure Nutzen. Wenn dies gemeint ist, dann dürften Normen meist „effizient" sein. Allerdings wäre es auch denkbar, dass im Zeitablauf Normen immer kostspieliger werden, dass aber Änderungen zu kostspielig sind, so dass die alten Normen bestehen bleiben. Solche Probleme werden in der Literatur zur *Pfadabhängigkeit* behandelt (z. B. Page 2006).

Mit „ineffizienten" Normen ist auch oft gemeint, dass die Kosten der Befolgung von Normen relativ hoch sind. Hier werden etwa Duelle, Rache bzw. Blutrache (z. B. Elster 1990), Fußbindung und weibliche genitale Beschneidung (z. B. Mackie 1996, siehe auch Efferson et al. 2015) genannt. Man könnte argumentieren, dass die Kosten dieser Institutionen so hoch sind, dass sie gemäß der RCT gar nicht existieren dürften. Dass aus der Sicht Betroffener die Befolgung solcher Institutionen durchaus mit Nutzen verbunden ist, lässt sich am Beispiel des Duells illustrieren. Alexander Hamilton, der entscheidend an der Formulierung der amerikanischen Verfassung mitgearbeitet hat, wurde in einem Duell getötet. Er formulierte schriftlich seine Meinung über Duelle (Truman 1884: 345–348). Er verurteilte die Praxis des Duells scharf (Truman 1884: 14, 345), willigte aber in das Duell mit Aaron Burr im Jahre 1804 ein. Axelrod (1986: 1095) fasst die Gründe folgendermaßen zusammen: „the prospect of sanctions imposed by the general public in support of dueling caused Hamilton to risk, and ultimately to lose, his life – powerful norm indeed."

Wir haben bisher die Frage beantwortet, ob es effiziente Normen gibt. Eine theoretisch sinnvollere Frage ist, unter welchen Bedingungen Normen in welchem Sinne und in welchem Grade effizient sind (z. B. Mahoney & Sanchirico 2001).

Die Erklärung von Normenwandel

Wenn wir die *Entstehung* von Normen erklären können, dann folgt daraus, unter welchen Bedingungen sich Normen *wandeln*. Wenn z. B. negative Externalitäten eine zentrale Determinante für die Entstehung von Normen sind, dann müsste eine Erhöhung der Externalitäten (z. B. beim Rauchen) zu einer stärkeren Verbreitung von Normen führen. Vermindern sich Externalitäten, würde man entsprechend eine Abschwächung oder sogar ein Verschwinden der Norm voraussagen. Wir benötigen also nicht mehrere Theorien, um die Entstehung und den Wandel von Normen zu erklären.

III.4.7 Die Wirkungen von Normen

Die meisten Schriften über Normen haben nicht deren Entstehung, sondern deren Wirkungen zum Gegenstand.[4] Will man diese erklären, ist zuerst zu entscheiden, welche Arten von Wirkungen behandelt werden sollen. (1) Zu den Wirkungen gehört zum einen die *Befolgung* oder *Abweichung* von bestehenden Normen. (2) Neben solchen direkten Wirkungen auf die Befolgung haben Normen oft indirekte Wirkungen. So führt die Befolgung von Gesetzen, die die Reduzierung des CO_2-Ausstoßes vorschreiben, zu weniger Erkrankungen und zur Verminderung der Erderwärmung. Die bloße Existenz von Normen wie z. B. von Gesetzen könnte bereits Einstellungen, Präferenzen, kognitive Überzeugungen oder andere Normen beeinflussen. So könnten Gesetze zur Verminderung des CO_2-Ausstoßes zu einer positiveren Einstellung zum Gesetzgeber oder zur stärkeren Akzeptierung von Normen, die umweltfreundliches Verhalten vorschreiben, führen. Im Folgenden werden wir uns aus Raumgründen auf die Wirkung von Normen auf *Handeln* beschränken.

Ein Beispiel und einige generelle Hypothesen

Im Sommer 2013 führte ein relativ schmaler Weg von der Straßenbahnhaltestelle „Universität" zum Hauptgebäude der Universität zu Köln. Aufgrund von Bauarbeiten war der Weg nur so breit, dass für Fußgänger eine und für Radfahrer eine andere Seite des Weges vorgesehen war. Abbildung III.4.1, oberer Teil links, beschreibt diese Situation. Ich bin selbst etwa zwei Wochen lang täglich auf diesem Weg von der Haltestelle zur Universität und zurück gegangen. Ich habe nie eine Kollision von Radfahrern und Fußgängern gesehen. Radfahrer fuhren relativ langsam und umfuhren Fußgänger, die auf der „falschen" Seite gingen.

Dann wurde plötzlich ein Verkehrsschild aufgestellt: Eine Norm wurde gesetzt, dass Radfahrer absteigen müssen (siehe das Foto in der Abbildung). Wie werden die Radfahrer reagieren? Für die Befolgung der neuen Regel ist eine erste Voraussetzung, dass das Verkehrsschild wahrgenommen wird. Dies illustriert, dass generell für die Wirkung einer Norm deren *Aktivierung* eine notwendige Bedingung ist. Die Norm muss also von dem Akteur wahrgenommen werden

---

4 Vgl. z. B. Schriften zu „law and economics" wie etwa Cooter & Ulen (2012), zur neuen Institutionenökonomik wie Richter & Furubotn (2012), zur ökonomischen Theorie der Politik wie Mueller (2003). Zu Schriften der Soziologie vgl. Esser (2000) und Opp (2011).

Situation OHNE Verkehrsschild:

Universitäts-
gebäude

Haltestelle der
Straßenbahn

Schmaler Weg wegen Bauarbeiten: eine Seite
für Fußgänger, die andere Seite für Radfahrer.

Situation MIT Verkehrsschild   – Radfahrer
absteigen!

Universitäts-
gebäude

Haltestelle der
Straßenbahn

Schmaler Weg wegen Bauarbeiten: eine Seite
für Fußgänger, die andere Seite für Radfahrer.

Symbolisiert das neue Verkehrsschild
"Radfahrer absteigen"

Abbildung III.4.1: Ein Beispiel für die Wirkung einer Norm.

(vgl. z. B. Stroebe 2008; Cialdini 2012). Im vorliegenden Beispiel ist es nicht unplausibel, dass viele Radfahrer, die vor Aufstellung des neuen Schildes regelmäßig die Strecke gefahren sind, das Schild und damit die neue Norm nicht
wahrgenommen haben.

Betrachten wir nun die Radfahrer, die das neue Schild gesehen haben. Wie
würden Sie, die Leser, als Radfahrer in dieser Situation reagiert haben? Viele
werden zuerst geprüft haben, wie wahrscheinlich man bei Übertretung der
Norm mit welchen Strafen rechnen musste. Das heißt bei hoher *subjektiver
Wahrscheinlichkeit* und *Schwere der Strafe* ist die Übertretung unwahrscheinlich. Im vorliegenden Beispiel war keine Polizei sichtbar. Von Bedeutung sind
weiter *informelle negative Sanktionen von Fußgängern*. Es ist wenig plausibel,
dass Fußgänger Radfahrer, die nicht abstiegen, sanktionieren, solange die Radfahrer die Fußgänger nicht belästigen (d. h. negative Externalitäten verursachen).

Ein weiterer Anreiz für die Befolgung der Norm könnte die wahrgenommene *normative Erwartung* der anderen Verkehrsteilnehmer sein. Radfahrer
könnten zwar nicht mit Sanktionen rechnen, aber der Meinung sein, dass Dritte
glauben, man solle bestehenden Verkehrsregeln folgen. Hier ist von Bedeutung,
wie sicher Radfahrer glauben, dass diese normativen Erwartungen bestehen und
wie negativ die Abweichung von den Erwartungen durch die Radfahrer bewertet
wird (d. h. wie groß die Kosten der Abweichung sind).

Die neue gesetzte Norm könnte aufgrund der *Akzeptierung einer generellen Norm* befolgt werden. Viele Personen betrachten staatliche Anordnungen als legitime Forderungen an Bürger und haben die Norm internalisiert, man muss staatlichen Regeln folgen. Die konkrete Norm wird also befolgt, weil sie – aus der Sicht der Akteure – vereinbar mit einer generelleren Norm ist. Die Akzeptierung einer generellen Norm ist also ein Kostenfaktor für die Nichtbefolgung der Verkehrsregel.

Akzeptiert man eine Norm, dann bedeutet dies, dass man ein Ziel hat, die Norm zu befolgen. Neben normativen Zielen gibt es *nicht-normative Ziele*, die zuweilen auch als „Interessen" bezeichnet werden. Im vorliegenden Beispiel könnte ein Radfahrer das Ziel haben, noch rechtzeitig zur Vorlesung zu kommen, und dieses Ziel ist nur bei sehr schnellem Fahren erreichbar. Von den nicht-normativen Zielen gehen also weitere Anreize für die Normbefolgung oder -abweichung aus.[5]

Ein Radfahrer könnte sich wundern, warum die neue Regel „von Nutzen" ist. So mag ein Radfahrer regelmäßig den Weg genutzt haben, ohne abzusteigen und ohne jemals mit Problemen (wie der Verletzung von Fußgängern oder der Kollision mit anderen Radfahrern) konfrontiert gewesen zu sein. Die *Normverletzung hat also keine direkten Kosten*. Dies könnte eine Bedingung für die Geltung der Norm „offiziellen Anordnungen sollte man folgen" und damit für deren Akzeptierung sein. Diese Norm ist also konditional.

Weiter könnte für die Normbefolgung die *Anzahl Anderer, die die Norm befolgen*, von Bedeutung sein. Dabei mag eine Präferenz bestehen, dem Verhalten Anderer zu folgen (d. h. ein Konformitätsbedürfnis). Die Nichtbefolgung Anderer mag aber auch ein Signal sein, dass die Normabweichung keine negativen Konsequenzen nach sich zieht. Die Befolgung durch Andere ist also kein separater Anreiz, sondern ein Faktor, der mit bestimmten Anreizen verbunden ist. Das Beispiel enthält die zentralen Faktoren für die Befolgung von Normen generell. Diese Faktoren sind vereinbar mit der RCT und können mittels der WET zusammengefasst werden. Die Handlungsalternativen könnten „Befolgung" und „Nichtbefolgung" der neuen Regel sein. Es wird also angenommen, dass die

---

5 Im Beispiel stehen das normative Ziel (Gesetzeskonformität) und das nicht-normative Ziel (Einhaltung eines Termins) in Konflikt: beide Ziele können nicht gleichzeitig erreicht werden. Es fragt sich, inwieweit hier ein Interaktionseffekt vorliegt. Wenn z. B. das normative Ziel sehr intensiv ist, dann könnte das nicht-normative Ziel überhaupt nicht mehr in Betracht gezogen werden. Vgl. hierzu im Einzelnen Hirtenlehner & Reinecke (2018) und Opp (2017).

Norm wahrgenommen wird. Wir schreiben nur die Gleichung für „Nichtbefolgung" – dabei lassen wir der Einfachheit halber Subskripte weg:

$SEU_{(Nichtbefolgung)} =$

$-pU_{(negative\ formelle\ Santionierung)} - pU_{(negative\ informelle\ Sanktionierung)}$

$-pU_{(Verletzung\ normativer\ Erwartungen\ Dritter)}$

$-pU_{(Verletzung\ akzeptierter\ Normen)} + pU_{(Erreichung\ nicht-normativer\ Ziele)}$

$-pU_{(Nicht-Konformität\ mit\ dem\ Verhalten\ Dritter)}$

In den vorangegangenen Ausführungen ist das Verkehrsschild ein Umweltstimulus, mit dem die Verkehrsteilnehmer ein ganzes Bündel von Normen in Zusammenhang bringen. So symbolisiert das Schild u. a., dass bei Nichtbefolgung eine offizielle Bestrafung legitim ist. Das Schild symbolisiert also eine Institution (Normen eines kollektiven Akteurs) und ist somit eine Makroeigenschaft. Unser Beispiel illustriert, dass *Institutionen Anreize für die individuelle Normbefolgung der Akteure beeinflussen*. So werden eine internalisierte Norm und auch kognitive Überzeugungen über mögliche formelle und informelle Sanktionen aktiviert. Wichtig sind weiter *bereits vorliegende Anreize*, die nicht durch die Makroeigenschaft erzeugt werden. Dies sind z. B. die internalisierten Normen oder auch bestimmte subjektive Wahrscheinlichkeiten, d. h. vorliegende kognitive Überzeugungen.

Zur Modellierung der Wirkungen von Normen mit der Rational-Choice-Theorie

Unser Beispiel illustriert ein *Mikro-Makro-Modell* (Abbildung III.4.2). Erklärt wird auf der individuellen Ebene ein bestimmtes Handeln wie die Normbefolgung. Die einzelnen Handlungen werden aggregiert, z. B. als Konformitätsraten eines Kollektivs. Diese Mikro-zu-Makro-Beziehung ist eine analytische (d. h. keine empirische, sondern eine logische) Beziehung. Die Makrobeziehung ist eine Korrelation, die durch den Rekurs auf die Mikroebene erklärt wird (vgl. Kapitel I.2). Die unabhängige Makrovariable umfasst im Beispiel die gesetzliche Regelung, symbolisiert durch das Verkehrsschild. Diese beeinflusst Anreize für die Normbefolgung. Bereits vorhandene individuelle Anreize sind eine weitere Bedingung für das zu erklärende individuelle Handeln.

Die einzelnen Komponenten eines solchen Mikro-Makro-Modells sind empirisch zu ermitteln. Unser Beispiel illustriert, dass je nach Situation die Anreize für Normbefolgung variieren. So könnten im Beispiel Polizisten neben dem Verkehrsschild postiert sein und Radfahrer, die nicht absteigen,

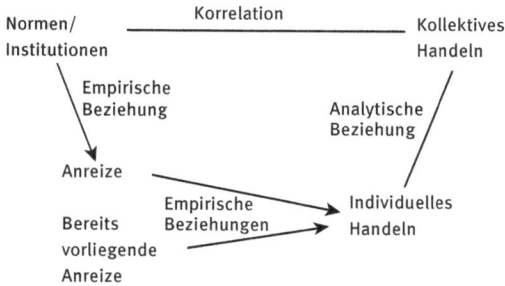

Abbildung III.4.2: Das Grundmodell zur Erklärung der Wirkungen von Normen und Institutionen.

bestrafen. In diesem Falle wären Normverletzungen vermutlich weitaus seltener als im Beispiel.

In der Kriminologie und Soziologie des abweichenden Verhaltens gibt es eine umfangreiche Literatur, in der die RCT zur Erklärung von Normabweichungen (die Kriminalität einschließen) angewendet wird (vgl. z. B. Krumpal & Berger 2020; Matsueda 2013; Opp 2020: Kapitel 4.10). Von Interesse sind insbesondere Schriften, in denen die RCT mit alternativen kriminologischen Theorien verglichen wird (Tibbetts 2014; Opp 2020; Opp & Pauwels 2018). Dabei ist das zentrale Argument, dass die RCT zeigt, unter welchen Bedingungen kriminologische Theorien zutreffen.

Ein Beispiel für *indirekte Wirkungen der Normbefolgung* sind die verschiedenen Anreize, die von den Institutionen des Privat- und Gemeineigentums ausgehen (vgl. z. B. Demsetz 1967). Angenommen, in einem ländlichen Bezirk können die Inhaber von Vieh dieses ohne Beschränkung weiden lassen, da der entsprechende Grund öffentliches Eigentum (d. h. Gemeineigentum) ist. Hier besteht für Inhaber von Vieh kein Anreiz, in die Pflege der Weide zu investieren, damit sie nicht verödet. Der Grund ist, dass dann andere Viehinhaber einen Anreiz haben, mehr Vieh zu kaufen und die Investition zur Pflege der Weide zunichtemachen. Die Weiden werden also langfristig veröden. Dies ist die sogenannte Tragik der Allmende (Hardin 1968). Bei Privateigentum kommt eine Investition direkt dem Eigentümer zugute. So besteht ein Anreiz, in die Qualität des Bodens zu investieren.

Weiden und auch Gewässer sind gemeinschaftlich genutzte Ressourcen („common pool resources"). Dabei gibt es unterschiedliche Beschränkungen in der Nutzung dieser Ressourcen, die es z. B. verhindern, dass Überfischung stattfindet (z. B. Ostrom 1990). Ein weiteres Beispiel für die Anreizwirkungen von Institutionen sind die unterschiedlichen Wirkungen einer Marktwirtschaft und einer zentralen Planwirtschaft (vgl. z. B. Brus & Laski 1989). Die Wirkungen von

Institutionen generell, aus der Perspektive der RCT, auf wirtschaftliches Wachstum, auf die Entwicklung der westlichen Welt und auf den Untergang von Nationen wird z. B. analysiert in Schriften von Douglass North (z. B. 1981, 1990; North & Thomas 1973) und Acemoglu & Robinson (2012).

III.4.8 Dynamische Modelle

Wir haben bisher die Entstehung und Wirkungen von Normen getrennt behandelt. Es gibt Prozesse, in denen Normen entstehen und deren Wirkungen wiederum zur Änderung der entstandenen Normen oder zur Entstehung neuer Normen führen. Solche Prozesse lassen es sinnvoll erscheinen, dynamische Modelle der Entstehung, des Wandels und der Wirkungen von Normen zu formulieren (vgl. z. B. Xenitidou & Edmonds 2014). Für eine solche Modellierung sind *Computersimulationen* hilfreich, insbesondere „agent based modeling" (vgl. etwa die klassische Arbeit von Axelrod 1986; siehe weiter z. B. Conte et al. 2014; Elsenbroich & Gilbert 2014).

Computersimulationen basieren oft auf relativ einfachen inhaltlichen Hypothesen, die durch die Simulationen präzisiert und erweitert werden. So hat Heinrich Popitz die These der Präventivwirkung des Nichtwissens formuliert (Popitz 1968): Wenn bekannt wird, dass eine relativ große Anzahl von Personen eine Norm nicht befolgt, führt dies zu einem Prozess der Normabschwächung oder sogar zum Verschwinden der Norm. Es ist plausibel, dass dies nur unter bestimmten Bedingungen gilt. Wenn z. B. Medien berichten, dass eine unerwartet große Zahl von Erziehern Kinder missbraucht, dann führt dies zu einer Verstärkung der Norm gegen Kindesmissbrauch und nicht zu einer Abschwächung. In einer Computersimulation wurden solche unterschiedlichen Prozesse, die durch ein Bekanntwerden von unerwarteten Normabweichungen ausgelöst wurden, modelliert (Mäs & Opp 2016). In einem letzten Schritt müssten die theoretischen Modelle aus den Computersimulationen empirisch geprüft werden.

Viele dynamische Modelle, die sich auf Normen beziehen, beschreiben Prozesse der Entstehung (siehe unser Beispiel der Nichtraucher-Norm) und der Wirkung (siehe das Beispiel, in dem ein Verkehrsschild in Köln aufgestellt wird) getrennt. Modelle, in denen beide Prozesse im Detail gleichzeitig erklärt werden, sind selten.

III.4.9 Empirische Forschung

Es gibt eine Vielzahl von empirischen Untersuchungen über Normen und Institutionen. Die meisten Studien sind deskriptiv. Darüber hinaus gibt es eine Vielzahl von Untersuchungen, die erklärende Hypothesen über Normen und Institutionen, basierend auf der RCT, prüfen. Es ist in diesem Rahmen nicht möglich, diese Untersuchungen auch nur ansatzweise zu beschreiben. Einige Beispiele müssen genügen.

Zentrale Hypothesen der Theorie Colemans wurden von Piskorski & Gorbatâi (2017) geprüft. Die Theorie von Demsetz (1967), die ebenfalls die Wirkungen von Externalitäten behandelt, wird in einer anthropologischen Studie von Leacock (1954; vgl. die Diskussion in Opp 1983: 60–67) getestet. Die vorher genannten Studien über indirekte Wirkungen der Normbefolgung (Ostrom, North etc.) enthalten nicht nur theoretische Hypothesen, sondern auch Daten zur Prüfung der formulierten Hypothesen. Auch die Studie von Ellickson (1991) behandelt Externalitäten: Er beschreibt eine Fallstudie, die zeigt, wie eine Gemeinde das Problem streunenden Viehs, das Externalitäten verursacht, löst. Externalitäten entstehen weiter durch Nicht-Kooperation bei Austausch-Handlungen: Oft wird versucht, gekaufte Waren nicht zu zahlen oder nicht zu liefern. Bei Tauschbörsen wie eBay bestehen bestimmte institutionelle Regelungen (das Punktesystem, durch das Käufer und Verkäufer bewertet werden). Das Ziel ist, Nichtkooperation möglichst zu vermeiden. Diekmann und Koautoren haben Hypothesen über die Wirkungen solcher Bewertungen (Reputationen) formuliert und mit quantitativen Daten untersucht (Diekmann et al. 2014).

Es gibt weiter viele Studien, die Sanktionen bzw. Bestrafungen zum Gegenstand haben. Diese sind oft Definitionsmerkmale von Normen. Fehr & Gächter (2000) überprüfen z. B. Hypothesen über die Wirkungen von Bestrafungen auf Kooperation. Die Ergebnisse dieser Experimente sind von besonderem Interesse, da sie angeblich der RCT widersprechen (Esser 2018). Allerdings trifft dies nicht für eine weite Version der RCT zu (Opp 2019). Kroher & Wolbring (2015) prüfen experimentell die Wirkungen sozialer Kontrolle bei Anwesenheit von mehr oder weniger vielen anderen Personen auf „cheating". Diekmann et al. (2015) untersuchen die Wirkungen der Wahrscheinlichkeit und Schwere von Sanktionen und die Wirkungen der Konformität Dritter auf Normabweichungen. Balafoutas & Nikiforakis (2012) untersuchen in einem Feldexperiment Bedingungen für die Sanktionierung von Normabweichlern.

Wir wollen damit die Darstellung empirischer Forschungen abschließen. Resümierend lässt sich feststellen, dass es eine Vielzahl von empirischen Untersuchungen gibt, in denen die RCT angewendet wird. Die Daten reichen von historischem Material, über die Verwendung sekundärer quantitativer Daten (z. B. von Internetbörsen), über Umfragen, Feldexperimente bis zu Laborexperimenten. Diese Vielzahl der empirischen Studien zeigt, dass die Anwendung der RCT die Formulierung einer Vielzahl von informativen und empirisch prüfbaren Hypothesen erlaubt, die sich im Großen und Ganzen bestätigt haben.

III.4.10 Resümee

In diesem Abschnitt sollen einige wichtige Ergebnisse der vorangegangenen Überlegungen hervorgehoben werden. Ein erstes Ergebnis ist, dass es nicht „die" Theorie der Entstehung oder Wirkungen von Normen gibt. Es gibt vielmehr eine Vielzahl unterschiedlicher Prozesse, in denen Normen entstehen, sich verändern oder bestimmte Wirkungen haben. Die Aufgabe ist entsprechend, die Bedingungen zu formulieren, die zu den einzelnen Prozessen führen. Das Ergebnis sind unterschiedliche theoretische Modelle sozialer Normen.

Eine Möglichkeit, solche Modelle zu formulieren, ist ad hoc Bedingungen zu formulieren. Die Alternative ist die systematische Anwendung einer generellen Handlungstheorie. Die weite Version der RCT schien am besten geeignet zu sein und wird in diesem Beitrag angewendet. Es wird gezeigt, dass die genannten unterschiedlichen Prozesse durch die RCT modelliert werden können.

Inhaltlich sind negative Externalitäten eine zentrale Bedingung für die Entstehung und Änderung sozialer Normen. Unter welchen Bedingungen negative Externalitäten zur Normentstehung führen, ob die Normentstehung spontan oder durch Setzung geschieht, wird in diesem Beitrag diskutiert. Hierzu sind weitere Hypothesen und empirische Untersuchungen erforderlich.

Bei Hypothesen über die Wirkungen von Normen ist Folgendes zu beachten. (1) Normen wirken immer zusammen mit anderen Faktoren, die auf der Grundlage der RCT formuliert werden können. (2) Bei der Erklärung der Wirkungen von Normen ist zu unterscheiden, ob es um die Wirkungen von Makroeigenschaften (z. B. vorliegende Institutionen wie Eigentumsrechte) oder Mikroeigenschaften (d. h. internalisierte Normen von Personen) geht. Im ersten Falle ist eine Mikro-Makro-Modellierung erforderlich: Es ist zu ermitteln, welche individuellen Anreize die Makroeigenschaften beeinflussen und wie diese – zusammen mit vorliegenden Anreizen – Handeln beeinflussen.

Es gibt viele theoretische Hypothesen über Normen, die nicht auf der Grundlage der RCT formuliert wurden. Dies gilt etwa für die Überlegungen von Elias ([1939] 1997) über den Prozess der Zivilisation, der sich auch auf die Entstehung und Änderung von Normen bezieht. Eine detaillierte Analyse der Theorie zeigt, dass diese aus der Sicht der RCT eine Reihe von Problemen aufweist (Opp 1983: 149–175). Es zeigt sich jedoch weiter, dass Teile der Argumentation eine Anwendung der RCT sind – ohne dass dies dem Autor bewusst gewesen sein dürfte. Es wäre sinnvoll, solche Theorienvergleiche auch für andere Theorien vorzunehmen.

Literatur

Acemoglu, D. & J. Robinson, 2012: Why Nations Fail. The Origins of Power, Prosperity and Poverty. New York: Random House.

Auspurg, K. & T. Hinz, 2015: Factorial Survey Experiments. Thousand Oaks: Sage.

Axelrod, R., 1986: An Evolutionary Approach to Norms. American Political Science Review 80: 1095–1111.

Balafoutas, L. & N. Nikiforakis, 2012: Norm Enforcement in the City: A Natural Field Experiment. European Economic Review 56: 1773–1785.

Beck, M. & K.-D. Opp, 2001: Der faktorielle Survey und die Messung von Normen. Kölner Zeitschrift für Soziologie und Sozialpsychologie 53: 283–306.

Braun, N. & T. Voss, 2014: Zur Aktualität von James Coleman. Einleitung in sein Werk. Wiesbaden: Springer VS.

Brus, W. & K. Laski, 1989: From Marx to the Market. Socialism in Search of an Economic System. Oxford: Clarendon Press.

Buchanan, J.M. & G. Tullock, 1965: The Calculus of Consent. Logical Foundations of Constitutional Democracy. Ann Arbor: University of Michigan Press.

Chung, A. & R.N. Rimal, 2016: Social Norms: A Review. Review of Communication Research 4: 1–29.

Cialdini, R.B., 2012: The Focus Theory of Normative Conduct. S. 295–312 in: P. A.M. van Lange, A.W. Kruglanski & E.T. Higgins (Hrsg.), Handbook of Theories of Social Psychology. 2. Aufl., London: Sage.

Coleman, J.S., 1990: Foundations of Social Theory. Cambridge: Harvard University Press.

Conte, R., G. Andrighetto & M. Campennï, 2014: Minding Norms: Mechanisms and Dynamics of Social Order in Agent Societies. Oxford: Oxford University Press.

Cooter, R. & T. Ulen, 2012: Law and Economics. 6. Aufl., Boston: Addison-Wesley.

Crawford, S.E.S. & E. Ostrom, 1995: A Grammar of Institutions. American Political Science Review 89: 582–600.

Demsetz, H., 1967: Toward a Theory of Property Rights. American Economic Review 57: 347–359.

Diefenbach, H. & K.-D. Opp, 2007: When and Why Do People Think There Should Be a Divorce? An Application of the Factorial Survey. Rationality & Society 19: 485–517.

Diekmann, A., 2009: Spieltheorie. Einführung, Beispiele, Experimente. Reinbek: Rowohlt.

Diekmann, A., B. Jann, W. Przepiorka & S. Wehrli, 2014: Reputation Formation and the Evolution of Cooperation in Anonymous Online Markets. American Sociological Review 29: 65–85.

Diekmann, A., W. Przepiorka, & H. Rauhut, 2015: Lifting the Veil of Ignorance: An Experiment on the Contagiousness of Norm Violations. Rationality & Society 27: 309–333.

Efferson, C., S. Vogt, A. Elhadi, H.E.F. Ahmed & E. Fehr, 2015: Female Genital Cutting is not a Social Coordination Norm. New Data from Sudan Question an Influential Approach to Reducing Female Genital Cutting. Science 349: 1446–1447.

Eggertsson, T., 2005: Imperfect Institutions: Possibilities and Limits of Reform. Ann Arbor: University of Michigan Press.

Elias, N., [1939] 1997: Über den Prozeß der Zivilisation. Soziogenetische und psychogenetische Untersuchungen. Band 1 und 2. Frankfurt: Suhrkamp.

Ellickson, R.C., 1991: Order without Law. How Neighbors Settle Disputes. Cambridge: Harvard University Press.

Elsenbroich, C. & N. Gilbert, 2014: Modelling Norms. Dordrecht: Springer.

Elster, J., 1989: Social Norms and Economic Theory. Journal of Economic Perspectives 3: 99–117.

Elster, J., 1990: Norms of Revenge. Ethics 100: 862–885.

Elster, J., 1991: Rationality and Social Norms. Archives Européennes de Sociologie 32: 109–121.

Elster, J., 2003: Coleman on Social Norms. Revue française de sociologie 44: 297–304.

Esser, H., 1999: Soziologie. Spezielle Grundlagen. Band 1: Situationslogik und Handeln. Frankfurt a. M.: Campus.

Esser, H., 2000: Soziologie. Spezielle Grundlagen. Band 5: Institutionen. Frankfurt a. M.: Campus.

Esser, H., 2018: Sanktionen, Reziprozität und die symbolische Konstruktion einer Kooperations-„Gemeinschaft". Ein theoretischer Vergleich und empirischer Test von Rational-Choice-Theorie und dem Modell der Frame-Selektion anhand von Befunden und Daten aus der experimentellen Spieltheorie zur Erklärung der Bereitstellung von Kollektivgütern. Zeitschrift für Soziologie 47: 8–28.

Fehr, E. & U. Fischbacher, 2004: Third Party Punishment and Social Norms. Evolution and Human Behavior 25: 63–87.

Fehr, E. & S. Gächter, 2000: Cooperation and Punishment in Public Goods Experiments. American Economic Review 90: 980–994.

Fishbein, M. & I. Ajzen, 2010: Predicting and Changing Behavior. The Reasoned Action Approach. New York: Psychology Press.

Frank, R.H., 1992: Melding Sociology and Economics: James Coleman's Foundations of Social Theory. Journal of Economic Literature 30: 147–170.

Gibbs, J.P., 1965: Norms: The Problem of Definition and Classification. American Journal of Sociology 70: 586–594.

Hamowy, R., 1987: The Scottish Enlightenment and the Theory of Spontaneous Order. Carbondale: Southern Illinois University Press.

Hardin, G.J., 1968: The Tragedy of the Commons. Science 162: 1243–1248.

Hardin, R., 1980: The Emergence of Norms. Ethics 90: 575–587.

Hechter, M. & K.-D. Opp, 2001a: Social Norms. New York: Russell Sage.

Hechter, M. & K.-D. Opp, 2001b: What Have We Learned about the Emergence of Social Norms? S. 394–416 in: M. Hechter & K.-D. Opp (Hrsg.), Social Norms. New York: Russell Sage.

Heckathorn, D., 1990: Collective Sanctions and Compliance Norms: A Formal Theory of Group-Mediated Social Control. American Sociological Review 55: 366–384.

Hempel, C.G., 1965: Aspects of Scientific Explanation and Other Essays in the Philosophy of Science. New York: The Free Press.

Hirtenlehner, H. & J. Reinecke, 2018: Moralische Grenzen der instrumentellen Verhaltenssteuerung. Hängt die Bedeutung der Sanktionsrisikoeinschätzung vom Ausmaß innerer Normbindung ab? Monatschrift für Kriminologie und Strafrechtsreform 101: 380–402.

Homans, G.C., 1974: Social Behavior. Its Elementary Forms. New York: Harcourt, Brace & World.

Horne, C., 2009: The Rewards of Punishment. A Relational Theory of Norm Enforcement. Stanford: Stanford University Press.

Horwitz, S., 2001: From Smith to Menger to Hayek. Liberalism in the Spontaneous Order Tradition. The Independent Review 6: 81–97.

Jasso, G. & K.-D. Opp, 1997: Probing the Character of Norms: A Factorial Survey Analysis of the Norms of Political Action. American Sociological Review 62: 947–964.
Keller, R., 1994: Sprachwandel. Von der unsichtbaren Hand in der Sprache. 2. Aufl., Tübingen: Francke Verlag.
Keuschnigg, M. & T. Wolbring, 2015: Disorder, Social Capital, and Norm Violation: Three Field Experiments on the Broken Windows Thesis. Rationality & Society 27: 96–126.
Kirchgässner, G., [1991] 2013: Homo Oeconomicus. Das ökonomische Modell individuellen Verhaltens und seine Anwendung in den Wirtschafts- und Sozialwissenschaften. 4. Aufl., Tübingen: J.C.B. Mohr.
Kroher, M. & T. Wolbring, 2015: Social Control, Social Learning, and Cheating: Evidence from Lab and Online Experiments on Dishonesty. Social Science Research 53: 311–324.
Krumpal, I. & R. Berger (Hrsg.), 2020: Devianz und Subkulturen. Theorien, Methoden und empirische Befunde. Wiesbaden: VS Verlag für Sozialwissenschaften.
Krumrey, H.-V., 1984: Entwicklungsstrukturen von Verhaltensstandarden. Eine soziologische Prozeßanalyse auf der Grundlage deutscher Anstands- und Manierenbücher von 1870 bis 1970. Frankfurt: Suhrkamp.
Labovitz, S. & R. Hagedorn, 1973: Measuring Social Norms. Pacific Sociological Review 16: 283–303.
Leacock, E., 1954: The Montagnais "Hunting Territory" and the Fur Trade. American Anthropological Association Memoir 78. Menasha: American Anthropological Association.
Lewis, D., 1969: Convention. A Philosophical Study. Cambridge: Harvard University Press.
Lüdemann, C., 2000: Normen, Sanktionen und soziale Kontrolle in der Theorie rationalen Handelns von James S. Coleman. S. 87–110 in: H. Peters (Hrsg.), Soziale Kontrolle. Zum Problem der Normkonformität in der Gesellschaft. Opladen: Leske + Budrich.
Mackie, G., 1996: Ending Footbinding and Infibulation: A Convention Account. American Sociological Review 61: 999–1017.
Mahoney, P.G. & C.W. Sanchirico, 2001: Competing Norms and Social Evolution: Is the Fittest Norm Efficient? University of Pennsylvania Law Review 149: 2027–2062.
Mäs, M. & K.-D. Opp, 2016: When Is Ignorance Bliss? Disclosing True Information and Cascades of Norm Violation in Networks. Social Networks 47: 116–129.
Matsueda, R.L., 2013: Rational Choice Research in Criminology: A Multi-Level Framework. S. 283–321 in: R. Wittek, T.A.B. Snijders & V. Nee (Hrsg.), The Handbook of Rational Choice Research. Stanford: Stanford University Press.
Menger, K., 1892: On the Origin of Money. The Economic Journal 2: 239–255.
Mueller, D.C., 2003: Public Choice III. Cambridge: Cambridge University Press.
Nagel, E., 1956: Formalization of Functionalism. S. 262–282 in: E. Nagel (Hrsg.), Logic Without Metaphysics. Glencoe: Free Press.
North, D.C., 1981: Structure and Change in Economic History. New York: W. W. Norton & Company.
North, D.C., 1990: Institutions, Institutional Change and Economic Performance. Cambridge: Cambridge University Press.
North, D.C. & R.P. Thomas, 1973: The Rise of the Western World. A New Economic History. Cambridge: Cambridge University Press.
Olson, M., 1965: The Logic of Collective Action. Cambridge: Harvard University Press.
Opp, K.-D., 1982: The Evolutionary Emergence of Norms. British Journal of Social Psychology 21: 139–149.

Opp, K.-D., 1983: Die Entstehung sozialer Normen. Ein Integrationsversuch soziologischer, sozialpsychologischer und ökonomischer Erklärungen. Tübingen: Mohr Siebeck.

Opp, K.-D., 1999: Contending Conceptions of the Theory of Rational Action. Journal of Theoretical Politics 11: 171–202.

Opp, K.-D., 2001: How Do Norms Emerge? An Outline of a Theory. Mind and Society 2: 101–128.

Opp, K.-D., 2002: When Do Norms Emerge by Human Design and When by the Unintended Consequences of Human Action? The Example of the No-Smoking Norm. Rationality & Society 14: 131–158.

Opp, K.-D., 2004: "What is is always becoming what ought to be.": How Political Action Generates a Participation Norm. European Sociological Review 20: 13–29.

Opp, K.-D., 2011: Wie kann man die Wirkungen von Normen und Werten erklären? S. 293–318 in: H.T. Krobath (Hrsg.), Werte in der Begegnung. Wertgrundlagen und Wertperspektiven ausgewählter Lebensbereiche.Würzburg: Königshausen und Neumann.

Opp, K.-D., 2015: Norms. S. 5–10 in: J.D. Wright (Hrsg.), International Encyclopedia of Social and Behavioral Sciences. Volume 17. 2. Aufl., Oxford: Elsevier.

Opp, K.-D., 2017: When Do People Follow Norms and When Do They Pursue Their Interests? Implications of Dual-Process Models and Rational Choice Theory, Tested for Protest Participation. S. 119–141 in: B. Jann & W. Przepiorka (Hrsg.), Social Dilemmas, Institutions and the Evolution of Cooperation. Berlin: De Gruyter Oldenbourg.

Opp, K.-D., 2018a: Die Theorie rationalen Handelns. S. 61–76 in: O. Decker (Hrsg.), Sozialpsychologie und Sozialtheorie. Band 1: Zugänge. Wiesbaden: VS Verlag für Sozialwissenschaften.

Opp, K.-D., 2018b: Externalities, Social Networks, and the Emergence of Norms: A Critical Analysis and Extension of James Coleman's Theory. Social Research 85: 167–196.

Opp, K.-D., 2018c: The Interdependence of Spontaneous Order and Institutional Design. Table Manners, Language, Daylight Saving Time and the Erosion of Institutional Design under Communist Rule. S. 197–228 in: A. Mica, K.M. Wyrzykowska, R. Wiśniewski & I. Zielińska (Hrsg.), Sociology and the Invisible Hand. Frankfurt: Lang.

Opp, K.-D., 2019: Die Theorie rationalen Handelns, das Modell der Frame-Selektion und die Wirkungen von Bestrafungen auf Kooperation. Eine Diskussion von Hartmut Essers Erklärung der Ergebnisse eines Experiments von Fehr und Gächter (2000, 2002). Zeitschrift für Soziologie 48: 97–115.

Opp, K.-D., 2020: Analytical Criminology. Integrating Explanations of Crime and Deviant Behavior. London: Routledge.

Opp, K.-D. & L. Pauwels, 2018: Die weite Version Theorie rationalen Handelns als Grundlage einer Analytischen Kriminologie. Monatsschrift für Kriminologie und Strafrechtsreform 101: 223–250.

Ostrom, E., 1990: Governing the Commons. The Evolution of Institutions for Collective Action. Cambridge: Cambridge University Press.

Page, S.E., 2006: Path Dependence. Quarterly Journal of Political Science 1: 87–115.

Petzold, K. & S. Eifler, 2020: Die Messung der Durchsetzung informeller Normen im Vignetten- und Feldexperimen. S. 167–207 in: I. Krumpal & R. Berger (Hrsg.), Devianz und Subkulturen. Theorien, Methoden und empirische Befunde. Wiesbaden: VS Verlag für Sozialwissenschaften.

Piskorski, M.J. & A. Gorbatâi, 2017: Testing Coleman's Social-Norm Enforcement Mechanism: Evidence from Wikipedia. American Journal of Sociology 122: 1183–1222.

Popitz, H., 1968: Über die Präventivwirkung des Nichtwissens. Dunkelziffer, Norm und Strafe. Tübingen: Mohr Siebeck.

Posner, E.A., 1996: Law, Economics, and Inefficient Norms. University of Pennsylvania Law Review 144: 1697–1744.

Przepiorka, W. & J. Berger, 2016: The Sanctioning Dilemma: A Quasi-Experiment on Social Norm Enforcement in the Train. European Sociological Review 32: 439–451.

Przepiorka, W. & A. Diekmann, 2013: Individual Heterogeneity and Costly Punishment: A Volunteer's Dilemma. Proceedings of the Royal Society B 280: 10.1098/rspb.2013.0247.

Richter, R. & E. Furubotn, 2012: Neue Institutionenökonomik. Eine Einführung und kritische Würdigung. 4. Aufl., Tübingen: J.C.B. Mohr.

Rommetveit, R., 1954: Social Norms and Roles. Oslo: Universitetsforlaget.

Rost, K., 2018: Die Vignettenanalyse in den Sozialwissenchaften. Eine anwendungsorientierte Einführung. 2. Aufl., Augsburg: Rainer Hampp Verlag.

Stroebe, W., 2008: Warum und wie beeinflussen Normen das Verhalten: Eine sozial-kognitive Analyse. S. 101–118 in: A. Diekmann, K. Eichner, P. Schmidt & T. Voss (Hrsg.), Rational Choice: Theoretische Analysen und empirische Resultate. Festschrift für Karl-Dieter Opp zum 70. Geburtstag. Wiesbaden: VS Verlag für Sozialwissenschaften.

Tibbetts, S.G., 2014: Integrating Rational Choice and Other Theories. S. 2564–2573 in: G. Bruinsma & D. Weisburd (Hrsg.), Encyclopedia of Criminology and Criminal Justice. New York: Springer.

Truman, B.C., 1884: Field of Honor: A Comprehensive History of Dueling in All Countries. New York: Fords, Howard and Hilbert.

Ullmann-Margalit, E., 1977: The Emergence of Norms. Oxford: Clarendon Press.

Ullmann-Margalit, E., 1978: Invisible-Hand Explanations. Synthese 39: 263–291.

Vanberg, V., 1984: „Unsichtbare-Hand Erklärung" und soziale Normen. S. 115–147 in: H. Todt (Hrsg.), Normengeleitetes Verhalten in den Sozialwissenschaften. Berlin: Duncker & Humblot.

Voss, T., 2001: Game-Theoretical Perspectives on the Emergence of Social Norms. S. 105–138 in: M. Hechter & K.-D. Opp (Hrsg.), Social Norms. New York: Russell Sage.

Voss, T., 2017: James S. Coleman: Foundations of Social Theory. S. 213–223 in: K. Kraemer & F. Brugger (Hrsg.), Schlüsselwerke der Wirtschaftssoziologie. Wiesbaden: VS Verlag für Sozialwissenschaften.

Xenitidou, M. & B. Edmonds (Hrsg.), 2014: The Complexity of Soial Norms. New York: Springer.

Young, H.P., 1998: Individual Strategy and Social Structure. An Evolutionary Theory of Institutions. Princeton: Princeton Universty Press.

Young, H.P., 2015: The Evolution of Social Norms. Annual Review of Economics 7: 359–387.

Thomas Gautschi

III.5 Austausch und Verhandlungen

III.5.1 Einführung

Interaktionen und Verhandlungen zwischen Personen mit dem Ziel Güter und Dienstleistungen zu tauschen sind allgegenwärtig. Viele Bereiche des menschlichen Zusammenlebens lassen sich als Tauschvorgänge betrachten (z. B. Homans 1958; Mauss 1968). Tausch findet jedoch keineswegs nur im Geschäftsleben statt. Die Betrachtung sozialer Interaktionen als Tausch zwischen Individuen ist eine der ältesten sozialen Verhaltenstheorien (Simmel 1900). Auch Augenkontakte, Gespräche, Kartenspiele oder Verabredungen lassen sich als Tausch deuten. Es gibt somit nicht nur Transaktionen privater Güter und Leistungen in expliziten Märkten, sondern auch – und dies dürfte die Mehrheit der Transaktionen betreffen – den Austausch von zum Beispiel Gaben, Gefälligkeiten oder Zeit in alltäglichen Interaktionen. Leistung und Erwiderung im Sinne von Gegenseitigkeit als Grundgedanken des Tauschens sind somit wesentliche Grundlagen sozialer Interaktionen (vgl. Kapitel I.1). Tausch stellt damit eine fundamentale Kategorie sozialen Handelns dar und ist für die Soziologie genuin interessant.

Wenn die potentiellen Tauschpartner heterogene Anfangsausstattungen und/ oder Präferenzen haben, gibt es eine gegenseitig nutzenstiftende Transaktion, also eine Vereinbarung, durch deren Einhaltung sich kein Partner schlechter stellt. Dies bedeutet freilich nicht, dass jeder Partner gleich viel von diesem Tausch profitieren wird. Vielmehr existiert bei Freiwilligkeit des Tausches aber generell ein Überschuss, der zwischen den Partnern aufzuteilen ist. Bei einer wirtschaftlichen Transaktion (z. B. Kauf/Verkauf eines Gebrauchtwagens) kann dieser Überschuss als die Differenz zwischen der maximalen Zahlungsbereitschaft des Käufers und der minimalen Zahlungsforderung des Verkäufers aufgefasst werden. Ist diese Differenz positiv, entsteht ein Überschuss, dessen Aufteilung Gegenstand der Vereinbarung zwischen den Partnern ist. Man kann daher eine Tauschhandlung als das Resultat einer bilateralen Verhandlung über die Aufteilung eines „Kuchens" auffassen.

Derartige Verhandlungen und Tauschakte sind nahezu in allen Bereichen von Interaktionen zwischen Individuen und Organisationen zu finden. Zu denken ist dabei beispielsweise an Unternehmen in Lieferketten, aber auch illegale oder sozial missbilligte Transaktionen (u. a. Drogen, Prostitution), Staaten bei Friedensverhandlungen, Ko-Autorenschaften, Beziehungs- und Heiratsmärkte oder schlicht die Planung von Freizeit mit Freunden. Soziale und/oder

https://doi.org/10.1515/9783110673616-012

wirtschaftliche Tauschbeziehungen als Resultat einer bilateralen Verhandlung über die Aufteilung eines Kuchens mit einer gegebenen Größe finden aber nie isoliert von der sozialen Umwelt statt. Sie sind praktisch immer in ein Netzwerk von Beziehungen eingebettet. Betrachtet man also bilaterale Verhandlungen in Netzwerken ist ihnen gemeinsam, dass in beinahe jeder Situation die Auswahl der Interaktionspartner beschränkt ist. Im Gegensatz zu den idealtypischen vollständigen Märkten der Ökonomik sind Individuen bei vielen wirtschaftlichen und bei fast jeder sozialen Handlung in relativ kleine und vielfach überschaubare Netzwerke eingebettet, bei denen zudem selten alle möglichen Verbindungen zwischen den Akteuren vorhanden sind (z. B. kennen sich nicht alle Freunde meiner Freunde). Die Netzwerkstruktur bestimmt somit, mit wem ein Individuum in Verhandlung treten kann. Als Tauschpartner kommen damit nur Interaktionspartner in Frage, zu denen eine Beziehung besteht, die man kennt, deren Eigenschaften man einschätzen oder zumindest eruieren kann, um Informations- oder Vertrauensprobleme zu überwinden und zu denen sich die physische, soziale und kulturelle Distanz überwinden lässt.

Die Soziologie betont daher die mitprägende Rolle struktureller Gegebenheiten für Verhaltenswahlen und deren gesellschaftliche Konsequenzen (vgl. Kapitel I.2; Kapitel III.3). Soziale Beziehungen der entscheidenden und handelnden Akteure (und ihre Konsequenzen) werden als wesentliche Komponenten bei der Erklärung des sozialen Geschehens betrachtet. So wurden beispielsweise verschiedene Alternativen zu und Modifikationen von Colemans (1973) Austauschmodell vorgeschlagen, die sich allesamt auf die Integration exogen bestimmter Netzwerkstrukturen und deren Konsequenzen in einem wettbewerbsorientierten Tauschsystem beziehen und teilweise auch durch die empirische Anwendung der theoretischen Überlegungen auf z. B. Befragungsdaten charakterisiert werden können (Braun 1993; Henning 2000; Kappelho 1993; Marsden 1983; Taylor & Coleman 1979).

Diese Arbeiten haben eventuell zu der u. a. von Holzer (2006) vertretenen Auffassung geführt, wonach soziale Netzwerke und ihre Charakteristika jeweils unabhängige Variablen in den Analysen darstellen. Gerade in den letzten Jahrzehnten sind jedoch viele Beiträge erschienen, die soziale Netzwerke und ihre Kennzeichen als erklärungsbedürftig, d. h. als abhängige Variablen betrachten (z. B. Aumann & Myerson 1988; Bala & Goyal 2000; Demange & Wooders 2005; Dutta & Jackson 2003; Gould 2002; Jackson & Wolinsky 1996; Skyrms & Pemantle 2000; Slikker & van den Nouweland 2001; Vega-Redondo 2007; Watts 2001; Weesie et al. 1991). Diese Arbeiten endogenisieren die Entstehung, Stabilisierung und Veränderung von Akteursbeziehungen, d. h. sie weisen im Rahmen von theoretischen (Rational-Choice-)Modellen entsprechende Gleichgewichtszustände nach, untersuchen deren Erreichbarkeit und Robustheit aus dynamischer Sicht und vergleichen sie bezüglich ihrer Eigenschaften. Ihre Implikationen lassen sich nicht selten in Laborexperimenten überprüfen (z. B. Kosfeld 2004; Plott & Smith 2008). Eine Fokussierung in diese Richtung erscheint nicht nur deshalb erstrebenswert, da die Struktur im Zentrum soziologischer Überlegungen steht, sondern vor allem, da Cook & Whitmeyer (1992) bereits vor längerem vorgeschlagen haben, dass ein theoretischer Ansatz zur Erklärung von Netzwerkstrukturen in der Tauschtheorie fußen sollte.

Für die Sozialwissenschaften stellt sich somit die zentrale Frage nach dem Einfluss der Netzwerkstruktur und der Charakteristika der Akteure auf das Verhandlungsergebnis einerseits und auf die Dynamik der Netzwerke (d. h. Veränderungen in der Netzwerkstruktur) als Folge dieser Verhandlungsergebnisse andererseits. Man betrachtet damit Netzwerke und ihre Charakteristika als unabhängige Variablen bei der Erklärung der Verhandlungs- und Tauschergebnisse. Darüber hinaus stellen die sozialen Netzwerke bei der Betrachtung ihrer Dynamik als Folge der Tauschergebnisse aber auch die abhängige Variable dar. Sofern also bisherige Transaktionen von zum Beispiel Gütern und Dienstleistungen überwiegend zur gegenseitigen Zufriedenheit abgelaufen sind, dürften sich relativ stabile (Handels-)Beziehungen zwischen den Akteuren (z. B. bestimmte Käufer und Verkäufer) herausbilden. Einerseits entstehen neue Verbindungen, andererseits sollten solche Beziehungen nicht mehr bestehen, die sich im Zeitablauf zumindest für einen Tauschpartner als unbefriedigend erwiesen haben. Länger bestehende Tauschnetze werden damit einschlägige Lernprozesse widerspiegeln, falls sie auf Freiwilligkeit beruhen.

III.5.2 Netzwerktauschtheorie und die Soziologie

Da Tauschverhandlungen in Netzwerken allgegenwärtig sind, ist die Erklärung der Profitaufteilung wichtig für die theoretische Weiterentwicklung der Sozialwissenschaften. Die Thematik „Wer bekommt welchen Anteil am (erwirtschafteten) Überschuss und warum?" beschäftigt die Soziologie seit langem (z. B. Lenski 1977). In der Realität werden zur Aufteilung eines Überschusses in der Regel bilaterale Verhandlungsbeziehungen unterhalten. Einfache Netzwerke sind beispielsweise die 3–Line Struktur A_1-B-A_2 und die 5–Line Struktur $A_1-B_1-C-B_2-A_2$. Dabei repräsentieren Linien Verbindungen und Buchstaben Netzwerkpositionen, wobei die numerischen Subskripte zur Unterscheidung der Akteure mit einer strukturell gleichen Position dienen. Wenn eigeninteressierte Akteure an bestimmten Netzwerkpositionen systematisch einen höheren oder niedrigeren Profitanteil erlangen, lässt sich daran der strukturelle Vor- oder Nachteil dieser Netzwerkposition erkennen. Mit Weber (1921) lässt sich dieser auf der Einbindung in ein soziales System beruhende Vorteil als Macht betrachten. Die Vernetzung der handelnden Akteure, d. h. deren Einbindung in ein soziales System, bildet also eine wesentliche Komponente bei der Bestimmung von mehr oder weniger mächtigen Akteuren. Zur Aufdeckung solcher Machtstrukturen in sozialen Systemen hat im Speziellen die soziale Netzwerkanalyse (z. B. Scott 2013; Wasserman & Faust 1994) geeignete Instrumente entwickelt. Leider lassen sich aber daraus keine direkten Schlüsse bezüglich der Aufteilung eines Überschusses im System (oder in der Dyade) ziehen.

Die Bestimmung von Machtpositionen einzelner Akteure innerhalb eines Systems – via deren sozialer Einbindung – und der daraus abzuleitenden Profitanteile ist aber Ziel soziologischer Tauschtheorien. Sie bildet den Ausgangspunkt der in diesem Beitrag skizzierten Theorien und beschränkt sich auf ein geschlossenes und extern vorgegebenes System, in dem bilaterale Verhandlungssituationen betrachtet werden, die sich jeweils auf die Aufteilung eines Überschusses konzentrieren. In Analogie zur Verteilungsproblematik auf dem gesellschaftlichen Niveau gilt auch in solchen Dyaden, dass die Einbettung in die größere Netzwerkstruktur und die daraus resultierende Macht den Verhandlungserfolg in der Dyade bestimmen wird. Die Netzwerktauschtheorien bieten somit eine strukturelle Erklärung für das soziologisch zentrale Phänomen der Macht in allgegenwärtigen sozial eingebetteten bilateralen Verhandlungen.

Auf Basis einer präzisen Theorie sind Vorhersagen im Sinne von Hypothesen, die prinzipiell an empirischen Daten widerlegt werden können, möglich. Beispiele für solche Theorien finden sich in Essers (1999, 2000a, 2000b, 2000c, 2000d, 2001) mehrbändigem Lehrbuch oder in Colemans (1990) Buch zu den Grundlagen der Sozialtheorie. Vielfach ist der Ausgangspunkt tauschtheoretischer Modelle die Annahme des Rationalprinzips, wonach jeder Akteur im Rahmen von zu treffenden Entscheidungen durch eine entsprechende Verwendung verfügbarer Mittel jeweils einen nach eigenem Urteil bestmöglichen Zustand zu erreichen versucht. Es muss keineswegs angenommen werden, dass Akteure rein egoistisch entscheiden oder nur relativ leicht beobachtbare Dinge (wie z. B. Geld) in ihren Entscheidungskalkülen berücksichtigen. In einer soziologisch beeinflussten Erweiterung des traditionellen Menschenbildes der Ökonomik (homo oeconomicus) sind uneigennützige Präferenzen oder auch Vorlieben für schwer beobachtbare Dinge (wie z. B. soziale Anerkennung) prinzipiell zulässig, wenngleich diese in den gängigen Theorien weitestgehend unberücksichtigt bleiben.

Im Rahmen derartiger Rational-Choice-Analysen wird das aus soziologischer Sicht zu erklärende soziale Geschehen (hier: Tauschergebnisse und Netzwerkdynamik) als Resultat der Verflechtung einzelner Handlungen begriffen (d. h. bilaterale Verhandlungen und Tauschvorgänge) und daher Soziologie auf der Grundlage des methodologischen Individualismus betrieben. Zur Konkretisierung des Rationalitätspostulats von Rational-Choice-Analysen werden üblicherweise Varianten der Nutzen- und Spieltheorie (u. a. Barberà et al. 1998; Dixit & Skeath 2004) herangezogen. Gerade die Spieltheorie erscheint unter diesen Gesichtspunkten besonders fruchtbar, da sie gegenseitige Abhängigkeiten im Sinne strategischer Interdependenzen abzubilden vermag. Sind sich die Akteure über ihre wechselseitigen Abhängigkeiten im Klaren und berücksichtigen sie diese strategisch bei ihren Handlungswahlen, dann liegen die Voraussetzungen für die Anwendung der Spieltheorie vor. Es erscheint also naheliegend, Theorien für Verhandlungs- und Tauschnetzwerke auf einer spieltheoretischen Modellierung zu basieren (z. B. Binmore 1987, 2007; Muthoo 1999). Die jeweilige Ausformulierung der Rationalitätsannahme fällt allerdings recht unterschiedlich aus und spieltheoretische Überlegungen finden sich außer bei Bienenstock & Bonacich (1992, 1997) nur noch bei Braun & Gautschi (2004, 2006, 2010, 2011) sowie Gautschi (2002, 2020).

Bei den beschriebenen strukturellen Erklärungen lassen sich Netzwerkanalyse und Spieltheorie als relationale, intersubjektive Perspektiven verbinden. Diese beginnen ihre Analysen nicht auf der Mikro- oder auf der Makroebene, sondern bei den Relationen zwischen den individuellen Einheiten und den Strukturen dieser Beziehungen. Sie sind damit im besten Sinne des Wortes soziologische Perspektiven.

III.5.3 Theorien zum Netzwerktausch

Ausgehend von klassischen Beiträgen zur Soziologie des Tausches Homans' (1958, 1974), Emersons (1962), Blaus (1964) und Colemans (1972) wurden in den letzten Jahrzehnten verschiedene Beiträge zur Theorie und Empirie des Netzwerktausches vorgelegt. Die prominentesten Arbeiten stammen von Bienenstock & Bonacich (1992, 1993, 1997), Braun & Gautschi (2004, 2006), Burke (1997), Cook & Yamagishi (1992), Cook et al. (1983), Friedkin (1986, 1992, 1995), Lovaglia et al. (1995), Markovsky et al. (1988, 1993), Skvoretz & Fararo (1992), Skvoretz & Willer (1993), Willer (1999) und Yamaguchi (1996, 2000). Einen Überblick geben Willer (1999) und teilweise Willer & Emanuelson (2008). Einige dieser Theorien wurden auch auf Basis empirischer Resultate weiterentwickelt (z. B. Lovaglia et al. 1995; Willer et al. 2012) oder theoretisch verfeinert (z. B. Yamaguchi 2000).

Moderne soziologische Theorien zum Netzwerktausch abstrahieren dabei von der Komplexität realer Transaktionen. So blenden sie interindividuelle

Unterschiede (z. B. Alter, Geschlecht, Bildung) zugunsten von Effekten der Netzwerkeinbindung aus. Ihre minimalste Zielsetzung ist, experimentell testbare Folgerungen zu den strukturell bedingten Tauschresultaten in negativ verbundenen Netzwerken (d. h. Verhandlungen unter Rivalität, wobei ein Tausch zwischen i und j den Tausch zwischen i und seinen anderen Partnern k ausschließt) mit gleichwertigen Verbindungen (d. h. in jeder Dyade wird über einen Überschuss identischer Größe verhandelt) zu erhalten. Sie konzentrieren sich daher auf die Aufteilung einer gegebenen Zahl von „Profitpunkten" in jeweils bilateralen Verhandlungen zumeist bei Variation der Netzwerkstrukturen.[1] Abbildung III.5.1 zeigt einige in Tauschexperimenten gängige Netzwerkstrukturen sowie die für die Bestimmung der Tauschprofite relevanten Informationen (vgl. Abschnitt *Das Nash-Control-Bargaining Modell*) über die jeweiligen Verhandlungsbeziehungen (spaltenstochastische Beziehungsmatrix **R**) und die daraus abgeleitete Netzwerkkontrolle (Vektor **c**).

Die Modelle zur Erklärung und Prognose der Profitanteile wurden zwar in Adaption an die experimentellen Befunde laufend erweitert, allerdings nur in Hinblick auf einzelne, begrenzte Fragestellungen. So behandeln die Experimente in erster Linie substituierbare Tauschbeziehungen (d. h. Verhandlungen unter Rivalität), in welchen pro Verhandlungsrunde nur eine Einigung über die Aufteilung des Profitüberschusses einheitlicher Größe erlaubt ist (d. h. negativ verbundene Netzwerke). Anders gesagt, es finden Verhandlungen über substituierbare Güter statt. Positiv verbundene Netzwerke, die durch Nichttrivialität im Tausch charakterisiert sind (d. h. man könnte die gehandelten Güter als komplementär ansehen), bleiben in Experimenten fast ausnahmslos ungetestet (für eine Ausnahme siehe Yamagishi et al. 1988). Es existieren daher auch nur wenige Theorien (Braun & Gautschi 2006; Gautschi 2020; Yamaguchi 1996, 2000), die überhaupt in der Lage sind, Vorhersagen für positiv verbundene Net-

---

1 Experimente, welche die Voraussagen von Netzwerktauschtheorien prüfen, abstrahieren normalerweise vom eigentlichen Tauschvorgang und beschränken sich auf die Abbildung der Verhandlung über den Tauschprofit, also über die Aufteilung einer vorgegebenen Punktzahl (in der Regel 24 Profitpunkte). Die Verhandlungspartner können sich über den Computer gegenseitig Angebote und Gegenangebote schicken, bis sie eine Einigung erzielen oder die festgelegte Dauer, meistens zwei Minuten, abgelaufen ist. Die exogen vorgegebene Netzwerkstruktur und die individuelle Position im Netzwerk werden von der Experimentalleitung zugelost und den Teilnehmenden angezeigt. Es werden in der Regel 20 Versuchsdurchgänge mit konstanter Struktur gespielt. Die berichteten Profitpunkte sind Durchschnitte über die letzten 10 Durchgänge. Es wird angenommen, dass die ersten 10 Durchgänge dazu dienen, die Vor- und Nachteile der individuellen Netzwerkpositionen zu erkennen. Implizit wird daher unterstellt, dass die Versuchspersonen in den letzten 10 Durchgängen rational handeln.

TRIANGLE

	A_1	A_2	A_3
A_1	0	.5	.5
A_2	.5	0	.5
A_3	.5	.5	0

A_1	.5000
A_2	.5000
A_3	.5000

3-LINE

	A_1	A_2	B
A_1	0	0	.5
A_2	0	.5	.5
B	1	1	0

A_1	.5000
A_2	.5000
B	1.000

4-LINE

	A_1	A_2	B_1	B_2
A_1	0	0	.5	0
A_2	0	0	0	.5
B_1	1	0	0	.5
B_2	0	1	.5	0

A_1	.5000
A_2	.5000
B_1	.7500
B_2	.7500

STEM

	A	B	C_1	C_2
A	0	.33	0	0
B	1	0	.5	.5
C_1	0	.33	0	.5
C_2	0	.33	.5	0

A	.3333
B	.6667
C_1	.4167
C_2	.4167

KITE

	A_1	A_2	A_3	A_4	B
A_1	0	0	.5	0	.25
A_2	0	0	0	.5	.25
A_3	.5	0	0	0	.25
A_4	0	.5	0	0	.25
B	.5	.5	.5	5	0

A_1	.3750
A_2	.3750
A_3	.3750
A_4	.3750
B	.5000

3-BRANCH

	A_1	A_2	A_3	B
A_1	0	0	0	.33
A_2	0	0	0	.33
A_3	0	0	0	.33
B	1	1	1	0

A_1	.3333
A_2	.3333
A_3	.3333
B	1.000

5-LINE

	A_1	A_2	B_1	B_2	C
A_1	0	0	.5	0	0
A_2	0	0	0	.5	0
B_1	1	0	0	0	.5
B_2	0	1	0	0	.5
C	0	0	.5	.5	0

A_1	.5000
A_2	.5000
B_1	.7500
B_2	.7500
C	.5000

T-SHAPE

	A_1	A_2	B	C	D
A_1	0	0	0.33	0	0
A_2	0	0	0.33	0.5	0
B	1	1	0	0	0
C	0	0	0.33	0	1
D	0	0	0	0.5	0

A_1	.3333
A_2	.3333
B	.8333
C	.6667
D	.5000

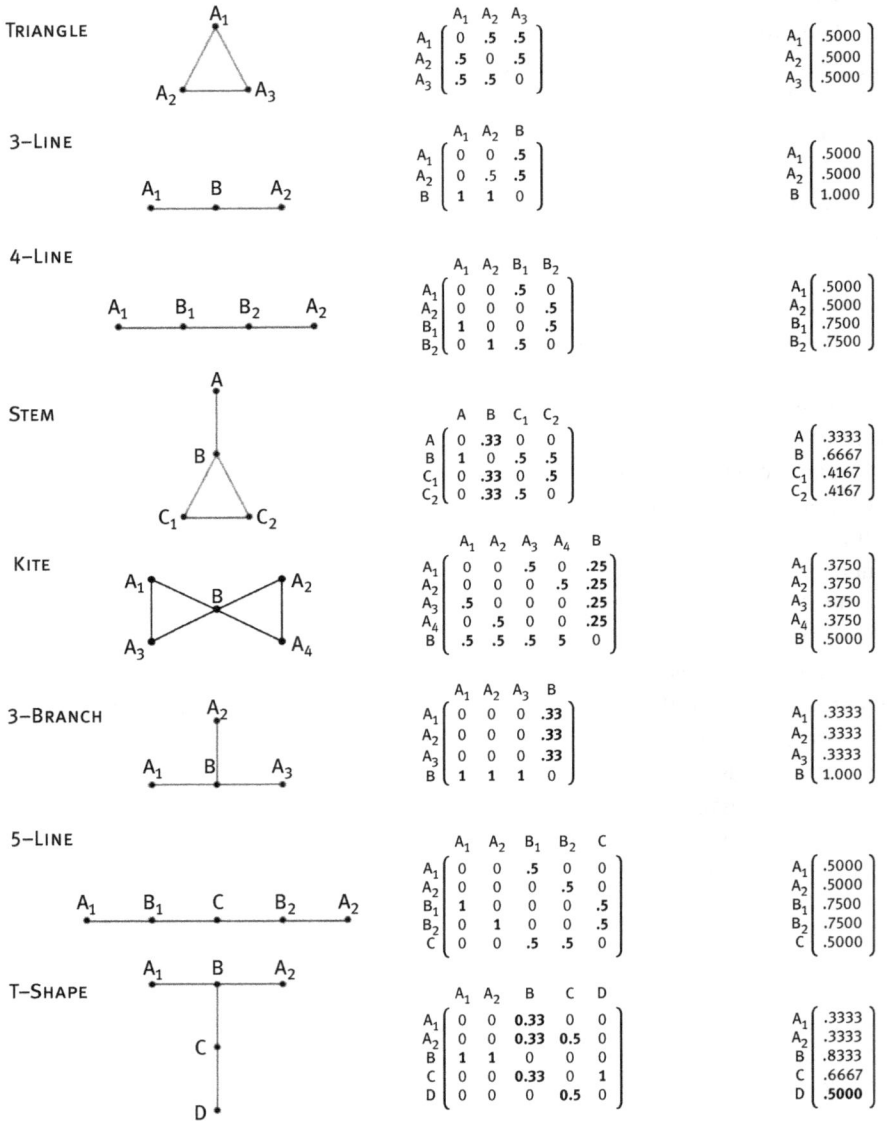

Abbildung III.5.1: Netzwerke, spaltenstochastische Beziehungsmatrizen **R** und Kontrollvektoren **c**.

zwerke (oder „gemischte" Netzwerke, in denen sowohl negative wie auch positive Verbindungen existieren) zu machen.

Darüber hinaus ist das vorgegebene Verhandlungsnetzwerk in Experimenten statisch, kann von den Teilnehmenden also nicht dahingehend verändert werden, dass sie neue Beziehungen initiieren. Die Theorien machen daher auch keine Vorhersagen über die mögliche Dynamik von Tauschbeziehungen. Allerdings sind aus Experimenten Verhandlungsnetzwerke bekannt (bspw. die T-Shape), in denen einzelne Verhandlungsbeziehungen ungenutzt bleiben und das Verhandlungsnetzwerk in mindestens zwei Tauschnetzwerke zerfällt (besagte T-Shape zerfällt beispielsweise in eine 3–Line A_1–B–A_2 und eine Dyade C–D). Obschon derartige Vorhersagen für alle Modelle, die Punktvorhersagen erlauben, einfach wären, machen die gängigen Theorien keine Vorhersagen zu derartigen „Netzwerkbrüchen" (für einen möglichen Vorschlag siehe Braun & Gautschi 2010). Dass die meisten Theorien daher einen relativ eingeschränkten Anwendungsbereich haben, erklärt sich somit durch deren enge Anbindung an die in ihrer Reichweite ebenfalls beschränkten experimentellen Tests.

Daneben weisen die meisten Theorien noch die Gemeinsamkeit auf, dass sie von rationalen Akteuren ausgehen. Die jeweilige Ausformung der Rationalitätsannahme fällt allerdings recht unterschiedlich aus: Bienenstock & Bonacich (1992, 1997) konzeptualisieren ein Netzwerk potentieller Tauschpartner als kooperatives Spiel mit übertragbarem Nutzen, um (Intervalle der möglichen) Profitteilungen zwischen den Verhandlungspartnern mithilfe bestimmter Lösungskonzepte der kooperativen Spieltheorie (v. a. Kern, Kernel) zu bestimmen. Dieser Ansatz vernachlässigt jedoch den strategischen Prozess, den Akteure bei der Bildung von Koalitionen und ihren Forderungen verfolgen. Aus Sicht der nichtkooperativen Spieltheorie ist es aber notwendig, nach genau diesen strategischen Prozessen zu fragen. Bis anhin hat der Kern jedoch keine Entsprechung in der nichtkooperativen Spieltheorie.[2] Zudem erlaubt der Kern nicht immer Punktvorhersagen für Tauschergebnisse (z. B. für das 4–Line Netzwerk) oder sagt unstabile Tauschausgänge (d. h. einen leeren Kern, z. B. für das Kite Netzwerk) vorher, was zumindest vor einem empirischen Hintergrund schwerwiegend ist. Die Aussagen des Kerns stehen daher oft im Widerspruch zu empirischen Resultaten (vgl. beispielsweise Willer 1999).

---

2 Im Gefolge von Nash (1950, 1951, 1953) werden kooperative Spiele als weniger grundlegend als nichtkooperative Spiele betrachtet. Nach der als „Nash-Programm" bezeichneten Vororientierung erscheint es vielmehr wünschenswert, wenn die Konzepte und Annahmen der kooperativen Spieltheorie durch eine entsprechende nichtkooperative Analyse jeweils eine tiefere Begründung erfahren.

Andere Theoretiker, z. B. Lovaglia et al. (1995) mit ihrem GPI-RD-Modell oder Skvoretz' & Willers (1993) ER-Modell, sagen bilaterale Profitteilungen durch die simultane Lösung von ad hoc definierten Gleichungen für den „Widerstand" („resistance equations") der Verhandlungspartner vorher, zum Teil gepaart mit graphentheoretischen Überlegungen. Obwohl sie sich nicht explizit spieltheoretischer Konzepte bedienen, betonen die Autoren für ihre Ansätze trotzdem die charakteristische Prämisse strategischer Rationalität (für einen Überblick z. B. Willer 1999). Die „resistance equation" dieser beiden Ansätze ist jedoch lediglich eine ad hoc-Transformation der ursprünglich von Heckathorn (1980) vorgeschlagenen Gleichung[3] und führt zusätzliche und fragwürdige Annahmen zu den Aspirationsniveaus und Konfliktpunkten der Akteure ein. Schwerer wiegt jedoch der Umstand, dass weder das GPI-RD- noch das ER-Modell tatsächlich die Effekte der strukturellen Einbindung auf die Verhandlungsmacht der Akteure berücksichtigen.

Wieder andere Theoretiker des Netzwerktausches verzichten ganz auf die mathematische Formulierung eines Modells und führen Simulation durch (z. B. Burke (1997) mit seinem „identity model") oder verwenden bei der Modellierung von möglichen Tauschbeziehungen zwar mehr oder weniger explizit die Annahme der Profitmaximierung (z. B. Cooks & Yamagishis (1992) Equi-Dependence-Theorie, Friedkins (1992) Expected-Value-Theorie oder Yamaguchis (1996, 2000) „power model"), verzichten aber auf das Postulat strategischer Interdependenz. Beispielsweise formuliert Yamaguchi seine Theorie als ein Modell des perfekten Wettbewerbsmarktes, auf dem alle Preisanpassungen kostenlos durch einen fiktiven und neutralen Walras-Auktionator vorgenommen werden. Derartige allgemeine Gleichgewichtsmodelle unterstellen aber, dass jeder Akteur eine CES-Nutzenfunktion unter Nebenbedingungen löst. Dies vernachlässigt somit die strategische Rationalität der Akteure und lässt nur dominante Strategien

---

3 Heckathorns (1980) ursprüngliche „Widerstands-Gleichung" korrespondiert mit der Kalai-Smorodinsky-Verhandlungslösung (Kalai & Smorodinsky 1975), was für das GPI-RD- und auch das ER-Modell nicht mehr gilt. Diese Verhandlungslösung ist jedoch für Tauschnetzwerke und ihre theoretischen Vorhersagen ungeeignet. Sie ist dann relevant, wenn der aufzuteilende Kuchen während den Verhandlungen kleiner oder größer werden kann. In den betrachteten Tauschnetzwerken bleibt die zu verhandelnde Kuchengröße jedoch über die Dauer der Verhandlungen konstant. Zudem hat die Kalai-Smorodinsky-Verhandlungslösung keine Entsprechung in der nichtkooperativen Spieltheorie. Oft wird zwar ein nichtkooperatives Spiel von Moulin (1984) zitiert, welches als nichtkooperative Basis für die Kalai-Smorodinsky-Verhandlungslösung angeführt wird. Dieses Spiel hat jedoch keinen Bezug zu den in Netzwerktauschexperimenten abgebildeten Verhandlungen und erfordert zudem die Präsenz eines unparteiischen Schiedsrichters zur Organisation kostenloser, wiederholter Lotterien über mögliche Teilungsvorschläge, an denen alle Akteure freiwillig teilnehmen.

zu. Zudem ist fragwürdig, ob ein allgemeines Gleichgewichtsmodell für die Untersuchung kleiner, sozialer Situationen, wie die Netzwerktauschtheorie sie abbildet, überhaupt angebracht ist. In diesen Modellen werden also keine Optimierungsprobleme auf der Akteursebene definiert. Es ist daher oft undeutlich, wo Netzwerkaspekte in die Wahlsituation einfließen und wie sie das Wahlverhalten der Akteure beeinflussen.

Trotz der Verfahrensunterschiede ist zu konstatieren, dass die meisten Theorien schwierig anzuwenden sind – Vorhersagen auf ihrer Grundlage sind relativ aufwendig. Sie erfordern, wie dargestellt, die Berechnung und Reskalierung komplizierter graphentheoretischer Indizes (Lovaglia et al. 1995; Markovsky et al. 1988, 1993), die Durchführung spezifischer Computersimulationen (Burke 1997), die Anwendung spezieller Optimierungsalgorithmen oder die ad hoc-Festlegung von modellexogenen Parametern (Yamaguchi 1996).

Aufgrund dieser Kritik scheint es sinnvoll, nach einem alternativen Ansatz zu suchen, der erstens die strategische Interdependenz der Akteure und die Einflüsse der Struktur korrekt abbildet. Da interaktive Entscheidungen die Verhandlungen beeinflussen, ist die Anregung von Bienenstock & Bonacich (1992, 1997), spieltheoretische Grundlagen zur Analyse von Tauschnetzwerken zu verwenden, ernst zu nehmen. Zweitens sollte so ein Ansatz einfacher in der Anwendung sein und zudem keine modellexogenen Parameter aufweisen. Drittens muss eine Theorie des Netzwerktausches möglichst realitätsnah und im Stande sein, die relevanten Parameter von Verhandlungen abzubilden und Punktvorhersagen für alle möglichen Verhandlungsnetzwerke zu machen. Um diesen Ansprüchen gerecht zu werden, schlagen Gautschi (2002, 2020) sowie Braun & Gautschi (2004, 2006, 2010, 2011: Kapitel 8) das Nash-Control-Bargaining (NCB) Modell vor.

Das Nash-Control-Bargaining Modell

Das Ergebnis dyadischer Verhandlungen – also die Profitanteile der Verhandlungspartner – wird auch im NCB Modell mit Hilfe der exogen vorgegebenen Netzwerkstruktur bestimmt. Ausgangspunkt des theoretischen Modells ist somit das exogen vorgegebene Netzwerke von $i, j, k = 1, 2, \ldots, n$ rational handelnden und vollständig informierten Akteuren.[4] Wir nehmen an, dass sich i

---

4 Im Folgenden soll das Modell lediglich in seiner einfachsten Form dargestellt werden. Das generalisierte NCB Modell ist in der Lage, alle relevanten Parameter der Verhandlungssituation (d. h. Netzwerkposition, Netzwerkcharakteristika, aber prinzipiell auch akteursbezogene Parameter wie bspw. Risikoaversität oder Präferenzen) in der Verhandlungsmacht der Akteure

und j über die Aufteilung eines Überschusses $v_{ij} = v_{ji} > 0$ einigen müssen. Dabei bezeichnet x_{ij} is Anteil am Kuchen, sodass $0 \leq x_{ij} \leq v_{ij}$ gilt. Die verhandelnden Akteure bestimmen dabei ihre jeweiligen Anteile am Kuchen, als ob sie der allgemeinen Version von Nashs (1950, 1953) Verhandlungslösung folgen würden (z. B. Binmore 1987, 1992; vgl. Kapitel III.3). Das heißt, sie lösen das Optimierungsproblem

$$\max x_{ij}^{b_i} x_{ji}^{b_j} \text{ unter der Annahme, dass } x_{ij} + x_{ji} = v_{ij}, \tag{1}$$

wobei b_i und b_j die absolute Verhandlungsmacht der Akteure i und j bezeichnet. Die Lösung der zu (1) korrespondierenden Wohlfahrtsfunktion $x_{ij}^{b_i} \left(v_{ij} - x_{ij} \right)^{b_j}$ impliziert, dass i den Tauschanteil

$$x_{ij} = \left(\frac{b_i}{b_i + b_j} \right) v_{ij} = p_{ij} v_{ij} \text{ für } i \neq j \tag{2}$$

bekommt. Dabei gilt, dass $p_{ij} := \frac{b_i}{b_i + b_j}$ die relative Verhandlungsmacht von i in Beziehung mit j definiert.[5] Die optimale Aufteilung des Kuchens beruht also auf der Kombination von b_i und b_j. Die absolute Verhandlungsmacht nur eines Akteurs ist somit irrelevant. Es ist die relative Verhandlungsmacht, welche die Aufteilung des Überschusses bestimmt. Die Lösung (2) stellt auch sicher, dass eine symmetrische Verteilung der Verhandlungsmacht ($b_i = b_j$ oder $p_{ij} = \frac{1}{2} = p_{ji}$) auch zu einer gleichmäßigen Verteilung des Kuchens führt: $x_{ij} = \frac{v_{ij}}{2} = x_{ji}$.

Die absolute Verhandlungsmacht ist bei Nash jedoch eine exogen bestimmte Größe. In einem nützlichen Tauschmodell muss jedoch die absolute

---

abzubilden und ist daher auch auf komplexere Verhandlungsstrukturen mit diversen Tauschrestriktionen anwendbar, z. B. negativ, positiv und gemischt verbundene Netzwerke, mehrfache Transaktionen und/oder unterschiedliche Kuchengrößen (Gautschi 2014, 2020).

5 Es sei darauf hingewiesen, dass die kooperative Lösung des Verhandlungsproblems mit der Grenzlösung von Rubinsteins (1982) „alternating offers"-Spiel korrespondiert und somit auf der allgemeinen Theorie der rationalen Wahl bei gleichzeitiger Beachtung der Interdependenz der Situation basiert. Das heißt, (2) korrespondiert mit der teilspielperfekten Nash-Lösung von Rubinsteins Spiel, sofern der Fokus auf einem Szenario liegt, in dem die Zeit zwischen den Aufteilungsvorschlägen der verhandelnden Akteure gegen Null tendiert (Binmore 1985, 1987; Muthoo 1999; Osborne & Rubinstein 1990). Mittlerweile existieren weitere gleichgewichtsbasierte Vorschläge, die die Nash-Verhandlungslösung als Basis für Profitvorhersagen nutzen, bspw. Bayati et al. (2015), Chakraborty & Kearns (2008), Chakraborty et al. (2009) oder Kleinberg & Tardos (2008). Darüber hinaus bildet Rubinsteins Verhandlungsspiel genau das in den Laborexperimenten gehandhabte Protokoll von Angeboten und Gegenangeboten bis zu einer möglichen Einigung ab.

Verhandlungsmacht der Akteure endogen zu bestimmen sein. Es sei $n \times n$ die Matrix $\mathbf{V}$ mit m Verhandlungsbeziehungen zwischen n Akteuren und Hauptdiagonalelementen $v_{ii} = 0$ für alle i. Die Matrix $\mathbf{V}$ bestimmt also das exogen gegebene System und die Größe der einzelnen, zu verhandelnden Kuchen zwischen den jeweiligen Akteuren. Die Elemente $v_{ij} = v_{ji}$ für alle $i \neq j$ abseits der Hauptdiagonale bestimmen dabei, ob keine Beziehung zwischen i und j besteht ($v_{ij} = v_{ji} = 0$) oder aber die Größe des zu verteilenden Kuchens, falls eine Beziehung zwischen i und j besteht ($v_{ij} = v_{ji} > 0$).

Da die Größe der Kuchen jedoch nichts an der Struktur des Netzwerkes ändert, scheint eine Standardisierung der „gewichteten" Adjazenzmatrix sinnvoll: $r_{ij} := v_{ij} / \sum_{k=1}^{n} v_{kj} \geq 0$ für alle i, j und $\sum_{k=1}^{n} r_{kj} = 1$ für alle j. $\mathbf{R}_{n \times n}$ ist die standardisierte, spaltenstochastische Matrix der Verhandlungsbeziehungen (vgl. Abbildung III.5.1). Dabei misst das Element (abseits der Hauptdiagonale) r_{ij} jeweils is Anteil an den systemweiten Verbindungen zu j. Mit anderen Worten, r_{ij} repräsentiert is Anteil an der „Kontrolle" der Beziehungen zu j im System. Im Speziellen gilt $0 \leq r_{ij} \leq 1$, wobei $r_{ij} = 0$ darauf hinweist, dass i keine Kontrolle über j hat (d. h. es besteht keine Beziehung zwischen i und j). $r_{ij} = 1$ beschreibt dagegen eine Situation, in der i volle Kontrolle über j besitzt (d. h. i ist js einziger Verhandlungspartner). Aus der i-ten Zeile der Matrix $\mathbf{R}$ lässt sich also is Kontrolle über die restlichen Akteure im System ablesen. Dagegen definiert die i-te Spalte der Matrix $\mathbf{R}$ die Kontrolle der anderen Akteure im System über i. Zusammengefasst bestimmen die Elemente von $\mathbf{R}$ is „Netzwerkkontrolle":

$$c_i := \sum_k r_{ik} r_{ki} \text{ für alle } i. \tag{3}$$

Gemäß Gleichung (3) bezeichnet c_i somit den Grad, mit welchem i die Beziehungen zu ihm, via seinen Beziehungen zu den anderen, kontrolliert (vgl. Abbildung III.5.1, Vektor $\mathbf{c}$). Zum Beispiel heißt $c_i = 3/4$, dass Akteur i, via seinen Beziehungen zu den anderen Akteuren im System, 3/4 ihrer Beziehungen zu ihm kontrolliert. Anders ausgedrückt, c_i bezeichnet is „strukturelle Autonomie" im Verhandlungsnetzwerk.

Wir unterstellen nun, dass is Netzwerkkontrolle c_i seine absolute Verhandlungsmacht b_i bestimmt. Dabei muss jedoch unterschieden werden, ob is Beziehungen zu seinen Partnern negativ oder positiv verknüpft sind. In einem negativ verknüpften System sind is Tauschpartner substituierbar und konkurrieren miteinander („Freunde von Freunden sind Feinde"). Dies lässt den Schluss zu, dass is absolute Verhandlungsmacht mit seiner Netzwerkkontrolle steigt. In positiv verknüpften Systemen ist es hingegen sinnvoll, genau das Gegenteil anzunehmen. Beziehungen zu verschiedenen Partnern sind komplementär („Freunde von Freunden sind Freunde") und is absolute Verhandlungsmacht steigt mit abnehmender Netzwerkkontrolle.[6]

Um diese Ideen zu formalisieren folgen wir Binmore (1985: 273), der die individuelle Verhandlungsmacht als negativen Kehrwert eines logarithmischen Ausdrucks auffasst. Wir nehmen konkret an, dass

$$b_i = \begin{cases} -1/\ln(wc_i), \text{falls } i \text{ eine Beziehung als negativ verknüpft einstuft} \\ -1/\ln(1 - wc_i), \text{falls } i \text{ eine Beziehung als positiv verknüpft einstuft} \end{cases}$$

(4)

wobei wir folgende Definition gebrauchen:

$$w := \frac{m+n}{1+m+n}.$$

(5)

Dabei ist w ein netzwerkspezifischer Skalierungsfaktor, der sicher stellt, dass b_i immer eine positive Zahl ist. Durch Einsetzen von (4) in (2) ist is Anteil x_{ij} am Kuchen v_{ij} für alle relational möglichen Beziehungsmuster (d. h. negativ–negativ, negativ–positiv, positiv–negativ und positiv–positiv verknüpfte Beziehungen zwischen i und j) eindeutig bestimmt.

Im Folgenden soll die Anwendung dieses Modells zur Vorhersage von is Profitanteil in Beziehung mit j demonstriert werden. Da wir dabei lediglich ein rein negativ verknüpftes System betrachten, ist die Darstellung der Verbindung der Gleichungen (2), (3) und (4) anhand einer rein negativ verknüpften Beziehung zwischen i und j hinreichend.[7] Falls i und j ihre Beziehung also als rein negativ verknüpft ansehen, ist is relative Verhandlungsmacht über j bestimmt als

$$p_{ij} = \frac{b_i}{b_i + b_j} = \frac{(-1/\ln(wc_i))}{(-1/\ln(wc_i)) + (-1/\ln(wc_j))} = \frac{\ln(wc_j)}{\ln(wc_i) + \ln(wc_j)}.$$

(6)

Akteur is verhandelter Anteil am Profit aus seiner Beziehung zu j ist dann bestimmt durch

$$x_{ij} = p_{ij}v_{ij} = \left(\frac{\ln(wc_j)}{\ln(wc_i) + \ln(wc_j)} \right) v_{ij} \text{ für alle } i \neq j.$$

(7)

---

6 Für eine ausführliche Besprechung und Darlegung des Zusammenhangs zwischen Netzwerkkontrolle, Verhandlungsmacht und struktureller Verknüpftheit siehe Gautschi (2020).
7 Für alle weiteren relationalen Beziehungsmustern wird auf Gautschi (2020) verwiesen.

Es gilt, dass is relative Verhandlungsmacht und sein Anteil am Profit in einer relational negativen Beziehung zu j steigt, falls ceteris paribus is Netzwerkkontrolle c_i steigt oder aber js Netzwerkkontrolle c_j sinkt.[8]

Die Vorhersagen für die Profitaufteilung ergeben sich, bei gegebener Kuchengröße von 24 Punkten, durch Einsetzen des Grads der strukturellen Autonomie der Akteure (3) und des netzwerkspezifischen Gewichts (5) in Gleichung (4), welche die individuelle Verhandlungsmacht bestimmt. Die Kombination der individuellen Verhandlungsmacht von i und j in Gleichung (7), der Gleichung für dyadische Profitaufteilung in einer negativ verbundenen Beziehung, bestimmt dann die Profitaufteilung. Um das Vorgehen zu illustrieren, betrachten wir die 4–Line Struktur und berechnen die relevanten Profitpunkte. Abbildung III.5.1 gibt Auskunft über das Niveau struktureller Autonomie respektive den Grad der Netzwerkkontrolle (vgl. Vektor **c**): $c_{A1} = 0,5 = c_{A2}$ und $c_{B1} = 0,75 = c_{B2}$. Aus der graphischen Darstellung des Netzwerkes ergeben sich ebenfalls die Anzahl gegenseitiger Verbindungen ($m = 3$) und die Anzahl der Akteure im System ($n = 4$), sodass $w = \frac{m+n}{1+m+n} = 0,875$. Einsetzen in Gleichung (7) ergibt die Punktvorhersage des Profits von B in der Beziehung mit A, wobei wir zur Vereinfachung der Notation die numerischen Subskripte weglassen:

$$x_{BA} = p_{BA} \cdot 24 = \left(\frac{\ln(0,875 \cdot 0,5)}{\ln(0,875 \cdot 0,75) + \ln(0,875 \cdot 0,5)} \right) \cdot 24 = 15,9,$$

wobei $x_{AB} = p_{AB} \cdot 24 = (1 - p_{AB}) \cdot 24 = 24 - 15,9 = 8,1$ die Anzahl der Profitpunkte von A in der Beziehung mit B bezeichnet. Aufgrund der strukturell äquivalenten Position von B_1 und B_2 erfolgt auch eine gleichteilige Aufteilung des Kuchens von $x_{BB} = 12$. Obschon der Tausch mit dem jeweiligen A für die Bs profitabler ist, werden sie doch regelmäßig miteinander tauschen (müssen), um einen für sie unprofitablen Zerfall des Netzwerkes in zwei Dyaden (mit jeweils $x_{BA} = x_{AB} = 12$) zu verhindern. In dem Sinne ist die 4–Line somit ein stabiles Netzwerk, d. h. sie zerfällt nicht in Teilnetzwerke. Die Verhandlungsstruktur ist also mit der Tauschstruktur identisch.

---

8 Diese Schlussfolgerungen reflektieren, dass $\partial p_{ij}/\partial c_i > 0$, $\partial p_{ij}/\partial c_j < 0$ und $\partial x_{ij}/\partial c_i > 0$ sowie $\partial x_{ij}/\partial c_j < 0$ gilt. Die Vorzeichen dieser partiellen Ableitungen beschreiben die Reaktion von is relativer Verhandlungsmacht p_{ij} und is Profitanteil x_{ij} in Beziehung zu j, sofern exogen bestimmte strukturelle Veränderungen entweder is Netzwerkkontrolle c_i oder js Netzwerkkontrolle c_j verändern, ohne aber die Beziehung zwischen i und j zu tangieren.

Tabelle III.5.1: Dyadische Tauschprofite in einfachen negativ verbundenen Netzwerken.

Netzwerk	Beziehung	Theoretische Vorhersagen[a]							Experimentelle Beobachtung[b]
		NCB	GPI-RD	Y	ER	EV	ED	IS	
4–Line	B:A	15,9	14,5†	13,3†	16,0	21,1	16,0	13,8†	14,1 (0,40)
Stem	B:A	16,8†	15,6†	14,4†	18,3	22,0	18,0	15,6†	15,3 (0,82)
	B:C	15,7†	13,7†	13,2†	15,2†	19,5†	14,4†	12,9†	16,5 (2,64)
Kite	B:A	13,9†	13,7†	12,8†	12,5†	12,0	12,0	12,1	14,1 (0,77)
3–Branch	B:A	21,7[c]	23,0[c]	18,0	21,2†	22,0†	24,0	21,9†	21,6 (0,49)
AD[d]		0,88	1,06	1,98	1,64	3,84	2,24	1,30	
MD[d]		0,50	0,64	1,04	0,83	2,07	1,01	0,83	

Erläuterungen: Die Experimente fanden unter der Regel eines einmaligen Tausches pro Runde statt, wobei 24 Profitpunkte pro Beziehung aufzuteilen waren. Die Vorhersagen und Beobachtungen betreffen die Profitpunkte für die strukturelle Position B. Die Profitpunkte für die Positionen A und C in der Beziehung mit B betragen (24 - Profit von B).

NCB = Nash-Control-Bargaining Modell; GPI–RD = Graph–theoretic Power Index with Resistance and Degree (Lovaglia et al. 1995); Y = Yamaguchis (1996) Machtmodell, wobei Vorhersagen auf der Parameterwahl s = 8 (Substitutionselastizität) beruhen; ER = Exchange Resistance Theorie (Skvoretz & Willer 1993); EV = Expected Value Theorie (Friedkin 1986, 1992); ED = Equi–Dependence Theorie (Cook & Yamagishi 1992); IS = Identity Simulation Modell (Burke 1997).

[a] Die Profitvorhersagen für alle Modelle außer GPI–RD, Y und IS sind Skvoretz & Willer (1993, Tabelle 2) entnommen; die Vorhersagen für GPI–RD, Y und IS stammen aus Lovaglia et al. (1995: Tabelle 1), Yamaguchi (1996: Tabelle 3) bzw. Burke (1997: Tabelle 1).

[b] Experimentelle Resultate mit Standardfehler in Klammern nach Skvoretz & Willer (1993: Tabelle 2).

[c] Eigene Berechnungen basierend auf Lovaglia et al. (1995).

[d] AD = Absolute Abweichung (Summe der absoluten Abstände zwischen beobachteten und vorhergesagten Profitpunkten relativ zur Anzahl Vergleiche); MD = Mittlere Abweichung (die euklidische Distanz zwischen beobachteten und vorhergesagten Profitpunkten relativ zur Anzahl Vergleiche).

† Vorhergesagte Werte, die in einem 95 %-Vertrauensintervall um die beobachteten Werte liegen. Diese Vorhersagen passen somit zu den Beobachtungen bei einem Signifikanzniveau von $p < 0{,}05$ (zweiseitige Tests).

Aufgrund der großen Unterschiede in den verschiedenen Theorien verwundert es jedoch nicht, dass mit den einzelnen Theorien verschiedene Vorhersagen zu den Profitteilungen einhergehen (vgl. Tabelle III.5.1 für einen Vergleich der erwähnten Theorien bzgl. vier einfachen Tauschnetzwerken; für einen ausführlichen Vergleich auf ihre empirische Relevanz vgl. Willer & Emanuelson 2008). Diese Prognosedifferenzen sind zudem wenig erstaunlich, wenn man sich vor Augen führt, dass die Ansätze auf unterschiedlichen Verfahren zur Erfassung der strukturellen Gegebenheiten beruhen.

III.5.4 Abschließende Bemerkungen

Die Modelle der Netzwerktauschtheorie erlauben zwar Vorhersagen, die zumeist mit der experimentellen Evidenz für einfach Tauschnetzwerke korrespondieren. Dennoch besitzen sie Mängel, die über die individuell skizzierten Nachteile hinausgehen. Diese Schwachpunkte haben, wie betont, mit den vereinfachenden Annahmen zu tun, welche eine experimentelle Prüfung und Vergleichbarkeit von Modellvorhersagen im Rahmen von Laborexperimenten erlauben. Die Modelle sind statisch, d. h. sie blenden die langfristige Dynamik von Tauschbeziehungen (z. B. die Entwicklung von Reziprozität oder Fairness) von vornherein aus. Zudem vernachlässigen sie interindividuelle Unterschiede (z. B. Geschlecht, Alter, Bildung, Risikopräferenzen) zugunsten relationaler und struktureller Betrachtungen (für einen Modellierungsvorschlag hierzu vgl. Gautschi 2014). Darüber hinaus erlauben die Modelle keine Netzwerkerweiterungen im Sinne dynamischer Veränderungen von Netzwerken (dazu Walker et al. 2000) und beschränken sich auf die Analyse vorgegebener Strukturen. Zwar kann prinzipiell jede Theorie, die Punktvorhersagen erlaubt, den potentiellen Zerfall oder Bruch eines Verhandlungsnetzwerkes in mindestens zwei Tauschnetzwerke vorhersagen (z. B. Braun & Gautschi 2010). Jedoch fehlt bisher in allen Theorien eine Modellerweiterung, die sich mit dem möglichen Wachstum von Netzwerkstrukturen und den Konsequenzen für etwaige Tauschabschlüsse befasst.

Neben der notwendigen Entwicklung der theoretischen Modelle sind aber auch empirische Untersuchungen durchzuführen, die das enge experimentelle Protokoll erweitern. Man könnte sich hier mit den Einflüssen etwaiger Variationen des Verhandlungs- und Tauschablaufs beschäftigen. Zu fragen ist ferner auch nach einer etwaigen Wirkung von sozialer Kontrolle durch den Untersuchungsleiter, der die Verhandlungspartner im Regelfall beobachten kann und daher eventuell Verhandlungsabläufe unbeabsichtigt beeinflusst. Daneben könnte man im Rahmen weiterer experimenteller Forschung fragen, ob und wie relationale und strukturelle Effekte von individuellen Variablen (z. B. Alter, Geschlecht, Bildung) ausgehebelt oder verstärkt werden. Zudem kann man untersuchen, wie unterschiedliche Kuchengrößen (Bonacich & Friedkin 1998) und mögliche Mehrfachabschlüsse (z. B. zwei oder mehr Tauschabschlüsse in einem Verhandlungsdurchgang) die beobachtbaren Profitteilungen beeinflussen. Eine Modellerweiterung des NCB (Gautschi 2020) zeigt, dass damit gute Vorhersagen für entsprechende Laborexperimente gemacht werden können.

Ein aus theoretischer und empirischer Sicht interessanter nächster Schritt wäre überdies, sich mit komplexeren Tauschbeziehungen zu befassen, die in der Realität vorkommen. Wenn Daten über bilaterale Verhandlungen zwischen verschiedenen möglichen Handelspartnern und deren Resultate vorliegen, wäre dies der ultimative Test eines Modells. Voraussetzungen für derartige Feldstudien sind freilich wirklichkeitsnähere Annahmen in einem erweiterten Modell, die nicht nur die oben erwähnten Aspekte berücksichtigen, sondern sich dann auch mit der Vergabe von Vertrauen in Tauschbeziehungen und seiner Rechtfertigung beschäftigen müssten.

Literatur

Aumann, R.J. & R.B. Myerson, 1988: Endogenous Formation of Links between Players and of Coalitions: An Application of the Shapley Value. S. 175–191 in: A.E. Roth (Hrsg.), The Shapley Value. Essays in Honor of Lloyd S. Shapley. Cambridge: Cambridge University Press.

Bala, V. & S. Goyal, 2000: A Noncooperative Model of Network Formation. Econometrica 68: 1181–1229.

Barberà, S., P.J. Hammond & C. Steidl, 1998: Handbook of Utility Theory. Volume 1: Principles. Boston: Kluwer.

Bayati, M., C. Borgs, J. Chayes, Y. Kanoria & A. Montanari, 2015: Bargaining Dynamics in Exchange Networks. Journal of Economic Theory 156: 417–454.

Bienenstock, E.J. & P. Bonacich, 1992: The Core as a Solution to Exclusionary Networks. Social Networks 14: 231–243.

Bienenstock, E.J. & P. Bonacich, 1993: Game-Theory Models for Exchange Networks: Experimental Results. Sociological Perspectives 36: 117–135.

Bienenstock, E.J. & P. Bonacich, 1997: Network Exchange as a Cooperative Game. Rationality and Society 9: 37–65.

Binmore, K.G., 1985: Bargaining and Coalitions. S. 269–304 in: A.E. Roth (Hrsg.), Game-Theoretic Models of Bargaining. Cambridge: Cambridge University Press.

Binmore, K.G., 1987: Nash Bargaining Theory II. S. 61–76 in: K.G. Binmore & P. Dasgupta (Hrsg.), The Economics of Bargaining. Oxford: Blackwell.

Binmore, K.G., 1992: Fun and Games: A Text on Game Theory. Lexington: D.C. Heath and Company.

Binmore, K.G., 2007: Playing for Real. A Text on Game Theory. Oxford: Oxford University Press.

Blau, P.M., 1964: Exchange and Power in Social Life. New York: John Wiley.

Bonacich, P. & N.E. Friedkin, 1998: Unequally Valued Exchange Relations. Social Psychology Quarterly 61: 160–171.

Braun, N., 1993: Socially Embedded Exchange. Frankfurt a. M.: Peter Lang.

Braun, N. & T. Gautschi, 2004: Wer bekommt wie viel vom Kuchen? Ein Modell für Tauschnetzwerke und seine Anwendungen. Zeitschrift für Soziologie 33: 493–510.

Braun, N. & T. Gautschi, 2006: A Nash Bargaining Model for Simple Exchange Networks. Social Networks 28: 1–23.

Braun, N. & T. Gautschi, 2010: Who Exchanges with Whom? A Theory of Exchange Ties and its Application to Simple Networks. Working Paper.

Braun, N. & T. Gautschi, 2011: Rational-Choice-Theorie. Weinheim: Juventa.

Burke, P.J., 1997: An Identity Model for Network Exchange. American Sociological Review 62: 134–150.

Burt, R.S., 1992: Structural Holes. The Social Structure of Competition. Cambridge: Harvard University Press.

Chakraborty, T. & M. Kearns, 2008: Bargaining Solutions in a Social Network. S. 548–555 in: C. Papadimitriou & S. Zhang (Hrsg.), Internet and Network Economics. WINE 2008. Lecture Notes in Computer Science. Volume 5385. Berlin: Springer.

Chakraborty, T., M. Kearns & S. Khanna, 2009: Network Bargaining: Algorithms and Structural Results. Proceedings of the 10th ACM Conference on Electronic Commerce: 159–168.

Coleman, J.S., 1972: Systems of Social Exchange. Journal of Mathematical Sociology 2: 145–163.

Coleman, J.S., 1973: The Mathematics of Collective Action. London: Heinemann.

Coleman, J.S., 1990: Foundations of Social Theory. Cambridge: The Belknap Press of Harvard University Press.

Cook, K.S., R.M. Emerson, M.R. Gillmore & T. Yamagishi, 1983: The Distribution of Power in Exchange Networks: Theory and Empirical Results. American Journal of Sociology 89: 275–305.

Cook, K.S. & J.M. Whitmeyer, 1992: Two Approaches to Social Structure: Exchange Theory and Network Analysis. Annual Review of Sociology 18: 109–127.

Cook, K.S. & T. Yamagishi, 1992: Power in Exchange Networks: A Power Dependence Formulation. Social Networks 14: 245–265.

Demange, G. & M. Wooders (Hrsg.), 2005: Group Formation in Economics: Networks, Clubs, and Coalitions. Cambridge: Cambridge University Press.

Dixit, A. & S. Skeath, 2004: Games of Strategy. 2. Aufl., Princeton: Princeton University Press.

Dutta, B. & M.O. Jackson (Hrsg.), 2003: Networks and Groups: Models of Strategic Formation. Berlin: Springer.

Emerson, R.M., 1962: Power-Dependence Relations. American Sociological Review 27: 31–41.

Esser, H., 1999: Soziologie: Spezielle Grundlagen. Band 1: Situationslogik und Handeln. Frankfurt a. M.: Campus.

Esser, H., 2000a: Soziologie: Spezielle Grundlagen. Band 2: Die Konstruktion der Gesellschaft. Frankfurt a. M.: Campus.

Esser, H., 2000b: Soziologie: Spezielle Grundlagen. Band 3: Soziales Handeln. Frankfurt a. M.: Campus.

Esser, H., 2000c: Soziologie: Spezielle Grundlagen. Band 4: Opportunitäten und Restriktionen. Frankfurt a. M.: Campus.

Esser, H., 2000d: Soziologie: Spezielle Grundlagen. Band 5: Institutionen. Frankfurt a. M.: Campus.

Esser, H., 2001: Soziologie: Spezielle Grundlagen. Band 6: Sinn und Kultur. Frankfurt a. M.: Campus.

Friedkin, N.E., 1986: A Formal Theory of Social Power. Journal of Mathematical Sociology 12: 103–126.

Friedkin, N.E., 1992: An Expected Value Model of Social Power: Predictions for Selected Exchange Networks. Social Networks 14: 213–229.

Friedkin, N.E., 1995: The Incidence of Exchange Networks. Social Psychology Quarterly 58: 213–222.

Gautschi, T., 2002: Trust and Exchange. Effects of Temporal Embeddedness and Network Embeddedness on Providing and Dividing a Surplus. Amsterdam: Thela Thesis.

Gautschi, T., 2014: Risikoaversion und Netzwerktausch. Experimente zu Nash Bargaining und heterogenen Risikopräferenzen. Working Paper.

Gautschi, T., 2020: Who Gets How Much in Which Relation? A Flexible Theory of Profit Splits in Networks and Its Application to Complex Structures. S. 247–289 in: V. Buskens, R. Corten & C. Snijders (Hrsg.), Advances in the Sociology of Trust and Cooperation: Theory, Experiments, and Applications. München: De Gruyter Oldenbourg.

Gould, R.V., 2002: The Origins of Status Hierarchies: A Formal Theory and Empirical Test. American Journal of Sociology 107: 1143–1178.

Heckathorn, D.D., 1980: A Unified Model for Bargaining and Conflict. Behavioral Science 25: 261–284.

Henning, C.H., 2000: Macht und Tausch in der europäischen Agrarpolitik: Eine positive Theorie kollektiver Entscheidungen. Frankfurt a. M.: Campus.

Holzer, B., 2006: Netzwerke. Bielefeld: Transcript.

Homans, G.C., 1958: Social Behavior as Exchange. American Journal of Sociology 63: 597–606.

Homans, G.C., 1974: Social Behavior: Its Elementary Forms. 2. rev. Aufl., New York: Harcourt Brace Jovanovich.

Jackson, M.O. & A. Wolinsky, 1996: A Strategic Model of Social and Economic Networks. Journal of Economic Theory 71: 44–74.

Kalai, E. & M. Smorodinsky, 1975: Other Solutions to Nash's Bargaining Problem. Econometrica 43: 513–518.

Kappelho, P., 1993: Soziale Tauschsysteme: Strukturelle und dynamische Erweiterungen des Marktmodells. München: Oldenbourg.

Kleinberg, J. & É. Tardos, 2008: Balanced Outcomes in Social Exchange Networks. Proceedings of the 40th Annual ACM Symposium on Theory of Computing: 295–304.

Kosfeld, M., 2004: Economic Networks in the Laboratory: A Survey. Review of Network Economics 3: 20–42.

Lenski, G., 1977: Macht und Privileg: Eine Theorie der sozialen Schichtung. Frankfurt a. M.: Suhrkamp.

Lovaglia, M.J., J. Skvoretz, D. Willer & B. Markovsky, 1995: Negotiated Exchanges in Social Networks. Social Forces 74: 123–155.

Markovsky, B., J. Skvoretz, D. Willer, M.J. Lovaglia & J. Erger, 1993: The Seeds of Weak Power: An Extension of Network Exchange Theory. American Sociological Review 58: 197–209.

Markovsky, B., D. Willer & T. Patton, 1988: Power Relations in Exchange Networks. American Sociological Review 53: 220–236.

Marsden, P.V., 1983: Restricted Access in Networks and Models of Power. American Journal of Sociology 88: 686–717.

Mauss, M., 1968: Die Gabe. Form und Funktion des Austauschs in archaischen Gesellschaften. Frankfurt a. M.: Suhrkamp.

Moulin, H., 1984: Implementing the Kalai-Smorodinsky Bargaining Solution. Journal of Economic Theory 33: 32–45.

Muthoo, A., 1999: Bargaining Theory with Applications. Cambridge: Cambridge University Press.

Nash, J.F., 1950: The Bargaining Problem. Econometrica 18: 155–162.

Nash, J.F., 1951: Non-Cooperative Games. Annals of Mathematics 54: 286–295.

Nash, J.F., 1953: Two Person Cooperative Games. Econometrica 21: 128–140.

Osborne, M.J. & A. Rubinstein, 1990: Bargaining and Markets. San Diego: Academic Press.

Plott, C.R. & V.L. Smith (Hrsg.), 2008: Handbook of Experimental Economics Results. Volume 1. Amsterdam: North-Holland.

Rubinstein, A., 1982: Perfect Equilibrium in a Bargaining Model. Econometrica 50: 97–109.

Scott, J., 2013: Social Network Analysis. 3. Aufl., London: Sage.

Simmel, G., 1900: Philosophie des Geldes. Berlin: Duncker & Humblot.

Skvoretz, J. & T.J. Fararo, 1992: Power and Network Exchange: An Essay Toward Theoretical Unification. Social Networks 14: 325–344.

Skvoretz, J. & D. Willer, 1993: Exclusion and Power: A Test of Four Theories of Power in Exchange Networks. American Sociological Review 58: 801–818.

Skyrms, B. & R. Pemantle, 2000: A Dynamic Model of Social Network Formation. Proceedings of the National Academy of Sciences 97: 9340–9346.

Slikker, M. & A. van den Nouweland, 2001: Social and Economic Networks in Cooperative Game Theory. Boston: Kluwer.

Taylor, D.G. & J.S. Coleman, 1979: Equilibrating Processes in Social Networks: A Model for Conceptualization and Analysis. S. 257–300 in: P.W. Holland & S. Leinhardt (Hrsg.), Perspectives on Social Network Research. New York: Academic Press.

Vega-Redondo, F., 2007: Complex Social Networks. Cambridge: Cambridge University Press.

Walker, H.A., S.R. Thye, B. Simpson, M.J. Lovaglia, D. Willer & B. Markovsky, 2000: Network Exchange Theory: Recent Developments and New Directions. Social Psychology Quarterly 63: 324–337.

Wasserman, S. & K. Faust, 1994: Social Network Analysis: Methods and Applications. Cambridge: Cambridge University Press.

Watts, A., 2001: A Dynamic Model of Network Formation. Games and Economic Behavior 34: 331–341.

Weber, M., 1921: Wirtschaft und Gesellschaft. Tübingen: Mohr.

Weesie, J., H. Flap & A. Verbeek, 1991: An Economic Theory of Social Networks. S. 623–662 in: H. Esser & K.G. Troitzsch (Hrsg.), Modellierung sozialer Prozesse: Neuere Ansätze und Überlegungen zur soziologischen Theoriebildung. Bonn: Informationszentrum Sozialwissenschaften.

Willer, D. (Hrsg.), 1999: Network Exchange Theory. Westport: Praeger.

Willer, D., M.V. Assen & P. Emanuelson, 2012: Analyzing Large-Scale-Exchange Networks. Social Networks 34: 171–180.

Willer, D. & P. Emanuelson, 2008: Testing Ten Theories. Journal of Mathematical Sociology 32: 165–203.

Yamagishi, T., M.R. Gillmore & K.S. Cook, 1988: Network Connections and the Distribution of Power in Exchange Networks. American Journal of Sociology 93: 833–851.

Yamaguchi, K., 1996: Power in Networks of Substitutable and Complementary Exchange Relations: A Rational-Choice Model and an Analysis of Power Centralization. American Sociological Review 61: 308–332.

Yamaguchi, K., 2000: Power in Mixed Exchange Networks: A Rational Choice Model. Social Networks 22: 93–121.

IV Grenzen und aktuelle Entwicklungen

Andreas Tutić

IV.1 Anomalien der Rational-Choice-Theorie

IV.1.1 Einleitung

Die Rational-Choice-Theorie (RCT) als eine formale Theorie stellt ein hoch effizientes Instrumentarium dafür bereit, sozialwissenschaftliche Theorien zu konstruieren. Jede der auf dieser Grundlage errichteten Theorien modelliert individuelles Handeln vermöge einer Präferenzrelation. Viele dieser Theorien verwenden ferner Konzepte der kardinalen Nutzentheorie und der Spieltheorie. Die Entscheidungstheorie kann aber nur ausreichend konsistentes Handeln darstellen (vgl. Kapitel II.1). Die Vorstellung, dass Akteure sich so verhalten, als ob sie Lotterien anhand ihres Erwartungsnutzens bewerten, setzt voraus, dass sie objektive Wahrscheinlichkeiten korrekt wahrnehmen und dass ihre Einschätzungen subjektiver Wahrscheinlichkeiten stochastischen Prinzipien unterliegen. Die Kognitionen der Akteure werden im Rahmen der RCT mithilfe diverser Kalküle wie der Modallogik oder der epistemischen Logik modelliert, was mit Einschränkungen in der Darstellbarkeit realen menschlichen Denkens verbunden ist. Schließlich setzen spieltheoretische Lösungskonzepte unter anderem voraus, dass die Spieler starke Formen sozial geteilten Wissens besitzen und zu ausreichend tiefem iterierten Denken sowie zum Geben bester Antworten auf gegebene Erwartungen in der Lage sind (vgl. Kapitel II.2; Kapitel II.4). All dies sind Annahmen, die in jeder Anwendung der RCT allein durch die Verwendung des Formalismus implizit getroffen werden. Scheitert eine spezielle Theorie, die auf Grundlage der RCT konstruiert wurde, an der Erklärung oder Vorhersage empirischer Phänomene, kann dies zum einen daran liegen, dass die Verknüpfung von empirischen Objekten und theoretischen Konstrukten misslungen ist (Messprobleme, falsche Annahmen über die Präferenzen, Modellierung einer Situation durch das falsche Spiel etc.). Zum anderen kann es aber auch daran liegen, dass einige dieser fundamentalen Annahmen, die in jeder Anwendung der RCT implizit getroffen werden, sich empirisch nicht bestätigen.

In diesem Abschnitt beschäftigen wir uns mit den wichtigsten Anomalien der RCT. Dabei handelt es sich um regelmäßig auftretende empirische Beobachtungen zur menschlichen Kognition und zum menschlichen Entscheidungsverhalten, die gerade darauf hinweisen, dass viele dieser fundamentalen Annahmen der RCT empirisch nicht haltbar sind. Die wichtigsten Evidenzen stammen aus experimentellen Studien, die im Anschluss an das von Kahneman und Tversky

https://doi.org/10.1515/9783110673616-013

initiierte „Heuristics and Biases"-Forschungsprogramm durchgeführt wurden. Die Kernbefunde dieses Forschungsprogramms sind wie folgt:
- Menschen verletzen systematisch Konsistenzbedingungen der Präferenz- und Nutzentheorie.
- Menschen verletzen systematisch basale stochastische Prinzipien.
- Menschen verletzen systematisch basale logische Prinzipien.
- Framing-Effekte zeigen auf, dass das Entscheidungsverhalten in im Sinne der RCT identischen objektiven Entscheidungssituationen von theorieimmanent unwichtigen Aspekten der Präsentation des Entscheidungsproblems oder Eigenschaften der Umwelt beeinflusst wird.

All diese Befunde sind überaus problematisch für die Entscheidungstheorie. Denn sie zeigen gerade die Grenzen des methodischen Vorgehens auf, menschliche Kognition und menschliches Handeln vermöge formaler Kalküle wie der Präferenztheorie, der Stochastik und der Logik darzustellen. Über diese stilisierten Fakten zum individuellen Entscheidungsverhalten gehen neuere Befunde aus der kognitiven Spieltheorie hinaus:
- Menschen gehen systematisch nicht davon aus, dass andere Menschen rational agieren.
- Menschen sind systematisch nicht zu tiefem iterativen Denken in der Lage, wie es etwa für Rationalisierbarkeit, Dominanz oder Rückwärtsinduktion erforderlich ist.
- Auszahlungseffekte zeigen auf, dass das Verhalten von Menschen in strategischer Interaktion von Änderungen in der Auszahlungsstruktur beeinflusst wird, die die Gleichgewichte in diesen Spielen unberührt lassen.

Im Folgenden werden ausgewählte experimentelle Belege zu diesen Befunden dargestellt. Zur Auswahl der experimentellen Studien sind ein paar Anmerkungen angebracht. Zum einen greifen wir sowohl auf Experimente zurück, in denen die Probanden für korrekte Urteile und Entscheidungen monetär entlohnt werden (inzentivierte Experimente) als auch auf Studien zu rein hypothetischen Urteilen und Entscheidungen, die für die Probanden keine monetären Konsequenzen haben. Die theoretischen Argumente für und wider eine Inzentivierung von Experimenten halten sich die Waage (vgl. Read 2005; Rubinstein 1998: 20). Vergleichende Studien zeigen, dass Anomalien im Allgemeinen nicht durch die Einführung oder Erhöhung monetärer Anreize zum Verschwinden gebracht werden (vgl. Camerer & Hogarth 1999; Hertwig & Ortmann 2001). Vor diesem Hintergrund erscheint es gerechtfertigt, auch auf Studien zum hypothetischen Entscheidungsverhalten einzugehen. Zum zweiten zielt die Darstellung nicht darauf ab, ein Gesamtbild über den empirischen Gehalt der RCT in Anwendungen zu geben. Ohne jeden Zweifel hat sich die RCT als überaus fruchtbar bei der Ableitung von angewandten Theorien und spezifischen Hypothesen erwiesen und viele dieser Hypothesen lassen sich auch empirisch bestätigen. Allerdings weisen die hier aufgeführten Anomalien wohl darauf hin, dass diese Hypothesen nicht auf den von der RCT beschriebenen Mechanismen beruhen. Schließlich ist noch zu bemerken, dass der deskriptive Gehalt der RCT in diesem Zusammenhang gar nicht zum Thema gemacht werden muss. Es ist klar, dass Menschen viele Entscheidungen nicht durch ein bewusstes Abwägen der Vor- und Nachteile verschiedener Handlungsoptionen treffen.

IV.1.2 Präferenz- und Nutzentheorie

Wir haben im Zusammenhang mit der Entscheidungstheorie gesehen, dass sich nicht jedes beliebige Handeln vermöge der Maximierung einer Präferenzrelation oder Nutzenfunktion darstellen lässt. Präferenzrelationen induzieren stets Entscheidungsfunktionen, die konsistentes Handeln im Sinne von *WARP* implizieren. Ferner wird bei der Modellierung von Entscheidungen bei Unsicherheit und Risiko davon ausgegangen, dass spezielle Präferenzen vorliegen, die Eigenschaften wie *IIA-C* oder auch *STP* erfüllen.

Tatsächlich gibt es aber zahlreiche experimentelle Studien, in denen sich ein Entscheidungsverhalten zeigt, das mit diesen Konsistenzbedingungen rationalen Handelns nicht vereinbar ist. Ein eindrucksvoller Beleg anomalen Handelns im Kontext der Präferenz- und ordinalen Nutzentheorie stammt von Huber et al. (1982). In dieser Studie mussten die Versuchspersonen zwischen vier unterschiedlichen Urlaubspaketen (x, y) hypothetische Entscheidungen treffen, die sich darin unterscheiden, wie viele Tage Aufenthalt in Paris x und in London y vorgesehen sind. Es gab die Pakete $A = (7, 4)$, $B = (4, 7)$, $C = (6, 3)$ und $D = (3, 6)$. Einige Versuchspersonen mussten aus der Menge $\{A, B, C\}$, andere Versuchspersonen aus der Menge $\{A, B, D\}$ wählen. Die Mehrzahl der Versuchspersonen präferierte A in der Menge $\{A, B, C\}$ und B in der Menge $\{A, B, D\}$, im Widerspruch zu *WARP*.

Rubinstein (2013) erhebt in einer Art Vignettenstudie die Präferenzen von Versuchspersonen. In 36 Fragen wurden die Versuchspersonen mit je zwei Urlaubspaketen konfrontiert und mussten angeben, ob sie indifferent zwischen den Paketen sind oder ob und wenn ja welches Paket sie gegenüber dem anderen streng präferieren. Die Urlaubspakete unterschieden sich in vier Dimensionen (Ort, Preis, Qualität der Unterbringung, Qualität des Essens). Jede Versuchsperson wurde mit denselben 36 Fragen konfrontiert. Es zeigt sich, dass 88 % der

Versuchspersonen intransitive „Präferenzen" aufweisen. Im Median weisen die angegebenen „Präferenzen" 7 Zyklen auf. Sippel (1997) testet die Konsistenzbedingungen rationalen Handelns im Kontext der Haushaltstheorie. Die Versuchspersonen mussten je 10 inzentivierte Entscheidungen treffen, wobei die Entscheidungssituationen, d. h. die Menge der wählbaren Alternativen, durch Preise der Güter und ein verfügbares Einkommen beschrieben waren. Nur 11 von 42 Versuchspersonen zeigten ein Entscheidungsverhalten, das mit der Vorstellung der Maximierung einer Präferenzrelation vereinbar ist.

Neben Stetigkeit geht die kardinale Nutzentheorie davon aus, dass Präferenzen auf Lotterien auch *IIA-C* erfüllen. Der französische Ökonom Maurice Allais hat ein Paar von Entscheidungsproblemen zwischen je zwei Lotterien entwickelt, die bei den meisten Versuchspersonen und selbst bei Leonard Savage ein Entscheidungsverhalten induzieren, das *IIA-C* widerspricht. In der Fassung von Kahneman & Tversky (1979) liest sich das sogenannte Allais-Paradox wie folgt:

Problem 1a: You are to choose between the following two lotteries:
Lottery A which yields $4000 with probability 0.2 (and $0 otherwise).
Lottery B which yields $3000 with probability 0.25 (and $0 otherwise).

Problem 1b: You are to choose between the following two lotteries:
Lottery C which yields $4000 with probability 0.8 (and $0 otherwise).
Lottery D which yields $3000 with probability 1 (and $0 otherwise).

Die Mehrzahl der Versuchspersonen wählt Lotterie A in Problem 1a und Lotterie D in Problem 1b. Dieses Muster zeigt sich sowohl bei hypothetischen als auch bei inzentivierten Entscheidungen. Ein solches Verhalten verletzt *IIA-C*, denn $A = \frac{1}{4}C + \frac{3}{4}[1; 0]$ und $B = \frac{1}{4}D + \frac{3}{4}[1; 0]$.

Auch die zentrale Rationalitätsbedingung von Entscheidungen bei Unsicherheit, *STP*, wird häufig verletzt. Das klassische Beispiel hierfür ist das sogenannte Ellsberg-Paradox, hier in der Fassung von Rubinstein (2013):

Problem 2a: Imagine an urn known to contain 30 red balls and 60 black and yellow balls (in an unknown proportion). One ball is to be drawn at random from the urn. The following actions are available to you:
„bet on red": yielding $100 if the drawn ball is red and $0 otherwise.
„bet on black": yielding $100 if the drawn ball is black and $0 otherwise.
Which action would you choose?

Problem 2b: Imagine an urn known to contain 30 red balls and 60 black and yellow balls (in an unknown proportion). One ball is to be drawn at random from the urn. The following actions are available to you:
„bet on red or yellow": yielding $100 if the drawn ball is red or yellow and $0 otherwise.
„bet on black or yellow": yielding $100 if the drawn ball is black or yellow and $0 otherwise.
Which action would you choose?

Die Mehrzahl der mit diesen Entscheidungssituationen konfrontierten Versuchspersonen wettet auf Rot in Problem 2a und auf Schwarz oder Gelb in Problem 2b. Dieses Entscheidungsverhalten verletzt *STP*. Die Zustände der Welt können wir mit der Menge der Bälle in der Urne identifizieren, d. h. $S = R \cup B \cup Y$. Ferner sei a die Aktion „bet on red", b die Aktion „bet on black", a' die Aktion „bet on red or yellow" und b' die Aktion „bet on black or yellow". a und b sowie a' und b' sind identisch auf Y. a und a' sowie b und b' sind identisch auf $R \cup B$. Also fordert *STP*, dass a genau dann gegenüber b präferiert wird, wenn a' gegenüber b' vorgezogen wird. Die dargestellten Beobachtungen verletzen die Entscheidungstheorie, unabhängig von jeder ex-ante-Spezifikation der mentalen Konstrukte (vgl. Kapitel II.1). Denn das zur Schau gestellte Verhalten verletzt die fundamentalen Konsistenzbedingungen rationalen Handelns, die durch die Verwendung des Formalismus der Entscheidungstheorie implizit vorausgesetzt werden.

IV.1.3 Stochastik

Wie dargestellt, identifiziert die kardinale Nutzentheorie Bedingungen an beobachtbares Handeln, unter denen dieses Handeln vermöge der Vorstellung erklärt werden kann, dass Akteure eine VNM-Nutzenfunktion auf Konsequenzen haben und dass sie Lotterien anhand ihres Erwartungsnutzens bewerten. Im Falle von objektiv gegebenen Wahrscheinlichkeiten setzen diese Repräsentationstheoreme voraus, dass die Akteure diese Wahrscheinlichkeiten korrekt wahrnehmen und dass ihre Einschätzungen stochastischen Gesetzen unterliegen. Die SEU-Theorie klärt gerade die Bedingungen, unter denen aus beobachtbarem Handeln auf das Vorliegen von subjektiven Wahrscheinlichkeiten geschlossen werden kann, die auch den Gesetzen der Wahrscheinlichkeitsrechnung gehorchen. Es gibt aber eine ganze Reihe an empirischen Evidenzen, die auf systematische Verletzungen stochastischer Prinzipien hindeuten.

So werden objektive Wahrscheinlichkeiten häufig falsch wahrgenommen. Tversky & Kahneman (1983) präsentieren in etwa das folgende Problem:

Problem 3: Subjects were asked to consider a six-sided dice with four green faces and two red ones. The subjects were told that the dice will be rolled 20 times and the sequence of G and R recorded. Each subject was then asked to select one of the following three sequences and told that he would receive $25 if it appears during the rolls of the dice. The three sequences were:
(a) RGRRR
(b) GRGRRR
(c) GRRRRR

Über 60 % der Probanden wählen die Folge GRGRRR, obwohl das Auftreten dieser Folge auch das Auftreten der Folge RGRRR impliziert, aber nicht umgekehrt.

Epstein und Kollegen (z. B. Denes-Raj & Epstein 1994; Kirkpatrick & Epstein 1992) haben den folgenden Versuchsaufbau entwickelt, der eine vielleicht noch drastischere Fehleinschätzung objektiver Wahrscheinlichkeiten dokumentiert. Die Versuchspersonen werden mit zwei transparenten Urnen konfrontiert, die weiße und rote Bälle enthalten. In der ersten Urne sind ein roter Ball und neun weiße Bälle. In der zweiten Urne sind insgesamt 100 Bälle, wobei weniger als 10 davon rot sind. Die Versuchspersonen werden über die Anzahl der roten und der weißen Bälle in den Urnen explizit informiert. Die Versuchspersonen müssen sich für eine der Urnen entscheiden; wird dann aus dieser Urne ein roter Ball gezogen, so erhalten sie $1. In der Regel entscheiden sich 30 bis 40 % der Probanden für die Urne mit 100 Bällen.

Zwei regelmäßig auftretende Verletzungen basaler Prinzipien der Stochastik sind *Conjunction Fallacy* und *Base Rate Neglect*. Die Conjunction Fallacy beschreibt das Phänomen, dass Menschen häufig konjungierte Ereignisse für wahrscheinlicher als die in die Konjunktion eingehenden Einzelereignisse halten. Das bekannteste Beispiel hierfür geht auf Tversky & Kahneman (1983) zurück.

Problem 4: Linda is 31 years old, single, outspoken and very bright. She majored in philosophy. As a student, she was deeply concerned with issues of discrimination and social justice, and also participated in anti-nuclear demonstrations. Which of the following two alternatives is more probable?
(a) Linda is a bankteller.
(b) Linda is a bankteller and active in the feminist movement.

85 % der Versuchspersonen halten Option b für wahrscheinlicher als Option a. Ersetzt man Option a durch die alternative Formulierung „Linda is a bank teller

whether or not she is active in the feminist movement" halten immer noch 57 % der Probanden Option b für wahrscheinlicher.

Tversky & Kahneman (1982) haben auch das klassische Beispiel für Base Rate Neglect formuliert, welches eine Verletzung der Bayesschen Regel darstellt.

Problem 5: A city has two cab companies, Blue and Green. The Blue company runs 85 % of the city's cabs and the Green company runs 15 %. A witness identifies a cab involved in a hit-and-run accident as green. Under tests, she is shown to be 80 % accurate in identifying cabs of either colour under the same viewing conditions. Is the cab more likely to be green or blue?

Eine Mehrheit der Versuchsperson hält es für wahrscheinlicher, dass das Taxi grün ist. Diese Einschätzung widerspricht der Bayesschen Regel, derzufolge $P(A \cap B) = P(A|B) \cdot P(B)$, wobei $P(A|B)$ die bedingte Wahrscheinlichkeit für A ist, gegeben dass B eingetreten ist. Es sei A das Ereignis, dass ein Taxi grün ist und B das Ereignis, dass ein Taxi von diesem Zeugen als grün identifiziert wird. Die Aufgabenstellung zielt auf die Wahrscheinlichkeit $P(A|B)$ ab, dass ein Taxi grün ist, gegeben, dass es von dem Zeugen als grün identifiziert wurde. Es ist

$$P(A|B) = \frac{P(A \cap B)}{P(B)} = \frac{P(B|A) \cdot P(A)}{P(B) \cdot P(A) + (1 - P(B)) \cdot (1 - P(A))}$$

$$= \frac{0,8 \cdot 0,15}{0,8 \cdot 0,15 + 0,2 \cdot 0,85} \approx 0,41.$$

Fragt man Probanden nach der Wahrscheinlichkeit dafür, dass das in den Unfall verwickelte Taxi grün ist, geben viele gerade 80 % an, also gerade die Wahrscheinlichkeit, mit der der Zeuge ein Taxi korrekt identifiziert. Dies zeigt, dass die Versuchspersonen die Base Rates, hier also die Verteilung der Taxis in der Stadt, bei ihren Einschätzungen ignorieren.

IV.1.4 Logik

Neben stochastischen Prinzipien geht die RCT an vielen Stellen auch davon aus, dass sich die Kognitionen der Akteure durch andere formale Kalküle der Logik und der Mathematik beschreiben lassen. So wird beispielsweise im Rahmen der epistemischen Spieltheorie (Aumann & Brandenburger 1995) interaktives Wissen mithilfe der epistemischen Logik (vgl. Hintikka 1962) formalisiert. Überhaupt setzt die Verwendung formaler Konzepte wie Spiele in strategischer oder extensiver Form zur Modellierung sozialer Situationen voraus, dass die Akteure elementare Aussagen wie „Wenn . . ., dann . . ." inhaltlich verstehen.

Tatsächlich verletzen aber Menschen systematisch basale Prinzipien der Logik. Das am häufigsten zitierte Beispiel hierfür ist die *Wason Selection Task* (Wason 1968).

Problem 6: There are four cards on a table. Each has a capital letter on one side and a single digit number on the other side. The exposed sides are shown in Abbildung IV.1.1.

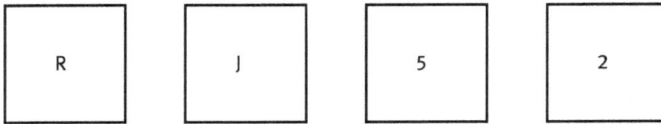

Abbildung IV.1.1: Wason Selection Task.

The rule below applies to these four cards and may be true or false:
If there is an R on one side of the card, then there is a 5 on the other side of the card.
Your task is to decide those cards, and only those cards, that need to be turned over in order to discover whether the rule is true or false.

Die meisten Probanden wählen die Karte R und die Karte 5 aus und nur sehr wenige Probanden wählen die Karte 2. Die korrekte Antwort ist, die Karte R und die Karte 2 umzudrehen. Denn die Aussage „Wenn A, dann B" ist genau dann falsch, wenn A wahr und B falsch ist. Dieses Beispiel zeigt, dass Menschen häufig den Inhalt der elementaren Aussage „Wenn . . ., dann . . . " nicht verstehen.

Evans et al. (1983) zeigen auf, dass viele Versuchspersonen beim Ziehen logischer Schlüsse damit Probleme haben, sich von der Glaubwürdigkeit der Schlussfolgerungen frei zu machen. In dieser klassischen Studie zum sogenannten *Belief Bias* werden die Probanden dazu aufgefordert, unabhängig vom inhaltlichen Wahrheitsgehalt der Aussagen zu überprüfen, ob die Schlussfolgerung logisch aus den Prämissen folgt (Evans et al. 1983: 298):

This is an experiment to test people's reasoning ability. You will be given four problems. In each case, you will be given a prose passage to read and asked if a certain conclusion may be logically deduced from it. You should answer this question on the assumption that all the information given in the passage is, in fact, true. If you judge that the conclusion necessarily follows from the statements in the passage, you should answer „yes", otherwise „no".

Die Probanden wurden unter anderem mit dem folgenden Problem konfrontiert:

Problem 7a: No addictive things are inexpensive.
Some cigarettes are inexpensive.
Therefore, some addictive things are not cigarettes.

71 % der Versuchspersonen geben an, dass die Schlussfolgerung logisch aus den Prämissen folgt. Im folgenden Problem sind nur 10 % der Versuchspersonen dieser Ansicht:

Problem 7b: No millionaires are hard workers.
Some rich people are hard workers.
Therefore, some millionaires are not rich people.

Tatsächlich sind beide Schlüsse falsch. Beide Probleme weisen die folgende Struktur auf: Kein A ist B. Einige C sind B. Hieraus folgt: Einige A sind nicht C. Es sei $A = \{a, d\}$, $B = \{b\}$ und $C = \{b, d\}$. Dieses Beispiel zeigt, dass beide Prämissen durchaus wahr sein können und die Schlussfolgerung zugleich falsch. Der entscheidende Unterschied zwischen den beiden Problemen besteht darin, dass die Schlussfolgerung im ersten Problem glaubwürdig und im zweiten Problem abwegig ist.

Beim folgenden Problem werden die Versuchspersonen offenbar von der Verfügbarkeit einer intuitiven Antwort dazu verführt, nicht ausreichend über das Problem nachzudenken (Levesque 1986; Toplak & Stanovich 2002):

Problem 8: Jack is looking at Anne, but Anne is looking at George. Jack is married, but George is not. Is a married person looking at an unmarried person?
(a) Yes
(b) No
(c) Cannot be determined

Die Mehrzahl der Probanden wählt Antwort c. Tatsächlich ist die Antwort a korrekt. Sowohl wenn Anne verheiratet ist (Anne sieht George an) als auch wenn sie nicht verheiratet ist (Jack sieht Anne an), sieht eine verheiratete Person eine unverheiratete Person an.

Auch der Kognitions-Reflektions-Test (Frederick 2005; Kahneman & Frederick 2002) zeigt, dass viele Probanden dazu tendieren, nicht ausreichend über ein kognitives Problem nachzudenken, sofern das Problem eine intuitive Antwort nahelegt. Der Test besteht aus drei elementaren Textaufgaben:

Problem 9: A bat and a ball cost EUR 1.10 in total. The bat costs EUR 1.00 more than the ball. How much does the ball cost?

If it takes 5 machines 5 minutes to make 5 widgets, how long would it take 100 machines to make 100 widgets?
In a lake, there is a patch of lily pads. Every day, the patch doubles in size. If it takes 48 days for the patch to cover the lake, how long would it take for the patch to cover half of the lake?

In einer Studie an der Universität Leipzig konnten lediglich 21 % der Probanden alle drei Fragen richtig beantworten (Grehl & Tutić 2015). Die Mehrzahl der Probanden antwortet auf die erste Frage, dass der Ball 10 Cent kostet. Diese Antwort verletzt natürlich basale Rechenregeln; zugleich weist die Tatsache, dass gerade eine bestimmte falsche Antwort gegeben wird, auf eine Erklärung für diese Anomalie hin. 10 Cent erscheint als intuitive Antwort in dem Sinne, dass sie uns beim Hören der Aufgabenstellung unmittelbar als erstes in den Sinn kommt.

IV.1.5 Framing-Effekte

In vielen experimentellen Studien hat sich gezeigt, dass Aspekte der Präsentation von Entscheidungsproblemen das Verhalten der Probanden beeinflussen, obwohl sie der RCT zufolge irrelevant sein sollten. Das wichtigste Beispiel hierfür ist das sogenannte *Asian Disease Problem* (Tversky & Kahneman 1986), das aus zwei Entscheidungen besteht:

Problem 10a: Imagine that the U.S. is preparing for the outbreak of an unusual Asian disease, which is expected to kill 600 people. Two alternative programs to combat the disease have been proposed. Assume that the exact scientific estimates of the consequences of the programs are as follows:
If Program A is adopted, 200 people will be saved.
If Program B is adopted, there is 1/3 probability that 600 people will be saved, and 2/3 probability that no people will be saved.

Ein Teil der Versuchspersonen wurde mit Problem 10a konfrontiert, andere Probanden mussten sich bei Problem 10b entscheiden.

Problem 10b: Imagine that the U.S. is preparing for the outbreak of an unusual Asian disease, which is expected to kill 600 people. Two alternative programs to combat the disease have been proposed. Assume that the exact scientific estimates of the consequences of the programs are as follows:
If Program C is adopted, 400 people will die.

If Program D is adopted, there is 1/3 probability that nobody will die, and 2/3 probability that 600 people will die.

Beide Entscheidungsprobleme sind inhaltlich identisch, denn die Optionen A und C sowie die Optionen C und D haben jeweils die gleichen Konsequenzen. Dennoch entscheidet sich eine Mehrheit der Versuchspersonen für Option B in Problem 10a, während in Problem 10b Option C von den meisten Probanden gewählt wird.

Beim Asian Disease Problem ist die Erwartungsnutzentheorie sowohl mit der Wahl von A (bzw. C) also auch mit der Wahl von B (bzw. D) vereinbar. Bei der folgenden Aufgabe (Tversky & Kahneman 1986) zeigt sich neben der Existenz von Framing-Effekten auch, dass Versuchspersonen unter Umständen sogar eine dominierte Alternative wählen.

Problem 11a: Consider the following two lotteries, described by the percentage of marbles of different colors in each box and the amount of money you win or lose depending on the color of a randomly drawn marble. Which lottery do you prefer?

Option A:

Color	White	Red	Green	Yellow
Chances %	90	6	1	3
Price $	0	45	30	−15

Option B:

Color	White	Red	Green	Yellow
Chances %	90	7	1	1
Price $	0	45	−10	−15

Einige Versuchspersonen haben Problem 11a bearbeitet und andere Versuchspersonen wurden mit Problem 11b konfrontiert.

Problem 11b: Consider the following two lotteries, described by the percentage of marbles of different colors in each box and the amount of money you win or lose depending on the color of a randomly drawn marble. Which lottery do you prefer?

Option C:

Color	White	Red	Green	Blue	Yellow
Chances %	90	6	1	1	2
Price $	0	45	30	−15	−15

Option D:

Color	White	Red	Green	Blue	Yellow
Chances %	90	6	1	1	2
Price $	0	45	45	−10	−15

Option D dominiert Option C, d. h. unabhängig davon, welche Kugel gezogen wird, erhält der Spieler eine gleich hohe oder echt höhere Auszahlung bei Option D. Zugleich induzieren die Optionen A und C sowie B und D jeweils die gleichen Lotterien auf Auszahlungen. Die Erwartungsnutzentheorie macht deshalb die Vorhersage, dass sich alle Probanden für B bzw. D entscheiden. Tatsächlich entscheiden sich aber 58 % der Probanden in Problem 11a für Option A, während sich über 90 % der Versuchspersonen in Problem 11b für D entscheiden.

Verwandt mit Framing-Effekten sind sogenannte Priming-Effekte. Dabei werden die Handlungen bzw. Einschätzungen von Versuchspersonen durch die Aktivierung von im Gedächtnis gespeicherten Assoziationen beeinflusst. Ein berühmtes Beispiel hierfür ist der sogenannte *Watching Eyes Effect*. In einer viel zitierten Studie haben Haley & Fessler (2005) beobachtet, dass die Abbildung eines Augenpaars das Abgabeverhalten in Diktatorspielen beeinflussen kann. Im Diktatorspiel gibt es zwei Spieler, den Sender und den Empfänger. Der Sender wird vom Experimentator mit 10 Geldeinheiten ausgestattet, die er zwischen sich und dem Empfänger aufteilen muss. Der Empfänger kann die Aufteilung nicht beeinflussen. In der Studie von Haley & Fessler (2005) trafen die Sender ihre Entscheidung über ein Computerterminal. In einigen Experimentalkonditionen zeigte der Desktophintergrund ein stilisiertes Augenpaar, in anderen Konditionen war dies nicht der Fall. Es zeigte sich, dass die Probanden im Durchschnitt höhere Abgaben in den Konditionen mit Augenpaar getätigt haben. Dies liegt vor allem daran, dass in den Konditionen mit Augenpaar die überwiegende Mehrzahl von Probanden einen positiven Beitrag abgab, während viele Probanden in den Konditionen ohne Augenpaar gar nichts abgaben.

Der *Anchoring Effect* ist ein zweites Beispiel für einen Priming-Effekt. Tversky & Kahneman (1974) verwenden den folgenden klassischen Versuchsaufbau zur Demonstration dieser Spielart des Primings, bei der numerische Schätzungen durch die Präsentation von an sich irrelevanten Zahlen beeinflusst werden. Bevor die Versuchspersonen schätzen sollten, wieviel Prozent der Mitglieder der Vereinten Nationen afrikanische Länder ausmachen, wurde in ihrer Anwesenheit ein manipuliertes Glücksrad gedreht, das eine Zahl zwischen 0 und 100 anzeigte. Tatsächlich hat das Glücksrad, je nach Experimentalkondition, bei 10 oder 65 gestoppt. In der Kondition, bei der das Rad bei 10 stoppte, haben die Versuchspersonen den Anteil afrikanischer Länder in den Vereinten Nationen im Durchschnitt auf 25 % geschätzt. In der Kondition, in der das Rad die höhere Zahl 65 anzeigte, lag die durchschnittliche Schätzung bei 45 %.

Die *Scrambled Sentence Method* wird häufig eingesetzt, um Priming-Effekte zu induzieren (Srull & Wyer 1979). Dabei werden die Versuchspersonen mit fünf Wörtern konfrontiert, von denen sie vier auswählen sollen, um einen grammatikalisch richtigen Satz zu bilden. So ist in etwa „Viele Menschen sind vertrauenswürdig" eine Lösung für „viele, vertrauenswürdig, haben, Menschen, sind". Die Probanden müssen eine ganze Reihe, häufig an die 30 solcher Aufgaben lösen. Eine Idee lässt sich primen, indem in vielen Aufgaben Wörter vorkommen, die in einem assoziativen Zusammenhang mit dieser Idee stehen. Bargh et al. (1996) primen die Idee „Seniorität", indem sie in den Aufgaben Wörter wie „worried, Florida, old, lonely, grey, selfishly, careful, sentimental, wise, stubborn, courteous, bingo, withdraw, forgetful, retired, wrinkle, rigid, traditional, bitter, obedient, conservative, knits, dependent, ancient, helpless, gullible, cautious, and alone" verwenden. In ihrer Studie zeigt sich, dass Probanden, bei denen „Seniorität" geprimed wurde, signifikant langsamer gehen, wenn sie das Labor verlassen, als Probanden, die neutrale Scrambled-Sentence-Aufgaben ohne zugrundeliegende Idee bearbeitet haben.

IV.1.6 Iteratives Denken und Strategische Unsicherheit

In Kapitel II.2 wurde bereits angedeutet, dass einige spieltheoretische Lösungskonzepte auf der Annahme der *Common Knowledge of Rationality* beruhen: Jeder Akteur weiß, dass jeder Akteur weiß, dass jeder Akteur weiß, . . ., dass jeder Akteur rational ist. Im Kontext der Spieltheorie bedeutet dabei Rationalität häufig die Fähigkeit, eine beste Antwort auf Erwartungen geben zu können. Realiter scheitern Vorhersagen auf Grundlage spieltheoretischer Lösungskonzepte häufig an beidem: sowohl an der Unfähigkeit, eine beste Antwort zu geben, d. h. an begrenzten kognitiven Fähigkeiten, als auch an strategischer Unsicherheit, d. h. am Fehlen von Common Knowledge of Rationality.

Die experimentelle Forschung zur Spieltheorie bemüht sich seit einigen Jahren darum, die relative Wichtigkeit dieser beiden Fehlerquellen empirisch abzuschätzen. Ein klassischer Beitrag hierzu stammt von Nagel (1995). In dieser Studie spielten die Probanden den sogenannten *Beauty Contest*. Dabei wählt eine größere Menge an Spielern simultan eine reelle Zahl im Intervall [0, 100]. Derjenige Spieler, dessen Zahl näher an der Zielzahl liegt, die gerade $\frac{2}{3}$ des empirischen Mittelwerts der Zahlen aller Spieler entspricht, gewinnt einen Geldpreis. Liegen mehrere Spieler gleich nahe an der Zielzahl, so wird der Preis fair unter ihnen geteilt. Dieses Spiel hat eine eindeutige Lösung unter dem Lösungskonzept der iterierten Dominanz. Im ersten Schritt kann man alle Zahlen, die über $\frac{2}{3} \cdot 100$ liegen, streichen, denn die Zielzahl kann nicht größer als dieser Wert sein. Im zweiten Schritt können deshalb alle Zahlen gestrichen werden, die zwischen $\left(\frac{2}{3}\right)^2 \cdot 100$ und $\frac{2}{3} \cdot 100$ liegen. Nach k Schritten wurden mithin alle Zahlen, die größer als $\left(\frac{2}{3}\right)^k \cdot 100$ sind, eliminiert. Da $\lim_{k \to \infty} \left(\frac{2}{3}\right)^k \cdot 100 = 0$, gibt es nur eine Lösung unter iterierter Dominanz, nämlich, dass jeder Akteur die Zahl 0 wählt. Dies ist auch das eindeutige gemischte Nash-Gleichgewicht in diesem Spiel (vgl. Nagel 1995: 1314).

In der Studie von Nagel (1995) spielten Gruppen mit 15 bis 18 Spielern 4 Runden des Beauty Contests. Dabei wussten die Probanden von Anfang an, dass sie genau 4 Runden spielen werden. Ferner wurden sie nach jeder Runde über den empirischen Durchschnitt der Zahlen und über die zugehörige Zielzahl informiert. In der ersten Runde wählte kein einziger Proband die Zahl 0 und der Median der Zahlen in der ersten Runde lag bei 33. In der vierten Runde wählte nur ein Spieler eine Zahl, die kleiner als 1 ist. Zumindest tritt aber über die Runden hinweg eine Art Bewegung zum Gleichgewicht ein. Die Spieler lernten, dass ihre Zahlen aus den ersten Runden tendenziell zu hoch waren. In der vierten Runde lag der Median der Zahlen schließlich zwischen 3 und 10.

Der Beitrag von Nagel (1995) ist deshalb so einflussreich, weil sie mithilfe einer klugen Idee den Einfluss von strategischer Unsicherheit auf ihre Daten sichtbar machen kann. Im Beauty Contest ist es relativ einfach, eine beste Antwort zu geben. Die Schwierigkeit besteht darin, korrekte Erwartungen über den empirischen Schnitt der Zahlen auszubilden. Nagel zufolge könnte in der ersten Runde die Zahl 50 eine naheliegende Vermutung über diesen Schnitt sein. Dafür gibt es zumindest zwei gute Gründe. Zum einen ist 50 gewissermaßen fokal, denn es ist der Mittelwert zwischen 0 und 100. Zum anderen ist 50 der Erwartungswert des empirischen Durchschnitts, wenn alle Spieler gleichverteilt über ihre Strategiemenge randomisieren. Wir bezeichnen nun Spieler, die 50 wählen, als naive Spieler. Dann müsste ein rationaler Spieler, der davon ausgeht, dass alle anderen Spieler naiv sind, gerade $\frac{2}{3} \cdot 50 \approx 33,33$ wählen. Nennen wir Spieler, die diese Strategie wählen, rational vom Grad 1. Ein Spieler, der davon ausgeht, dass alle anderen Spieler rational vom Grad 1 sind, müsste dann $\left(\frac{2}{3}\right)^2 \cdot 50 \approx 22,22$

selegieren. Nennen wir Spieler, die diese Zahl wählen, rational vom Grad 2. Rationale Spieler vom Grad 3 müssten entsprechend die Zahl 14,82 wählen. Tatsächlich wählen auffällig viele Spieler in der ersten Runde Zahlen, die nahe an diesen Strategien liegen. Legt man kleinere Fehlerintervalle um die Zahlen der in verschiedenen Graden rationalen Spieler, zeigt sich, dass ungefähr 8 % der Spieler in diesem Sinne naiv sind, 26 % rational vom Grad 1, 24 % vom Grad 2 und 2 % vom Grad 3. Rationalität von höheren Graden als drei lässt sich in Nagels Studie nicht beobachten. Insgesamt lässt sich das Verhalten von ca. 60 % der Probanden mithilfe dieser heuristischen Idee klassifizieren.

Das Experiment von Nagel (1995) zeigt zwei interessante Aspekte auf. Zum einen haben die Vorhersagen auf Grundlage der iterierten Dominanz nur wenig mit dem beobachtbaren Verhalten im Beauty Contest zu tun. Zum zweiten scheint ein guter Anteil der Abweichungen von diesen Vorhersagen auf strategische Unsicherheit zurückführbar zu sein. Das abweichende Verhalten dieser Spieler lässt sich über divergierende Erwartungen hinsichtlich der Handlungen der anderen Spieler erklären.

Eine Möglichkeit, den Einfluss von strategischer Unsicherheit auf Verhalten in strategischen Interaktionen zu untersuchen, besteht darin, Effekte von Informationen über die Mitspieler zu studieren. Denn Informationen über die Mitspieler und insbesondere ihre kognitive Leistungsfähigkeit können als Grundlage für die Ausbildung von Erwartungen dienen. Agranov et al. (2012) haben diese Idee in einem aufschlussreichen Experiment umgesetzt. Auch sie betrachten das Verhalten in monetär inzentivierten Beauty Contest-Spielen. In dieser Studie haben jeweils 8 Akteure genau eine Runde des Spiels absolviert. Dabei wurde die Zusammensetzung der Gruppen variiert. Im Kontrolltreatment haben 8 Undergraduates (BA-Studierende) in Volkswirtschaftslehre eine Gruppe gebildet. Die Probanden wussten auch, dass sie mit anderen BA-Studierenden zusammenspielen. Im Graduate Treatment wurde Probanden im BA-Studium mitgeteilt, dass die sieben anderen Mitglieder der Gruppe Graduates (MA-Studierende) in Volkswirtschaftslehre seien. Im Computer Treatment wurde den BA-Studierenden kommuniziert, dass sie mit 7 Computern interagieren, die jeweils gleichverteilt auf der Strategiemenge randomisieren. Bei den Auswertungen interessiert man sich in diesem Fall nur für das Verhalten der BA-Studierenden. Es zeigt sich, dass ca. 50 % der Probanden im Computer Treatment in der Tat eine Zahl nahe an 33,33 wählen, also eine beste Antwort geben. Dabei ist zu beachten, dass in diesen Experimentalkonditionen Erwartungen keine Rolle spielen; die Spieler wissen ja, welche Strategie ihre algorithmischen Mitspieler verfolgen. 50 % der Teilnehmer sind somit rational in dem Sinne, dass sie dazu in der Lage sind, eine beste Antwort auf gegebene Erwartungen im Beauty Contest zu geben. Die Beobachtungen im Kontrolltreatment sind so gut wie identisch zu den Beobachtungen

Nagels. Bemerkenswert ist, dass im Graduate Treatment 10 % der BA-Studierenden tatsächlich 0 wählen, während dies im Kontrolltreatment gar nicht vorkommt. Dieser Effekt ist, weil es sich ja in beiden Fällen um BA-Studierende handelt, nicht auf Unterschiede in den Fähigkeiten, eine beste Antwort zu geben, zurückzuführen, sondern auf divergierende Erwartungen an das Verhalten der Mitspieler. Ferner zeigt sich, dass auch der Anteil der rationalen Spieler vom Grade 1 im Kontrolltreatment höher als im Graduate Treatment ausfällt. Mit anderen Worten: Die BA-Studierenden gehen offenbar davon aus, dass MA-Studierende weniger häufig die naive Strategie spielen als BA-Studierende. Die Studie von Agranov et al. (2012) stellt mithin überzeugende Evidenz dafür dar, dass Abweichungen von Vorhersagen der iterierten Dominanz durch beides, begrenzte Rationalität und strategische Unsicherheit, bedingt sind.

Das Zusammenwirken von begrenzter Rationalität und strategischer Unsicherheit lässt sich auch in anderen Situationen der strategischen Interdependenz beobachten, insbesondere in extensiven Spielen bei perfekter Information, die durch Rückwärtsinduktion lösbar sind. Auch wenn die zugehörige Theorie in Kapitel II.2 nur angedeutet wurde, ist es lohnenswert, einen kleinen Einblick in die zentralen Befunde dieser empirischen Forschung zu geben. Betrachten wir zunächst sogenannte *Race Games*. Angenommen es gibt zwei Spieler und auf einem Tisch liegen 13 Murmeln. Die Spieler nehmen abwechselnd zwischen 1 und 3 Murmeln vom Tisch. Derjenige Spieler, der die letzte Murmel vom Tisch nimmt, gewinnt einen gewissen Geldbetrag. Dieses Spiel lässt sich, und das ist gerade die Grundidee des Lösungskonzepts der Rückwärtsinduktion, „von hinten" lösen. Angenommen es liegen noch 1 bis 3 Murmeln auf dem Tisch und Ego ist am Zug. Dann gewinnt Ego. Liegen noch gerade 4 Murmeln auf dem Tisch, dann verliert Ego, denn er kann nicht verhindern, dass Alter in seinem nächsten Zug gerade 1 bis 3 Murmeln auf dem Tisch findet. Aber hieraus folgt, dass Ego auch verliert, wenn er am Zug ist und gerade 8 Murmeln auf dem Tisch liegen. Denn Alter kann in jedem Fall mit seinem nächsten Zug erreichen, dass Ego dann 4 Murmeln in seinem Zug vorfindet. Hieraus folgt, dass Spieler 1 einen Sieg in diesem Spiel erzwingen kann. Er muss in seinem ersten Zug genau eine Murmel vom Tisch nehmen. In seinem nächsten Zug muss er gerade so viele Murmeln vom Tisch nehmen (dort liegen dann noch 9, 10 oder 11 Murmeln), so dass 8 Murmeln übrigbleiben. Und so weiter!

Tutić & Grehl (2017) haben Studierende der Universität Leipzig verschiedene Race Games, bei denen die Anzahl der Murmeln auf dem Tisch und die Zahl der entnehmbaren Murmeln variiert wurde, gegen einen Computer spielen lassen, der darauf programmiert war, das Spiel zu gewinnen. Die Probanden waren dabei stets in der Rolle von Spieler 1 und die Spiele wurden so ausgewählt, dass die Probanden, sofern sie keinen Fehler bei der Rückwärtsinduktion machen, das Spiel gewinnen müssten. Empirisch zeigt sich, dass die Probanden im Durchschnitt gerade 2,43 von 7 Spielen gewinnen. Dies ist klare Evidenz dafür, dass selbst eine relativ intelligente und gebildete Population nicht zu dem Ausmaß iterativen Denkens in der Lage ist, das viele Lösungskonzepte der Spieltheorie voraussetzen.

Der zweite Teil des Experimentes von Tutić & Grehl (2017) zielte auf einen experimentellen Nachweis für Effekte der strategischen Unsicherheit im Kontext von Spielen, die durch Rückwärtsinduktion lösbar sind, ab. Zu diesem Zweck wurden drei Experimentalkonditionen implementiert. Im Kontrolltreatment spielten die Versuchspersonen nochmals 7 weitere Race Games gegen den Computer. Im Team Treatment wurden die Probanden zufällig gepaart und jedes Teammitglied spielte für sich ein Race Game gegen den Computer. Allerdings erhielten die Teammitglieder nur dann einen Preis, wenn beide Mitglieder ihr Spiel gegen den Computer gewonnen hatten. Das Team-Info Treatment war identisch mit dem Team Treatment, nur dass die Probanden dort die Möglichkeit hatten, Informationen über die Fähigkeit des Mitspielers zur Rückwärtsinduktion durch das Anklicken eines Buttons auf dem Bildschirm zu erhalten. Dort wurde dann gegebenenfalls die Anzahl der Race Games angezeigt, die der Mitspieler im ersten Teil des Experiments gegen den Computer gewonnen hat.

Die Spieler mussten sich, nachdem ihnen das anstehende Race Game und ggf. die Information über ihr Teammitglied angezeigt wurde, zwischen zwei möglichen Preisen entscheiden. Bei Option A erhielten sie im Falle des Sieges einen fixen Geldbetrag. Bei Option B erhielten sie im Falle des Sieges mit 70 % Wahrscheinlichkeit diesen Geldbetrag und im Falle, dass sie oder ggf. ihr Teammitglied das Spiel verloren hatten, mit 30 % den Geldbetrag. Spieler, die eher davon ausgehen, dass sie oder ggf. ihr Teammitglied verlieren, sollten also eher zu Option B tendieren.

Abbildung IV.1.2 zeigt die relative Häufigkeit der Wahl von Option B für alle Race Games im zweiten Teil des Experiments, einzeln für jede Experimentalkondition. Es zeigt sich ein monotoner Zusammenhang: Im Team-Info Treatment wird häufiger Option B gewählt als im Team Treatment und im Team Treatment wird häufiger Option B gewählt als im Kontrolltreatment (Single Treatment). Die Tatsache, dass bei späteren Spielen in allen Konditionen häufiger Option B gewählt wird, liegt darin begründet, dass die zu lösenden Spiele immer mehr Schritte der Rückwärtsinduktion beinhalteten.

Abbildung IV.1.3 aggregiert über alle Spiele des zweiten Teils des Experiments und betrachtet, neben dem Team Treatment, drei Gruppen von Entscheidungen bezüglich der Optionen A und B innerhalb des Team-Info Treatments: diejenigen Entscheidungen, bei denen die Probanden nicht die Information über ihr Teammitglied in Betracht gezogen haben (info-ignored), Entscheidungen, bei denen die Probanden über die Anzahl der gewonnenen Race Games des Teammitglieds im ersten Teil des Experimentes informiert waren und mit einem der

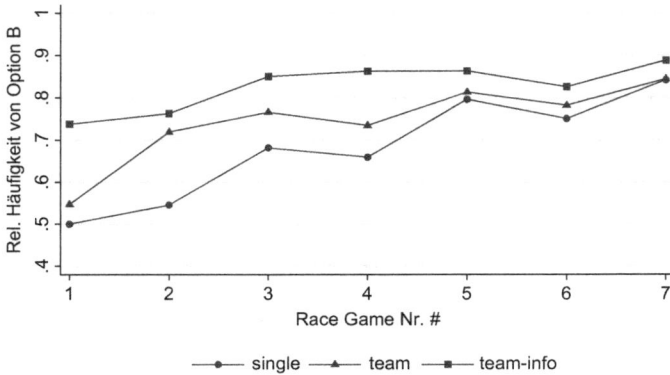

Abbildung IV.1.2: Strategische Unsicherheit bei Rückwärtsinduktion (a).

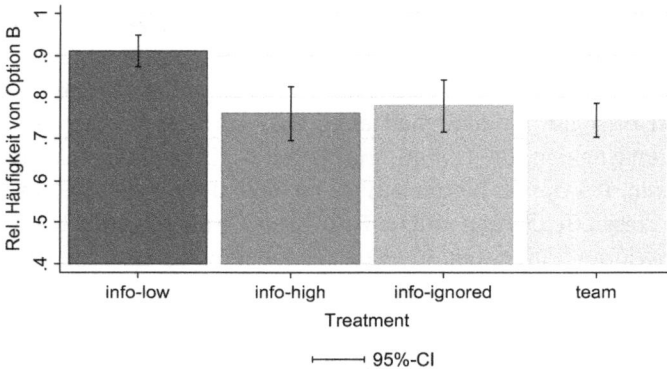

Abbildung IV.1.3: Strategische Unsicherheit bei Rückwärtsinduktion (b).

50 % leistungsschwächsten Teammitglieder gepaart wurden (info-low) sowie Entscheidungen, bei denen die Probanden über die Anzahl der gewonnenen Race Games des Teammitglieds im ersten Teil des Experiments in Kenntnis waren und mit einem der 50 % leistungsstärksten Teammitglieder gepaart wurden (info-high). Es zeigt sich klar, dass die beobachteten Unterschiede zwischen Team und Team-Info Treatment auf die Informationen über die relativ geringe kognitive Leistungsfähigkeit des Teammitglieds zurückzuführen sind. Nur diejenigen Probanden im Team-Info Treatment, die es mit einem relativ leistungsschwachen Teammitglied zu tun hatten, wählen häufiger die auf Sicherheit bedachte Auszahlungsoption B als die Probanden im Team Treatment.

Anders formuliert: Die Probanden scheinen tendenziell die Fähigkeiten ihrer Mitspieler zur Rückwärtsinduktion zu überschätzen.

Alles in allem zeigen die Evidenzen zum realen menschlichen Entscheidungsverhalten in strategischen Interaktionen auf, dass die für die Spieltheorie zentralen Annahmen, dass Akteure dazu in der Lage sind, beste Antworten auf gegebene Erwartungen zu geben, viele iterative Denkschritte zu vollziehen und davon ausgehen, dass die anderen Akteure rational sind (ganz zu schweigen von Wissen höherer Ordnung um Rationalität), durchaus fragwürdig sind.

IV.1.7 Auszahlungseffekte

Eine weitere Anomalie spieltheoretischer Lösungskonzepte besteht darin, dass Menschen in strategischen Interaktionen auf eine Manipulation der Anreize häufig nicht in der Weise reagieren, wie es die Theorie vorhersagt. Dies wurde insbesondere in einer beeindruckenden Studie von Goeree & Holt (2001) deutlich, die dieses Phänomen in einer breiten Klasse an Spielen dokumentiert haben. Für unsere Zwecke reicht es aus, die Existenz anomaler Auszahlungseffekte an drei Beispielen aufzuzeigen. In dieser Studie haben die Versuchspersonen jedes Spiel genau einmal gespielt und die Entscheidungen waren monetär inzentiviert.

Betrachten wir zunächst das Spiel:

		Spieler 2	
		Left	Right
Spieler 1	Top	80,40	40,80
	Bottom	40,80	80,40

Abbildung IV.1.4: Ein Spiel in Normalform.

In diesem Spiel existiert ein eindeutiges Nash-Gleichgewicht in gemischten Strategien, in dem beide Spieler gerade mit 50 % ihre reinen Strategien wählen. Tatsächlich schneidet diese Vorhersage gar nicht schlecht ab; empirisch zeigt sich, dass 48 % der Zeilenspieler Top und auch 48 % der Spaltenspieler Left wählen. Betrachten wir nun eine Variation dieses Spiels (Abbildung IV.1.5), in dem eine Auszahlung des Zeilenspielers verändert wurde.

Auch in diesem Spiel existiert ein eindeutiges Nash-Gleichgewicht in gemischten Strategien. Der Zeilenspieler sollte nach wie vor mit 50 % Wahrscheinlichkeit zwischen seinen reinen Strategien randomisieren. Denn, wie in Kapitel II.2 erläu-

		Spieler 2	
		Left	Right
Spieler 1	Top	320,40	40,80
	Bottom	40,80	80,40

Abbildung IV.1.5: Variation des Spiels aus Abbildung IV.1.4.

tert, die gleichgewichtige Mischung des Zeilenspielers bestimmt sich über den Ansatz, den Spaltenspieler indifferent zwischen seinen beiden reinen Strategien zu machen. Da sich die Auszahlungen des Spaltenspielers nicht verändert haben, bleibt die gleichgewichtige Mischung des Zeilenspielers mithin unverändert. Die gleichgewichtige Mischung des Spaltenspielers lässt sich über den Ansatz

$$\beta \cdot 320 + (1 - \beta) \cdot 40 = \beta \cdot 40 + (1 - \beta) \cdot 80$$

als $\beta = \frac{1}{8}$ bestimmen, d. h. der Spaltenspieler wählt Left mit 12,5 % Wahrscheinlichkeit im Gleichgewicht. Empirisch zeigt sich ein ganz anderes Bild. 96 % der Zeilenspieler wählen Top, obwohl die Theorie, wie im Ausgangsspiel, einen Anteil von 50 % vorhersagt. Bemerkenswerterweise liegt der Anteil der Spaltenspieler, die Left wählen, mit 16 % relativ nahe an der Vorhersage. Dies ist nur eines von vielen empirischen Beispielen, in denen sich Vorhersagen aufgrund der kontraintuitiven Eigenschaft des gemischten Gleichgewichtes, dass Änderungen in der Auszahlung Egos seine gleichgewichte Mischung nicht beeinflussen, nicht bestätigen lassen.

Goeree & Holt (2001) führten auch Experimente zu zwei unterschiedlichen Varianten des Basu Spiels durch. In beiden Varianten konnten die Probanden ganze Zahlen zwischen 180 und 300 wählen. In der ersten Variante des Spiels ist die Auszahlungsfunktion der Spieler ($i = 1, 2, i \neq j$)

$$u_i(s) = \begin{cases} s_i + 180, & s_i < s_j, \\ s_i, & s_i = s_j, \\ s_j - 180, & s_i > s_j. \end{cases}$$

und in der zweiten Variante des Spiels ist die Auszahlungsfunktion

$$u_i(s) = \begin{cases} s_i + 5, & s_i < s_j, \\ s_i, & s_i = s_j, \\ s_j - 5, & s_i > s_j. \end{cases}$$

Die beiden Varianten unterscheiden sich demnach nur in der Höhe der Strafe für denjenigen Spieler, der die höhere Zahl nennt. Man kann sich überlegen, dass in beiden Spielen ein eindeutiges Nash-Gleichgewicht existiert, in dem beide Spieler die Zahl 180 wählen. Empirisch zeigt sich, dass ca. 80 % der Versuchspersonen bei der hohen Strafe in der Tat eine Zahl zwischen 180 und 190 wählen. In dieser Variante bestätigt sich also die Vorhersage. Allerdings verhält es sich völlig anders in der zweiten Variante. Hier wählen ca. 80 % der Probanden eine Zahl zwischen 290 und 300.

Schließlich betrachten wir nun noch ein Paar von Spielen in extensiver Form, die auch eine anomale Reaktion auf Auszahlungsveränderungen induzieren (Goeree & Holt 2001). Abbildung IV.1.6 zeigt die beiden Spiele. Zunächst hat Spieler 1 die Wahl zwischen l und r. Im Falle von l endet das Spiel unmittelbar. Für den Fall, dass sich Spieler 1 für r entscheidet, ist Spieler 2 am Zug und kann zwischen p und n wählen und das Spiel ist zu Ende. Die Auszahlungen der Spieler (linke Zahl für Spieler 1, rechte Zahl für Spieler 2) können der Abbildung entnommen werden.

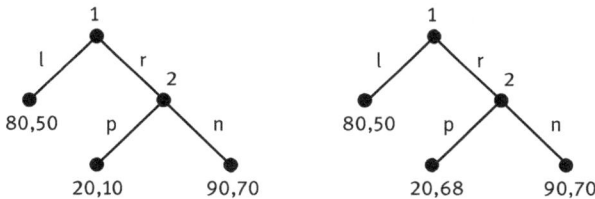

Abbildung IV.1.6: Zwei Spiele in extensiver Form.

Wie bereits erwähnt, lassen sich derartige extensive Spiele häufig durch Rückwärtsinduktion lösen. Betrachten wir zunächst das linke Spiel. Hier würde Spieler 2 n wählen, denn 70 > 10. Spieler 1 antizipiert diese Entscheidung von Spieler 2 und hat deshalb effektiv in seinem Zug die Wahl zwischen der Auszahlung 80 (bei l) und der Auszahlung 90 (bei r). Durch Rückwärtsinduktion gelangen wir also zu einer eindeutigen Vorhersage für das linke Spiel: Spieler 1 wird r wählen und Spieler 2 wird n selegieren. Empirisch zeigt sich ein ähnliches Bild: 84 % der Spieler 1 wählen in der Tat r. Und 100 % der Spieler 2, die überhaupt zum Zug kommen, wählen dann auch n.

Bemerkenswert ist nun, dass die spieltheoretische Vorhersage sich beim rechten Spiel nicht ändert. Die beiden Spiele sind identisch bis auf die Tatsache, dass die Auszahlung für Spieler 1 im Falle von (l, p) mit 68 im rechten Spiel höher als im linken Spiel mit 10 ist. Trotzdem würde, eben weil 70 > 68 ist, Spieler 2 auch im rechten Spiel n wählen und deshalb auch Spieler 1 in seinem Zug nach wie vor r. Diese Vorhersage lässt sich aber empirisch nicht bestätigen;

tatsächlich wählen 52 % der Probanden in der Rolle von Spieler 1 nun *l*. Ferner wählen 25 % der Spieler 2, die überhaupt zum Zug kommen, die Strategie *p*.

IV.1.8 Schluss

Angesichts der Vielzahl dieser Anomalien könnte man auf die Idee kommen, die RCT als Grundlage einer empirisch orientierten Sozialwissenschaft völlig unbrauchbar zu halten. Das wäre aber eine voreilige und tatsächlich auch nicht haltbare Schlussfolgerung.

Zunächst ist festzuhalten, dass all diese empirischen Anomalien nur existieren, weil die RCT präzise formuliert ist und scharfe Vorhersagen macht. Die Möglichkeit, überhaupt in Widerspruch zur empirischen Wirklichkeit sozialen Geschehens kommen zu können, ist ein Vorzug und kein Nachteil der RCT gegenüber vielen konkurrierenden Ansätzen in der Handlungstheorie, die sich in der Regel ja darauf beschränken, lediglich anzugeben, welche theoretischen Konzepte beim sozialen Handeln eine Rolle spielen könnten, sich aber gar nicht dem Risiko der Falsifikation aussetzen, indem sie genauere Angaben (etwa Entscheidungsregeln oder Gleichgewichtskonzepte) vermeiden.

Ferner folgt das typische Vorgehen bei Anwendungen der RCT in bemerkenswerter Weise einem methodologischen Postulat Max Webers. Rationales Handeln im Sinne der RCT (was nicht unbedingt Webers Konzept der Zweckrationalität entsprechen muss; vgl. Kapitel II.1) lässt sich als Idealtypus sozialen Handelns auffassen. Und ganz so wie von Weber beschrieben, besteht die angewandte Forschung auf Grundlage der RCT in der Regel darin, den Idealtyp mit der empirischen Realität zu vergleichen und sich im Anschluss zu fragen, wie die allfällige Differenz zwischen Modell und Wirklichkeit potentiell erklärt werden kann. Dabei kommt es auch durchaus zu einem kumulativen Erkenntnisfortschritt. Dies gilt zum einen sozusagen im Kleinen, d. h. innerhalb spezieller Anwendungsgebiete der RCT, wo konkrete Modelle, etwa das Breen/Goldthorpe-Modell der Bildungsentscheidungen (Breen & Goldthorpe 1997), durch wiederholte Konfrontation mit empirischen Studien systematisch in einem Wechselspiel aus Theoriebildung und empirischer Überprüfung adaptiert werden (vgl. Tutić 2017).

Zum anderen gilt das auch für das Große und Ganze. Gerade die in diesem Kapitel beschriebenen Anomalien wurden und werden zum Anlass genommen, über Alternativen und Fortentwicklungen der formalen Grundlagen der RCT nachzudenken. So haben etwa Daniel Kahneman und Amos Tversky nicht nur Anomalien der RCT im Rahmen ihres „Heuristics and Biases"-Forschungsprogramms dokumentiert, sondern eben auch eine ganze Reihe an alternativen

Entscheidungstheorien entworfen, etwa die *Prospect Theory* (vgl. Kapitel II.4). Einige einflussreiche Autoren aus der Kognitions- und Sozialpsychologie, aus der Soziologie und aus der Ökonomik vertreten inzwischen die Ansicht, dass die der orthodoxen RCT inhärente Vorstellung eines unitären Akteurs (, der Träger *einer* Präferenzrelation, *eines* Belief Systems etc. ist,) ersetzt werden muss durch die Idee, soziales Handeln aus dem Wechselspiel zweier „Systeme" (etwa Kahneman 2011) bzw. „Modi" (etwa Esser 1996) der Kognition und Entscheidungsfindung zu erklären (vgl. Kapitel IV.2). Rationales Handeln, wie etwa durch die Kalküle der orthodoxen RCT, der Logik und der Stochastik beschrieben, wäre dann nur einer von zwei Modi, der mit automatisch-spontanem Handeln kontrastiert, welches anderen Gesetzen gehorcht. West (2011) zeigt auf, wie viele der hier besprochenen Anomalien mithilfe derartiger *Dual-Process-Ansätze* prinzipiell erklärt werden können.

Literatur

Agranov, M., E. Potamites, A. Schotter & C. Tergiman, 2012: Beliefs and Endogenous Cognitive Levels: An Experimental Study. Games and Economic Behavior 75: 449–463.

Aumann, R. & A. Brandenburger, 1995: Epistemic Conditions for Nash Equilibrium. Econometrica 63: 1161–1180.

Bargh, J.A., M. Chen & L. Burrows, 1996: Automaticity and Social Behavior: Direct Effects of Trait Construct and Stereotype Activation on Action. Journal of Personality and Social Psychology 71: 230–244.

Breen, R. & J. Goldthorpe, 1997: Explaining Educational Differentials: Towards a Formal Rational Action Theory. Rationality and Society 9: 275–305.

Camerer, C.F. & R.M. Hogarth, 1999: The Effects of Financial Incentives in Experiments: A Review and Capital-Labor-Production Framework. Journal of Risk and Uncertainty 19: 7–42.

Denes-Raj, V. & S. Epstein, 1994: Conflict Between Intuitive and Rational Processing: When People Behave Against their Better Judgment. Journal of Personality and Social Psychology 66: 819–829.

Esser, H., 1996: Die Definition der Situation. Kölner Zeitschrift für Soziologie und Sozialpsychologie 48: 1–34.

Evans, J., J.L. Barston & P. Pollard, 1983: On the Conflict between Logic and Belief in Syllogistic Reasoning. Memory & Cognition 11: 295–306.

Frederick, S., 2005: Cognitive Reflection and Decision Making. Journal of Economic Perspectives 4: 25–42.

Goeree, J.K. & C.A. Holt, 2001: Ten Little Treasures of Game Theory and Ten Intuitive Contradictions. American Economic Review 91: 1402–1422.

Grehl, S. & A. Tutić, 2015: Experimental Evidence on Iterated Reasoning in Games. PLoS ONE 10: e0136524.

Haley, K.J. & D.M.T. Fessler, 2005: Nobody's Watching?: Subtle Cues Affect Generosity in an Anonymous Economic Game. Evolution and Human Behavior 26: 245–256.

Hertwig, R. & A. Ortmann, 2001: Experimental Practices in Economics: A Methodological Challenge for Psychologists? Behavioral and Brain Sciences 24: 383–451.

Hintikka, J., 1962: Knowledge and Belief. An Introduction to the Logic of the Two Notions. Ithaca: Cornell University Press.

Huber, J., J.W. Payne & C. Puto, 1982: Adding Asymmetrically Dominated Alternatives: Violations of Regularity and the Similarity Hypothesis. Journal of Consumer Research 9: 90–98.

Kahneman, D., 2011: Thinking, Fast and Slow. London: Penguin Books.

Kahneman, D. & S. Frederick, 2002: Representativeness Revisted: Attribute Substitution in Intuitive Judgment. S. 49–81 in: T. Gilovich, D. Griffin & D. Kahneman (Hrsg.), Heuristics and Biases: The Psychology of Intuitive Judgment. Cambridge: Cambridge University Press.

Kahneman, D. & A. Tversky, 1979: Prospect Theory: An Analysis of Decision under Risk. Econometrica 47: 263–292.

Kirkpatrick, L.A. & S. Epstein, 1992: Cognitive-Experiential Self-Theory and Subjective Probability: Further Evidence for Two Conceptual Systems. Journal of Personality and Social Psychology 63: 534–544.

Levesque, H.J., 1986: Making Believers out of Computers. Artificial Intelligence 30: 81–108.

Nagel, R., 1995: Unraveling in Guessing Games: An Experimental Study. American Economic Review 85: 1313–1326.

Read, D., 2005: Monetary Incentives, What Are they Good for? Journal of Economic Methodology 12: 265–276.

Rubinstein, A., 1998: Modeling Bounded Rationality. Cambridge: MIT Press.

Rubinstein, A., 2013: Response Time and Decision Making: A "Free" Experimental Study. Judgement and Decision Making 8: 540–551.

Sippel, R., 1997: An Experiment on the Pure Theory of Consumer's Behaviour. Economic Journal 107: 1431–1444.

Srull, T.K. & R.S. Wyer, 1979: The Role of Category Accessibility in the Interpretation of Information about Persons: Some Determinants and Implications. Journal of Personality and Social Psychology 37: 1660–1672.

Toplak, M.E. & K.E. Stanovich, 2002: The Domain Specificity and Generality of Disjunctive Reasoning: Searching for a Generalizable Critical Thinking Skill. Journal of Educational Psychology 94: 197–209.

Tutić, A., 2017: Revisiting the Breen-Goldthorpe Model of Educational Stratification. Rationality and Society 29: 289–407.

Tutić, A. & S. Grehl, 2017: A Note on Disbelief in Others regarding Backward Induction. Games 8: 33.

Tversky, A. & D. Kahneman, 1974: Judgment under Uncertainty: Heuristics and Biases. Science 185: 1124–1131.

Tversky, A. & D. Kahneman, 1982: Evidential Impact of Base Rates. S. 153–160 in: D. Kahneman, P. Slovic & A. Tversky (Hrsg.), Judgement Under Uncertainty: Heuristics and Biases. New York: Cambridge University Press.

Tversky, A. & D. Kahneman, 1983: Extensional Versus Intuitive Reasoning: The Conjunction Fallacy in Probability Judgement. Psychological Review 90: 293–315.

Tversky, A. & D. Kahneman, 1986: Rational Choice and the Framing of Decisions. Journal of Business 59: 251–278.

Wason, P.C., 1968: Reasoning about a Rule. Quarterly Journal of Experimental Psychology 20: 273–281.

West, R.F., 2011: A Taxonomy of Rational Thinking Problems. S. 95–119 in: K.E. Stanovich (Hrsg.), Rationality & the Reflective Mind. Oxford: Oxford University Press.

Hartmut Esser und Clemens Kroneberg
IV.2 Das Modell der Frame-Selektion

IV.2.1 Hintergründe

Die Rational-Choice-Theorie (RCT) ist das formal präziseste und ein zur Erklärung vieler sozialer Prozesses außerordentlich fruchtbares Instrument der Sozialwissenschaften. Gerade die Stringenz ihrer Annahmen und theoretischen Implikationen hat allerdings auch dazu geführt, dass sich zahllose Paradoxien, Verzerrungen und Anomalien zeigen konnten, die in theoretisch weicheren Fassungen kaum auffallen (vgl. Kapitel IV.1; IV.3). Einige der Schwierigkeiten konnten mit gewissen Erweiterungen beseitigt werden, wie die Annahme subjektiver statt objektiver Erwartungen und Bewertungen und anderer Motive als nur die egoistische Gewinnmaximierung. Eine besondere, bis heute nicht gelöste Herausforderung aber bildete die Entdeckung von Framing-Effekten, wie sie sich in den bekannten Experimenten bei Tversky & Kahneman (1981) gezeigt hatten: Die verbale Darstellung der Auszahlungen für bestimmte Optionen allein schon veränderte die Handlungswahlen drastisch und überschrieb dabei die Anreize wenigstens teilweise, in einigen Studien sogar komplett (vgl. Stocké 1996; Liberman et al. 2004; Dufwenberg et al. 2011; Keizer et al. 2013; Engel & Rand 2014; Fahti et al. 2014). In der RCT selbst war man vorher schon auf die eine oder andere Grenze gestoßen. Gelegentlich gab das sogar Anlass über den Kern der RCT, das Grundkonzept der „rationalen Wahl", nachzudenken (vgl. Simon 1993: 24 ff., 30 ff.; Bicchieri 2006 oder Fehr & Hoff 2011). Fehr und Hoff heben den Hintergrund deutlich hervor: „Psychological research has *shown* that preferences *can* be affected by the way they are elicited, by the *framing* of situations, by anchoring devices, and by the *priming* of individuals identities" (Fehr & Hoff 2011: 2; Hervorhebungen so nicht im Original).

Das ist der Ausgangspunkt: Jede Situation wird zuerst über kognitive Vorgänge „gerahmt" und das aktiviert dann alles andere, speziell auch die Erwartungen und Präferenzen, denen jede „rationale Wahl" zu folgen hätte. In den Standardversionen der RCT wird dieser Vorgang entweder als unproblematisch vorausgesetzt, für irrelevant gehalten oder als spezieller Anwendungsfall wieder der RCT angesehen (vgl. Kapitel I.3). Jeder neue Befund zum Auftreten von Framing-Effekten ist allerdings ein Hinweis darauf, dass das nicht zutrifft und schon etwas fehlt. Das Modell der Frame-Selektion (MFS) ist ein Vorschlag zum expliziten Einbezug dieser kognitiven Vorgänge und zur systematischen Einordnung der RCT als Spezialfall eines so verallgemeinerten Konzepts für die Mikrofundierung der Sozialwissenschaften (vgl. Esser 2001; Kroneberg 2011, 2014; Esser & Kroneberg 2015).

https://doi.org/10.1515/9783110673616-014

IV.2.2 Frames, Skripte und die „Definition" der Situation

Ausgangspunkt des MFS ist die Annahme, dass es bei jedem elementaren Akt zu einer selektiven gedanklichen „Definition" der jeweiligen Situation kommt. Vorgänge der Kognition bestimmen, welcher „Typ" einer Situation jeweils gegeben ist und damit welche Ziele und Mittel jeweils als angemessen gelten und wirksam werden und andere Vorstellungen mental in den Hintergrund drängen. Die entsprechenden Vorstellungen werden als Schema oder mentales Modell bezeichnet (Abelson 1981; Augoustinos & Walker 1995; DiMaggio 1997; Kay et al. 2004; Haley & Fessler 2005; De Martino et al. 2006).

Zwei Arten mentaler Modelle sind speziell von Bedeutung: Frames und Skripte. Frames sind mentale Modelle für typische Situationen, Skripts für typische Sequenzen von Handlungen (Moskowitz 2005: 162–163). Die Bedeutung von Frames und Skripten ist in den Sozialwissenschaften seit langem bekannt und wurde dabei in terminologisch variierendem Gewand ins Feld geführt – als Code, Image, Prototyp, Weltbild, Gestalt, mentale Repräsentation, Einstellung, Stereotyp oder Akteursfiktion bzw. als Programm, Routine, standard operating procedure, Trajektorie, Handlungsschema, habit oder Habitus. Sie bilden die Identitäten der (einzelnen) Akteure, häufig geprägt durch die Kultur einer Gruppe, eines Handlungsfeldes oder einer Gesellschaft, ggf. sogar in der Art eines nicht weiter reflektierten „Kollektivbewußtseins".

Für den Vorgang des Framings lassen drei aufeinander bezogene kognitive Mechanismen benennen: Kategorisierung, variable Rationalität und die „Definition" der Situation. Die Kategorisierung ist der alles einleitende Vorgang. Sie wird über die Wahrnehmung von sensorischen Reizen aus der physischen Anwesenheit bestimmter Objekte und über die Wiedererkennung vorher innerlich gespeicherter Muster gesteuert. Das ist ein müheloser und zunächst auch nicht kontrollierbarer Vergleich nach Ähnlichkeit, der in einem mehr oder weniger starken Match resultiert. Die Stärke des Matchs ist von vier Bedingungen abhängig: die Anwesenheit bestimmter äußerer Objekte, die Stärke der inneren Verankerung der Muster und der mentalen Verbindung zu den beobachtbaren Objekten sowie die sensorische Klarheit des Musters. Wahrnehmung, Kategorisierung und Match verlaufen zunächst vollständig automatisch und spontan: Das Gehirn verfügt über eigene und autonom operierende Filter der inneren Verarbeitung der sensorischen Reize (vgl. z. B. Roth 2001: 230 f.; Damasio 2003: 174 ff.).

Danach bleibt es bei einem automatisch-spontanen Eindruck, wenn der als gewohnt und/oder unbedeutend erlebt wird. Es werden allerdings immer alle Regionen des Gehirns informiert, also auch diejenigen, die mit der gerade aktuellen Wahrnehmung nicht direkt angesprochen sind. Werden jedoch neue und als relevant empfundene Eindrücke gemeldet, kommt es – wieder: schlagartig und automatisch-spontan – zu einer erhöhten Aufmerksamkeit und zum Anlaufen kognitiver Aktivitäten der Deliberation bestimmter Aspekte der Situation – ggf. bis hin zu einer auch strengeren Kriterien entsprechenden rationalen Wahl, etwa der Konsistenz der Präferenzen oder des Trade Offs aller Anreize. Die so mögliche Variation im Grad der Deliberation sei als variable Rationalität bezeichnet. Die Vorgänge sind in den sog. Dual-Process-Theorien (DPT) schon seit längerer Zeit theoretisch gut erfasst, empirisch breit untersucht und auch deutlich bestätigt worden (Bargh et al. 1996; Chaiken & Trope 1999; Strack & Deutsch 2004; Alós-Ferrer & Strack 2014), am deutlichsten im sogenannten MODE-Modell von Fazio (1990). Danach hängt der Übergang zur Deliberation an drei Bedingungen: Motivation, Opportunitäten und Aufwand für die betreffenden kognitiven Aktivitäten. Im MODE-Modell wird die Kategorisierung zwar nicht explizit mit dem Anlaufen der Deliberation verbunden, implizit aber muss ein gewisser Mis-Match, die automatische Rückmeldung als „neu" angenommen werden. Es ist die Voraussetzung für das Anlaufen der Deliberation, die dann über bestimmte Grenzen bei Opportunitäten und Aufwand der Deliberation, etwa zeitlicher Restriktionen oder der objektiven Verfügbarkeit der nötigen Informationen, gestoppt und nicht weitergeführt werden können. Bei einer geringen Motivation, der automatischen Rückmeldung als nicht weiter relevant, bleibt es auch beim ersten Eindruck ohne weitere Deliberation.

Mit Kategorisierung, (Mis-)Match und einer ggf. mehr oder weniger angelaufenen Deliberation kommt es zur Definition der Situation. Das ist die Festlegung einer bestimmten Sichtweise „in the form of a rudimentary scheme of the situation", die dem Akteur hilft „to *see* the point" (Thomas & Znaniecki 1927: 68; Hervorhebung so nicht im Original). Es ist die jedem Akt vorausgehende Orientierung, die aus der unendlichen Anzahl an Optionen der Sicht der Dinge eine hervorhebt und alle anderen dem unterordnet:

> [. . .] the *definition of the situation* is a necessary *preliminary* to any act of the will, for in given conditions and with a given set of attitudes an indefinite plurality of actions is possible, and one definite action can appear only if these conditions are selected, interpreted, and combined in a determined way and if a certain systematization of these attitudes is reached, so that *one* of them becomes *predominant* and *subordinates the others*. (Thomas & Znaniecki 1927: 68; Hervorhebungen so nicht im Original)

Als Auslöser, begleitende Bestätigung und weitere Aktivierung im Verlauf fungieren neben beiläufigen Hinweisen und Kommunikationen insbesondere auch die sichtbaren Akte in einer Interaktion selbst wieder. Der Vorgang eines derartigen sequentiellen Framing umfasst die „spreading activation" eines bestimmten Sektors der (multiplen) Identitäten der beteiligten Akteure und der dazu jeweils gehörigen fest verankerten speziellen mentalen Modelle zu einem sich symbolisch wie von selbst koordinierenden System. Es entspricht dem, was in der Soziologie als „Symbolische Interaktion" oder auch „kommunikative Konstruktion der Wirklichkeit" bezeichnet wird.

IV.2.3 Das Grundmodell

Das Modell der Frame-Selektion verbindet die drei Mechanismen in einem übergreifenden formalisierten Modell ihres Zusammenspiels für den gesamten Vorgang einer elementaren Handlungseinheit.

Die elementare Handlungseinheit

Für eine Situation Sit_i bezeichne F eine Menge von Frames, S eine Menge von Skripten und A eine Menge von zur Verfügung stehenden Handlungsalternativen. Das Explanandum ist die Selektion einer bestimmten Handlung Akt_k in der Situation Sit_i. Sit_i und Akt_k beziehen sich auf beobachtbare Sachverhalte, F, S und A auf nicht unmittelbar beobachtbare mentale Vorstellungen oder mögliche Handlungen. In Abbildung IV.2.1 sind die Zusammenhänge zur Erklärung des Auftretens von Akt_k in einer Situation Sit_i als elementare Handlungs-Einheit skizziert.

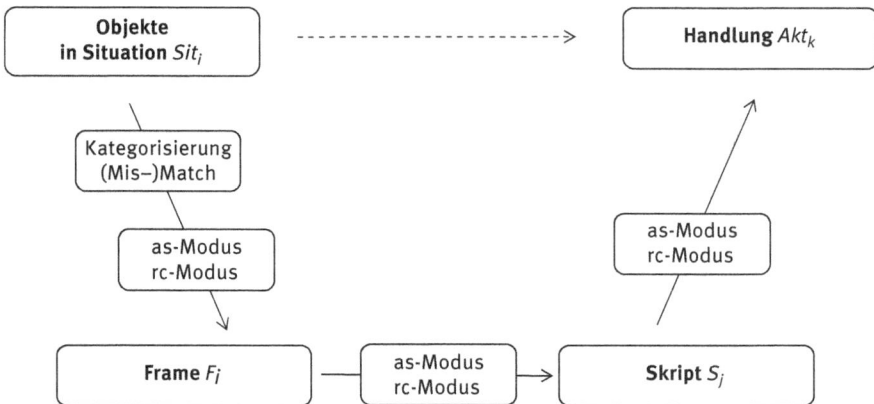

Abbildung IV.2.1: Frame-, Skript- und Handlungsselektion nach dem Modell der Frame-Selektion.

Alles beginnt mit der Kategorisierung: Die automatisch-spontane Mustererkennung bestimmter Objekte und der (Mis-)Match mit einem mentalen Modell für eine auch mental dazu gehörende Situation. Daran hängt die jeweils spezifische „Definition" der Situation nach dem darüber aktivierten Frame F_i, verbunden mit typischen Eigenschaften, die nicht beobachtbar sind. Die Selektion des Rahmens kann automatisch-spontan oder rational-kalkulierend geschehen (as- oder rc-Modus, siehe dazu noch unten). Daran schließt die Selektion eines bestimmten Skripts S_j an, ebenfalls im as- oder rc-Modus. In analoger Weise kommt es zur Selektion der Handlung Akt_k, wieder ggf. im as- oder rc-Modus. Der Abschluss der Einheit kann dann wieder Teil einer nachfolgenden Situation werden, so dass es ganze Ketten der Entstehung, Stabilisierung und auch des Wandels von Interaktionen geben kann.

Für die korrekte Interpretation des Modells ist es wichtig zu beachten, dass der as- und rc-Modus nicht als *Extremtypen* eines eindimensionalen und einheitlichen Kontinuums verschiedener Modi anzusehen sind (so etwa Opp 2010: 65): Empirisch weist nahezu jedes Handeln automatische *und* reflektierte Komponenten auf. Wie schon Schütz betont hat, können Akteure niemals *alle* Aspekte einer Situation in Frage stellen oder möglichen Handlungsalternativen erwägen. Anstatt konkretes Verhalten als automatisch-spontan oder reflektiert zu klassifizieren, wird im MFS analytisch danach gefragt, in *welcher Hinsicht* Akteure eine Selektion unhinterfragt oder unbedingt durchführen (Kroneberg 2011: 119–125). Leitend ist also immer die jeweilige Fragestellung, die bestimmt, welche Variation im Verhalten zwischen typischen Akteuren und/oder Situationen erklärt werden soll.

as-Modus

Die Frame-Selektion basiert auf dem Vorgang der Kategorisierung. Im as-Modus kommt es zur Aktivierung eines bestimmten Frames F_i als fraglos und unbedingt geltende Definition der Situation, an die sich ggf. und analog dazu die Selektion eines Skripts S_j und eines (beobachtbaren) Aktes Akt_k anschließen. Im as-Modus wird jeweils die Alternative mit dem höchsten Aktivierungsgewicht (AW) selegiert. Die Aktivierungsgewichte für einen Frame $F_i \in F$, ein Skript $S_j \in S$ und eine Alternative $Akt_k \in A$ sind wie folgt definiert:

$$AW(F_i) = m_i = o_i \cdot a_i \cdot l_i \cdot c_i \tag{1}$$

$$AW(S_j|F_i) = AW(F_i) \cdot a_{j|i} \cdot a_j \tag{2}$$

$$AW\left(Akt_k|S_j\right) = AW\left(S_j|F_i\right) \cdot a_{k|j} \qquad (3)$$

mit allen Parametern innerhalb des Einheitsintervalls $[0,1]$.

Die Aktivierung eines Frames F_i ist unmittelbar über den Match m_i determiniert (Gleichung 1). Die Stärke des Matchs hängt an den oben (in Abschnitt 2) beschriebenen Bedingungen: Die physische Anwesenheit der betreffenden Objekte o_i, die (chronische) Zugänglichkeit des mentalen Modells a_i, die mentale symbolische Verbindung zwischen Frame und Objekten l_i und die Übereinstimmung, Ungestörtheit und Klarheit des beobachtbaren Musters c_i. Die Parameter sind multiplikativ verbunden: Ein perfekter Match verlangt die Erfüllung aller vier Bedingungen und die vollkommene Abwesenheit einer Bedingung führt dazu, dass ein Frame nicht aktiviert wird. Für die Aktivierung eines Skripts gilt das – gegeben die Aktivierung eines Frames – analog. Hier kommt es dann zentral auf die internen mentalen Verbindungen zum vorher selegierten Frame F_i an. Ein Skript S_j, das einem völlig anderen Frame zugehört, kann nicht aktiviert werden, es hätte eine (bedingte) Zugänglichkeit von $a_{j|i} = 0$. Ein Skript S_j wird im as-Modus umso eher aktiviert, je eindeutiger die Situation definiert werden konnte (Aktivierung des Frames F_i), je stärker das Skript situativ zugänglich ist ($a_{j|i}$) und je stärker es chronisch zugänglich ist (a_j). Und analog so auch für die Selektion einer Handlung: Das Aktivierungsgewicht hängt von der Aktivierung vorher, $AW(S_j|F_i)$, der Verfügbarkeit von Akt_k als Option und den mentalen Verbindungen mit den jeweiligen Frames und Skripten, $a_{k|j}$, ab.

rc-Modus

Die automatisch-spontane Auslösung eines konkreten Aktes wird, bei einem gegebenen Match, umso unwahrscheinlicher, je schwächer die chronischen und temporären Zugänglichkeiten des spontan verfügbaren Skripts und dieser Handlungsalternative jeweils sind. An jeder der entsprechenden Verbindungen startet u. U. eine Deliberation und eine stärker bedachte Wahl. Der Akteur selegiert den Frame, der in der betreffenden Situation angesichts der erkennbaren Hinweise die höchste Wahrscheinlichkeit hat, tatsächlich zuzutreffen. Entsprechendes gilt für die Skript-Selektion. Bei der Selektion der konkreten Handlung ist dies im Vergleich zu Frame- und Skript-Selektion (sogar: qualitativ) anders: Konkrete, in der Situation dann auch sichtbare Handlungen können, anders als die bloßen Gedanken, weiterreichende, objektive Folgen haben, deren gedankliche Repräsentationen das Anlaufen einer Deliberation schon strukturell eher veranlassen können, einschließlich der Antizipation der Reaktionen anderer Akteure in sozialen Situationen. Für diese Fälle sind die Instrumente der RCT bzw. der Spieltheorie mit ihren auch inhaltlichen Annahmen einer „rationalen Wahl" zur Erklärung des Handelns und evtl. Gleichgewichte besonders geeignet (vgl. Kapitel II.1 – II.4). Das MFS enthält die RCT (bzw. die daran anknüpfende) Spieltheorie als Spezialfall – erweitert allerdings immer um die vorgängigen Prozesse der Kategorisierung und der Definition der Situation unter unterschiedlichen Graden einer variablen Rationalität.

Modus-Selektion

Die Modus-Selektion wird im MFS im Anschluss an das MODE-Modell von Fazio (1990) konzipiert (vgl. dazu schon Abschnitt 2 oben). Der Übergang zur Deliberation ist danach von der Motivation, den Opportunitäten und dem Aufwand für die nötigen kognitiven Aktivitäten abhängig. Anders allerdings als im MODE-Modell vorgesehen wird im MFS das Anlaufen jeder Deliberation über den Match bei der Kategorisierung gesteuert: Nur bei einem gewissen Mis-Match, einer nur imperfekten Kategorisierung also, kann es zur Deliberation kommen. Erst das Weiterlaufen nach einem Mis-Match wird von den drei Bedingungen von Motivation, Opportunitäten und Aufwand bestimmt. Fehlende Opportunitäten und zu hoher Aufwand stoppen die Deliberation automatisch und nicht kontrollierbar, und ohne Motivation geschieht ohnehin nichts weiter.

Die Formalisierung der Modus-Selektion im MFS bedient sich einer einfachen Modellierung. Für eine allgemeine formale Fassung bezeichne $\Omega = \{O_1, \ldots, O_K\}$ die Menge der Optionen, also entweder Frames, Skripte oder Akte (je nachdem, ob sich die Modus-Selektion auf die Frame-, Skript- oder Handlungs-Selektion bezieht). Zu beachten ist, dass jede Wahl im as-Modus die spontane Verfügbarkeit einer Alternative (Frame, Skript, Handlung) voraussetzt. Vor diesem Hintergrund können zwei relevante Zustände unterschieden werden: (1) ob es die benötigten Opportunitäten für eine Deliberation objektiv gibt, (2) ob die automatisch-spontan aktivierte Alternative tatsächlich objektiv valide zutrifft oder nicht, etwa, dass ein bestimmter Frame tatsächlich der betreffenden Situation entspricht oder nicht. Es sei nun p die subjektive Wahrscheinlichkeit, dass es die benötigten Opportunitäten gibt, und $AW(O_i)$ die, dass eine automatisch-spontan aktivierte Alternative $O_i \in \Omega$ für die gegebene Situation tatsächlich gültig ist.

Daraus ergeben sich vier Kombinationen des (Nicht-)Vorhandenseins der nötigen Opportunitäten und der (Un-)Gültigkeit eines Frames für die betreffende Situation, aus denen sich die Zusammenhänge für das Zusammenspiel von Kategorisierung bzw. Match und den Bedingungen Motivation, Opportunitäten und Aufwand für das An- und Weiterlaufen einer Deliberation benennen lassen (vgl. zu den weiteren Einzelheiten Kroneberg 2011: 144 ff.). Ausgangspunkt ist die Spezifikation der Ergebnisse für die beiden Modi. Im as-Modus wird die Alternative mit dem höchsten Aktivierungsgewicht O_i selegiert. Ist O_i gültig, ergibt sich der Ertrag U_i, ist er ungültig, führt das zu einer zur gegebenen Situation „falschen" Selektion mit den (Deliberations-)Kosten C_w. Gewichtet mit den entsprechenden Wahrscheinlichkeiten für das Vorliegen der Opportunitäten bzw. der Gültigkeit der betreffenden Option, ergibt das ein Gewicht $SEU_{(as)}$ für die Beibehaltung des as-Modus mit

$$SEU_{(as)} = AW(O_i)U_i - (1 - AW(O_i))C_w. \tag{4}$$

Jede Deliberation im rc-Modus bedingt gewisse Kosten C des höheren kognitiven Aufwands in Form von Energie und Zeit, aber wenn die im as-Modus selegierte Alternative mit der Wahrscheinlichkeit von $(1 - AW(O_i))$ nicht gültig ist, kann eine mit Deliberation erreichte, bessere Lösung diese Zusatzkosten ausgleichen und übersteigen. Gibt es dann die dafür nötigen Opportunitäten (p), wäre es im rc-Modus über die Deliberation möglich, eine gültige Alternative mit dem Ertrag U_{rc} zu finden. Ist O_i ungültig, aber die Deliberation führt mit einer Wahrscheinlichkeit von $(1 - p)$ nicht zum Auffinden einer gültigen Option oder die über den as-Modus aktivierte Option ist ohnehin gültig, wird in jedem Modus dieselbe Alternative selektiert. Das ergibt für den rc-Modus als Gewicht $SEU_{(rc)}$:

$$SEU_{(rc)} = p(1 - AW(O_i))U_{rc} + (1 - p)(1 - AW(O_i))(-C_w) + AW(O_i)U_i - C. \tag{5}$$

Der rc-Modus wird selegiert, wenn $SEU_{(rc)} > SEU_{(as)}$, woraus sich die folgende Bedingung für den Übergang vom as- auf den rc-Modus ergibt:

$$p(1 - AW(O_i))(U_{rc} + C_w) > C. \tag{6}$$

In der Gleichung beschreibt C den mit der Deliberation verbundenen Aufwand, die linke Seite das für ein An- bzw. Weiterlaufen nötige Gewicht: p die Wahrscheinlichkeit für das Vorhandensein der nötigen Opportunitäten, $(1 - AW(O_i))$ die für die Ungültigkeit der automatisch-spontan gewählten Option und $(U_{rc} + C_w)$ die Motivation zur näheren Durchdringung der Situation. Wird $(U_{rc} + C_w)$ zu U zusammengefasst und betrachtet man die Bedingung $SEU_{(as)} \geq SEU_{(rc)}$ für die Beibehaltung des as-Modus nach dem Gewicht $AW(O_i)$, ergibt sich:

$$AW(O_i) \geq 1 - \frac{C}{pU}. \tag{7}$$

Ersetzt man $AW(O_i)$ durch die Aktivierungsgewichte für die Frames, Skripte und Handlungen nach den Gleichungen (1) bis (3), so werden die Voraussetzungen für den ganzen Prozess innerhalb einer Handlungseinheit deutlich. Alles beginnt mit der Stärke des Matchs ganz zu Beginn, denn nach Gleichung (1) ist das Aktivierungsgewicht $AW(F_i)$ eines bestimmten Frames F_i $AW(F_i)$ gleich dem Match m_i und den damit zusammenhängenden Bedingungen $(o_i \cdot a_i \cdot l_i \cdot c_i)$. Etwas umstellend kann man die Gleichung für den Übergang in die Deliberation bei der Frame-Selektion dann auch so schreiben:

$$(1 - m_i)U \geq \frac{C}{p}. \tag{8}$$

Links steht der spontane Reflexionsanreiz – abhängig von der Stärke des Matchs und der motivationalen Relevanz, rechts die verfügbaren Opportunitäten und der nötige Aufwand für eine bestimmte Deliberation. „Maximiert" oder „entschieden" wird dabei nichts. Analog dazu geht es dann entsprechend die nächsten Schritte weiter, wobei mit jedem Schritt weitere Bedingungen als zusätzliche Bestandteile des jeweiligen Aktivierungsgewichts AW hinzukommen. Jede Abschwächung der Verbindungen aus $(o_i \cdot a_i \cdot l_i \cdot c_i)$ in den späteren Schritten schwächt dann die Chancen für eine ganz ungestört bleibende automatisch-spontane Selektion, spätestens bei den sichtbaren Akten dann und wenn mit Reaktionen darauf und mit anderen Folgen zu rechnen ist.

Ausgewählte Implikationen

Die Gleichungen enthalten alle Bedingungen des MODE-Modells nach Fazio (1990): U repräsentiert die Motivation, p die Opportunitäten und C den Aufwand der Deliberation. Das MFS gewichtet die Anreize p und U aber noch, darin anders als Fazio, mit dem immer zuerst einmal automatisch-spontanen Vorgang des (Mis-)Matchs nach $(1 - m_i)$. Es ist der entscheidende Unterschied auch zu jeder RCT-Modellierung der DPT-Verzweigungen, die ohne diese kognitive Gewichtung naheliegen könnte: Es gibt unter bestimmten Bedingungen eine *kategorische* Unbedingtheit der Definition der Situation, die das Handeln gegen auch starke Änderungen in den Anreizen abschirmt und ihm so jene hohe Verlässlichkeit verleihen kann, die, folgt man einmal der Soziologie und dem „Utilitarian Dilemma" nach Parsons, die Voraussetzung für jede stabile soziale Ordnung wäre (vgl. dazu auch Heiner 1983).

Nach dem MFS gibt es zwei Varianten für diese Unbedingtheit und das Ausblenden des Trade Offs der Anreize außerhalb der jeweiligen Definition der Situation: Der perfekte Match und/oder das Fehlen jeder Opportunität zur Deliberation eines einmal aktivierten Frames. Im ersten Fall eines perfekten Matches ist m_i in der Gleichung (8) gleich 1, der Ausdruck $(1 - m_i)$ wird dann null und damit das Gewicht von $p(1 - m_i)U$. Da es immer Kosten C der Deliberation gibt, bleibt es stets beim as-Modus und der ungebrochenen Aktivierung des Frames – gleichgültig wie hoch Motivation, Opportunitäten und Kosten der Deliberation noch wären. Die wichtigste soziale Bedingung wäre die habitualisierte Abwicklung von Abläufen, die allein über die ungebrochene Wiederholung dafür sorgt, dass es keine besonderen Störungen beim Match gibt, an dem alles hängt. Im zweiten Fall fehlender Opportunitäten zur Deliberation geht p in der Gleichung (8) gegen null und entsprechend das Gewicht $\frac{c}{p}$ gegen die Deliberation gegen unendlich. Die wichtigste objektive Begrenzung der Opportunitäten ist der Zeitdruck, es wären aber auch andere denkbar, wie die Fähigkeiten zur Informationsverarbeitung, die Intelligenz also, Schlafmangel, Stress oder Drogen. Sie sollten ebenfalls dazu führen, dass über andere mögliche Definitionen der Situation nicht mehr nachgedacht werden kann.

Empirisch würde sich das jeweils in einer Dämpfung der Effekte von Anreizen zeigen, die nicht zum jeweiligen Frame gehören, bis hin zu ihrer vollständigen Ausschaltung, wie etwa in den Experimenten von Liberman et al. (2004). Statistisch würde man es als negativen Interaktionseffekt des Matchs mit der Reagibilität des Handels auf andere Anreize modellieren, etwa dass auch große Risiken getragen werden, wenn es um Hilfeleistungen auch in gefährlichen Situationen geht. Die Voraussetzung bleibt jedoch auch dabei immer, dass der Match nicht gestört und die Verankerung auch der entsprechenden Handlungen nach den vier Bedingungen ($o_i \cdot a_i \cdot l_i \cdot c_i$), die den Match ausmachen, stark ist – was u. a. die Internalisierung der mentalen Modelle und die Encodierung der Symbole voraussetzt. Sind diese Bedingungen nicht erfüllt, folgen weitere Implikationen aus dem MFS (siehe etwa Best & Kroneberg 2012; Kroneberg 2014: 107–108).

Die Dämpfung der Anreize allein schon über die *kognitiven* Prozesse der Wiederkennung von Mustern und *extern-objektiv* vorgegebene Begrenzungen der Deliberation ist allerdings die wohl wichtigste theoretische Besonderheit des MFS gegenüber *allen* Varianten der RCT: Es kommt unter den benannten Bedingungen *nicht* zu einem Trade Off der Anreize, sondern zu einer *Unterdrückung* ihrer Wirkungen auf das Handeln. Es ist eine Art von kulturell-symbolisch gelenkter Abschirmung der Einflüsse von auch starken objektiv-materiellen Anreizen aus anderen gesellschaftlichen Bereichen, etwa in der Abgrenzung unterschiedlicher Wertsphären oder der Codes der verschiedenen Funktionsbereiche der sozialen Differenzierung einer Gesellschaft, wie das in der Soziologie als grundlegende Bedingung jeder sozialen Ordnung angenommen wird. Es wäre auch eine systematische *Verbindung* für Effekte der Nutzenerwartungen, wie sie Ökonomie und RCT immer betont haben, und der Einflüsse von Sinn und Kultur wie sie in der Soziologie als grundlegende Bestandteile des sozialen Geschehens angesehen werden.

IV.2.4 Varianten und ähnliche Ansätze

Frames und Skripte, die Annahme einer vorgängigen Definition der Situation und einer variablen Rationalität sind in der Soziologie geläufige Konzepte, sie gehören geradezu zu ihrer Grundausstattung, etwa im Verständnis von Kultur und Normen, wenngleich in den unterschiedlichen Paradigmen in jeweils anderer Gewichtung. Im Konzept der sozialen Rolle wird das am deutlichsten. Im sog. normativen Paradigma bilden Frames und Skripte etwa als „role playing" fest verankerte, unbedingt geltende und im as-Modus verfolgte Vorgaben, im sog. utilitaristischen Paradigma dagegen Anhaltspunkte für ein stets auch die Folgen deliberierendes, flexibel geschicktes Verhalten des „role taking". Ähnliches gilt für Vertrauen oder sozialen Austausch. Das sog. interpretative Paradigma verbindet beide Sichtweisen: Die Reflektion der Normen und Rollenvorgaben, u. a. im Versuch einer möglichst günstigen Präsentation des Selbst, wie das u. a. bei Goffman oder Garfinkel beschrieben wird, wie die unbedacht-automatischen Habitualisierungen, Abläufe und Rituale des praktischen Alltags, wie sie in den sog. Praxistheorien, bei Peirce, Dewey, Giddens oder Bourdieu, betont werden. Von Alfred Schütz stammt eine frühe Version der theoretischen Integration über eine Art von DPT, die bereits große Ähnlichkeit mit dem Modell von Fazio hat. In der neueren Kultur-Soziologie werden diese Gedanken inzwischen auch explizit aufgegriffen: Kultur sowohl als „tool kit" einer die Folgen reflektierenden Verwendung, wie als unbewusst, automatisch-spontane Reproduktion von an gewisse soziale Kategorien, Klasse, Geschlecht, Ethnie, sozial-kulturelles Milieu, gebundenen Habitualisierungen, Alltagsritualen und kognitiven Vereinfachungen der vielen Komplexitäten. Einen systematischen Bezug zur Kognitions-Psychologie oder eine auch formale Modellierung dafür gibt jedoch bei keinem der Ansätze (vgl. Gross 2009; Vaisey 2009; Cerulo 2010; Miles 2015; Lizardo et al. 2016).

In der Ökonomie bzw. RCT sind Konzepte wie Frames, Skripte oder die einer allem vorgängigen Definition der Situation meist unbekannt oder werden als eher marginal angesehen. Es gibt jedoch seit einiger Zeit schon eine bemerkenswerte Infusion, früh schon vorbereitet über die Bedeutung von Fokalpunkten, wie sie Thomas S. Schelling für die Lösung von Koordinationsproblemen eingeführt hat, also einzigartige Hinweise, die als kulturell-symbolischer „Choreographer" das Handeln auch ohne unmittelbare Kommunikation als „tacit coordination" steuern (vgl. dazu neuerdings explizit Gintis 2017: 111 ff.). Daran anschließend finden sich einige Ansätze, die das Framing bzw. Einflüsse von kognitiven Mustern in der Präsentation von Anreizen explizit im Rahmen der RCT zu modellieren versuchen. Dazu gehören die „Variable Frame Theory" nach Bacharach (1993), das Konzept der Salienz nach Bordalo et al. (2012) oder die „Case Based Decision Theory" nach Gilboa & Schmeidler (1995). In allen diesen Fällen geht es darum, gewisse verbale oder optische Besonderheiten in den Beschreibungen und Eigenschaften der dargebotenen Optionen zu identifizieren mit der Annahme, dass sich darüber leichter ein gemeinsames Wissen für eine Koordination einstellen könne. Es bleibt aber bei den Vorgaben der (Standard-)RCT: Es sind – rational bedachte – Hinweise für die Erwartungen, aber keine, alles andere, auch automatisch-spontan überschreibende „Definition" der Situation.

Ausgehend von der zunehmenden Anerkennung der diversen Formen der „bounded rationality" und den empirisch so überaus häufigen Verletzungen der Standardannahmen der RCT, wie die der Konsistenz der geoffenbarten Präferenzen (vgl. Kapitel IV.1), gibt es inzwischen zunehmend Ansätze zur Axiomatisierung, etwa der Effekte von habitualisierten default-Optionen, von Instinkten, auch des Framings explizit und der Bedeutung von Zeit- und anderen Restriktionen der Informationsverarbeitung. Daraus lässt sich entnehmen, dass die Effekte mit den Instrumenten der Standard-Ökonomie, etwa des Nash-Gleichgewichts, oft nicht mehr oder nur unter Inkaufnahme von zusätzlichen Komplikationen modellierbar sind, weil es sich, ganz so wie Herbert Simon das gesehen hat, um eine andere Logik der Selektion als die der rationalen Wahl handelt (vgl. die Hinweise bei Tutić 2015: 87 f.).

Ein unmittelbar auf Framing-Prozesse bezogenen Ansatz, der keiner der verschiedenen Richtungen eindeutig zugeordnet werden kann, stammt von Siegwart Lindenberg: Das Konzept des Goal-Framing (vgl. u. a. Lindenberg & Steg 2007). Drei Arten von Zielen werden unterschieden: hedonic-goal, gain-goal, und normative-goal. Bei den hedonic-goals geht es um die kurzfristige Befriedigung selbst-bezogener Bedürfnisse, bei den gain-goals um langfristige Investitionen in mögliche Gewinne in der Zukunft, etwa die Investition in soziales Kapital, und bei den normative-goals um die Orientierung an der Erfüllung von Normen bei der Produktion von Kollektivgütern. Eine zentrale Gemeinsamkeit mit dem MFS ist die der Modularität ihrer situationsbezogenen Aktivierung: Ein jeweils aktivierter Ziel-Frame drängt die anderen in den Hintergrund. Es gibt danach eine situationsspezifische Dominanz eines bestimmten Ziel-Frames. Die wird nach dem Konzept des Goal-Framing über zwei Mechanismen erzeugt: Die objektiv erlebte relative Unter- oder Überversorgung mit den jeweils anderen Zielen, wie Hunger oder bei einer gewinnorientierten Investition erlebte Verluste, und/oder die Aktivierung über gewisse symbolische cues, die die Situation kognitiv und affektuell rahmen und den entsprechenden Frame subjektiv in den Vordergrund bringen (vgl. z. B. Keizer et al. 2013). Dafür wird dann angenommen, dass sich die hedonischen Frames bei Unterversorgung am ehesten nach vorne drängen und die normativen Frames der moralischen Motive am ehesten ins Wanken geraten. Eine formale Fassung des Konzepts des Goal-Framing gibt es bislang nicht. Es wäre in das MFS über die chronische bzw. temporäre Zugänglichkeit a_i eines Frames i und der darüber gegebenen Verbindung zum Match integrierbar: Hedonische Ziele und Motive sind physiologisch-strukturell und damit schon chronisch stärker verankert als Gewinn- oder gar normative Ziele und sie sind daher für eine temporäre Aktivierung bei der Wahrnehmung und Kategorisierung von typischen cues – ceteris paribus – stärker zugänglich und dafür anfällig, dass sie sich in den Vordergrund schieben. Damit haben sie bei Handlungsselektionen im rc-Modus ein stärkeres relatives Gewicht als die anderen, nur im Hintergrund wirkenden Ziele bzw. können bei Handlungsselektionen im as-Modus sogar dazu führen, dass diese gänzlich ausgeblendet werden.

IV.2.5 Befunde und Perspektiven

Die Grundideen des MFS sind gewiss nicht neu oder empirisch unerforscht. Seine Besonderheit ist die explizite und auch formalisierte Zusammenführung der drei Grundprozesse von Kategorisierung, variabler Rationalität und Definition der Situation zu einem Modell. Die RCT lässt sich darin (in allen ihren Varianten) als Spezialfall der variablen Rationalität bzw. von Dual-Process-Theorien rekonstruieren: die mehr oder weniger weit geführte Deliberation von Folgen des Handelns in Abweichung von der automatisch-spontanen Reaktion auf die Kategorisierung einer Situation. Allerdings wird darin, anders als bei den Dual-Process-Theorien und der RCT in allen ihren Varianten, immer eine *vorgängige* und über Symbole, die cues, aktivierte „Definition" der Situation angenommen, ganz so wie das Talcott Parsons in seinem Konzept des Unit Act als Bedingung für jedes einigermaßen konsistente Handeln angenommen hatte. „Rational Choice" kann es entsprechend selbst als situational aktivierbares „Programm" geben, bei dem automatisch-spontan die Vorschrift ausgelöst wird, jetzt alles rational-kalkulierend zu bedenken (Vanberg 2002), etwa im Funktionsbereich der Wirtschaft und im Unterschied zu anderen Funktionssystemen oder Wertsphären einer Gesellschaft wie Familie oder Bildung.

Für die Effekte der einzelnen Bestandteile des MFS gibt es eine Reihe von empirischen Belegen, die bereits als Ausgangspunkt der Modellierung gedient haben: Je schwächer die chronische Verankerung und die temporäre Zugänglichkeit eines mentalen Modells, je höher die Motivation, je geringer der Aufwand und je verfügbarer die Gelegenheiten für eine rationale Elaboration sind, um deutlicher sind die Effekte von Änderungen in den Anreizen und Gelegenheiten. Eine Überprüfung des kompletten Modells mit allen seinen Einzelheiten gibt es bislang jedoch noch nicht und sie wäre in den nötigen Experimenten auch ohne weitere Annahmen und Vereinfachungen kaum möglich. Gleichwohl gibt es inzwischen eine ganze Reihe von indirekten Überprüfungen der zentralen theoretischen Implikation des Modells: Die Unterdrückung der Effekte „rationaler" Anreize und Möglichkeiten bis hin zur völligen Unbedingtheit. Die Studien beziehen sich auf sehr unterschiedliche Felder: Fertilität, Stabilität von Partnerschaften und Ehen, Kriminalität, Spenden an Wohltätigkeitsorganisationen, Wahlteilnahme, Umweltverhalten, Teilnahme an hochkulturellen Veranstaltungen, Vertrauen und Reziprozität, Bildungsentscheidungen, ethnische Konflikte und Hilfeleistungen unter hohen eigenen Risiken (siehe die Übersicht bei Kroneberg 2014: 109 f.). Das Ergebnis war jeweils: Mit zunehmender Verankerung der jeweiligen normativen oder kulturellen Orientierungen verlieren die verschiedenen Anreize, Risiken und Kosten ihre Wirkung – bis hin zu jener auch absoluten Unbedingtheit, die den Kern des Normverständnisses im normativen Paradigma immer ausgemacht hat und die die RCT und das utilitaristische Paradigma nicht kennen. Und das nicht nur in low-cost-Situationen wie beim Kulturkonsum, der Wahlteilnahme oder gelegentlichen Spenden, wo auch die RCT Effekte von Normen und Einstellungen konzedieren würde, sondern auch unter extrem hohen Kosten und Risiken wie bei Scheidungen, weitreichenden Bildungsentscheidungen oder gar Hilfeverhalten gegenüber Juden im 2. Weltkrieg unter größten Gefahren (Kroneberg et al. 2010; Kroneberg 2011).

Allerdings gäbe es auch noch Einiges zu tun. Vier Richtungen für theoretische Weiterentwicklungen und empirische Arbeiten erscheinen dabei besonders wichtig (siehe Kroneberg 2011, 2014; Tutić 2015). Erstens sollte die Formalisierung oder sogar Axiomatisierung der im MFS identifizierten Mechanismen der Kategorisierung, variablen Rationalität und Definition der Situation weiter vorangetrieben werden, nicht zuletzt um verstärkt in Dialog mit der axiomatisierten ökonomischen Entscheidungstheorie treten zu können. Zweitens sollten die bisherigen Anwendungen und Tests mit Umfragedaten durch Feld- und Laborexperimente ergänzt werden. Das MFS baut bereits auf umfangreicher experimenteller Evidenz auf, die vor allem in der kognitiven Sozialpsychologie gewonnen wurde und in die Kernannahmen des Modells eingegangen ist. Nichtsdestotrotz würden gezielte Experimente umfassendere und intern validere Tests des Modells ermöglichen. Aussichtsreich erscheint es hier insbesondere, bewährte Experimentaldesigns der psychologischen Forschung zu DPT mit verhaltensökonomischen Experimenten zu kombinieren. Drittens gilt es, das Potential des MFS als Mikrofundierung der Analyse von Interaktionen und Situationen (strategischer) Interdependenz zu realisieren. Von besonderem Interesse wären hierbei strategische Situationen, in denen die Spieler zwischen dem as- und dem rc-Modus wechseln können, z. B. bei der Übernahme bestimmter Rollen oder institutioneller Routinen (siehe Montgomery 1998; Gintis 2017). Derartige interaktionstheoretische Anwendungen sollten die wichtige Eigenschaft des MFS nutzen, die systematische Konstruktion einfacherer Modellversionen durch das Einführen expliziter und begründeter Annahmen zu ermöglichen (sog. Modulierbarkeit, siehe dazu Kroneberg 2011). Viertens kann das MFS schließlich als Mikrofundierung soziologischer Analysen dienen, welche die Entwicklung kultureller Milieus und institutioneller Ordnungen als Ergebnis sozialer Framingprozesse erklären. Neben der situativen Aktivierung mentaler Modelle kommt es hierbei entscheidend auf längerfristige Lern- und Sozialisationsprozesse an, welche die chronische Zugänglichkeit mentaler Modelle beeinflussen. Solche sozialtheoretischen Anwendungen dienen nicht allein mehr dem Test des MFS, sondern verwenden es als Handlungstheorie, um in sequentiellen Mehrebenenerklärungen kollektive Phänomene zu erklären, darunter auch Befunde aus den spieltheoretischen Experimenten der behavioral economics, bei denen die geläufigen RCT-Erklärungen an ihre Grenzen stoßen (vgl. Esser 2018).

Literatur

Abelson, R. P., 1981: Psychological Status of the Script Concept. American Psychologist 36: 715–729.

Alós-Ferrer, C. & F. Strack, 2014: From Dual Processes to Multiple Selves: Implications for Economic Behavior. Journal of Economic Psychology 41: 1–11.

Augoustinos, M. & I. Walker, 1995: Social Cognition. An Integrated Introduction. London: Sage.

Bacharach, M., 1993: Variable Universe Games. S. 255–275 in: K. Binmore, A. Kirman & P. Tani (Hrsg.), Frontiers of Game Theory. Cambridge: MIT Press.

Bargh, J. A., M. Chen & L. Burrows, 1996: Automaticity of Social Behavior. Direct Effects of Trait Construct and Stereotype Activation on Action. Journal of Personality and Social Psychology 71: 230–244.

Best, H. & C. Kroneberg, 2012: Die Low-Cost-Hypothese: Theoretische Grundlagen und empirische Implikationen. Kölner Zeitschrift für Soziologie und Sozialpsychologie 64: 535–561.

Bicchieri, C., 2006: The Grammar of Society. The Nature and Dynamics of Social Norms. Cambridge: Cambridge University Press.

Bordalo, P., N. Gennaioli & A. Shleifer, 2012: Salience Theory of Choice under Risk. The Quarterly Journal of Economics 127: 1243–1285.

Bruch, E. & F. Feinberg, 2017: Decision Making Processes in Social Contexts. Annual Review of Sociology 43: 207–227.

Cerulo, K.A., 2010: Mining the Intersections of Cognitive Sociology and Neuroscience. Poetics 38: 115–132.

Chaiken, S. & Y. Trope (Hrsg.), 1999: Dual-Process Theories in Social Psychology. New York: The Guilford Press.

Damasio, A.R., 2003: Der Spinoza-Effekt. Wie Gefühle unser Leben bestimmen. München: List.

De Martino, B., D. Kumaran, B. Seymour & R.J. Dolan, 2006: Frames, Biases, and Rational Decision-Making in the Human Brain. Science 313: 684–687.

DiMaggio, P., 1997: Culture and Cognition. Annual Review of Sociology 23: 263–287.

Dufwenberg, M., S. Gächter & H. Hennig-Schmidt, 2011: The Framing of Games and the Psychology of Play. Games and Economic Behavior 73: 459–478.

Engel, C. & D.G. Rand, 2014: What Does 'Clean' Really Mean? The Implicit Framing of Decontextualized Experiments. Economics Letters 122: 386–389.

Esser, H., 2001: Soziologie: Spezielle Grundlagen. Band 6: Sinn und Kultur. Frankfurt a. M.: Campus.

Esser, H., 2018: Sanktionen, Reziprozität und die symbolische Konstruktion der Kooperations-„Gemeinschaft". Ein theoretischer Vergleich und empirischer Test von Rational-Choice-Theorie und dem Modell der Frame-Selektion anhand von Befunden und Daten aus der experimentellen Spieltheorie zur Erklärung der Bereitstellung von Kollektivgütern. Zeitschrift für Soziologie 47: 8–28.

Esser, H. & C. Kroneberg, 2015: An Integrative Theory of Action: The Model of Frame Selection. S. 63–85 in: E.J. Lawler, S.R. Thye & J. Yoon (Hrsg.), Order on the Edge of Chaos: Social Psychology and the Problem of Social Order. Cambridge: Cambridge University Press.

Fahti, M., M. Bateson & D. Nettle, 2014: Effects of Watching Eyes and Norm Cues on Charitable Giving in a Surreptitious Behavioral Experiment. Evolutionary Psychology 12: 878–887.

Fazio, R.H., 1990: Multiple Processes by Which Attitudes Guide Behavior: The MODE Model as an Integrative Framework. S. 75–109 in: M.P. Zanna (Hrsg.), Advances in Experimental Social Psychology. Volume 23. San Diego: Academic Press.

Fehr, E. & K. Hoff, 2011: Introduction: Tastes, Castes and Culture: The Influence of Society on Preferences. The Economic Journal 121: F396–F412.

Gilboa, I. & D. Schmeidler, 1995: Case-Based Decision Theory. The Quarterly Journal of Economics 110: 605–639.

Gintis, H., 2017: Individuality and Entanglement. The Moral and Material Basis of Social Life. Princeton: Princeton University Press.

Gross, N., 2009: A Pragmatist Theory of Social Mechanisms. American Sociological Review 74: 358–379.

Haley, K.J. & D.M.T. Fessler, 2005: Nobody's Watching?: Subtle Cues Affect Generosity in an Anonymous Economic Game. Evolution and Human Behavior 26: 245–256.

Heiner, R.A., 1983: The Origin of Predictable Behavior. American Economic Review 73: 560–595.

Kay, A.C., S.C. Wheeler, J.A. Bargh & L. Ross, 2004: Material Priming: The Influence of Mundane Physical Objects on Situational Construal and Competitive Behavioral Choice. Organizational Behavior and Human Decision Processes 95: 83–96.

Keizer, K., S. Lindenberg & L. Steg, 2013: The Importance of Demonstratively Restoring Order. PLoS ONE 8: e65137.

Kroneberg, C., 2011: Die Erklärung sozialen Handelns. Grundlagen und Anwendung einer integrativen Theorie. Wiesbaden: VS Verlag für Sozialwissenschaften.

Kroneberg, C., 2014: Frames, Scripts, and Variable Rationality: An Integrative Theory of Action. S. 97–123 in: G. Manzo (Hrsg.), Analytical Sociology. Actions and Networks. Chichester: John Wiley & Sons Ltd.

Kroneberg, C., M. Yaish & V. Stocké, 2010: Norms and Rationality in Electoral Participation and in the Rescue of Jews in WWII: An Application of the Model of Frame Selection. Rationality and Society 22: 3–36.

LeDoux, J., 1999: The Emotional Brain. The Mysterious Underpinnings of Emotional Life. London: Phoenix.

Liberman, V., S.M. Samuels & L. Ross, 2004: The Name of the Game: Predictive Power of Reputations Versus Situational Labels in Determining Prisoner's Dilemma Game Moves. Personality and Social Psychology Bulletin 30: 1175–1185.

Lindenberg, S., & L. Steg, 2007: Normative, Gain and Hedonic Goal Frames Guiding Environmental Behavior. Journal of Social Issues 63: 117–137.

Lizardo, O., R. Mowry, B. Sepulvado, D.S. Stoltz, M.A. Taylor, J. Van Ness & M. Wood, 2016: What Are Dual Process Models? Implications for Cultural Analysis in Sociology. Sociological Theory 34: 287–310.

Miles, A., 2015: The (Re-)Genesis of Values: Examining the Importance of Values for Action. American Sociological Review 80: 680–704.

Montgomery, J.D., 1998: Toward a Role-Theoretic Conception of Embeddedness. American Journal of Sociology 104: 92–125.

Moskowitz, G.B., 2005: Social Cognition. Understanding Self and Others. New York: The Guilford Press.

Opp, K.-D., 2010: Frame-Selektion, Normen und Rationalität. Stärken und Schwächen des Modells der Frame-Selektion. S. 63–78 in: G. Albert & S. Sigmund (Hrsg.), Soziologische Theorie kontrovers. Sonderheft 50 der Kölner Zeitschrift für Soziologie und Sozialpsychologie. Wiesbaden: VS Verlag für Sozialwissenschaften.

Payne, J.W. & J.R. Bettman, 2002: Preferential Choice and Adaptive Strategy Use. S. 123–145 in: G. Gigerenzer & R. Selten (Hrsg.), Bounded Rationality. The Adaptive Toolbox. Cambridge: MIT Press.

Roth, G., 2001: Fühlen, Denken, Handeln. Wie das Gehirn unser Verhalten steuert. Frankfurt a. M.: Suhrkamp.

Simon, H.A., 1993: Homo rationalis. Die Vernunft im menschlichen Leben. Frankfurt a. M.: Campus.

Stocké, V., 1996: Relative Knappheiten und die Definition der Situation. Die Bedeutung von Formulierungsunterschieden, Informationsmenge und Informationszugänglichkeit in Entscheidungssituationen: Ein Test der Framinghypothese der Prospect-Theory am Beispiel des „asian disease problem". Zwischenbericht des Forschungsvorhabens „Zum Framing von Entscheidungssituationen". Mannheim: Universität Mannheim.

Strack, F. & R. Deutsch, 2004: Reflective and Impulsive Determinants of Social Behavior. Personality and Social Psychology Review 8: 220–247.

Thomas, W.I. & F. Znaniecki, 1927: Methodological Note. S. 1–86 in: W.I. Thomas & F. Znaniecki (Hrsg.), The Polish Peasant in Europe and America. Volume I. 2. Aufl., New York: Knopf.

Tutić, A., 2015: Warum denn eigentlich nicht? Zur Axiomatisierung soziologischer Handlungstheorie. Zeitschrift für Soziologie 44: 83–98.

Tversky, A. & D. Kahneman, 1981: The Framing of Decisions and the Psychology of Choice. Science 211: 453–458.

Vaisey, S., 2009: Motivation and Justification: A Dual-Process Model of Culture in Action. American Journal of Sociology 114: 1675–1715.

Vanberg, V.J., 2002: Rational Choice vs. Program-Based Behavior: Alternative Theoretical Approaches and their Relevance for the Study of Institutions. Rationality and Society 14: 7–54.

Andreas Diekmann
IV.3 Rational-Choice-Theorie. Heuristisches Potential, Anwendungen und Grenzen

IV.3.1 Einleitung

Soziologie zielt, anders als Psychologie, primär auf die Erklärung kollektiver Ereignisse. Nicht *die* Einzelhandlung steht im Vordergrund; vielmehr geht es um die Erklärung von Makrophänomenen, die als Ergebnis der Handlungen mehrerer und oftmals sehr vieler Akteure aufgefasst werden können. Beispiele sind Kriminalitäts- und Selbstmordraten in einer Gesellschaft, Migrationsprozesse, das Ausmaß vertikaler Mobilität, Einkommensungleichheit, Bildungschancen oder ethnische Segregation, um einige Beispiele zu nennen. Bekanntlich kann aus Makrophänomenen nicht auf Mikromotive zurück geschlossen werden. Hohe Kooperationsraten auf digitalen Märkten sind kein Beweis dafür, dass sämtliche Händler der Moral des ehrlichen Kaufmanns folgen. Wenn Proteste gegen eine drastische Erhöhung von Studiengebühren an einer Universität unterbleiben, heißt dies nicht, dass alle Betroffenen damit einverstanden wären. Zur Erklärung müssen wir die Perspektive der einzelnen Individuen ausloten. In welcher Situation befinden sie sich, welche Ziele haben sie, mit welchen Folgen rechnen sie, wenn die eine oder andere Handlung gewählt wird, und welche Mittel stehen ihnen zur Verfügung? Wir benötigen also zunächst eine Mikrotheorie, die über die Bedingungen informiert, unter denen eine spezifische Handlung ausgeführt wird. Ganz allgemein kann dabei von einer Handlungstheorie oder Entscheidungstheorie gesprochen werden.

Die Rational-Choice-Theorie (RCT), soviel sei hier schon vorweggenommen, ist eine Variante aus einer Vielzahl von Handlungstheorien. Die Prospect-Theorie von Kahneman und Tversky (Kahnemann & Tversky 1981; Wakker 2010), die Theorie des geplanten Verhaltens (Ajzen & Fishbein 1980), Theorien über begrenzte Rationalität und Entscheidungsheuristiken (Gigerenzer & Todd 1999) sind andere Varianten der Entscheidungstheorie (vgl. Kapitel II.1). RCT ist also nicht die Universaltheorie, die sämtliche anderen Entscheidungstheorien als Spezialfälle einschließt. Sie hat ein großes heuristisches Potential, d. h. sie kann bei der Konstruktion erklärender Modelle überaus hilfreich sein. Auf der anderen Seite gibt es aber auch Grenzen der Erklärungskraft.

https://doi.org/10.1515/9783110673616-015

Die Ansicht zur Erklärungskraft der RCT und ihrer Grenzen wird allerdings auch unter den Proponenten der Theorie kontrovers diskutiert. Die Anfänge der Theorie reichen weit zurück (zur Geschichte Diekmann & Voss 2017; vgl. Kapitel I.1). Im angelsächsischen Raum haben insbesondere Coleman (1991), Elster (1986) und Hechter (2020) die Theorie in der Soziologie verbreitet, im deutschsprachigen Raum wurde die RCT von Opp (1978) bereits seit den 70er Jahren auf soziologische Problemstellungen angewandt.

Hedström (2005) hat in seinem Plädoyer für eine „analytische Soziologie" (der Begriff stammt von Pearce 1994) drei Bausteine einer Handlungstheorie hervorgehoben. Sie heißen „desire", „belief", „opportunities" oder kurz DBO. Gintis (2007) erhebt den Anspruch, die Rational-Choice-Theorie zur Grundlage für die „unification der behavioral sciences" zu machen. Doch ähnlich finden wir auch hier die Begriffe „beliefs", „preferences", „constraints" oder BPC. „Desire" oder „preferences" steht für die Ziele oder Präferenzen eines Akteurs, „beliefs" für die subjektiven Wahrscheinlichkeiten von Handlungskonsequenzen und „opportunities" oder „constraints" sind die Ressourcen (negativ formuliert die Restriktionen), die einer handelnden Person zur Verfügung stehen. Es gilt also: DBO = PBC! Sehr viele Entscheidungstheorien, insbesondere auch die Rational-Choice-Theorie, legen implizit oder explizit die drei Bausteine Präferenzen, subjektive Wahrscheinlichkeiten und Opportunitäten (Restriktionen) zugrunde. Gelegentlich wird von „DBO-Theorie" gesprochen. Aber weder DBO noch BPC sind potentiell falsifizierbare Theorien (Diekmann 2010). Es handelt sich zunächst nur um heuristisch inspirierende Schemata, die noch zu einer Theorie ausgebaut werden müssen.

Wir werden im Folgenden die Rational-Choice-Theorie genauer definieren und als einen Spezialfall von DBO behandeln. Dabei werden wir auch einige Missverständnisse ansprechen, die immer wieder bei der Diskussion und Anwendung von RCT auftreten. Weiterhin werden wir Anwendungen der RCT in *parametrischen* und in *strategischen* Situationen betrachten. In parametrischen Situationen entscheidet ein Akteur in einer gegebenen Situation, ohne die Entscheidungen anderer Akteure ins Kalkül zu ziehen (Braun & Gautschi 2011). Beispielsweise kann sich eine Person, die ein öffentliches Verkehrsmittel nutzt, zwischen der Handlung, eine Fahrkarte kaufen und der Handlung „schwarz" fahren entscheiden. In strategischen Situationen muss sie oder er dagegen die Entscheidungen anderer Akteure berücksichtigen. Die Entscheidungen sind *interdependent*, die Folgen der Entscheidung eines Akteurs hängen von den Entscheidungen anderer Akteure ab (Raub & Buskens 2006). Wer z. B. ein gebrauchtes Mobiltelefon auf eBay ersteigert, wünscht sich, dass der Verkäufer die Ware in der angekündigten Qualität versendet. Der Verkäufer hat allerdings auch die Option, Ware minderer Qualität zu verschicken oder sich ohne jede Gegenleistung mit dem Geld aus dem Staub zu machen. Wenn der Verkäufer von einer betrügerischen Handlung profitiert, stellt sich die Frage, weshalb dennoch auf digitalen Märkten ein hohes Kooperationsniveau erreicht wird.

Die Erklärung einer Handlung ist nur ein Glied in der Kette, an deren Ende die Erklärung eines Makrophänomens steht. Wir werden das Problem der Aggregation individueller Handlungen, den „Aufstieg" von der Mikroebene zur Makroebene, anhand von Beispielen ansprechen. Das bekannte Mikro-Makro-Schema von Coleman (1984, 1991), das „Coleman-Boot", ist didaktisch zwar als Einstieg hilfreich, passt aber keineswegs generell auf alle Erklärungsprobleme. Ebenso wie die Bausteine des „DBO-Modells" ist auch das Coleman-Schema keine Theorie, sondern nur ein Hilfsmittel, um das Verständnis zu erleichtern.

Die Rational-Choice-Theorie löst nicht alle Probleme. Es gibt auch systematische Widersprüche der Theorie zu empirischen Beobachtungen, die Grenzen der Theorie aufzeigen. Diese Widersprüche, man spricht von „Anomalien", sind Herausforderungen für die RCT und stimulieren die Entwicklung alternativer Theorien. Schließlich werden wir abschließend einen Leitfaden zur Anwendung der Theorie geben.

IV.3.2 Rational-Choice-Theorie

Ausgangspunkt der RCT ist eine zielorientierte Entscheidung zwischen Alternativen. Gegeben sind eine Menge von Handlungsmöglichkeiten, die Ressourcen eines Akteurs und seine Erwartungen über die Konsequenzen für sämtliche Handlungsalternativen. Ein Akteur hat also Ziele („desires", Präferenzen), bildet Erwartungen über die Konsequenzen der alternativen Handlungen („beliefs") und verfügt über begrenzte Ressourcen („opportunities"). Soweit stimmt die RCT mit dem DBO-Schema überein.

Jetzt wird aber noch eine Regel benötigt, die angibt, welche der Alternativen gewählt wird. Eine u. E. stark verkürzte Version der RCT lautet so: Bestimme für jede Handlungsalternative i die Nutzenwerte der Konsequenzen j (u_{ij}) sowie die zugehörigen subjektiven Wahrscheinlichkeiten (p_{ij}) und summiere die Produkte. Damit erhält man die Nutzenerwartung $SEU_i = \sum u_{ij} \cdot p_{ij}$ der Handlungsalternative i. Die RCT prognostiziert dann, dass ein Akteur diejenige Handlungsalternative wählt, für die die Nutzenerwartung maximal ist. Das Problem ist allerdings, dass die subjektiven Nutzenwerte und Wahrscheinlichkeiten nicht bekannt sind. Man benötigt eine Messtheorie zur Bestimmung dieser Werte. Erst in Kombination mit einer Messtheorie führt die RCT überhaupt zu potentiell falsifizierbaren

Aussagen. Nun kann man versuchen, Nutzen und subjektive Wahrscheinlichkeiten auf Ratingskalen zu erheben, etwa indem man danach fragt, wie groß der Nutzen einer Handlungsfolge auf einer Skala von z. B. null bis zehn ist. Gleiches unternimmt man zur Erhebung der subjektiven Wahrscheinlichkeiten. Nur ist diese Messung völlig ad hoc. Die Reliabilität und Validität der Messung ist nicht bekannt und es existiert auch keine Messtheorie, die diese Vorgehensweise rechtfertigt. Es ist durchaus denkbar, dass das Ad-Hoc-Verfahren bei einer Reihe von Anwendungen zutreffende Erklärungen ermöglicht, aber ob die Messungen wirklich valide sind, ist in keiner Weise garantiert.

Die alternative Sichtweise der RCT ist die *axiomatische* Begründung der Theorie. Dies ist auch die ursprüngliche durch von Neumann & Morgenstern (1947) und Savage (1954) entwickelte RCT für Entscheidungen unter *Risiko*. Damit sind Entscheidungen in Situationen gemeint, in denen Handlungsfolgen nicht mit Sicherheit („Entscheidungen unter Sicherheit") auftreten, sondern nur mit Wahrscheinlichkeit erwartet werden. In der Theorie von von Neumann und Morgenstern sind es „objektive" Wahrscheinlichkeiten, die Erweiterung durch Savage berücksichtigt auch „subjektive" Wahrscheinlichkeiten („beliefs"). Leider ist die ursprüngliche axiomatische Grundlage in der Soziologie weitgehend in Vergessenheit geraten.

Die von Neumann-Morgenstern(VNM)-Theorie und die Theorie von Savage legen eine Reihe von Axiomen über die Wahl von Alternativen vor. Die Axiome sind grundlegende Annahmen über individuelles Wahlverhalten, d. h. den paarweisen Vergleich von Alternativen. Sind die Axiome erfüllt, können Nutzenwerte derart zugewiesen werden, dass sie die beobachtbaren Präferenzentscheidungen repräsentieren („Repräsentationstheorem"). Aus der Gültigkeit der Axiome folgt, dass Personen so handeln, als ob sie die Handlungsalternative mit dem maximalen SEU-Wert wählen.

Wir können hier die axiomatische Grundlage nicht vollständig darstellen, wohl aber das Prinzip erklären (vgl. Kapitel II.1; siehe auch genauer Eisenführ et al. 2010; Braun & Gautschi 2011). Ein zentrales Axiom ist die Transitivität von Entscheidungen. Wird ein Ereignis (die Handlungsfolge) a dem Ereignis b vorgezogen und b dem Ereignis c, dann muss auch a dem Ereignis c vorgezogen werden. Das Transitivitätsaxiom ist Voraussetzung für eine ordinale Nutzenmessung. Eine RCT auf ordinaler Grundlage ist bei Entscheidungen unter Sicherheit bereits ausreichend und erfordert nur schwache Voraussetzungen. Die VNM-Theorie geht aber weiter. Axiome über den Vergleich von *Lotterien* (Ereignis a tritt mit Wahrscheinlichkeit p auf) führen zu einer kardinalen Nutzenmessung, d. h. die Nutzenwerte sind eindeutig bis auf lineare Transformationen (Intervallskala). Die Skala hat aber keinen absoluten Nullpunkt. Bei der axiomatischen RCT macht der Nullpunkt der Nutzen – wie bei der Temperaturskala in Celsius – inhaltlich keinen Sinn!

Die Nutzenmaximierung wird nicht vorab angenommen, sondern ist eine Folge der Erfüllung der Axiome. Wenn Personen *konsistent* in Übereinstimmung mit den Axiomen der RCT handeln, wird die Auswahl der Handlungsalternative mit dem maximalen SEU-Wert impliziert. Das Stichwort lautet „Konsistenz bezüglich der Axiome". Man könnte daher auch von der Konsistenzinterpretation der RCT sprechen.

Warum ist u. E. die axiomatische RCT der RCT mit Ad-hoc-Annahmen überlegen? Erstens sind die zentralen Axiome empirisch prüfbar. Die Annahmen der Theorie, z. B. das Transitivitätsaxiom, können empirisch untersucht werden. Zweitens wird die RCT durch die Menge der zu erfüllenden Axiome präzise definiert. Es gibt unterschiedliche Axiomensysteme und damit auch unterschiedliche Entscheidungstheorien. Beispielsweise sind nur wenige Axiome, insbesondere das Transitivitätsaxiom erforderlich, um eine ordinale RCT zu begründen. Bei vielen Anwendungen, insbesondere auch in strategischen Situationen, ist eine ordinale RCT für Erklärungen ausreichend. Der Vorteil ist, dass sie mit sparsamen Prämissen auskommt.

Empirische Prüfbarkeit der Axiome heißt, dass die RCT potentiell falsifizierbar ist. Tatsächlich lassen sich in bestimmten Fällen systematische Verletzungen der Axiome empirisch nachweisen. Beispiele sind das „Ellsberg-Paradox" und das „Allais-Paradox" (vgl. Kapitel IV.1; siehe auch Eisenführ et al. 2010; Wakker 2010). Diese Abweichungen sind besonders aufschlussreich, da sie über menschliches Entscheidungsverhalten Aufschluss geben und alternative Erklärungen des Entscheidungsverhaltens inspirieren. Wir können hier nicht auf die Einzelheiten dieses interessanten Bereichs der Entscheidungstheorie eingehen. Festzuhalten ist aber, dass eine axiomatische RCT in vielen, aber nicht in allen Bereichen zutreffende Erklärungen hervorbringt. Die axiomatische RCT hat den Vorteil von Prüfbarkeit und potentieller Falsifizierbarkeit, aber kennt auch Grenzen der Erklärungskraft.

Mit der axiomatischen Theorie können auch eine Reihe von Missverständnissen aufgelöst werden. So sind Nutzenwerte ordinal oder – bei Erfüllung der VNM-Axiome – eindeutig bis auf lineare Transformationen („intervallskaliert"). Dem Nullpunkt kann keine inhaltliche Bedeutung zugemessen werden. Bezüglich der Präferenzen ist bereits die klassische Theorie von von Neumann und Morgenstern und die Ergänzung durch subjektive Wahrscheinlichkeiten bei Savage eine „weite" RCT. An keiner Stelle wird gefordert, dass sich die Nutzenwerte auf materiale oder monetär bezifferbare Objekte beziehen. Die axiomatische RCT setzt weder einen homo oeconomicus voraus noch impliziert sie ihn. Rationalität und Altruismus sind keine Gegensätze. Auch altruistische Präferenzen können rational sein. Sie sind es, wenn das Konsistenzkriterium erfüllt ist. Tatsächlich konnte altruistische Rationalität im Experiment nachgewiesen werden (Andreoni & Miller 2002).

Immer wieder wird an dem Begriff der Rationalität Kritik geübt. Man kann auf den Begriff verzichten, ohne am deskriptiven Gehalt der Theorie auch nur einen Deut zu ändern. Wenn aber auf den Begriff Wert gelegt wird, führt an der axiomatischen Theorie u. E. kein Weg vorbei. „Rationales Handeln" kann man nur präzise durch Axiome definieren! Dabei ist es möglich, dass es unterschiedliche Rationalitäten gibt. Wenn man z. B. rationales Handeln als „Handeln in Übereinstimmung mit den Axiomen von von Neumann und Morgenstern definiert", hat man den Begriff präzise definiert. Es mag zweckmäßigere Definitionen geben. Dann aber muss man sagen, welches der Axiome man weglassen, abändern oder hinzufügen möchte.

Die axiomatische RCT besagt, dass eine messtheoretisch fundierte Nutzenmessung im Prinzip möglich ist und dafür Verfahren zur Verfügung stehen. Das heißt aber keineswegs, dass bei Anwendungen tatsächlich Messungen bei jedem Akteur unternommen werden. Häufig wird man bei Problemen der Erklärung sozialen Verhaltens indirekt vorgehen. Es werden Annahmen über die Entscheidungssituation getroffen und auf dieser Grundlage Hypothesen aufgestellt. Oder es werden Annahmen formalisiert, d. h. es wird ein Modell konstruiert, und aus dem Modell werden Hypothesen abgeleitet. Der Test der Theorie erfolgt dann indirekt durch die Prüfung der aus dem Modell abgeleiteten Hypothesen. Der Vorteil der Modellstrategie ist, dass je nach Annahmen neue und eventuell auch kontra-intuitive Hypothesen abgeleitet werden können. Die Modellstrategie ist innovativ, führt zu neuen Hypothesen und erhöht die Chancen zum Test der Theorie.

Betrachten wir ein Beispiel. Es stellt sich die Frage, warum nicht die große Mehrheit der Personen in öffentlichen Verkehrsmitteln „schwarz" fährt. In einer Großstadt koste eine Fahrkarte für die einmalige Fahrt z. B. $2,50$ €. Die Geldbuße einer Schwarzfahrt sei mit 60 € angenommen. Jede 50. Fahrt wird im Durchschnitt kontrolliert. Der Erwartungswert bei einer Schwarzfahrt beträgt also $0,02 \cdot 60$ € $= 1,20$ € $< 2,50$ €. Lassen wir mal alle Schülermonatskarten und Abonnenten beiseite. Müssten also nicht alle rational denkenden Personen auf den Kauf einer Fahrkarte verzichten? Gibt es also ein „Schwarzfahrerparadox"? Keineswegs, denn die Schwarzfahrerhypothese folgt nicht aus der RCT. Zunächst einmal handelt es sich bei den Werten in der obigen Rechnung um die *Gelderwartung* und nicht um die *Nutzenerwartung*. Nur wenn der Nutzen des Geldes linear vom Geldwert abhängt, würde eine einfache RCT-Hypothese Schwarzfahren prognostizieren. Wenn jedoch, wie häufig angenommen, der Nutzen eine *konkave* Funktion des Geldes ist (die Vermehrung des „Reichtums" von 20 auf 30 € stiftet einen größeren Nutzenzuwachs als von 100 auf 110 €), folgt aus dieser Eigenschaft der Nutzenfunktion, dass eine Person *risikoavers* ist. Durch Risikoaversität ist z. B. erklärbar, dass Personen Versicherungen abschließen. Man zahlt eine über der Gelderwartung liegende Prämie, um einen größeren Verlust abzuwenden. Beim „Schwarzfahrerparadox" könnte man sagen, dass der Fahrscheinkauf eine Art Versicherungsprämie ist, um einen größeren Verlust abzuwenden. Aus der Theorie folgt die Hypothese, dass Personen mit *konkaver Nutzenfunktion* seltener schwarzfahren als Personen mit *konvexer Nutzenfunktion* (ein Zuwachs von 20 auf 30 € erhöht den Nutzen in geringerem Grade als eine Erhöhung von 100 auf 110 €), die (im technischen Sinne) als *risikofreudig* klassifiziert werden können. Man muss aber hinzufügen, dass Risikoaversion empirisch vermutlich nicht ausreicht zu erklären, dass sich die meisten Personen bei der Benutzung öffentlicher Verkehrsmittel (Berliner Busse mal ausgenommen) gesetzeskonform verhalten. Abgesehen davon, dass weitere Sanktionen folgen können (Eintrag in ein Register, erhöhte Geldbußen bei wiederholter Entdeckung), sind es vermutlich auch nicht-ökonomische, soziale Gründe, die viele Fahrgäste veranlassen, für die Fahrt bezahlen. Zu den nicht-ökonomischen Gründen zählt die Peinlichkeit, in aller Öffentlichkeit als Schwarzfahrer bloßgestellt zu werden, möglicherweise ein schlechtes Gewissen, nicht bezahlt zu haben („kognitive Dissonanz") oder positiv gewendet die internalisierte soziale Norm, einen Beitrag zum Kollektivgut eines funktionierenden öffentlichen Verkehrs zu leisten.

Man erkennt an diesem Beispiel schon, dass auf der Grundlage der RCT durchaus unterschiedliche RCT-Hypothesen formuliert werden können. Die RCT führt nicht automatisch zu einer einzigen RCT-Hypothese. Je nach Annahmen können beim gleichen Erklärungsproblem unterschiedliche RCT-Hypothesen formuliert und gegeneinander getestet werden. Es macht deshalb auch wenig Sinn zu sagen, eine RCT Hypothese sei dieser oder jener alternativen (Nicht-RCT) Hypothese überlegen oder unterlegen. Die Frage ist dann, welche RCT-Hypothese besser oder schlechter abschneidet als die alternative Theorie. Die Kunst der Formulierung von Theorien und Hypothesen ist, die geeigneten, für das Erklärungsproblem zentralen Annahmen zu formulieren, entsprechende Messverfahren für die nicht beobachtbaren Größen zu finden und hieraus möglichst informative Hypothesen abzuleiten, die empirischen Daten Stand halten. Die allgemeine RCT hat heuristisches Potential; der kreative Akt ist demnach auch die eigentliche Theoriearbeit und spezifische Modellkonstruktion. Wir werden im Schlussabschnitt auf dieses Thema nochmals eingehen.

IV.3.3 RCT und analytische Soziologie

Die RCT kann als Spezialfall analytischer Soziologie angesehen werden. Wenn man das Buch „Dissecting the Social" von Hedström (2005), einem der Proponenten analytischer Soziologie betrachtet, gehen die meisten Beispiele von RCT-Überlegungen aus. Dabei handelt es sich im Prinzip um Entscheidungen „unter Risiko", es werden also subjektive Wahrscheinlichkeiten von Handlungskonsequenzen mit dem Nutzen der Handlungskonsequenz multipliziert (siehe zur Kritik auch Diekmann 2010). Ziel analytischer Soziologie ist die Erklärung von Makrophänomenen durch das Handeln von Akteuren, also durch eine Mikrotheorie. Hinzu kommen Aggregationsregeln, die die Handlungsergebnisse (z. B. abweichendes Verhalten) mit dem Makrophänomen (z. B. die Kriminalitätsrate) verbinden. Analytische Soziologie folgt dem Paradigma des „methodologischen Individualismus". Menschen handeln unter vorgefundenen Bedingungen (dem sozialen, ökonomischen und institutionellen Kontext, kulturellen Werten usf.). Aus der Aggregation der einzelnen Handlungen ergeben sich Makrophänomene, die aber durchaus dynamisch wieder auf die Handlungsbedingungen zurückwirken können (dazu auch weiter unten).

Das Kernstück der Analyse ist die Mikrotheorie. Ziele, Wahrscheinlichkeitseinschätzungen und Opportunitäten (DBO) sind Bausteine der meisten Mikrotheorien. Wir können auch synonym die Begriffe Handlungstheorie oder Entscheidungstheorie verwenden. In der Soziologie spricht man gerne von „Handlungstheorie", weil damit gewissermaßen „Zielsetzung" und „Sinn" konnotiert sind. Entscheidungstheorie ist der neutrale und technische, Disziplinen übergreifende Begriff.

Wie in der Einleitung bereits angesprochen, ist RCT eine Variante der Entscheidungstheorie. Wir haben auch gesehen, dass die klassische RCT nach von Neumann und Morgenstern und erweitert durch Savage keine spezifischen Präferenzen voraussetzt. Rationalität im Sinne der axiomatischen RCT und Altruismus sind keine Widersprüche. Anders verhält es sich bei der ökonomischen Fiktion des homo oeconomicus. Der homo oeconomicus erfüllt a) die Rationalitätspostulate der RCT, b) hat vollständig eigennützige Präferenzen, die sich c) auf materielle und monetäre Größen beziehen. Außerdem verfügt der homo oeconomicus d) über die Kapazität alle verfügbaren Informationen vollständig, korrekt und ohne Zeitverzögerung zu verarbeiten. Ein homo oeconomicus erzielt in jeder Mathematikarbeit die Bestnote.

Neben der RCT gibt es zahlreiche weitere Entscheidungstheorien (das Verhältnis der RCT zu anderen Entscheidungstheorien zeigt das Schema in Abbildung IV.3.1.) Einige Varianten basieren ebenfalls auf Axiomen, also Annahmen über konsistentes Verhalten. Andere Theorien sind ad hoc formuliert, wie etwa die Theorie von Ajzen & Fishbein (1980). Die Schwäche der Ajzen-Fishbein-Theorie ist, dass sie sich auf alle möglichen Sachverhalte leicht anwenden lässt, aber praktisch keine innovativen, erklärungskräftigen Hypothesen hervorbringt. Eine der elegantesten und wichtigsten Entscheidungstheorien ist zweifellos die Prospect-Theorie von Kahneman & Tversky (1981). Hauptunterschied zur RCT ist, dass ein Referenzpunkt, ein Nullpunkt der Nutzenfunktion, eingeführt wird und die Nutzenfunktion einen spezifischen S-förmigen Verlauf aufweist. Die Kahneman-Tversky-„Nutzenfunktion" (die Autoren vermeiden den Begriff und sprechen von Wertfunktion) ist im negativen Bereich konvex und im positiven Bereich konkav. Außerdem ist die Funktion im negativen Bereich steiler als im positiven Bereich. Dadurch ist z. B. erklärbar, dass Personen bei Verlusten größere Risiken eingehen, während sie bei Gewinnen Risiken eher scheuen (eine ausführliche Darstellung der Prospect-Theorie findet sich in dem Buch von Wakker 2010). Es sei betont, dass die RCT im Gegensatz dazu keinen negativen oder positiven Bereich kennt, da die RCT-Nutzenfunktion keinen Nullpunkt hat. *Reference Dependence* (Wakker 2010) ist der zentrale Unterschied der Prospect-Theorie gegenüber der RCT. Damit lässt sich auch eine spezifische Art von „Framing" genauer definieren. In der Prospect-Theorie wird entsprechend vom *Verlust-Frame* und vom *Gewinn-Frame* gesprochen. Es gibt weitere Framing-Theorien in der Soziologie. In der Framing-Theorie nach Esser & Kroneberg (2015) ist der Grad der Rationalität variabel und abhängig vom spezifischen „Rahmen" der Situation (vgl. Kapitel IV.2). Eine weitere Alternative ist die Framing-Theorie von Lindenberg (2006). Je nach Situation treten hier unterschiedliche Ziele eines Akteurs in den Vordergrund. Akteure können hedonistische, gewinnorientierte („gains") oder normative Ziele in den Vordergrund rücken und die jeweiligen „frames" sorgen dafür, dass eines dieser Ziele besondere Betonung („salience") erfährt. Es ist hier nicht der Ort, sämtliche Mikrotheorien sozialen Handelns gegenüberzustellen. Es sollte nur deutlich werden, dass die RCT zwar eine sehr wichtige und prominente Theorie ist. Sie ist heute nach wie vor in vielen Bereichen anwendbar und kann durchaus zutreffende Erklärungen liefern. Weil sie axiomatisch fundiert und präzise ist, eignet sie sich besonders für die Konstruktion von Modellen, aus denen wiederum Hypothesen ableitbar und empirisch prüfbar sind. Auf der anderen Seite gibt es aber auch Erklärungsprobleme, bei denen alternative Theorien zutreffendere Erklärungen ermöglichen.

Abnehmende
Restriktivität von
Annahmen der
Entscheidungstheorie

Drei Kreise der „Rationalität"

I. Homo oecon.

II. RCT

III. Bounded Ration.

III. Analytische Soziologie (DBO)

II. Rational-Choice-
Theorie (RCT)

I. Homo
oecono-
micus

III. Varianten von Entscheidungstheorien;
Prospect-Theorie, Bounded
Rationality u. a.

I. Homo oeconomicus:
Materielle Präferenzen,
Konsistenz mit Axiomen,
unbegrenzte Kapazität der
Informationsverarbeitung

II. Alle Präferenzen sind
zulässig, auch altruistische
Präferenzen, Konsistenz mit
Axiomen

III. Alle Varianten von
Entscheidungstheorien,
insbesondere Theorien
begrenzter Rationalität,
Prospect-Theorie u. a.

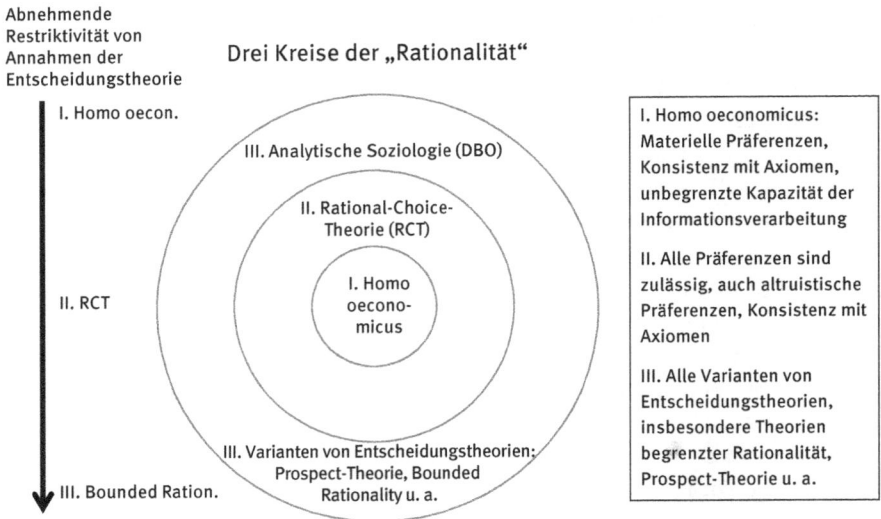

Abbildung IV.3.1: RCT und alternative Entscheidungstheorien.

IV.3.4 RCT in Situationen strategischer Interaktion

In parametrischen Situationen entscheidet ein Akteur je nach dem Grad seines Wissens über die Situation a) unter *Sicherheit* (das Auftreten aller Handlungsfolgen ist mit Sicherheit bekannt), b) unter *Risiko* (der Akteur hat subjektive Wahrscheinlichkeiten über das Auftreten von Handlungsfolgen gebildet), c) unter *Unsicherheit* (der Akteur hat kein Wissen über die Wahrscheinlichkeit der Folgen einer Handlung). Die Dreiteilung von Entscheidungen unter Sicherheit, Risiko, Unsicherheit ist eine Standard-Unterteilung der Entscheidungstheorie, die auf Francis Knight zurückgeht. Die Domäne von Anwendungen der klassischen axiomatischen RCT sind besonders die Bereiche a) und b).

In strategischen Situationen entscheiden mehrere Akteure, deren Schicksal gewissermaßen wechselseitig verknüpft ist. Welche Handlungsfolgen auftreten, hängt nunmehr nicht mehr von einem Akteur ab, sondern auch von den Handlungen der anderen Akteure. Man spricht deshalb auch von *strategischer Interdependenz*. Mit den *Modellen der Spieltheorie*, die ja ebenfalls grundlegend von von Neumann und Morgenstern entwickelt wurden, kann die RCT auf strategische Situationen erweitert werden (vgl. Kapitel II.2).

In strategischen Situationen können die Akteure völlig entgegengesetzte, antagonistische Interessen haben. Es handelt sich dann um „Nullsummenspiele". Oder aber sie haben absolut übereinstimmende Interessen. Das ist der Fall bei reinen Koordinationsspielen. Dazwischen liegen die eigentlich interessanten „mixed-motive games"; Spiele, bei denen die Akteure teils gemeinsame, teils konfligierende Interessen haben.

Ein typisches Beispiel ist der traditionell in Soziologie und Anthropologie untersuchte soziale Tausch. Betrachten wir einmal die verschiedenen Institutionen, die beim Tausch entstehen können. Die RCT in Verbindung mit der Spieltheorie kann die Verschiedenartigkeit der Institutionen sehr gut erklären. Malinowski (1926) berichtet in „Crime and Custom in Savage Society" von den küstennahen Fischern und den in Dörfern abseits der Küste residierenden Farmern auf den Trobriander Inseln, die Fische gegen agrarische Produkte tauschen. Jeder Tausch ist eine zeitverzögerte Handlungssequenz, bei der beide Akteure zwei Handlungsoptionen haben: Zu kooperieren oder zu betrügen. Das Spiel wird zu einem *Vertrauensspiel* (vgl. Kapitel III.3; siehe auch Voss 1998; Raub & Buskens 2006), wenn ein Akteur in Vorleistung tritt; der Fischer z. B. seine Ware liefert und darauf hofft, durch Produkte aus dem Gartenbau entsprechend entschädigt zu werden. Solche Reziprozitätsnormen sind weit verbreitet; allerdings läuft der Treugeber Gefahr, durch opportunistisches Verhalten des Treuhänders übervorteilt zu werden. Malinowski beschreibt, dass die Handelspartner keinesfalls zufällig jeweils einen Tauschpartner auswählen, der gerade die gewünschte Ware anbietet. Vielmehr bilden sich immer dieselben Dyaden von Tauschpartnern. Der Tausch wird also unter den gleichen Partnern wiederholt; es gibt „einen Schatten der Zukunft". Die Theorie wiederholter Spiele, Axelrods Theorie der „Evolution der Kooperation" (1987), kann diese von Malinowski beschriebene spezifische Institution des Austauschs gut erklären. Unter der Voraussetzung eines genügend hohen Werts der Zukunft, d. h. künftiger Interaktionen unter den *gleichen* Akteuren, prognostiziert die RCT die Entwicklung von Kooperation und des Verhaltens beider Akteure in Übereinstimmung mit Reziprozitätsnormen.

Dass dies nicht selbstverständlich ist, zeigt eine andere Fallstudie. In Thailand entstanden beim Handel von Rohgummi andere Austauschstrukturen als beim Handel mit Reis (Siamwalla 1978; Kollock 1994). Ein Produzent von Rohgummi handelte immer mit dem gleichen Käufer, während sich im Reishandel immer wieder neue Käufer-Verkäufer-Paare bildeten. Weshalb entwickelten sich diese ungleichen Traditionen beim Handel? Der Grund ist die *Asymmetrie von Information* über die Qualität der Ware auf den damaligen Rohgummimärkten. Die Qualität des Produkts ist erst Monate später erkennbar; ein Käufer muss also dem Verkäufer vertrauen können. Im Falle wiederholter Vertrauensspiele kann sich wechselseitige Kooperation als (Nash-)Gleichgewicht herausbilden. In einem

Nash-Gleichgewicht hat kein Akteur einen Anreiz, zu einer anderen Strategie zu wechseln, wenn die anderen Akteure bei ihrer Strategie bleiben. Wenn der Käufer wiederholt kooperativ handelt, erzielt auch der Verkäufer keinen Vorteil aus einem Betrug – im Gegenteil würde er einen Kunden, mit dem er zukünftig handeln könnte, verlieren. Auf dem Reismarkt dagegen kann sich ein erfahrener Käufer sofort ein Urteil über die Qualität der Ware bilden. Hier genügt es also, wenn sich zwei Fremde über den Preis einig werden. Die Hypothese, die dieser Erklärung zugrunde liegt, konnte von Kollock (1994) in einem Experiment überprüft werden.

In der modernen Welt haben sich seit mehr als zwei Jahrzehnten eine Unmenge digitaler Märkte gebildet. Anonyme Akteure handeln über Ländergrenzen und Kontinente hinweg, begegnen sich nie persönlich und bei den meisten Tauschaktionen handelt ein Käufer einmalig mit einem Verkäufer. Wie ist auf solchen Märkten überhaupt ein kooperativer Austausch ohne wechselseitigen Betrug möglich? Wer diese Märkte kennt, weiß die Antwort. Ein wesentlicher Faktor ist das Bewertungssystem. Genauer sind es zwei Faktoren: Zahlungsmodus und Bewertungssystem (Diekmann & Wyder 2002). Der Käufer tritt mit der Zahlung in Vorleistung (aus einem Gefangenendilemma der Tauschhandlungen wird dadurch ein Vertrauensspiel). Nun ist der Verkäufer gegen Opportunismus geschützt, aber nicht der Käufer. Dieser kann sich aber durch die Bewertungen ein Bild über die Vertrauenswürdigkeit des Verkäufers machen. Der Verkäufer wiederum wird im Eigeninteresse nicht betrügen, sofern ihm an weiteren Geschäften mit anderen Kunden gelegen ist. Der Verkäufer hat zudem ein Interesse, in positive Bewertungen zu investieren, da ihm diese eine „Reputationsprämie" verschaffen (Diekmann et al. 2014). Das System ist nicht perfekt (es kann „Fake-Bewertungen" geben, ein Verkäufer kann sich eine Reputation aufbauen, um dann bei einem größeren Geschäft zu betrügen usw.), aber auch gegen einige der Mängel gibt es Vorkehrungen und insgesamt ist die Kooperationsrate auf digitalen Märkten sehr hoch. Die Art der Zahlungsweise und vor allem die verschiedenen, in den Grundzügen aber ähnlichen Reputationssysteme haben sich als neue Institutionen auf digitalen Märkten herausgebildet. Die Entstehung der neuen Institutionen kann durch eine „strategisch angereicherte" RCT sehr gut erklärt werden. Insgesamt zeigen die drei Beispiele unterschiedlicher Märkte, dass die RCT die Entstehung unterschiedlicher Arten von Institutionen durch die jeweils spezifischen strukturellen Bedingungen des Marktes erklären kann.

IV.3.5 Mikro-Makro-Erklärung

Ziel der Soziologie ist im Allgemeinen die Erklärung gesellschaftlicher Ereignisse und Prozesse, also die Erklärung von Makrophänomenen. Gesellschaft kann hierbei eine soziale Gruppe sein mit mindestens zwei Mitgliedern bis hin zur Weltgesellschaft. Schon unsere Analyse der Entstehung von spezifischen Institutionen auf Märkten zielte auf die Makroebene. Mit Hilfe der Spieltheorie kann die Entstehung sozialer Kooperation auf digitalen und anderen Märkten, also die Entstehung eines Makrophänomens, erklärt werden.

Im bekannten Coleman-Schema (Coleman 1984) beeinflussen (1) Makrovariablen (der soziale Kontext, Institutionen usw.) die unabhängigen Variablen der Mikrotheorie. (2) Diese wiederum wirken sich auf die Handlung aus, die ein Akteur wählt. (3) Die Handlungen vieler Akteure, „viel" heißt mindestens zwei, werden gemäß einer Aggregationsregel zu einem Makroeffekt „aggregiert". Esser (1999) bezeichnet (1) als „Logik der Situation", (2) als „Logik der Selektion" und (3) als „Logik der Aggregation". (4) Auf der Makroebene gibt es entsprechend eine korrelative Verbindung zwischen den Makrovariablen, die durch die Logik der Situation, Handlungsselektion und Aggregation erklärt werden. In der analytischen Soziologie würde man davon sprechen, dass der „Mechanismus" aufgeklärt wird, der die Makrobeziehung hervorbringt (vgl. Kapitel I.2).

Wenn einzelne Personen mehr oder minder isoliert handeln, genügt oft eine einfache Aggregationsregel. Zum Beispiel gab es im Jahr x eine Gesetzesänderung (ein Makroeffekt), die Ehescheidungen erleichtert. Weniger (!) Ehepaare als im Vorjahr beendeten die Ehe vor Gericht. Die Summe der einzelnen Handlungen, also die Summe der Ehescheidungen (dividiert durch die Zahl der Eheschließungen) ergibt dann die Scheidungsrate, die im Jahr x stark gefallen und danach wieder angestiegen ist. (In Deutschland war das Jahr x 1977. Nach der Eherechtsreform der sozialliberalen Koalition, die am 1. Juli 1977 in Kraft trat, mussten sich die Gerichte auf die neue Rechtssituation, die Einführung des Zerrüttungs- statt des Schuldprinzips, einstellen – es gab einen „Scheidungsstau".) Die Aggregationsregel ist hier also – wie bei vielen Makrophänomenen – einfach die Summierung von Handlungen oder die Berechnung einer Rate: Summe dividiert durch eine Bezugsgröße. Die Ermittlung von Kriminalitätsraten, Geburtenraten, Unfallraten, Selbstmordraten usf. folgt dieser einfachen Logik der Aggregation.

Die Soziologie interessiert sich aber besonders für Interaktionen, soziale Netzwerke, soziale Diffusion – also die Verknüpfung von Handlungen. Hier kann die Aggregation komplexe Formen annehmen. So haben Coleman et al. (1957) die soziale Diffusion von Innovationen, die Verschreibung eines neuen Medikaments in einem Netzwerk von Ärzten, untersucht. Je mehr Ärzte das Medikament verschrieben hatten, umso mehr neue Ärzte wurden durch „Mund-zu-Mund-Propaganda" beeinflusst, ebenfalls das Medikament zu verschreiben. (So zumindest die Theorie. Neuere Analysen der Daten zeigen, dass auch andere Faktoren eine Rolle spielten.) Dieser Prozess kann durch eine mathematische

Differentialgleichung beschrieben werden, aus der als Makroeffekt die S-förmige logistische Ausbreitungskurve folgt. Der Makroeffekt wird durch permanente Rückwirkung von der Makroebene (Anteil der innovativen Ärzte zum Zeitpunkt t) auf die unabhängigen Variablen der Mikrotheorie erzeugt. Diese Dynamik fügt sich nur mit Mühe in das Schema des „Coleman-Boots". Das gleiche gilt für RCT-Erklärungen, die auf Prinzipien *lokaler Interaktion* basieren. Lokale Interaktion heißt, dass permanent Veränderungen im Mikrobereich auftreten, die neue Muster auf der Makroebene erzeugen bis hin zu einem eventuell auftretenden Gleichgewicht. Das Segregationsmodell von Schelling (1978) ist hierfür ein Beispiel. Akteure des Typs A wechseln den Wohnort, wenn in ihrer unmittelbaren Nachbarschaft die Zahl von Personen des Typs B einen Schwellenwert überschreitet. Aus dieser Annahme lokaler Interaktion folgt in der überwiegenden Zahl der Fälle (abhängig vom Schwellenwert und anderen Anfangsbedingungen) eine Dynamik in Richtung eines Gleichgewichts vollständiger Segregation auf der Makroebene. Das Coleman-Boot ist ein hilfreiches didaktisches Schema, um die unterschiedlichen Beziehungen auf Mikro- und Makroebene zu veranschaulichen. Natürlich handelt es sich dabei weder um eine Theorie (den Anspruch hatte auch Coleman nicht), noch erklärt das Schema irgendwelche realen Prozesse. Wenn in einigen Lehrbüchern soziologischer Theorie Nutzenmaximierung und Coleman-Boot als RCT bezeichnet werden, ist dies schlicht irreführend.

Bei strategischer Interaktion, also RCT und Spieltheorie, werden die „Logik der Selektion" (die Mikrotheorie) und die „Logik der Aggregation" mittels Spieltheorie kombiniert. Das Nash-Gleichgewicht ist zugleich Ausgangspunkt einer Entscheidungsregel und Aggregationsregel. Die Regel macht keine Probleme, wenn es nur ein Gleichgewicht gibt. Allerdings gibt es oft mehrere Gleichgewichte, so dass zusätzliche Kriterien herangezogen werden müssen. Gleichgewichtsauswahltheorien befassen sich mit dem Problem multipler Gleichgewichte (Harsanyi & Selten 1988). Ein weiteres Problem besteht darin, ob Personen in realen Situationen tatsächlich eine Gleichgewichtsstrategie anwenden. So entscheidet sich ein erheblicher Teil der Akteure im einmaligen Gefangenendilemma für Kooperation, obwohl dies gerade nicht die Gleichgewichtsstrategie ist. Die Berücksichtigung *sozialer Präferenzen* in der verhaltensorientierten Spieltheorie (Fehr & Schmidt 1999, Camerer 2003) kann aber in diesen Fällen den deskriptiven, erklärenden Gehalt der RCT erhöhen.

Betrachten wir als Beispiel das „Volunteer's Dilemma" (Diekmann 1985).[1] Eine Person ist in Lebensgefahr, mehrere umstehende Personen könnten Hilfe

---

1 Der folgende Abschnitt basiert auf Diekmann (2020: 352ff.).

leisten. Es tritt dann ein sozialer Mechanismus auf, den Darley & Latané (1968) als „Diffusion von Verantwortung" bezeichnet und im Experiment überprüft haben. Man kann nun noch einen Schritt weitergehen und den theoretischen Kern der Verantwortungsdiffusion mit einem spieltheoretischen Modell „abstrakt" formalisieren. Dadurch gewinnt man weitere Einsichten in das Problem und erhält zusätzlich weitere Testmöglichkeiten der Hypothese.

Nehmen wir an, dass die Zuschauer nicht völlig gefühlskalt und an einer Hilfeleistung durchaus interessiert sind. Der Wert der Hilfeleistung ist dann für alle n beteiligten Personen ein kollektives Gut mit dem Nutzen U. Charakteristisch für das Volunteer's Dilemma ist, dass das kollektive Gut bereits durch eine Person vollständig hergestellt werden kann. Mit der Hilfeleistung sind aber Kosten K verbunden, wobei wir annehmen, dass diese geringer als U sind ($U > K > 0$). „Trittbrettfahrer" warten nun darauf, dass andere, kooperative Personen die Kosten der Hilfeleistung auf sich nehmen. Ist dies der Fall, dann erzielen sie eine Auszahlung U, während die kooperativen Personen nur $U - K$ erhalten. Verlassen sich aber alle beteiligten Zuschauer darauf, dass mindestens eine andere Person kooperativ sein wird, dann tritt das schlechteste Ergebnis ein: die Hilfeleistung (allgemein die Herstellung des Kollektivguts) unterbleibt. In einer Entscheidungsmatrix der Spieltheorie dargestellt, ergibt sich folgende Situation:

	Zahl der anderen Akteure, die C wählen				
	0	1	2	...	$n - 1$
C	$U - K$	$U - K$	$U - K$	...	$U - K$
D	0	U	U	...	U

Abbildung IV.3.2: Volunteer's Dilemma ($U > K > 0$).

Bei diesem „Spiel" – in einer Hilfeleistungssituation tödlicher Ernst (aber es gibt auch weniger dramatische Anwendungen, dazu weiter unten) – hat ein Akteur i aus einer Menge von n Akteuren die Wahl zwischen C (Kooperation) und D (Defektion, Trittbrettfahren). Bei der Entscheidung für C erhält er immer die Auszahlung $U - K$ (die Sicherheitsstrategie), bei der Wahl von D dagegen U, sofern mindestens ein anderer Akteur C wählt. Andernfalls gehen sämtliche Akteure leer aus (Auszahlung 0). Mit den Methoden der mathematischen Spieltheorie kann sodann die Nash-Gleichgewichtslösung abgeleitet werden. Ist p die Wahrscheinlichkeit der Kooperation, erhält man die folgende, einfache Formel (Diekmann 1985):

$$p = 1 - \sqrt[n-1]{\frac{K}{U}}.$$

Die Interaktionssituation ist symmetrisch, so dass auch die Entscheidungsregel symmetrisch sein sollte. Nash-Gleichgewichte mit asymmetrischer Auszahlung, ein Akteur wählt C, alle anderen wählen D, kommen nicht in Frage, da sie ohne Absprache nicht erreichbar sind. Einzig das symmetrische Nash-Gleichgewicht in *gemischten Strategien* (ein Akteur wählt C mit Wahrscheinlichkeit p und D mit Wahrscheinlichkeit $1 - p$) ist Rationalitätslösung des Spiels. Damit steht die Formel für eine aus dem RCT-Modell abgeleitete Hypothese, die Aussagen über das Verhalten in der spezifischen Interaktionssituation macht.

Gemäß dieser Hypothese steigt die Wahrscheinlichkeit der Kooperation mit dem Wert des Kollektivguts U, sinkt mit den Kosten K und – wie von der Hypothese der Verantwortungsdiffusion behauptet – mit der Gruppengröße n. Damit kann die intuitiv formulierte Hypothese der Verantwortungsdiffusion spieltheoretisch untermauert und tiefer begründet werden. Mehr noch: In spieltheoretischen Experimenten können nun die unabhängigen Variablen n, U und K systematisch variiert werden. Damit ist es möglich, die Hypothese der Verantwortungsdiffusion (Effekt von n) sowie die Effekte von K und U auf die Kooperationswahrscheinlichkeit p zu untersuchen.

Ein einfaches Experiment kann man leicht selbst arrangieren. In Gruppen von z. B. zwei, drei oder fünf Personen kann jede Person unabhängig voneinander die Alternative A oder B wählen. Der entsprechende Buchstabe wird auf einen Zettel geschrieben. Für A erhält eine Person sicher 50 Punkte, für B 100 Punkte, sofern mindestens eine Person in der Gruppe A wählt. Andernfalls erhalten alle B-Wähler 0 Punkte ($U = 100$, $K = 50$). Man wird feststellen, dass in größeren Gruppen häufiger B gewählt wird. Kontrollierte Experimente zeigen, dass der Effekt der Diffusion von Verantwortung in spieltheoretischen Experimenten sehr gut reproduzierbar ist (z. B. Franzen 1995).

Ein Vorzug des abstrakten Modells ist aber nicht nur, dass neue und recht einfache Experimente zur Prüfung der Hypothese arrangiert werden können. Die Hypothese ist auch verallgemeinerbar. Wir haben bereits schon allgemein von „Kollektivgut" und „Kooperation" gesprochen. Der Ausgangspunkt von Darley und Latané, nämlich Hilfeleistungssituationen, können im Rahmen des allgemeineren Modells als spezielle Anwendungen aufgefasst werden. Hier weitere Beispiele sozialer Situationen vom Typ Volunteer's Dilemma:

– Wenn eine Person eine Normverletzung begeht, z. B. eine Zigarette im Nichtraucherabteil anzündet, ist häufiger zu beobachten, dass eine Sanktion unterbleibt. Selbst wenn alle durch das Rauchen belästigten Personen an einer Sanktionierung interessiert sind (U), ist dies meist mit Kosten (K) verbunden. Wartet nun jeder darauf, dass eine andere am „Kollektivgut" interessierte Person die Kosten trägt, bleibt der Normverletzer unbehelligt (Sanktionsdilemma, siehe dazu das Experiment von Przepiorka & Diekmann 2013).

– Mehrere Firmen stehen vor der Entscheidung, in Forschungsanstrengungen zu investieren (K) oder aber darauf zu warten, dass eine andere Firma die Innovation entwickelt. Diese kann dann von den einzelnen Unternehmen imitiert werden (U). Folgen alle Firmen dieser Logik, werden die Forschungsinvestitionen nicht getätigt (Eger et al. 1992).

Schließlich hat die Modellbildung weitere Vorzüge. Das Basisspiel kann nämlich durch zusätzliche Annahmen oder Variationen der Annahmen erweitert und auf unterschiedliche Situationen angewandt werden. So führt die Einführung von Heterogenität, die Akteure haben z. B. unterschiedliche Kosten, zum asymmetrischen Volunteer's Dilemma (Diekmann 1993; zu einem Experiment Przepiorka & Diekmann 2013). Die Annahme der Reduktion von Kosten bei mehreren kooperativen Akteuren ergibt das Dilemma mit Kostenteilung (Weesie & Franzen 1998). Die Sichtbarkeit der Reaktion anderer Akteure führt zum „Volunteer's Timing Dilemma" (Weesie 1993). Diese Varianten ermöglichen die Ableitung unterschiedlicher, empirisch prüfbarer Hypothesen über den Einfluss von Information und strukturellen Merkmalen der Situation auf das Kooperationsverhalten.

Kommen wir nun zum Makroeffekt. Bei gemischten Strategien ist noch ein weiterer Schritt erforderlich, um auf die Makroebene aufzusteigen. Die Hypothese über die Wahrscheinlichkeit der Kooperation bezieht sich auf die *individuelle* Wahrscheinlichkeit zu kooperieren. Diese sinkt mit der Gruppengröße n. Mit zunehmender Gruppengröße tritt aber der gegenläufige Effekt auf, dass mehr Personen zur Verfügung stehen, um das Kollektivgut herzustellen. Dafür genügt ja die kooperative Handlung einer einzelnen Person. Der Makroeffekt, die Wahrscheinlichkeit P für die Herstellung des Kollektivguts, folgt aus der individuellen Wahrscheinlichkeit p:

$$P = 1 - (1 - p)^{n}.$$

$(1-p)^{n}$ ist die Wahrscheinlichkeit, dass niemand kooperiert. P ist entsprechend die Wahrscheinlichkeit, dass mindestens eine Person Hilfe leistet bzw. kooperiert. Für p kann nun die Gleichgewichtslösung eingesetzt werden. Man erkennt auch, dass die Aggregationsregel in diesem Fall deduktiv ist und keine zusätzlichen empirischen Annahmen erforderlich macht. Der Makroeffekt lässt sich ohne Zusatzannahmen aus dem Nash-Gleichgewicht ableiten.

Empirisch lässt sich sehr gut zeigen, dass die individuelle Wahrscheinlichkeit der Kooperation mit der Gruppengröße abnimmt. Allerdings liegt in den meisten Experimenten die Kooperationsrate etwas höher als die Vorhersage der Gleichgewichtshypothese. Das hat auch Konsequenzen für die Makroebene. Das Basismodell prognostiziert, dass eine zunehmende Gruppengröße die schwindende individuelle Kooperation durch Verantwortungsdiffusion nicht vollständig kompensiert. Die aus dem Modell abgeleitete Wahrscheinlichkeit für die Herstellung des Kollektivguts verringerte sich dann mit der Gruppengröße n. Die beobachteten Kooperationsraten sprechen jedoch nicht für diese Hypothese. Wegen der individuell über der Gleichgewichtsprognose liegenden Kooperationsraten kompensiert die wachsende Zahl von Akteuren die schwindende individuelle Bereitschaft oder überkompensiert diese sogar. Eine Möglichkeit ist, dass wie im Gefangenendilemma soziale Präferenzen für kooperatives Verhalten hinzukommen, die das individuelle Kooperationsniveau erhöhen. Alternative Erklärungen ergänzen das Modell um einen Fehlerterm (Goeree & Holt 2005) oder versuchen, Hypothesen aus Annahmen über *begrenzte Rationalität* abzuleiten (Tutić 2014).

IV.3.6 Anwendung der Rational-Choice-Theorie: Ein Leitfaden

Wie empfiehlt es sich, vorzugehen, wenn ein Sachverhalt mittels RCT erklärt werden soll? Ehescheidungsquoten sind in einem bestimmten Zeitraum angestiegen, Kriminalitätsraten haben abgenommen, die Einschulungsrate in einem Entwicklungsland ist gestiegen, die Zufriedenheit der Mitarbeiterinnen und Mitarbeiter in einer Firma hat trotz wachsender Beförderungsraten abgenommen usw. Derartige Makroereignisse zu erklären, ist Aufgabe soziologischer Forschung.

Zunächst wird es darum gehen, die Ziele der Akteure in einer spezifischen Handlungssituation zu ermitteln. Dabei ist es wichtig, die Menge der möglichen Handlungen einzugrenzen. Welche Handlungen kommen in einer Situation überhaupt in Frage? Schritt eins ist also die Ermittlung eines oder mehrerer Handlungsziele. Zum Beispiel möchte eine Person an Werktagen vom Wohnsitz A zum Arbeitsplatz B gelangen.

Schritt zwei ist, eine Menge an möglichen Handlungen festzulegen, beispielsweise die Alternativen Fahrrad, zu Fuß, mit öffentlichen Verkehrsmitteln oder mit dem Auto. Andere Alternativen wird man von vornherein ausschließen, etwa den Weg per Heißluftballon zurückzulegen. Eine wesentliche Vereinfachung ist somit die Begrenzung der Menge verfügbarer Handlungsalternativen.

Schritt drei bezieht sich auf die Ermittlung der Restriktionen bzw. Opportunitäten für jede Handlungsalternative. Sofern die Folgen einer Handlung unsicher sind, werden die „beliefs" eine Rolle spielen. Ein günstiges Jahresabonnement für den ÖV wird möglicherweise nicht erworben, weil Unsicherheit über eine Änderung der Arbeitsstelle besteht oder eventuell ein Umzug geplant ist. Mit der Unsicherheit steigt der relative Preis des ÖV im Vergleich zu anderen Alternativen. Wichtig ist die Erhebung der subjektiven Wahrnehmung und der Informationen eines Akteurs über die Situation. Subjektive Einschätzungen der Wahrscheinlichkeit bilden sich durch Information und Erfahrung heraus. Hinzu kommen Informationen über Kosten, Restriktionen, Eigenschaften der Alternativen. Womöglich kennen viele Autofahrer gar nicht die neuen, vergünstigten ÖV-Angebote für ihre Pendelstrecke.

DBO, „desires, beliefs, opportunities", ist bei der Situationsanalyse ein gutes heuristisches Mittel, um Bausteinen einer Erklärung nachzuspüren, liefert aber allein noch keine Erklärung oder prüfbare Hypothesen.

Möglicherweise hängen die Handlungsergebnisse aber auch von den strategischen Handlungen anderer Akteure ab. Schritt vier wäre zu prüfen, ob eine parametrische oder eine strategische Situation vorliegt. Im Beispiel der Verkehrsmittelwahl gibt es zwar auch strategische Aspekte (z. B. ob ein Stau entsteht, wenn sich zu einer bestimmten Zeit viele Akteure entscheiden, mit dem Auto fahren) aber bei vielen Anwendungen wird die vereinfachte Behandlung der Situation als parametrisch genügen.

Wir haben auch gesehen, wie bedeutsam die Informationsbedingungen in strategischen Situationen sind. Was weiß ein Akteur über den Partner oder Gegenspieler, die Ziele der anderen Akteure, ihre Ressourcen und im Gegenzug über das Wissen, dass diese Akteure wiederum über den handelnden Akteur haben? Insbesondere ist asymmetrische Information ein zentrales Thema bei allen Vertrauensbeziehungen und Austauschhandlungen, wie wir in Abschnitt 4 gesehen haben.

Für jede einzelne Handlungsoption können spezielle Bedingungen vorliegen, die diese Handlung fördern oder hemmen. Der kreative Akt von Erklärung und Theoriebildung besteht zu einem großen Teil darin, diese spezifischen Merkmale zu erkennen und bei der Aufstellung von Hypothesen zu berücksichtigen. Hierbei kann z. B. qualitative Forschung mit Hinweisen auf Ziele, Situationswahrnehmung, subjektive Einschätzungen von hemmenden und fördernden Faktoren die Hypothesenbildung unterstützen. Bei der Verkehrsmittelwahl werden zunächst einmal Kosten und Zeitaufwand jeder Alternative zu berücksichtigen sein. Aber welche Rolle spielt die Bequemlichkeit eines Verkehrsmittels? In einer unserer Untersuchungen in der Stadt Bern war besonders auffallend, dass allein das Erfordernis bei der Wahl des öffentlichen Verkehrs umsteigen zu müssen die Nutzung des ÖV stark reduzierte. Dabei kommt hinzu, dass Wartezeiten subjektiv oft überschätzt werden. Wahrnehmung und objektive Messung können auseinanderfallen mit entsprechenden Verhaltenskonsequenzen. Die Stadt hatte damals ein „radiales", auf das Zentrum gerichtetes Liniensystem mit entsprechend hoher Umsteigehäufigkeit. Die Erweiterung des Liniensystems durch Quartierbusse in Richtung der Struktur eines „Spinnennetzes", wie es heute besteht, hat die Attraktivität des ÖV mutmaßlich stark erhöht.

Soziologisch interessant sind aber gerade auch die immateriellen Bewertungen von Alternativen. Trotz sehr günstiger Angebote meiden bestimmte Gruppen den ÖV, weil mit öffentlichen Verkehrsmitteln ein spezifisches Image verbunden sein kann. Während in der Schweiz Bundesräte und Managerinnen von Großbetrieben in Tram und Bahn anzutreffen sind, gelten in Entwicklungsländern öffentliche Busse als Verkehrsmittel armer Leute. Sobald es sich jemand leisten kann, werden eigene, motorisierte Verkehrsmittel gewählt. Dieser kulturelle Hintergrund wird möglicherweise auch Migranten prägen. Prestige, soziale Netzwerke und angesehene Vorbilder in den eigenen sozialen Netzwerken können die Bewertungen stark beeinflussen. Hinzu kommt ein weiterer Aspekt: Design und Technologie von Autos. Heutige Mittelklasseautos sind quasi Wohnzimmer- und womöglich auch Büroersatz, so dass Zeitkosten weniger ins Gewicht fallen. Vielleicht gefällt es einigen Autofahrern und Autofahrerinnen sogar, häuslichem Unfrieden zu entrinnen und im morgendlichen Stau die Klänge mobiler Quadrophonie zu genießen. Wohl aber fällt die Parkplatzsuche ins Gewicht. Ein wesentlicher Faktor, der den Umstieg auf öffentliche Verkehrsmittel herbeiführt, ist die Beschränkung von Parkmöglichkeiten am Zielort bei gleichzeitig guter Infrastruktur des öffentlichen Verkehrs.

Hier zeigt sich auch ein Unterschied bei Anwendungen der RCT in Soziologie und Ökonomie. Zwar ist die axiomatische RCT in allen Sozialwissenschaften formal gleich, aber die jeweiligen Anwendungen – selbst bei den gleichen Erklärungsproblemen – können sich stark unterscheiden. Während zumindest die klassische Ökonomie auf leicht messbare Größen wie Preise, Mengen, Zeit abhebt, interessieren sich Soziologinnen und Soziologen viel mehr für andere Faktoren, die eine Handlungsalternative mehr oder weniger attraktiv machen: Dazu zählen soziale Netzwerke und der Einfluss von Vorbildern (Netzwerkpersonen mit hoher Zentralität), von Prestigebewertungen, von sozialen Normen, kulturellem Umfeld und sozialem Kontext. Insofern könnte man von soziologischer versus ökonomischer RCT sprechen. Eine Annäherung in Richtung der Berücksichtigung „soziologischer" Variablen in ökonomischen Modellen geht allerdings seit längerer Zeit von der Verhaltensökonomie aus (Camerer 2003).

Einen wichtigen Punkt haben wir noch nicht angesprochen. Restriktionen versus Ziele oder Präferenzen. In Schritt drei einer Erklärung (wobei die einzelnen Schritte nicht notwendigerweise aufeinander folgen müssen) sollte bei allen Handlungsoptionen genauer geprüft werden, ob nicht veränderte Restriktionen bzw. Opportunitäten (z. B. Einkommensveränderungen, neue Technologien, institutionelle Regeln) einzelne Handlungsalternativen auf- oder abgewertet haben. Ein typischer Fehlschluss besteht nämlich darin, Veränderungen und generell sozialen Wandel vorschnell durch einen Wandel von Präferenzen zu erklären. Dazu einige Beispiele: Bei einem Besuch in der südchinesischen Stadt Xiamen war auffallend, dass sich in einem Stadtviertel ältere Hochhäuser mit genau sieben Stockwerken befanden. Handelte es sich um eine Präferenz der Architekten für die Zahl sieben oder spielte es aus irgendwelchen Motiven eine Rolle für die Bewohner? (In amerikanischen Hotels z. B. „fehlt" oft das 13. Stockwerk). Des Rätsels Lösung war eine institutionelle Regelung: Ab dem siebten Stockwerk musste ein Fahrstuhl eingebaut werden, was den Bau übermäßig verteuert hätte. Die Baugesellschaft hat angesichts dieser Restriktion entsprechend optimiert. Ein bekanntes Lehrbuchbeispiel sind die „israelischen Orangen" (z. B. Weise et al. 1991). Es gibt zwei Sorten von Orangen, A und B, wobei A von hoher und B von minderer Qualität ist. Bei gleichem Einkommen israelischer und europäischer Verbraucher würde man – erwarten, dass die einheimischen Kenner eher die bessere Qualität wählen. Weit gefehlt. Die Europäer kaufen, jedenfalls dem Beispiel folgend, höhere Anteile der besseren Qualität als die Israelis. Wie ist das erklärbar – haben Einheimische eine geringere Präferenz für gute Früchte? Die Restriktionserklärung ist überzeugender. In Israel, so nehmen wir für das Beispiel an, koste eine Orange guter Qualität z. B. einen Schekel (ein Euro entspricht etwa vier Schekel) und eine Orange schlechter Qualität koste die Hälfte. Der relative Preis „gut" zu „schlecht" ist also 2 zu 1. Die Transportkosten und die Kosten des Zwischenhandels sind aber unabhängig von der Qualität. Nehmen wir im Beispiel an, diese Kosten würden pro Einheit 0,25 € betragen. Die hochwertige Orange kostet dann in Europa 0,50 €, die schlechtere Orange 0,38 €. Der relative Preis hat sich zu Gunsten der besseren Qualität verringert. Die hochwertige Sorte ist in Europa relativ billiger als im Herkunftsland und wird daher auch, jedenfalls dem illustrierenden Beispiel zufolge, entsprechend häufiger nachgefragt. Die Präferenz oder das Ziel der Verbraucher, möglichst gute Orangen zu verspeisen, ist in beiden Ländern gleich, aber die Restriktionen sind unterschiedlich. Dies erklärt das unterschiedliche Verhalten.

Bei der Konstruktion von Theorien und der Ableitung von Hypothesen sollte die Aufmerksamkeit auch aus einem weiteren Grund auf die Restriktionen gerichtet sein. Diese beziehen sich oft auf die „harten", strukturellen Merkmale. Für Ziele sozialer Veränderung („policy") eignen sich Restriktionen eher als Präferenzen als Angriffspunkt, da Restriktionen oft leichter zu verändern sind als Präferenzen.

Ein weiterer Gesichtspunkt wurde in soziologischen RC-Erklärungen oft vernachlässigt: Der Wert der Zukunft. Im Gegensatz zu ökonomischen Humankapitalerklärungen haben einfache RC-Erklärungen von Bildungsentscheidungen nicht darauf geachtet, dass der Aufwand für Bildung in der Gegenwart zu tragen ist, Erträge aber erst in der Zukunft anfallen. Künftige Erträge sind aber in der Regel auch subjektiv weniger wert als gegenwärtige Erträge. Bekanntlich spricht man von Diskontierung oder auch von subjektiver Diskontierung. Wer die Zukunft stark abwertet (eine hohe subjektive Diskontrate hat), ist anfälliger für Suchtverhalten, wird weniger sparen, seltener energiesparende Investitionen tätigen, weniger in Bildung investieren usw. Bei Entscheidungen, die in die Zukunft gerichtet sind, bei denen eine Abwägung zwischen gegenwärtigen Investitionen und künftigen Erträgen zu bedenken ist, müssen RC-Erklärungen Annahmen über den Wert der Zukunft treffen.

Axelrods (1987) Rational-Choice-Theorie der Evolution der Kooperation basiert auf Annahmen über die strategische Situation eines wiederholten Gefangenendilemmas. Zentral ist hierbei der „Schatten der Zukunft", wie die prägnante Formulierung lautet. Auch in Axelrods Kooperationstheorie spielt der Wert der Zukunft (der Diskontparameter) eine Schlüsselrolle. Je größer der Wert der Zukunft ist, desto eher wird sich (unter den Bedingungen des wiederholten Gefangenendilemmas) soziale Kooperation entwickeln. Diese Hypothese wird nicht ad hoc formuliert, sondern folgt aus dem Modell der wiederholten Spiele.

Besonders bei Analysen strategischer Interdependenz, aber auch bei Entscheidungen in parametrischen Situationen, macht sich der Vorteil einer formalen Modellbildung bemerkbar. Nicht nur, dass auf diese Weise Annahmen und Hypothesen präzise formuliert werden können. Der wesentliche Punkt ist, dass RC-Modelle oder auch Modelle mit alternativer Mikrotheorie, die Möglichkeit eröffnen, Hypothesen abzuleiten, die an empirischen Daten geprüft werden können. Dabei findet man oft überraschende, kontra-intuitive Hypothesen, die – sofern sie empirisch zutreffen – unser Wissen über soziale Zusammenhänge bereichern (dazu grundlegend Ziegler 1972).

Ein Beispiel ist Boudons (1979) Modell der „Logik relativer Frustration". In einer Abteilung eines Unternehmens müssen sich die Beschäftigten entscheiden, ob sie investieren (z. B. durch Weiterbildung), um Beförderungschancen zu erhöhen oder ob sie es vorziehen, nichts zu unternehmen. Paradoxerweise kann es vorkommen, dass die Zufriedenheit abnimmt, wenn die Beförderungsquote, also die Zahl offener Karrierepositionen, ansteigt. Der Grund ist gemäß dem Modell von Boudon, dass mit steigender Zahl offener Stellen mehr Personen investieren als Stellen vorhanden sind. Es gibt dann zwar zufriedene Gewinner, aber auch unzufriedene Verlierer, deren Investition sich im Nachhinein als wertlos erweist. Das RC-Modell gibt Bedingungen dafür an, dass sich der Quotient von Gewinnern und

Verlierern trotz steigender Beförderungsrate verringern kann und die Zufriedenheit insgesamt in der Abteilung zurückgeht. Ein unerwarteter und nicht-intendierter Effekt, wobei das spieltheoretische Modell zugleich den Makrozusammenhang zwischen Beförderungsrate und aggregierter Zufriedenheit erklärt.

RCT hat aber auch Grenzen der Erklärungskraft. Der Unterschied zwischen einmaligen und wiederholten Entscheidungssituationen ist nicht nur in spieltheoretischen Modellen von großer Bedeutung. Ob eine Person wiederholt in der gleichen Situation eine Entscheidung trifft (ein Beispiel ist die Verkehrsmittelwahl des Berufspendlers) oder neu mit Situationen konfrontiert wird, macht auch bei nicht-strategischen Entscheidungen einen Unterschied. Denn in neuen Situationen besteht größere Unsicherheit und es liegen weniger Informationen vor. Viele Akteure werden hier eher „abtastend", adaptiv, „myopisch" vorgehen, nach und nach Informationen sammeln und keineswegs von Anfang an eine „rationale" Entscheidung treffen. Solche adaptiven Prozesse lassen sich durch alternative Mikrotheorien begrenzter Rationalität beschreiben (vgl. Kapitel II.4; Gigerenzer & Todd 1999).

Rational-Choice-Theorien haben in der Soziologie und allgemein in den Sozialwissenschaften großes Potential. Die RCT ist aber nicht ein universeller Algorithmus, der für jedes Gebiet automatisch Erklärungen erzeugt. Vielmehr ist RCT eine „tool box", die vielseitig verwendbare Werkzeuge zur Konstruktion von Theorien und Modellen bereithält. Man kann auch von heuristischem Potential sprechen, da RCT die Entwicklung von Theorien „mittlerer Reichweite" für einen jeweils spezifischen Bereich inspiriert. Dabei gibt es, z. B. zur Erklärung von Kriminalität, demografischen Trends oder anderen Makroereignissen nicht nur eine Rational-Choice-Theorie. Je nach Annahmen werden die Rational-Choice-Theorien unterschiedlich ausfallen und miteinander konkurrieren. Welche der unterschiedlichen Rational-Choice-Theorien die Oberhand gewinnt, kann nur auf dem Wege empirischer Prüfung entschieden werden.

Literatur

Ajzen, I. & M. Fishbein, 1980: Understanding Attitudes and Predicting Social Behavior. Englewood Cliffs: Prentice Hall.

Andreoni, J. & J. Miller, 2002: Giving According to GARP: An Experimental Test of the Consistency of Preferences for Altruism. Econometrica 70: 737–753.

Axelrod, R., 1987: Die Evolution der Kooperation. München: Oldenbourg. Original: Evolution of Cooperation. New York: Basic Books 1984.

Boudon, R., 1979: Widersprüche sozialen Handelns. Neuwied: Luchterhand.

Braun, N. & T. Gautschi, 2011: Rational Choice Theorie. München: Juventa.

Camerer, C.F., 2003: Behavioral Game Theory. Experiments in Strategic Interaction. Princeton: Princeton University Press.

Coleman, J., 1984: Micro Foundations and Macro Social Behavior. Angewandte Sozialforschung 12: 25–37.

Coleman, J., 1991: Grundlagen der Sozialtheorie. München: Oldenbourg. Original: Foundations of Social Theory. Cambridge: Harvard University Press 1990.

Coleman, J.S., E. Katz & H. Menzel, 1957: The Diffusion of an Innovation Among Physicians. Sociometry 20: 253–270.

Darley, J.M. & B. Latané, 1968: Bystander Intervention in Emergencies. Diffusion of Responsibility. Journal of Personality and Social Psychology 8: 377–383.

Diekmann, A., 1985: Volunteer's Dilemma. Journal of Conflict Resolution 29: 605–610.

Diekmann, A., 1993: Cooperation in an Asymmetric Volunteer's Dilemma Game. Theory and Experimental Evidence. International Journal of Game Theory 22: 75–85.

Diekmann, A., 2010: Analytische Soziologie und Rational Choice. S. 193–204 in: T. Kron & T. Grund (Hrsg.), Die analytische Soziologie in der Diskussion. Wiesbaden: VS Verlag für Sozialwissenschaften.

Diekmann, A., 2020: Empirische Sozialforschung. Grundlagen, Methoden, Anwendungen. 13. Aufl. der Neuausgabe, Reinbek: Rowohlt Verlag.

Diekmann, A., B. Jann, W. Przepiorka & S. Wehrli, 2014: Reputation Formation and the Evolution of Cooperation in Anonymous Online Markets. American Sociological Review 79: 65–85.

Diekmann, A. & T. Voss, 2017: Rational-Choice-Rezeption in der deutschsprachigen Soziologie. S. 663–682 in: S. Moebius & A. Ploder (Hrsg.), Handbuch Geschichte der deutschsprachigen Soziologie. Band 1: Geschichte der Soziologie im deutschsprachigen Raum. Wiesbaden: VS Verlag für Sozialwissenschaften.

Diekmann, A. & D. Wyder, 2002: Vertrauen und Reputation bei Internet-Auktionen. Kölner Zeitschrift für Soziologie und Sozialpsychologie 54: 674–693.

Eger, T., M. Kraft & P. Weise, 1992: On the Equilibrium Proportion of Innovation and Imitation. A Game-Theoretic Approach. Economics Letters 38: 93–97.

Eisenführ, F., M. Weber & T. Langer, 2010: Rationales Entscheiden. 5. Aufl., Heidelberg: Springer.

Elster, J. (Hrsg.), 1986: Rational Choice. New York: New York University Press.

Esser, H., 1999: Soziologie. Spezielle Grundlagen. Band 1: Situationslogik und Handeln. Frankfurt a. M.: Campus.

Esser, H. & C. Kroneberg, 2015: An Integrative Theory of Action. The Model of Frame Selection. S. 63–85 in: E.J. Lawler, S.R. Thye & J. Yoon (Hrsg.), Order on the Edge of Chaos. Social Psychology and the Problem of Social Order. New York: Cambridge University Press.

Fehr, E. & K. M. Schmidt, 1999. A Theory of Fairness, Competition and Cooperation. Quarterly Journal of Economics 114: 817–868.

Franzen, A., 1995: Group Size and One-Shot Collective Action. Rationality and Society 7: 183–200.

Gigerenzer, G. & P.M. Todd, 1999: Simple Heuristics that Make Us Smart. Oxford: Oxford University Press.

Gintis, H., 2007: A Framework for the Unification of the Behavioral Sciences. Behavioral and Brain Sciences 30: 1–61.

Goeree, J.A. & C.A. Holt, 2005: An Explanation of Anomalous Behavior in Models of Political Participation. American Political Science Review 99: 201–213.

Harsanyi, J.C. & R. Selten, 1988: A General Theory of Equilibrium Selection in Games. Cambridge: MIT Press.

Hechter, M., 2020: Rational Choice Sociology. Essays on Theory, Collective Action and Social Order. Cheltenham: Edward Elgar.

Hedström, P., 2005: Dissecting the Social. On the Principles of Analytical Sociology. Cambridge: Cambridge University Press. Übersetzung: Die Anatomie des Sozialen. Prinzipien der analytischen Soziologie. Wiesbaden: VS Verlag für Sozialwissenschaften 2008.

Kollock, P., 1994: The Emergence of Exchange Structures: An Experimental Study of Uncertainty, Commitment, and Trust. American Journal of Sociology 100: 313–45.

Lindenberg, S., 2006: Prosocial Behavior, Solidarity, and Framing Processes. S. 23–44 in: D. Fetchenhauer, A. Flache, A.P. Buunk & S. Lindenberg (Hrsg.), Solidarity and Prosocial Behavior. An Integration of Sociological and Psychological Perspectives. New York: Springer.

Malinowski, B., 1926: Crime and Custom in Savage Society. London: Routledge and Kegan.

Opp, K.-D., 1978: Das „ökonomische Programm" in der Soziologie. Soziale Welt 29: 129–154.

Opp, K.-D., 1983: Die Entstehung sozialer Normen. Ein Integrationsversuch soziologischer, sozialpsychologischer und ökonomischer Erklärungen. Tübingen: Mohr Siebeck.

Pearce, J.R., 1994: Analytical Sociology. Its Logical Foundations and Relevance to Theory and Empirical Research. Lanham: University Press of America.

Przepiorka, W. & A. Diekmann, 2013: Individual Heterogeneity and Costly Punishment: A Volunteer's Dilemma. Proceedings of the Royal Society B 280: 10.1098/rspb.2013.0247.

Raub, W. & V. Buskens, 2006: Spieltheoretische Modellierungen und empirischen Anwendungen in der Soziologie. S. 560–598 in: A. Diekmann (Hrsg.), Methoden der Sozialforschung. Sonderheft 44 der Kölner Zeitschrift für Soziologie und Sozialpsychologie. Wiesbaden: VS Verlag für Sozialwissenschaften.

Savage, L.J., 1954: The Foundations of Statistics. New York: Wiley.

Schelling, T.C., 1978: Micromotives and Macrobehavior. New York: Norton.

Siamwalla, A., 1978: Farmers and Middlemen. Aspects of Agricultural Marketing in Thailand. Economic Bulletin for Asia and the Pacific 29: 38–50.

Tutić, A., 2014: Procedurally Rational Volunteers. Journal of Mathematical Sociology: 219–232.

Tversky, A. & D. Kahneman, 1981: The Framing of Decisions and the Psychology of Choice. Science 211: 453–458.

von Neumann, J. & O. Morgenstern, 1947: Theory of Games and Economic Behavior. 2. Aufl., Princeton: Princeton University Press.

Voss, T., 1998: Vertrauen in modernen Gesellschaften. Eine spieltheoretische Analyse. S. 91–129 in: R. Metze, K. Mühler & K.-D. Opp (Hrsg.), Der Transformationsprozess. Analysen und Berichte aus dem Leipziger Institut für Soziologie. Leipzig: Leipziger Universitätsverlag.

Wakker, P.P., 2010: Prospect Theory. For Risk and Ambiguity. Cambridge: Cambridge University Press.

Weesie, J., 1993: Asymmetry and Timing in the Volunteer's Dilemma. Journal of Conflict Resolution 37: 569–590.

Weesie, J. & A. Franzen, 1998: Cost Sharing in a Volunteer's Dilemma. Journal of Conflict Resolution 42: 600–618.

Weise, P., W. Brandes, T. Eger & M. Kraft, 1991: Neue Mikroökonomie. 2. Aufl., Heidelberg: Physica.

Ziegler, R., 1972: Theorie und Modell. Der Beitrag der Formalisierung zur soziologischen Theoriebildung. München: Oldenbourg.

Abbildungsverzeichnis

https://doi.org/10.1515/9783110673616-016

Alle Abbildungen im Buch sind, sofern nicht anders gekennzeichnet, eigene Darstellungen.

Herausgeber und Autoren

Andreas Tutić, Dr. phil., ist Heisenberg-Stipendiat der Deutschen Forschungsgemeinschaft und Privatdozent an der Universität Leipzig.

Andreas Diekmann, Dr. rer. pol., ist Seniorprofessor für Soziologie an der Universität Leipzig.

Hartmut Esser, Dr. rer. pol., ist Professor Emeritus für Soziologie und Wissenschaftslehre an der Universität Mannheim.

Vincenz Frey, PhD, ist wissenschaftlicher Mitarbeiter am Institut für Soziologie an der Rijksuniversiteit Groningen und am Interuniversity Center for Social Science Theory and Methodology (ICS).

Thomas Gautschi, PhD, ist Professor für Methoden der empirischen Sozialforschung an der Universität Mannheim.

Johanna Gereke, PhD, ist Fellow am Mannheimer Zentrum für Europäische Sozialforschung (MZES).

Sascha Grehl, M.A., ist wissenschaftlicher Mitarbeiter am Institut für Soziologie an der Universität Leipzig.

Catherine Herfeld, Dr. rer. pol., ist Assistenzprofessorin für Sozialtheorie und Philosophie der Sozialwissenschaften an der Universität Zürich.

Clemens Kroneberg, Dr. rer. soc., ist Professor für Soziologie an der Universität zu Köln.

Heinrich H. Nax, DPhil., ist Assistanzprofessor für Behavioral Game Theory am Soziologischen Institut der Universität Zürich.

Karl-Dieter Opp, Dr. rer. pol, ist Professor Emeritus an der Universität Leipzig und „Affiliate Professor" an der University of Washington (Seattle).

Bary S. R. Pradelski, DPhil., ist Professor für Volkswirtschaftslehre am Nationalen Zentrum für wissenschaftliche Forschung – Frankreich (CNRS) und Mitglied am Oxford-Man Institute (Universität Oxford).

Wojtek Przepiorka, Dr. sc. ETH Zürich, ist Assistenzprofessor für Soziologie an der Universität Utrecht.

Werner Raub, PhD, ist Professor für Soziologie an der Universität Utrecht und am Interuniversity Center for Social Science Theory and Methodology (ICS).

Heiko Rauhut, Dr. rer. pol., ist Professor für Sozialtheorie und quantitative Methoden am Soziologischen Institut der Universität Zürich.

Thomas Voss, Dr. rer. pol., ist Professor für Soziologie mit Schwerpunkt Theorie und Theoriegeschichte an der Universität Leipzig.

Harald Wiese, Dr. rer. pol., ist Professor für Mikroökonomik an der Universität Leipzig.

https://doi.org/10.1515/9783110673616-017

Index

https://doi.org/10.1515/9783110673616-018

www.ingramcontent.com/pod-product-compliance
Lightning Source LLC
Chambersburg PA
CBHW031726280326
41926CB00098B/588